KB120242

현대 중국의 8종 사회사조

* 이 역서는 2009년도 정부재원(교육과학기술부 학술연구조성사업비)으로 한국연구재단의 지원을 받아 연구되었음(NRF-2009-362-B00011).

국민대학교 중국인문사회연구소 번역총서 · 6

현대 중국의

8종

사회사조

마리청馬立誠 지음 | 박영순 · 최은진 옮김

學古房

중국은 거대한 격차를 안고서 현대성을 맞이한 이래로 지금까지 160년이 흘렀다. 이 160년 동안 중국인들은 끊임없는 각종 사회적 불안과 단절, 지속적 혁명 및 그 후 극단적인 사회적 통합을 겪어왔으며, 최근 20년 동안 중국 경제는 폭발적인 성장을 이룩하였다. 하지만 급격한 대규모의 경제 성장은 필연적인 현대성의 완성을 수반하지 못했고, 오히려 정치적인 발전과 보완이 필요하다는 것을 빠르게 보여주었다. 이는 막스 베버가 100여 년 전에 독일 엘리트와 지식인들을 향해 던졌던 경고와 유사하다. 이 경고는 오늘날 중국에도 여실히 적용된다.

30년 전 중국은 중요한 역사적 전환 시기를 맞이하면서 사상해방 운동의 추진 하에 일부 올바른 인식과 투철한 견해를 가진 사상가들은 회고와 반성을 하기 시작했고, 이는 중국 사회의 현대 사상의 계몽을 추동하였다. 20세기 80년대 들어 『미래를 향하여走向未來』, 『문화: 중국과 세계文化:中國與世界』, 『20세기문고二十世紀文庫』 등의 총서들이 잇따라 출판되었다. 이러한 책속에 소개된 현대 지식은 한 세대의 사유의 틀을 바꾸어 놓았으며, 30년간 중국 사회의 변화를 위해 깊은 사상적 기초를 확립하는 데 초석이 되었다. 오늘날 중국은 또 다시 주요한 역사적 시기에 직면하였다. 만약 당시 사상 계몽이 현대적 이념을 전파하는데 중점을 두면서 급격한 개혁을 위한 사상적 기반을 제공하였다면, 현재 보위안기금회博源基金會는 사상 계몽의 전승자로서 『현대성과 중국 사회전환총서『現代性與中國社會轉型叢書』를 편집·출판하였다. 근 30년간의 실천과 연구 및 탐구의 성과를 집대성하여 오늘날 중국의 현대성 방안에 관한 공감을 찾고자 하였다.

'중국의 현대성 전환'은 세기를 뛰어넘어 지금까지 완성되지 않은 방안이자, 현대의 핵심적인 가치관과 미래의 모델 및 경로에 대해 재정립이 필요한 역사적 사명이며, 중국의 미래를 결정하는 피할 수 없는 현실적인 문제이기도 하다. 따라서 이러한 문제에 대해 깊이 있는 연구와 토론을 전개함으로써 보다 넓은 범위에서 사회적 공감대를 모색하고자 하는 것이 보위안기금회의 중점 사업 중의 하나이다. 『현대성과 중국 사회 전환총서』는 이러한 연구와 토론의 성과물이다. 중국의 현대성 방안을 논의할 때, 반드시 세계가 직면한 난국에 대해 우리의 지식 체계를 재확립해야 한다. 이런 맥락에서 이 총서가 담고 있는 주제들은 다음과 같다. 현대성은 어디로부터 왔는가? 중국은 어떻게 현대성에 직면했는가? 현재 중국은 왜 현대성 전환을 제기하는가? 중국의 현대성 전환의 상황과 그 제약적인 요소는 무엇인가? 현대성은 서방국가에서 직면한 도전이며, 특히 현재 글로벌 금융위기 상황에서도 현대성은 여전히 절대적인 가치를 지니는가? '다른 종류의 현대성'은 존재하지 않는가? 각 국의 현대성 전환에 대한 비교는 중국에 참고할 만한 가치가 있는가? 중국에 적합한 현대성 전환의 경로와 방식은 무엇인가? 등이다.

이러한 문제에 대해 관련 학술분야에서 폭넓은 연구 성과를 드러내기 위해 다양한 학과의 선도적인 인물들을 모아 깊이 있는 토론을 진행하였다. 각기 다른 학과에서 다양한 시각으로 중국의 현대성 전환 문제에 대해 탐구하였다. 실제로 이 학술 활동은 이미 총서의 범위를 넘어 각기 다른 학과에서 중국 현대성 전환에 대한 사상적 인식과 충돌 및 융합을 모색하였다. 개방적인 학술의 장이 되어 각자의 전문적인 연구 성과와 견해를 표현하였다. 다양한 시각에서 중국 현대성 방안의 기본적인 윤곽을 그려낼 수 있을 것이라 기대한다. 『현대성과 중국 사회전환총서』는 보위안기금회의 '보위안문고'의 한 시리즈물이다. 이 책의 총서는 전 홍콩중문대학 총장 진야오지金耀基 선생이 썼다.

보위안기금회 『현대성과 중국 사회전환총서』 편집팀

2009년 9월 30일

진야오지金耀基

보위안기금회는 친샤오秦曉와 허디何迪 두 분의 제의로 설립된 학술
단체이다. 현재 직면한 문제에 초점을 맞추어 개방·이성·포용의 정신
으로 학술의 장을 마련하는 것이 취지이다. 『현대 중국 문제 연구: 사명·
취지·방법론當代中國問題硏究:使命·宗旨和方法論』에서 친샤오는 "'현대 중국
문제'는 중국 사회의 전환이라 할 수 있다. 즉 전 근대(전통) 사회에서
현대 사회로의 전환을 의미한다. 이러한 전환은 청나라 말기부터 시작
하여 이미 100여년의 과정을 거쳐 왔지만……오늘에 이르기까지 여전
히 '미완성의 방안'이다(하버마스의 말). 이 문제를 다시 제기하여 체계
적으로 이 과정을 추진하려는 것은 중화민족의 미래, 운명과 직결되며,
정치가와 사회 엘리트 및 일반인들의 사회 역사적 책임감에 호소하는
것이다."라고 말했다.

이를 위해 보위안기금회는 2008년 중국의 경제 전환과 사회 전환에 대해
제기한데 이어 2009년 3월에는 이사회에 『현대성과 중국 사회전환총서』
의 편집·출판 구상을 제시했다. "중국의 현대성 전환은 세기를 뛰어넘
는 지금까지 완성되지 않은 방안이다. 현대의 핵심 가치관과 미래의 모
델과 경로에 대해 재확인이 필요한 역사적 사명이자 중국의 미래를 결정할
피할 수 없는 현실적인 문제이다. 이 문제에 대해 깊이 있는 연구와 토론
을 전개하여 보다 넓은 범위에서 사회적 공감대를 모색하는 것이 보위안

기금회의 중요한 일 중의 하나이다."라는 입장을 밝혔다.

　나는 보위안기금회 여러분의 의견과 가치관에 대해 매우 공감한다. 중국은 100년이라는 긴 세월 동안 민족의 생존과 발전을 위한 각종 변혁과 운동을 펼쳐왔다. 증국번曾國藩 · 이홍장李鴻章의 양무자강洋務自强운동과 캉유웨이康有爲 · 량치차오梁啓超의 유신변법維新變法, 그리고 민국 초기의 신문화 운동, 1911년 국민당의 공화혁명, 1949년 공산당의 사회주의 국가 건설, 그 후 1978년 개혁개방에 따른 경제발전을 중심으로 한 현대화의 발전을 거쳐 왔다. 이러한 일련의 변혁과 운동의 배후에는 분명 강력한 원동력이 존재한다. 국가의 부강과 민족의 독립 및 존엄을 추구해 온 것이다. 그러나 이러한 일련의 변혁과 운동이 자각적이든 그렇지 않든 자발적이든 그렇지 않든, '현대 서방'을 참작하고 배우며 서방의 경험을 흡수해왔다는 점은 부정할 수 없다(사실 사회주의 역시 서방의 것이다. '반 서방적인 서방'의 것이다). 기물器物에서부터 제도에 이르기까지 그리고 계몽적 가치와 이념(이성 · 자유 · 민주 · 인권 등)에 이르기까지 모든 것이 중국으로 들어왔다. 따라서 약100년 동안 중국은 경제 · 정치 · 문화학술 내지 생활양식에 이르기까지 모두 거대한 변화를 가져왔다. 이 거대한 변화는 근본적으로 말하자면 중국의 현대화 운동으로 초래된 것이다. 100년에 걸친 일련의 변혁과 운동은 사실 다양한 차원과 영역에서의 중국의 현대화인 것이다. 전체적으로 볼 때 중국의 현대화는 방향성이 있는 역사적 과정이다. 전근대성(전통성) 사회에서 현대성 사회로의 전환이자 중국의 현대성 구축과정이기도 하다. 중국의 현대성 구축은 단지 국가의 부강만을 추구하는 것이 아니라는 것을 강조해야 한다(경제 현대화는 단지 현대화의 일부분이다). 중국의 현대성은 중국의 현대문명 질서를 가리키는 그 이상도 그 이하도 아니다. 중국의 근현대 사회의 전통적 문명 질서(주로 유학의 삼강육기三綱六紀를 기준으로 한 제국의 질서)는 이미 붕괴되었으나 중국의 현대 문명 질서의 구축은 아직 요원하며 지금도 여전히 사회전환의 과정에 놓여있다. 중국의 사회 전환은 중국 역사상의 왕조 교체와는 근본적으로 다른 것이며, 미국의 반 식민 독립혁명 같은 것일 뿐 아니라 기물·제도·가치체계와 연관된 문명 형태의 전환을 의미한다.

중국의 현대성 또는 중국 현대 문명 질서의 구축은 의식적이든 아니든 간에 유럽과 미국의 문명 형태를 벤치마킹한 것이다. 150년 전 일본의 메이지 유신의 현대화는 아시아를 넘어 유럽에 합류한 것으로 비 서방 국가로서 서방의 현대성을 모델로 삼아 동방 최초의 현대국가를 형성하였다. 그러나 주의할 점은 일본의 현대성 구축은 비록 서방을 모델로 하긴 했지만 여전히 강한 일본 문화의 성격을 띠고 있으므로 서방 현대성의 현대성과는 다르다고 할 수 있다. 일본의 현대성은 서방의 현대성과 공통점 및 차이점이 각각 존재한다. 유럽이 계몽운동을 통해 구축한 신문명 형태가 가장 이른 현대성의 사례였다는 점은 부인할 수 없다. 19세기 이후 유럽은 줄곧 세계적인 선진문명의 모델로 인식되었다. 2차 대전 이후 미국은 세계의 '무기 공장'에서 자본주의 '자유의 요새'로 전환하면서 자연적으로 '서방 현대성'의 모범이 되었다. 하지만 잊지 말아야 할 점은, 1917년 러시아 공산당 혁명 이후 사회주의(맑스 레닌주의)가 자본주의 외에 또 다른 사회 발전의 길을 제시했다는 점이다. 20세기 50~60년대 들어 사회주의는 자본주의에 도전할 수 있는 세계적인 역량으로 발전하였다. 러시아를 위시한 소비에트와 미국을 위시한 서방세계가 냉전시대의 동서 양대 진영을 형성하였다. 맑스의 원래 이론으로 볼 때, 사회주의의 사회는 '후자본주의'사회여야 한다. 하지만 장기간의 냉전 시대에 이데올로기적 측면에서 사회주의는 더 우월한 '현대성'(또는 '초현대성')으로 자본주의 현대성에 도전하였다. 즉 사회주의가 더 우월한 제도와 가치를 가진 문명성을 지녔다고 세계에 선포했다. 사실 사회주의가 그린 유토피아의 자유왕국의 이상은 더할 나위

없이 낭만적이고 감동적이었다. 바로 이러한 이유에서 이상과 현실 사이의 낙차는 자본주의보다 더 컸다. 레닌, 스탈린 노선의 사회주의 실천과정은 세계적 범위에서 서로 다른 여러 가지 문제와 변화를 일으켰다. '문화대혁명'의 유토피아 식 급진적 노선은 중국을 멸망의 벼랑 끝으로 몰아갔다. 다행이 1978년의 개혁개방으로 인해 위기에서 벗어나 기회를 맞이하게 되었다. 1991년 구소련 사회주의의 와해는 단지 사회주의의 '현대성' 계획의 좌절을 선포하는 데 그치는 게 아니다.

이러한 이유에서 프랜시스 후쿠야마Francis Fukuyama의 한때 유명했던 '역사의 종말'과 같은 견해가 생겨났다. 그는 서방의 자유주의를 대체할 수 있는 실행 가능한 체계적인 방안은 이미 철저하게 사라졌으며, 세계는 인류의 이데올로기 발전과정의 종점까지 왔는지도 모른다고 했다. 그래서 서방의 자유민주 체제가 보편화를 획득하고 인류 최후의 정치체제가 되었다. 후쿠야마의 판단은 사실상 서방 자유주의 색채가 농후하다. 하지만 자본주의 현대성이 사회주의 '현대성' 계획의 '실패'로 인해 당연하게 궁극적인 정당성을 얻는 것은 아니다. 사실 유럽의 1, 2차 대전은 이미 서방 현대성의 어두운 면을 극명하게 드러냈다. 미국의 잇따른 베트남 전쟁과 이라크 전쟁 참여는 자유와 민주를 위한 것이라고 하지만, 도리어 패권의 정치 성격을 여실히 보여주고 있으며, 세계 정치 질서를 위한 모델을 제공했다고 보기는 어렵다. 2008년 10월에 폭발한 세계금융위기의 근원지는 바로 미국의 월가였다. 이는 자본주의 경제 질서에 중대한 구조적 문제와 도덕적 결함이 있음을 여실히 보여준 경우이다. 또한 20세기 80년대에 서방 사상계에 나타난 격렬한 '현대성 논쟁'에 대해 더욱 주목할 필요가 있다. 서방 지식인들은 서방의 현대성에 대해 비판하고 반성했다. 실제로 독일 사회학자 베버는 20세기 초에 이미 서방의 현대성 사상의 근원으로서의 계몽운동의 유산은 이성 Reason의 실현이 아니라 '도구적 합리성' Instrumental Rationality의 승리이며, 이는 계몽사상가의 희망(즉 보편적 자유)을 성취할 수 없다고 지적하면서 '강한 경고'를 보냈다. 베버의 생각에 따르면, 80년대의 '현대성 논쟁'은 집중적으로 '이성의 논쟁'으로 나타났다. 하버마스는 도구적 합리성의 부족을 보완하기 위해 '의사소통의 합리성'을 제기했다. 그는 서방 현대성의 수호자이지만 계몽적 방안이 '미완성 방안'이라고 인정하였다. 서방의 현대성이 여전히 반성을 통해 점진적으로 수정되고 있음을 확인할 수 있다. 나는 현대성 방안은 '끊임없는 시험 중에 있다'는 폴란드 철학가 콜라코브스키L.Kolakowski의 관점에 동의한다.

중국은 1978년 '문화대혁명'로 인해 파괴된 폐허 속에서 사회주의국가 중에 가장 먼저 개혁개방이라는 큰 기치를 내걸었다. 돌다리를 건너듯 신중한 걸음마 단계를 밟으면서 사회주의 현대화 건설 사업의 길을 대규모로 추진하기에 이르렀다. 과거에 사람들은 '사회주의가 없으면 신중국도 없다.'라고 말했지만 지금에서 볼 때 '중국의 개혁개방이 없으면 사회주의도 없다.'라고 해야 할 것이다. 30년 동안 중국의 경제 발전은 유례없는 성과를 거두었다. 중국 굴기는 이미 세계적인 사실이 되었다. 사실 중국은 16세기 이래 서방이 세계의 지배적 지위를 차지하고 있던 국면을 변화시켰다. 오늘날 글로벌 시대를 맞아 중국은 과거 비주류에서 벗어나 중심에 서게 되었다. 백 년 동안 추구해온 부강의 꿈을 상당 부분 실현한 것이다. 하지만 중국의 발전의 길이 과연 순조로울 것인가? 중국은 21세기 강대국을 향한 길에서 여러 가지 대내외적 도전과 시험을 겪게 될 것이 분명하다. 오늘날 글로벌 시대의 다원적인 국면에서 한 나라가 진정 강해지려면 군사력만으로는 부족하며 경제력만으로도 부족하다. 지식과 문화적 역량이 더 중요해 보인다. 거기에는 특히 현대적 핵심 가치(자유 · 민주 · 인권 · 공의公義 · 다원 · 왕도王道 · 환경 등)가 포함되어있기 때문이다. 결론적으로 말하자면 반드시 현대적 문명모델이 있어야 한다는 것이다. 중국의 백년

간의 현대화 운동의 진정한 비전은 상기 언급한 바와 같이 중국의 현대 문명질서의 구축에 달려있다. 하지만 중국 현대 문명질서의 구축으로 가는 길은 아직 멀기만 하다. 오늘날 중국이 가장 큰 성과를 자랑하는 경제 영역에서 볼 때, 빈부 격차·도농 격차·시장 규범의 부재 등은 실로 아직 경제적인 문명질서를 완성하지 못했음을 의미한다. 앞서 말했듯이, 현재 중국은 사회적 대전환에 처해있지만 사회 전환은 자동적으로 성공적인 현대 문명질서로 전환되는 것은 아니다. 거대한 문명 전환이라는 프로젝트를 건설하는데 필요한 주요 자원은 반드시 사회주의에서 오고 자본주의에서 오며 중국의 문화전통에서 오는 것이다. 결국 중국이 건설하는 것은 중국 문화의 특성이 있는 현대 문명질서일 것이다. 그러나 분명한 것은 이를 위해서는 이 세대 내지 몇 세대의 노력이 계속 필요하다. 특히 현재 지식인들은 이성과 비판의 반성 정신을 가지고 각자의 마음과 지식을 다하여 중국의 새로운 역사를 함께 써 나가야 한다.

보위안기금회의 취지는 현재 중국 문제 연구에 착안하여 지식계를 위해 개방적인 학술의 장을 제공하는 것이다. 『현대성과 중국 사회전환 총서』가 마침 다행이도 지식계의 출중한 학자들의 참여와 지지에 힘입어 각자 전문적인 연구 성과와 견해를 발표할 수 있게 되었다. 고맙고 감복한 나머지 이 서문을 쓴다.

진야오지 2009년 7월

올해 1월 한국 KBS TV방송국에서는 "슈퍼차이나"라는 제목으로 특별 기획 프로그램(7집)을 방영하였습니다. 개혁개방 이래 중국의 경제 · 정치 · 군사 · 문화의 발전상황에 대해 소개하고 향후 '중국 패권'의 가능성에 대해 분석했습니다. 이 프로그램은 한국 사회에서 열띤 논쟁을 일으켰습니다. 많은 한국 네티즌들이 인터넷상에서 '이 프로그램을 통해 많은 것을 생각하게 되었다.'라고 말합니다.

지난 80년대만 해도 한국 사회에서는 '중국은 무능한 나라이니 걱정할 것 없다.'라는 관념이 있었습니다. 당시 일반적인 한국인들은 중국을 낙후한 나라라고 생각하면서 중국에 대해 별반 관심을 보이지 않았습니다.

하지만 지금은 다릅니다. 중국의 급속한 발전은 세계를 놀라게 하고 있습니다. 2010년 중국은 세계 제2의 경제대국이 되었습니다. 최근 IMF는 머지않아 중국의 경제 규모는 미국을 넘어설 것이라고 예측합니다. 전 세계 많은 나라들이 중국의 영향력을 체감하고 있으며 중국의 이웃인 한국 또한 예외는 아닐 것입니다. 2014년 중한 무역 총액은 한-미, 한-일, 한-유럽 무역을 합친 것보다 많았습니다. 그리고 지난 2월 25일 중한 FTA가 서명을 완료했다고 밝혔습니다. 동남아 지역에서 중국 경제는 거대한 엔진처럼 경제의 발전과 번영을 이끌고 있습니다.

많은 한국인들이 자신들의 이웃인 이 거인에 대해 꼼꼼히 살피면서 중국을 다시 보기 시작했습니다. "슈퍼 차이나"는 바로 이러한 배경에서 방영되었을 겁니다.

그러나 장구한 역사를 가진 이 대 규모의 중국은 마치 스핑크스의 수수께끼와도 같습니다.

중국의 고속철도는 세계를 향해 뻗어나가고 있지만, 중국의 일부 제품의 품질은 여전히 기준 미달입니다. 인민폐가 국제화되어가고 있지만 중국의 금융시스템은 현대화 수준이 아직 부족합니다. 중국의 IT 산업은 급속도로 발전하였지만 국내 정보 유통은 여전히 많은 제약을 받고 있습니다. 그리고 경제 발전의 추동자로서 중국 정부가 없어서는 안 되지만, 정부 권력의 경계는 불분명하며 또 경제의 활력을 어느 정도 제한하기도 합니다. 2010년 영국의 마틴 자크Martin Jacques는 『중국이 세계를 지배하면When China Rules the World』이라는 책을 출간했습니다. 이 책은 영어권 독자들에게 '세계는 중국의 개념으로 다시 만들어질 것이다'라는 세계 미래의 이미지를 그려보였습니다.

이와 반대로 일부 해외 학자들은 중국의 거품 경제는 조만간 꺼질 것이고, 많은 폐단을 안고 있는 중국 체제는 언젠가 붕괴를 면치 못할 것이라고 합니다.

이 두 가지 견해에 대한 치열한 논쟁은 지금까지 이어지고 있습니다. 그렇다면 어느 쪽이 더 많은 합리적인 요소를 포함하고 있을까요?

중국의 역사와 국정은 매우 복잡합니다. 기존의 서양 정치학이나 경제학, 사회학 이론으로는 중국의 놀라운 변화와 미래에 대해 설명하기 어렵습니다.

그렇다면 어떻게 해야 중국을 이해하고 분석할 수 있을까요? 이에 대해 중국의 학자들은 당연히 책임이 있습니다.

여기 중국학자가 중국의 미스터리를 파헤치기 위해 심혈을 기울여 쓴 저작『현대 중국의 8종 사회사조當代中國八種社會思潮』를 한국 독자들에게 소개하고자 합니다. 이 책은 현대 중국 사상으로부터 착수하여 현재 중국의 사상 무대에서 활동하고 있는 대표적인 여덟 가지 사조와 인물들을 소개하고 있습니다.

이 책은 2012년 초 중국에서 출판된 이후 독자들의 좋은 반응을 얻어 연속 10회 인쇄를 하였고, 선전深圳과 베이징에서는 '10대 좋은 책'의 하나로 선정되었습니다. 이 책의 일본어 번역본은 2013년 11월에 출판되었으며 영문판은 올해 5월에 출판될 예정입니다. 많은 학자들은 이 얇은 책 안에 현대 중국의 여러 가지 문제들이 잘 정리되어 있다고 합니다.

이 여덟 가지 사조는 딱딱한 추상적인 사변이 아니라 중국의 현실적 이슈, 사회적 모순들과 밀접한 관계가 있는 논쟁들입니다. 중국 문제를 해결하는 8가지 방안이기도 합니다. 이 여덟 가지 사조 가운데 어떤 것은 주류의 위치에 있고 어떤 것은 주변적인 위치에 처해있습니다. 일부 사조는 상호 중첩된 것도 있고 대립적인 것도 있습니다. 중국의 미래는 이 여덟 가지 사조가 경합을 벌일 것입니다.

이 책은 한국 독자들에게 중국을 이해할 수 있는 열쇠를 제공할 것입니다. 한국 독자 여러분들께서 이 책을 읽은 후 실속 있는 수확을 거둘 수 있길 바랍니다.

마리청馬立誠

2015년 2월 28일 베이징에서

一

　모든 역사는 사상의 역사이다. 영국의 역사학자 로빈 조지 콜링우드 Robin George Collingwood의 말이다. 역사를 인식하는 한 차원을 제시한 것이다.

　역사적 사건들은 이미 영원히 멀리 떠나갔다. 절대로 원래 그대로의 모습으로 다시 나타나지 않는다. 글과 이미지로 재현된 역사는 역사학자들의 마음속에서 재현된 것이다. 콜링우드는 이를 '역사의 상상성'이라고 한다. 역사적 사건은 사람들의 사상의 대상이다.

　예컨대, 오랜 시간동안 왕안석王安石의 변법變法은 칭송을 받아왔다. 하지만 개혁개방 이후 신진 역사학자들은 왕안석의 변법을 부정한다. 그의 방식과 성장모델에 심각한 문제가 있다고 지적했다. 한 개의 빗이나 한 줌의 깨마저도 정부에서 독점 판매하였고, 국민의 모든 이익을 긁어모았다는 것이다. 신진 역사학자들의 글에는 왕안석의 변법의 역사가 과거와는 전혀 다른 모습으로 표현되었다. 또 국내의 각기 다른 세력들이 항일 과정에서 결국 어떠한 역할을 하였는가에 대해 지역과 시기마다 그 해석이 각각 다르다. 따라서 지역과 시기마다 항일 역사에 대한 서술은 큰 차이를 보인다. 개혁개방의 역사 또한 마찬가지이다. 좌파의 눈에는 개혁개방은 '노동자가 또 다시 고난을 겪고 고생하는 것'으로 보인다.

각기 다른 역사 서술의 배경에는 무엇이 자리하고 있는가? 인식과 사고이다. 따라서 역사의 사상을 인식하고 사회 사조의 대립을 사고하는 것이 역사를 이해하는 열쇠이다.

二

개혁개방이래 사회 자유의 초보적 확산은 각종 사조의 출현을 위해 최소한의 관용을 제공하여, 각종 사조의 대략적인 논리와 경계를 파악할 수 있었다. 이때부터 중국의 사상계는 다양한 사조가 출현하는 춘추전국 시대로 접어들었다.

편폭의 제한으로 본문에서는 현대 중국의 여덟 가지 사조에 대해 개략적인 윤곽을 잡아보고자 한다. 여덟 가지 사조는 관방과 민간의 사조를 모두 포함한다. 주도적인 위치에 있는 중국 특색의 사회주의 사상은 이른바 덩샤오핑 사상 외에도 구좌파 사조·신좌파 사조·민족주의 사조·신유가 사조 및 민수주의民粹主義사조가 있다. 이 여덟 가지 사조는 부분적으로 서로 중첩되기도 하고 대립되기도 하며 때론 격렬한 논쟁이 오가기도 한다. 이 여덟 가지 사조는 중국의 과거와 현재를 이해하고 중국의 미래를 탐구하는데 도움이 된다. 하지만 이 여덟 가지 사조가 현대 중국의 모든 사회 사조를 포함하는 것은 아니다. 본문에서 토론할 여덟 가지 사조는 현재 환경 속에서 대중매체를 통해 공개적으로 토론하고 논쟁할 수 있는 사회 사조를 말한다.

三

이 여덟 가지 사조는 두 가지 특징이 있다. 하나는 '문제의식'이고 다른 하나는 이러한 사조들이 서방 사회의 사조와 밀접한 연관성이 있다는 점이다.

첫째, 왜 지난 30년간, 여덟 가지 사조가 나타났는가? 중국은 사회 전환의 과정 속에서 각종 문제와 모순, 충돌이 있어왔다. 이로 인해 사람들의 사고는 부단히 기존관념의 틀에서 벗어나게 되었고 그에 따른 대책과 방안의 모색이 필요했다. 이 여덟 가지 사조는 마치 여덟 가지 처방과도 같다. 각 명의들은 자신들의 주관적 판단으로 병을 진단하고 자신의 평생의 학문을 활용하여 병의 증상에 맞게 치료하여 병원체를 없애고 민중의 건강을 지켜주고자 한다. 하지만 처방이 각각 다르다보니 열띤 논쟁이 적잖이 존재한다. 30여 년에 걸쳐 각기 다른 발전단계에서 각기 다른 문제들이 나타났고, 변화의 형세는 계속해서 새로운 요구를 제시했기 때문에 각종 사조의 흥성과 쇠락 역시 상당한 차이를 보인다.

둘째, 현대 중국의 여덟 가지 사조는 서방 세계의 사조와 밀접한 관련이 있다. 예컨대, 서방의 3대 주류 사조 자유주의·사회주의·보수주의는 모두 중국에 커다란 영향을 미쳤다.

자유주의가 중국에 들어온 지 이미 100년이 되었으며, 그 사이 흥망성쇠를 거듭한 것은 잘 아는 사실이다. 사회주의 사조는 중국에 들어온 이후 변화 과정을 거쳐 4가지 사회주의를 탄생시켰다. 하나는 스탈린주의와 마오쩌둥 모델에 기반 한 사회주의이다. 현재 구좌파 사상은 마오쩌둥 모델의 사회주의의 유물이다. 둘째는 덩샤오핑식 사회주의의 시장경제이다. 셋째는 민주사회주의이다. 넷째는 신좌파의 사회주의 사조이다. 신좌파는 자본주의를 맹렬하게 비판하고 있지만 그들이 주장하는 사회주의는 비교적 모호하다.

보수주의의 경우는 일부 사람들이 이해하는 것처럼 그렇게 완고한 반동 사조는 아니다. 보수주의는 일종의 정상적인 문화적 선택으로서 도전에 직면한 일종의 역사적 반응이다. 보수주의는 중국 민족의 우수한 문화(황권전제제도·환관제도·능지처참제도·전족풍습 등은 당연히 우수 문화의 범주에 속하지 않는다)를 보존하고 현대적 사고방식과 문화적 정신으로 전통 문화의 정수를 해석·보존하고자 한다. 특히 윤리·도덕·심미·언어 방면의 귀중한 유산을 소중히 여긴다. 국내외 일부 신유가의 선도적 인물이 대표적이다. 보수주의는 덮어놓고 현상을 유지하려려는 것이 아니며 자유 민주 역시 배척하지도 않으며, 자신들의 주장에 힘을 쏟으면서 현상을 개조하려한다. 일반적으로 보수주의는 비교적 신중하며, 격렬하고도 급진적인 혁명을 찬성하지 않는다. 자유주의 역시 인위적인 유토피아 건설에 반대하며 점진적인 발전을 주장하므로 자유주의 안에도 보수적인 요소를 포함하고 있다. 이런 면에서 보수주의와 자유주의는 서로 통한다. 또한 민족주의와 민수民粹주의 사조의 경우도 정의와 해석 및 연구의 이론적 틀이 역시 서방에서 온 것이다.

四

중국은 상대적으로 독립적인 정치 체계를 가지고 있다. 때문에 중국의 좌, 우 구분은 국제적인 좌, 우 구분의 기준과 다르며 심지어 여러 측면에서 완전히 상반되기도 한다.

예를 들어, 구미 서방세계에서는 좌와 우 모두 정치적으로 대의제 민주정치를 지지한다. 하지만 중국은 다르다. 중국의 우파는 헌정민주제를 지지하며 좌파는 이를 반대한다. 또한 중국의 우파 역시 사회 보장과 인권 보호를 주장한다. 구미의 좌파들이 한 일과 같다.

구미에서는 보통 좌파가 개혁에 힘을 쏟는다. 하지만 중국에서는 그 반대이다.

한편 민주사회주의 사상은 구미에서는 좌파로 분류되지만 중국에서는 우파이다. 자유를 제한하고 회사노조와 농민노조 활동을 제한하는 것은 보통 국제적으로 우파로 보지만 중국에서는 좌파의 주장이다.

중국에서는 국제적인 구분 방식으로 중국의 좌와 우를 다시 정의하자고 주장하는 사람들도 있다. 하지만 중국의 좌와 우는 오래 전부터 정해진 것으로 사람들이 다 알고 있다. 좌나 우를 언급하면 사람들은 당신이 무엇을 말하고 있는지 다 안다. 이러한 상황에서 다시 정의한다면 더 큰 혼란이 발생할 것이다.

이 책에서는 현재 중국의 좌, 우 구분의 기준에 따라 전개한다.

五

일찍이 유행했던 이론으로 대략 말하자면, 좌란 무엇인가? 현재의 상황을 초월하여 미래에 실현할 수 있는 것을 현재로 가져와 시행하며, 과격한 행동을 무릅쓰고 난투에 뛰어드는 것을 좌라고 한다. 시대에 뒤떨어지고 현재 상황에 뒤떨어진 경우를 우라고 한다.

이러한 견해는 분명 문제가 있다. 중국 공산당은 여러 차례의 대표대회에서 앞으로 중국을 반드시 '고도의 민주적인' 국가로 건설하겠다고 엄중하게 공언한 바 있다.

그렇다면 좌의 세력은 왜 민주를 현재로 가져와서 시행하지 않는가?

중국의 좌는 도대체 무엇인가? 가오팡高放은 「좌의 내력左的來龍去脈」에서 "봉건 사회가 남겨 놓은 많은 부정적인 요소들이 좌의 사조가 성장하게 된 비옥한 토양이 되었다. 대량적인 자연경제의 수공업의 소규모 생산, 농민의 평균주의, 군주전제주의, 개인집권, 지도자 종신근무제, 등급제, 가장제, 개인숭배, 관료주의 등은 좌의 뿌리를 더욱 튼튼하게 하였고, 더 확고한 군중의 기반을 얻으면서 좌의 역사적 근원이 되었다."[1]라고 말했다.

이러한 기초에서 성장한 것들은 당연히 뒤를 돌아보게 된다. 좌의 세력이 주장하는 '잔혹한 투쟁, 무자비한 타격' 등은 당연히 낙후된 것이며 '장래성'이 전혀 없다고 본다.

왕후이汪暉는 「현대성 문제에 대한 답문現代性問題答問」에서 좌파 세력의 자유 권리에 대한 압박에 대해 "사람들이 보편적으로 관심을 갖고 있는 자유권리가 직면한 위험에 대해 말하자면, 20세기의 역사는 40년대의 독일과 이탈리아 같은 경우는 우파에서 온 것이며……스탈린주의와 현대 중국 역사에서 지울 수 없는 비극을 낳은 것은 좌파에서 온 사례임을 증명하고 있다."[2]라고 말했다.

두 가지 견해를 종합하여 한 마디로 요약하자면, 중국의 좌는 자유와 민주적 권리를 억제하고 있는 것이다.

六

사르트르는 20세기 60년대에 좌와 우는 이미 아무런 의미도 없는 빈 껍데기이므로 더 이상 분류할 가치가 없다고 했다. 이탈리아 정치 이론가 노르베르트 보비오N. Bobbio는 2010년 『좌파와 우파에 대해: 정치적 구분의 의미左與右:政治區分的意義』에서 지금까지도 좌와 우의 구분은 없어지지 않았으며, 오히려 상당히 광범위하게 사람들의 생활 속에 깊게 자리하고 있다고 말했다.

이 말은 근거가 있다. 예를 들어, 2011년 9월 덴마크에서 선출된 첫 여성 수상 헬레 슈미트Helle Thorning Schmidt에 대해 중외 매체에서는 일제히 그녀를 좌파라고 보도하면서 덴마크를 '좌로 이끌 것'이라고 했

---

1) 高放, 『高放政治學論萃』, 團結出版社, 2001년, 63쪽.
2) 汪暉, 『去政治化的政治』, 三聯書店, 2008년, 502쪽.

다. 2011년 10월 17일 프랑스 사회당은 2012년 대통령 선거 후보자로
프랑수아 올랑드François Hollande를 선출하자, 프랑스 매체는 그를 좌
파로 칭했고 중국도 좌익으로 칭했다.

　전국의 모든 사람들이 복잡한 정치사상의 문제에 대해 동일한 견해
를 가질 수 있을까? 분명 불가능하다. 의견이 다르면 당연히 파가 생
기기 마련이다. 파가 생겨나자 간략한 단어로 개괄해서 좌와 우라는
단어를 사용하게 된 것이다. 좌와 우로 정치적 견해를 구분하게 된 연
원은 프랑스 대혁명 시기에 각기 다른 관점을 가진 의원들이 좌우 양
쪽에 앉은 것이 계기가 되었다. 좌석 배열에 따른 공간 개념으로 정치
적 관점을 구분하는 것은 정말 우연한 일이었다. 하지만 이러한 표현
이 계속 사람들에게 받아들여지면서 고정되어 쉽게 바꾸지 않았다. 좌
와 우는 묘사적인 의미와 평가적인 의미 모두를 지니고 있다. 많은 정
치적 개념과 같이 좌와 우는 그리 명확하지 않다. 그리고 좌와 우가
논쟁하는 이슈 또한 계속해서 바뀌고 있다. 일부 충돌은 더 이상 중요
하지 않게 되었거나 심지어 사라졌지만, 새로운 충돌은 또다시 나타난
다. 예를 들어, 현재 서방의 좌와 우는 더 이상 프랑스 대혁명 시기와
같이 민주와 공화 문제를 논쟁하지 않으며, 이민 문제 · 낙태 문제 · 세
금 문제 · 사회복지 문제 · 정치 간섭의 수위 문제 등에 대해 논쟁하고
있다.

七

　춘추전국시대와 5 · 4운동 시기는 문화적으로 커다란 돌파구이자 발
전의 황금시기였다. 지금까지도 사람들은 이 시기의 사상과 문화적 성
과를 돌이켜 보면서 여전히 커다란 자부심을 느낀다. 주지하다시피,
이 두 시기의 사상과 문화 환경은 상대적으로 관대한 백가쟁명의 시기

였다. 서로 다른 파들이 자유롭게 논쟁하면서 각종 사조가 활발했던 시기였다. 춘추전국 시기는 제가백가를 탄생시켰지만 진시황의 분서갱유와 한漢 무제武帝가 유가를 추숭한 이후 2000년 동안 사상적 원동력은 점점 고갈되었고, 줄곧 청나라 말기까지 이어졌다. 중국의 사상은 선진先秦시기의 범위를 넘어서지 못했다. 이러한 역사적 경험과 교훈을 통해, 사상의 창의성을 장려하는 관대한 환경을 구축하는 것이 문화발전을 촉진하는 주요 동력이 되며 문화강국을 건설하는데 꼭 필요한 길이라는 것을 알 수 있다.

현재 중국에서 진행되고 있는 각종 사상의 교류·논쟁·융합은 중화민족의 문화 창조의 새로운 기류이자 소프트파워의 원천이기도 하다. 따라서 '쌍백雙百'방침을 철저하게 실행하고 행정적 간섭을 줄이고 권력으로 사상을 대체하거나 압제하는 것을 피하여, 각종 사조의 건강한 발전을 촉진하고 제도화된 경쟁 환경을 조성해야 한다. 이것이 실로 목전의 문화개혁의 요점이라 할 수 있다.

八

본문의 일부 내용은 칼럼 형태로 2010년 7월에서 2011년 3월까지 『경제관찰보經濟觀察報』에 연재하여 국내외로 커다란 반향을 일으켰다. 위잉스余英時·정융녠鄭永年·거자오광葛兆光·왕후이야오王輝耀·쉬여우위徐友漁·레이이雷頤와 보위안기금회의 친샤오秦曉·허디何迪 등은 이 연구에 긍정적인 평가를 하였고 여러 가지 제안과 의견을 제공해 주었다. 이분들께 감사를 전한다. 그 외에도 일부 타이완 독자들이 글을 읽은 후 메일로 토론 내용을 보내왔다. 그 중 위푸漁父라는 독자는 메일에서 20세기 초 쑨중산孫中山·장캉후江亢虎·장쥔리張君勱 등은 민주사회주의 사상, 즉 사회민주당의 주장을 도입하였는데, 관련 장절에서 이러한 내

용을 보충하기를 제안했다. 나는 답변에서 "이 책에서 평술한 중국의
여덟 가지 사조의 시작과 종료 시간은 대략 1978년에서 2008년이다.
일부 장절은 맥락을 정리하기 위한 것이다. 시간의 전후 연결점에서 초월
하거나 확장된 부분은 있지만 주로 30년간의 변화를 위주로 하였다."
라고 말했다. 이 점은 독자들에게 설명해야 할 것 같다.

저자 2011년 11월

목차

제1부
8종 사조

제1부

8종 사조

제1장

남순강화의 연장선상

— 중국 특색 사회주의 사상

1. 사회주의 시장경제: 예전에 없던 시도

1978년 열린 중국공산당 11기 3중 전회는 마오쩌둥毛澤東의 만년의 사상과 고별하고 덩샤오핑鄧小平 사상을 대표로 하는 중국특색사회주의 사상을 무대에 올렸다. 하버드 대학의 페어뱅크John King Fairbank, 1907-1991 연구센터 연구원 린통치林同奇는 "첫번째 사조인 마오쩌둥식의 맑스주의의 자아전화는 1978년에 시작되었는데 이 해는 마오쩌둥 시대의 종결을 상징한다."라고 말했다.[3] 개혁개방 30여년 덩샤오핑 사상은 중국의 주도적인 이데올로기가 되었다.

1977년 7월 덩샤오핑이 세 번째로 복귀할 때 마주친 중국은 어떠하였는가?

당시 중국의 대부분의 매체는 경제는 이미 '붕괴에 직면했다.'고 승인하였다. 연합국통계사가 발표한 숫자에 의하면 그 해 중국인 평균 GDP는 183달러였고 이후 중국 국가통계국이 발표한 중국인 평균 GDP

---

[3] 高瑞泉 主編, 『思潮研究百年反思』, 上海古籍出版社, 2009, 20쪽.

는 197달러였다. 과학기술, 교육, 문화사업은 '문혁文革'으로 인해 심각한 손상을 입었고 정치상의 몽매주의와 현대미신이 극에 달하였다.

덩샤오핑이 복귀한 한 달 후 즉 1977년 8월 화궈펑華國鋒이 중공中共 11대를 집행하였다. 이 대회에서 현대화 강국 건설의 목표를 거듭 천명했지만 사상지도방면에서는 계급투쟁 강령을 여전히 견지하였다. 회의는 '무산계급 독재 하에 계속혁명을 견지하자', '문화대혁명과 같은 정치대혁명은 이후에도 여러 차례 계속되어야 한다.', '사회주의 공유제를 보위해야'하고 '전체국민경제를 계획하고, 비례에 따른 고속발전의 사회주의 궤도로 진입시켜야 한다.', '국가계획을 파괴하는 행위를 견결히 제지해야 한다.'고 제기했다.[4]

중국은 여전히 '문혁'의 관성에 따라 운행되고 있었다.

덩샤오핑은 대규모 개혁을 통해 누적된 문제를 해결하고자 결심했다. 그의 말을 인용하면 이는 중국의 제 2차 혁명이었다. 중공 11기 3중전회가 열리기 전 덩샤오핑은 명확히 개혁개방을 제기했다.

덩샤오핑이 처음 '개혁'이라는 이 말을 제기했던 것은 1978년 10월 11일 중국 공회工會 제9차 전국대표대회의 연설에서였다. 이 당시 진리표준 대토론을 둘러싼 경쟁이 열렬히 진행되던 중이었다. 덩샤오핑은 "각 경제전선은 기술상의 중대한 개혁을 해야 할 필요뿐만 아니라 제도상, 조직상의 중대한 개혁도 진행할 필요가 있다"라고 말했다.[5]

이러한 강화 하루 전 즉 10월 10일 덩샤오핑은 첫 번째로 '개방'이라는 이 용어를 제기했다. 이날 덩샤오핑은 독일연방공화국(전 서독)신문대표단과의 회견에서 담화를 발표했다. 담화의 제목은 「개방정책을 실행하고 세계 선진과학기술을 학습하자」였다. 덩샤오핑은 "중국은 역

---

4) 『中國共産黨第十一次全國代表大會文件彙編』, 人民出版社, 1977年, 17쪽, 31쪽, 49쪽, 50쪽.
5) 『鄧小平文選』第2卷, 人民出版社, 1994, 136쪽.

사상 세계에 공헌을 했지만 오랜 정체로 발전이 매우 느렸다. 현재는 우리가 세계 선진국가에게서 배울 때이다. 우리가 과거 선진국가에게서 선진과학기술을 배우는 것을 '숭양미외崇洋媚外'라고 여긴 적이 있었다. 현재 모두 이것이 어리석은 말이라는 것이 명확해졌다. 우리는 적지 않은 사람들을 나가서 보도록 파견 하였고 더욱 많은 사람들이 세계가 어떠한 면모인지를 알게 되었다. 문을 닫고 봉쇄하고 스스로 자대하는 것은 발달을 하지 못하게 한다. ……당신들은 우리가 개방정책을 실행하는 것이 과거의 전통에 위배되는 것인지 아닌지를 묻는다. 우리의 방식은 좋은 전통은 반드시 지켜야 하지만 새로운 상황에 근거해 새로운 정책을 확정해야 할 필요가 있다는 것이다."라고 말했다.6)

11기 3중 전회는 이해 12월 18일에서 22일까지 열렸다. 회의는 마오쩌둥의 '계급투쟁을 강령으로 하는' 것을 버리고 전당공작의 중점을 현대화 건설로 옮겼으며 또한 "경제관리 체제와 경영관리 방법에 대해 성실한 개혁에 착수하며 ……자력갱생의 기초에서 세계 각국과 평등한 상호이익의 경제 합작을 적극적으로 발전시키며 세계 선진기술과 선진설비를 채용하기 위해 노력할 것"을 요구했다.7) 이 최후의 한마디가 바로 개방을 말하는 것이었다.

11기 3중 전회를 시작으로 중공의 치국이념은 '계급투쟁을 강령으로 하는 것'에서 '경제건설을 중심으로 하는 것'으로 변하였다. 3중전회 공보는 한마디 말로 "현재……전당 공작중심의 전변을 실행할 조건이 이미 준비되었다"고 하였다.8) 이러한 공작중심의 전변이라는 것은 바로 공작중심을 경제건설로 바꾼다는 것이었다.

공작중심전이의 실행은 화궈펑과 덩샤오핑의 공동주장이었지만 개혁

6)『鄧小平文選』, 第2卷, 132쪽.
7)『三中全會以來重要文獻選編』, 人民出版社, 1982, 6쪽.
8)『三中全會以來重要文獻選編』, 4쪽.

개방의 발명권은 덩샤오핑에게 속한 것이다. 11기 3중 전회는 개혁개방의 국책을 확정하고 덩샤오핑 사상을 주도적 표준으로 승격시켰다.

덩샤오핑이 처음 제기한 개혁의 강화에서는 개혁의 중점 순서와 경로방면에서 그의 선택과 소련의 개혁이 상반된 것으로 나타났다.

고르바초프Mikhail Gorbachev가 1992년 2월 『베를린조간』에 발표한 담화에서 '나는 개혁을 발동할 때 충분히 사회와 다른 존재하는 문제들에 대해서 이해를 했다. 마땅히 과감한 개혁을 진행해야 하며 먼저 개혁할 것은 정치제도이다.'라고 말했다. 덩샤오핑의 선택은 우선 경제개혁을 진행하는 것이었다.

크게 눈을 뜨고 보면 한국, 태국, 싱가폴, 인도네시아 등 동아시아와 동남아시아의 국가와 타이완 지역은 경제발전과 정치개혁의 두 가지 임무에 직면했을 때 약속은 하지 않았지만 모두 우선 경제발전을 선택했고 이후 민주로의 전환 경로를 실현했다고 할 수 있다. 이러한 지역적 발전의 특색은 구미와 이슬람 세계의 다른 국가정치 계통과 차이를 구성했다. 덩샤오핑 개혁사상의 연구에서 동아시아와 동남아시아 지역의 발전 규칙에 주의하지 않을 수 없다.

전국인민대회 상무위원회 전위원장 완리萬里가 1998년 4월 18일 오후 친히 나에게 말한 것처럼 "덩샤오핑 이론은 쉽게 발전하지 않았고 안후이安徽의 포산도호包産到戶는 덩샤오핑의 지지가 없었다면 이뤄지지 못했을 것이다."

덩샤오핑이 추동한 경제개혁은 풍파와 좌절을 거치며 한걸음씩 나아가며 많은 장애요소에 부딪쳤다. 그는 풍부한 정치자원과 완강한 예지력으로 백절불굴의 한보 전진을 해 나갔다. 포산도호의 추진에서 향진기업의 추진, 농촌개혁의 파격적 제안에서 도시개혁의 추동, 지방과 기업에 권력을 하방하는 것에서 개체사영경제의 지지까지, 외자의 중국진입의 개방에서 5개 경제특구의 설치까지, 쌍궤제의 탐색에서

가격개혁에 주력하고 증권시장의 건립 비준에서 국영기업개혁의 추동
까지, 철밥통의 타파에서 일부가 먼저 부자가 되라는 제기까지, 중앙과
지방의 '분권'에서 금융재세체제의 개혁까지, '계획경제를 위주로 하고
시장조절을 보조로 하는 것'에서 계획상품경제에서 다시 시장경제로
……덩샤오핑은 장애를 극복하고 아무도 가지 않은 곳을 '돌다리도
두들기며 강을 건너며' 하나의 길을 내어 새로운 재부의 원천을 개발해
내면서 번영의 중국을 조성하였다.

덩샤오핑은 비록 전문적인 경제학 훈련은 거치지 않았지만 그는 중국
경제에 대해 심각한 통찰과 파악능력을 지니고 있었고 또한 풍부한 지도
경험과 초인적 매력을 지니고 있었으며 그의 자유주의 경제정책의 경향은
큰 성과를 내었다.

각계가 공인하듯 덩샤오핑의 중국을 발전시킨 최대의 공헌은 1992년
초의 남순강화였다. 89풍파 이후 좌경완고세력의 대두로 개혁개방이
저조해졌으나 발전의 성과로 좌경사조를 잠재울 수 있었다. 바로 이러한
관건의 때에 87세의 노인은 다시 나와 전력을 다해 원상태로 돌려놓고
다시 개혁으로 나아갔다.

덩샤오핑은 남순강화에서 모든 일을 자본주의인지 사회주의인지를
물으려 하는 좌경사상을 비판하면서 사회주의도 시장경제를 할 수 있
음을 제기했다. 그는 "계획이 좀 더 많거나 시장이 좀 더 많거나 하는
것이 사회주의와 자본주의의 본질적인 구별은 아니다. 계획경제는 사
회주의와 다르며 자본주의도 계획이 있다. 시장경제도 자본주의와 다
르며 사회주의도 시장이 있다. 계획과 시장은 모두 경제수단이다."라
고 말했다.[9] 덩샤오핑의 이 논단은 좌경사상이 당시 시장경제를 비난
한 것에 대한 대답이었으며 분쟁을 정면으로 해결한 것이었고 중국의

9) 『鄧小平文選』 第3卷, 人民出版社, 1993, 373쪽.

개혁을 위해 새로운 경제체제 즉 시장경제체제를 확정한 것이었다.

덩샤오핑은 스탈린모델 사회주의 70여년의 금구를 타파했고 사회주의와 시장경제를 소통하게 하였다. 이는 전통 맑스주의에 대한 돌파이자 세계 경제사상사와 세계경제사의 일대 돌파였다.

사실 1979년 11월 26일 덩샤오핑은 미국 브리트니 백과전서 출판사 편찬위원회 부주석 기브니Frank Bray Gibney, 1924－2006와 만났을 때 이미 사회주의도 시장경제를 할 수 있다고 했다. 덩샤오핑은 "시장경제는 자본주의 사회에만 존재하고 자본주의 시장경제만 있다는 이것은 진정 부정확한 것이다. 사회주의는 왜 시장경제를 할 수 없는가? 이것은 자본주의라고 할 수 없는 것이며 ……시장경제는 단지 자본주의라고만 할 수 없다. 시장경제는 봉건사회 시기에 맹아가 있었다. 사회주의도 시장경제를 할 수 있다."고 말했다.[10] 이러한 탐색적 담화는 당시 단지 극소수의 고위층인사만 이해했고 공개적으로 전달된 것은 없었다.

주지하듯 하이에크Friedrich August von Hayek, 1899-1992같은 이러한 서방의 저명한 경제학자도 사회주의는 계획경제이며 자본주의는 시장경제라고 양자를 매우 분명하게 나누어 파악했다.

1980년대 초 덩샤오핑이 비로소 중국의 시장화 개혁을 진행할 때 80여세 고령의 노벨경제학상을 수상한 하이에크는 최후의 저작『불행한 관념 - 사회주의의 착오』를 완성했다. 하이에크는 책에서 계획경제는 사회주의의 핵심이라고 했다. 그는 "중앙경제규획과 경제통제를 실행하는 이러한 것은 모두 사회주의의 핵심적인 것 들이라고" 표명했다.[11] 하이에크는 책에서 또 말하길 이러한 경제체제는 중앙지령적 경제라고 했다.

---

10)『鄧小平文選』, 236쪽.
11) 哈耶克,『不幸的觀念-社會主義的謬誤』, 東方出版社, 1991, 71쪽.

그는 자본주의경제의 특징은 시장경제를 실행하는 것이라고 말했다.

헌정憲政사상을 제외하고 단순히 사회주의와 시장경제를 연결해서 본다면 덩샤오핑의 경제사상은 하이에크를 돌파했다고 볼 수 있다.

국외의 적지 않은 학자와 정치가는 덩샤오핑과 세계의 가장 저명한 경제학자와의 비교를 통해 덩샤오핑의 경제사상이 세계적 가치가 있다고 간주했다. 고르바초프는 "덩샤오핑의 가장 주요한 성취는 바로 경제개혁이다. 덩샤오핑은 세계 공산주의 실천 중 창조적으로 공산주의 이데올로기와 시장경제를 결합하였고 이러한 방면에서의 성취는 그를 케인스John Maynard Keynes, 1883-1946나 프리드만Milton Friedman, 1912-의 계열에 둘 수 있게 하는 데 이후 두 사람이 세계 각국의 지도자에게 강력한 사상적 영향을 끼쳤다"고 말했다. 인도학자 쑤디성蘇地生은 "덩샤오핑이 한 명의 정치경제학자라는 신망은 의심할 여지가 없는 것이다. 그는 공상주의적 족쇄를 깨뜨렸고 스스로 풍부한 경험과 지혜를 운용하여 중국에서 새로운 모델을 건립했으며 이러한 모델은 대다수 발전 중 국가가 오늘날 필요한 것이었다"라고 말했다.[12]

덩샤오핑은 시장경제제도로 중국을 재창조 하였고 이것은 중국특색 사회주의 사상의 최고의 성취였다. 덩샤오핑은 적극적으로 개혁개방을 제창하여 중국의 기본적 국책이 되었다. 경쟁관념, 평등관념, 자유관념과 개인의 재부추구의 정신은 중국대륙에서 다시 흥기했고 민중의 심중에 깊이 뿌리 내리게 되었다.

중국인의 오늘날 생활은 남순강화의 연장선상에 있다. 2010년 중국인 평균 GDP는 4천달러에 달한다. 중국의 경제규모 역시 일본을 초과했고 세계 제 2의 대경제체제를 이루었다. 이는 덩샤오핑 사상이 이룩한 성과이다.

---

12)福建省委黨校主辦,『領導文萃』 2011 年 第8期, 37쪽에서 인용.

2. 덩샤오핑 '8·18' 강화: 정치체제 개혁의 신호

다시 정치개혁을 보자. 중공지도자 중 덩샤오핑은 처음 정치체제 개혁의 의제를 제기했다. 1980년 8월 18일 그는 「당과 국가영도 제도의 개혁」이란 제목의 강연에서 중국정치체제의 귀결점은 '제도문제'라고 하였다. 그는 "제도가 좋으면 나쁜 사람도 임의대로 할 방법이 없고 제도가 나쁘면 좋은 사람도 충분히 좋은 일을 할 수가 없으며 심지어 반대로 갈 수 있다. 마오쩌둥 동지와 같은 이러한 위대한 인물역시 좋지 않은 제도의 영향을 받아 당 국가와 타인에게 모두 큰 불행을 만들었다. ……만약 현행제도의 폐단을 개혁하지 않는다면 과거에 출현한 이러한 엄중한 문제가 이후에도 다시 출현하게 될 것이다."라고 말했다.[13]

이것은 중공의 집정 이래 고위 지도자가 정치제제의 폐단에 대해 첨예하고 심각하게 비평한 전에 없던 것이었다. 과거 정치상 출현한 문제에 대해 종래에는 제도 측면에 대한 반성은 없었다. 관례적 태도는 제도는 우월하다는 찬양이고 개개인에게 책임과 벌을 내렸다.

강화에서 덩샤오핑은 제도방면의 5개 폐단을 제기했다. 관료주의, 권력의 지나친 집중, 가장제家長制, 간부지도책무종신제, 특권이었다. 덩샤오핑은 이러한 폐단이 생겨난 원인은 중국의 체제 중 존재하는 봉건주의에 때문이라고 보았다. 그는 "계속하여 정치사상방면의 봉건주의의 잔여가 이러한 임무에 영향을 끼치는 것을 없애야 하는데 우리는 그것의 중요성에 대한 인식이 부족하면서도 이후 빨리 사회주의혁명으로 들어와 버려 충분히 완성할 수가 없었던 것이다."라고 말했다.[14]

13) 『鄧小平文選』 第2卷, 333쪽.
14) 『鄧小平文選』 第2卷, 335쪽.

주의할 것은 덩샤오핑은 이 강화에서 보기 드물게 서방국가의 정치
제도를 긍정하였다는 것이다. 그는 "스탈린은 사회주의 법제를 심하게
파괴하였고……이러한 사건은 영국, 프랑스, 미국과 같은 서방국가에
서는 발생할 수 없는 것이다."라고 말했다. 덩샤오핑은 특별히 소련의
정치제도와 서방국가의 정체제도를 대비하고 후자를 긍정했다. 이후
덩샤오핑은 여러 차례의 강화에서 중국의 정치제도의 내원이 소련이
라고 하였다. 예를 들어 1986년 9월 29일 그는 폴란드의 지도자 야루젤
스키[Jaruzelski, 1923-와 회견시 "우리 양국의 원래의 정치제도는 모두
소련모델에서 온 것이며 이러한 모델은 소련에서도 성공하지 못하였
다고 본다"라고 말했다.[15]

1980년 8월 21일, 23일 덩샤오핑은 「이탈리아 기자 오리아나 팔라치
Oriana Fallaci에게 답함」이란 담화에서 전통정치문화 영향의 각도에서
중국정치제도의 폐단을 반성했다. 그는 "우리의 과거의 제도가 실제
봉건주의의 영향을 받은 것은 개인 미신, 가장제 혹 가장 작풍 심지어
간부직무종신제도 포괄된다. 우리는 바로 이러한 현상의 중복을 피하기
위해 연구하고 제도개혁의 착수를 준비한다"고 말했다.[16]

3. 정치체제: 개혁개방의 늦은 걸음

그러나 덩샤오핑이 이러한 뜻의 강화를 발표한 같은 달 즉 1980년 8월
전 사회주의국가 폴란드에서 노동자의 대규모 파업과 자유권리 요구의
사건이 발생하고 상황이 점차 격렬해지자 중국지도층에서 큰 우려가
제기 되었다. 당내의 영도층 인사들은 중국에서도 폴란드와 같은 사건

15)『鄧小平文選』, 第2卷, 333 쪽, 3卷, 178쪽.
16)『鄧小平文選』, 第2卷, 348쪽.

이 발생할 위험이 있고 소수의 다른 정견을 갖은 불만을 품은 노동자군중이 거대한 역량을 결합하여 일어날 수 있을 것이라고 보았다.

이러한 배경 하에서 정권유지를 고려하여 덩샤오핑은 정치체제 개혁 방면의 시동을 신중하게 하였다.

1986년 9월에서 11월까지 13대를 준비하는 과정에서 덩샤오핑이 강화를 발표하고 재차 정치체제 개혁을 책동했다. 그는 "정치체제를 개혁하지 않으면 경제체제개혁의 성과를 보장할 수 없다"라고 말했다.[17]

그러나 이번에 덩샤오핑은 정치체제 개혁의 목표를 3가지로 한정했는데 당과 국가의 활력을 시종 보장한다. 관료주의의 극복, 업무효율의 제고, 기층과 노동자, 농민, 지식인의 적극성을 추동한다였다.

그는 강화에서 다시 제도 변혁을 제기하지 않았다.

덩샤오핑은 정치체제 개혁은 먼저 한 두가지의 일에서 시작할 것을 제의했다. 우선 당정이 분리되고 둘째 권력을 하방하며 셋째 기구를 간소화한다는 것이다.

1987년 열린 13대에서 덩샤오핑이 획정한 범위 내에서 정치체제 개혁의 풍조가 고조되었다. 13대 보고의 전문에 '정치제제개혁에 관한' 한 장이 끼어 있었고 이는 종래 없던 것이었다. 이 일장에서 7조 조치가 제출되었는데 당정분리의 실행, 나아가 권력의 하방, 정부공작기구의 개혁, 간부인사제도의 개혁, 사회협상대화제도의 건립으로 사회주의 민주정치의 약간의 제도 완비, 사회주의 법제건설을 강화였다.

이후 발생한 1989년의 풍파로 당정분리의 진행이 중단되었다. 이후 덩샤오핑이 제출한 정치제제개혁조치는 인민대표대회와 정치협상회의에서 열매를 맺었다. 상술한 바처럼 우리는 경제개혁의 대담한 돌파, 정치개혁의 여러 한계의 설정, 정치개혁의 호소가 복잡함을 끌어

---

17) 『鄧小平文選』, 第3卷, 176쪽.

낼 수 있었지만 동탕의 때에 정치개혁을 중단하거나 늦추더라도 경제발전의 순리적인 진행을 보장하는 것이 덩샤오핑 사상의 특징이었다는 것을 알 수 있다.

삼개대표이론과 과학발전관의 제출은 모두 덩샤오핑 사상의 발전과 연장이다.

의심할여지 없이 덩샤오핑 사상은 실천과정에서 찬란한 성과를 내었으나 정치체제 개혁의 지체로 인해 부패의 문제, 빈부분화 등 여러 문제를 낳았으며 혼란의 분위기를 발생시켰다. 또한 다원사상이 생겨나 각자의 처방을 제기하게 되었다. 덩샤오핑은 만년에 이러한 문제를 알고 있었다. 그는 발전 이후 분배불평등문제의 해결이 중요할 것이라고 일찍이 말하였다.

4. 신권위주의에 관한 논쟁

법률출판사가 2011년 1월에 차이딩젠蔡定劍, 왕잔양王占陽 주편의 『헌정을 향하여走向憲政』란 책을 출판하였는데 안에 우자샹吳稼祥의 「신권위에서 헌정민주까지從新權威到憲政民主」라는 글이 있었다.

주의할 것은 우자샹은 글에서 "중국경제 개혁은 1986년 실제 신권위주의가 주도하는 경제정치의 종합개혁으로 들어갔다. 바로 이해에 덩샤오핑은 10차례 정치체제개혁을 창도했다. 1986년 3월 6일 그는 기회가 있을 때마다 그가 창도한 종합적 개혁을 총체적으로 진행했다. 당시 중공중앙의 주요한 영도가 그에게 사상계에 유행하는 신권위주의 사조를 보고하자 그는 단호하게 나의 주장이 바로 이것이다라고 했다"고 말했다. (이 책의 67쪽)

이것은 공개출판물에서 최초로 소개된 덩샤오핑의 신권위주의 토론에 대한 태도이다.

신권위주의는 무엇인가?

1986년 봄에서 1989년 봄까지 베이징의 장빙쥬張炳九는 『경제체제 개혁과 정치체제 개혁의 전진과 조화 經濟體制改革和政治體制改革的進程與 協調』라는 책에서 우자샹吳稼祥, 장빙쥬가 함께 「급진민주인가 온건민주인가」를 발표했고 우자샹은 「신권위주의 서술평」, 「신권위주의 연구제요」를 발표했고 상하이의 샤오궁친蕭功秦은 「신권위주의: 고통의 두 가지 어려운 선택」, 「과도권위론과 중국의 개혁운동」 등의 글을 발표해서 당시 경제문제의 나날이 심해지는 위기, 부패의 만연, 신구체제의 팽팽한 대결의 국면에 대해 신권위주의를 이용한 경제개혁, 현대화의 실현을 제기했다.

신권위주의는 당시 격렬한 토론을 유발했다. 1989년 4월 북경경제학원출판사(현재 수도경무首都經貿대학출판사)가 류진劉軍, 리린李林 주편의 『신권위주의-개혁이론강령에 대한 논쟁 新權威主義-對改革理論綱領的論爭』이란 책을 출판하였는데 주요한 토론글이 수록되었고 본 소절에서 인용한 문장은 모두 이 책에서 나온 것이다.

웨린쟝岳麟章, 정융녠鄭永年은 1989년 봄 「신권위주의와 정치 민주화」라는 글을 발표하고 신권위주의 이론의 몇 개 요점을 도출했다. (1) 중국국정으로 보면 경제현대화와 정치현대화는 동시에 나아갈 수 없고 단계를 나누어야 하는데 우선 경제현대화를 실현하고 난 후 다시 정치현대화를 실행해야 하니 경제시장화는 정치민주화에 선행하며 시장화의 종점은 민주화의 기점이다. (2) 중국은 자연경제에서 시장경제로의 전변을 실현해야 하며 나아가 경제현대화를 실현해야 하는데 반드시 집권의 조건하에서만 완성할 수 있으니 이러한 집권적 지향은 현대화를 추구하게 할 것이다. (3) 현재 중국의 정치영역에서의 개혁은 정치민주화를 전면적으로 수행하는 것이 아니라 집권제와 정치전권을 실행해야 한다. (4) 이러한 집권제가 강조하는 것은 정치체제가 아닌 지도자인데 위대한 지도자나 묵계로 배합된 결책집단이 경제현대화를 강제적으로 추진해야 한다.

(5) 이러한 신권위통치 집단의 임무는 강력한 힘으로 시장화와 사유재산제도를 추진하고 중산계급을 배양하며 정치상 반대파를 제압하여 안정을 수호하는 것이다. 중산계급이 발전하면서 신권위주의 통치가 끝나면 자동적으로 민주정치시대에 들어가게 될 것이다.

웨린쟝, 정융녠은 글에서 신권위주의의 출현은 이론계에 생기를 가져온 환영할만한 것이라고 하였다. 젊은 이론가가 용감하게 치국방책을 제기한 것은 대견스러운 것이었다. 하지만 민주화, 경제발전과 정치안정은 현대화의 다른 측면으로 피차 서로 의존하고 촉진하는 것으로 만약 분리가 된다면 문제가 발생할 수 있다. 이외에도 일단 신권위가 절대적인 통치지위를 점하게 된다면 기득권자가 되면서 자동적으로 자리를 내놓기는 힘들게 된다.

장쭝허우張宗厚는 「신권위주의인가 법리권위인가」라는 글에서 신권위주의자가 개혁을 추동하려는 정신은 의심할 여지가 없다. 그러나 현재 중국의 개혁이 곤경에 빠진 주요한 원인은 정치체제 개혁의 낙후로 인해 각종 사회폐단을 억제할 기제가 결핍되게 되었기 때문이라고 하였다. 중국은 법치가 결핍되었다. 이 때문에 현재 필요한 것은 인치에서 법치로의 전환을 빨리 실현하고 카리스마형 사회(매력적 지도자의 주도)에서 법리형 사회로 전환해야 한다. 강인정치에 의거하여 현대화를 추구하는 것은 인치적 사유이다라고 말했다.

왕이저우王逸舟는 「왜 신권위주의에 찬성할 수 없는가」에서 신권위주의는 실용주의철학의 지배를 받는다고 하였다. 신권위주의자는 경제효율을 정치민주보다 우위에 놓는데 이것은 부당한 가치판단이다.

룽졘榮劍은 「중국현대화에 집권정치가 필요한가」라는 글에서 전통의 고도 집권적 관리체제는 정치권력을 농단할 뿐 아니라 경제운영도

조종한다고 하였다. 개혁 10년 후 이러한 상황은 철저히 변화하지 않았다. 이것이 하나의 문제로 제기되었고 이러한 집권체제에 의거하여 정치와 경제의 이원화는 실현할 수 없으며 또한 경제자유화의 목표에 도달할 수 없다. 중국의 출로는 정치체제 개혁을 거친 민주정치의 건설을 추진해야만 비로서 협동경제체제의 개혁과 함께 자체적인 자유화를 완성할 수 있을 것이다라고 말했다.

친샤오잉秦曉鷹은 「역사의 악성순환을 뛰어오르다」에서 중국의 권위는 현대화 지향이 결핍되어 있고 현재 권력이 지향하는 것과 현대화 실현은 큰 거리가 있다. 이 때문에 정치체제개혁을 가속하는 것이 경제체제개혁추진의 핵심요지이다. 신권위주의 이러한 주장은 중국과 세계에서 이미 쇠락했다고 여겼다.

구신顧昕은 제 3의 길을 제기하였다. 그는 신권위주의와 민주우선의 두 가지 종류의 사상은 모두 약점을 지니고 있다고 여겼다. 그는 「제 3의 길: 일종의 온건한 제도변혁 전략」이란 글에서 신권위주의자가 의거하는 것은 역사라고 말했다. 우자샹은 영국왕 헨리2세는 개명권위였다. 그러나 헨리 2세의 행동거지는 여러 역사요소의 합력의 결과이지 그 본인의 명확한 계획과 의지가 아니었다고 말했다. 기타 신권위주의자가 주목하는 라틴아메리카 국가의 군인정권이 실행한 경제자유화 정책 역시 이러한 정권이 자신의 이익을 유지하고 행동을 취하기 위한 근간이었지 먼저 설계된 신권위주의 이론에 의거하여 실시한 것은 아니었다. 아시아의 4마리 작은 용의 상황은 더욱 복잡한데 미국적 배경과 원래의 사회경제구조가 이러한 국가나 지역에서 '현대화 취향'을 갖게 했다. 종합하면 역사사례는 대개 자연발생적인 특징을 지녔던 것이지 사람이 설계한 것이 아니었다. 신권위주의자는 중국의 정치, 경제, 사회구조에 대해 깊은 이해가 부족한데 그들이 희망하는 매력적 권위가 충분히 제도변혁을 실현시키고 마침내 민주로 바뀔 수 있을까? 이는 매우 의문이 드는 바이다. 신권위주의자는 영웅사관을 지니고 민주주의자는 군중사관을 지니는데 시선을 권위에 집중을 하던 인민에 집중을 하던 모두 유독 중간구조는 주목하지 않았다.

구신의 제 3의 길은 무엇인가? 그는 그것은 완만한 변혁전략이다라고 말했다. 첫째는 각급권력조직의 전문화와 이성화를 실현하는 비이데올로기화이다. 둘째는 민주의 우선적 실현에는 찬성하지 않는 것으로 이러한 요구는 쉽게 안정을 해칠 수 있기 때문이다. 현재 가장 중요한 것은 개인과 사회단체의 경제이익이 권력의 침범을 받지 않도록 하는 것으로 최고층차의 민주화 결책 이후에 말할 수 있다. 셋째는 권위 작용을 존중하는 동시에 지식인과 기업가 계층의 성숙을 희망하며 사회부패를 제약하는 방면에 공통된 인식을 달성하여 중국을 현대화로 나아가게 하는 것이다.

80년대 후기에 발생한 이러한 토론은 참고할 만한 측면을 제공함과 동시에 덩샤오핑 사상에 대한 이해를 돕는다.

제2장

마오쩌둥 만년 사상의 수호자

- 구좌파 사조

1. 제1파동: '양개범시兩個凡是'와 진리표준의 대척

마오쩌둥 만년의 정치사상의 유산은 일련의 좌파인물들이 계승하였기에 일반적으로 그들은 구좌파라고 불린다. 이렇게 불리는 이유는 후에 출현한 신좌파와 구분하기 위해서이다.

구좌파 관점의 핵심내용은 3가지로 하나는 계급투쟁을 강령으로 하는 것이고 둘째는 공유제이며 셋째는 계획경제이다. 근년래 구좌파진영 중 비교적 극단적인 사람들이 소리 높여 문화대혁명과 마오쩌둥이 만년에 제기한 무산계급독재하의 계속혁명이론을 지지하였다.

구좌파는 개혁개방을 저지하는 항쟁을 개혁개방의 전 과정에 걸쳐 진행하였다. 구좌파진영이 모두 같지는 않다. 어떤 사람은 마오쩌둥의 신조를 계속 견지하고 어찌되었던 시종 포기하지 않았다. 당신이 그들의 관점에 찬동하지 않아도 이러한 사람들의 인격은 존중해야 한다. 그 밖의 다른 사람들은 변덕을 부리며 수시로 변화하고 이익을 계산하는 것에 깊이를 헤아릴 수 없는데 이것은 별도로 논할 것이다.

당연히 동기여하를 막론하고 그들 모두 스스로 주장할 권리를 지니고 있다. 30여년 동안 구좌파의 항의소리는 끊이지 않았지만 그 영향력과 파급면에서는 4가지의 비교적 큰 파동을 말할 수 있다.

제 1의 파동은 '양개범시'와 진리표준의 대척이었다. 이러한 투쟁에서 왕둥싱汪東興은 주요한 대표인물이고 화궈펑 역시 책임이 있다. 1977년 2월 7일『인민일보人民日報』가 두 신문의 연합사론「좋은 문건의 핵심강령을 배우자學好文件抓住綱」를 발표했을 때 매일 먹고 살기 바쁜 일반인들은 이러한 두 가지 말에 주의를 기울이지 않았다. 즉 "마오 주석이 만든 모든 정책은 우리 모두 견결히 수호해야 한다. 모든 마오 주석의 지시는 우리 모두 시종 준수해야 한다."

마오쩌둥이 막 서거한 몇 개월간 신격화운동의 권위가 남아 있었고 은폐하려는 사고도 남아 있었다. 이것은 모두 일상에서 옛 논조를 관철하려는 것으로 어찌 드문 것이겠는가? 그러나 국가의 일을 밤낮으로 걱정하는 인사들은 그 가운데 현묘한 이치를 보았다. 이 사론은 당시 중앙공작을 담당한 왕둥싱이 선전책임자 겅뱌오耿飈에게 준 것으로 준동하지 않는다는 글자를 강조한 것이었다. 겅뱌오는 이 문장을 논의하면서 만약 이 문장에 따라 일을 하면 '사인방四人幇'을 분쇄한다는 것이다라고 말했다. 그러나 상급에 복종해야 했다. 『인민일보』가 이러한 사론을 특대호 글자체를 사용하여 발표하자 전국각지의 신문사 역시 같은 글자체로 이러한 사론을 매일 내보내면서 한번 보면 금방 알 수 있게 되었다. 이러한 문장은 중공중앙주석 화궈펑의 비준을 거친 것이다. 이것이 '양개범시'의 정식 출발이었다.

'양개범시'는 단지 말뿐은 아니었다. 저명한 당사 전문가 화둥사범대학華東師範大學교수 한강韓鋼은『염황춘추炎黃春秋』2011년 2월호와 3월호에서 장문의「화궈펑에 관한 약간사실」을 실었다. 이 글에서 2월 8일 화궈펑의 비준을 거쳐 중공중앙은「정치요언을 견결히 타파하는 것에 관한 통지 關於堅決打擊政治謠言的通知」를 발표하였고 22일 또「전국철로공작회의 기요 全國鐵路工作會議紀要」를 비준하였다. 이 두 가지 문건은 "어떤 지방에서 중앙영도동지의 대표어, 대자보를 무시하고 공격하는 것이 출현했다. 현재 사회에서 적지 않은 정치유언비어가 유전되고 있다.", "정치상 반동이며 이미 사망한 혹은 현재의 중앙영도 동지를 악독하게 공격하고 인심을 망령되이 혼란하게 하고 대중을 선동하며 이간을 도발하여 화주석을 수뇌로 하는 당중앙을 분열시킨다." 라고 인정하였다. 문건은 "마오주석, 화주석과 화주석을 수뇌로 하는 당중앙을 공격하는 현행 혁명분자에 대해 견결히 진압해야 한다."고 요구하였다. 이 두 문건에 따르면 각지에서 일련의 사람들이 모여 마오쩌둥의 음성에 의문을 제시했다는 것이다. 이러한 재료에서는 4인방 체포 후 전국각처에서 사형된 소위 반혁명분자가 44명에 달하였다. 한다. 이러한 사건에 대해 한강의 글에서는 "화궈펑의 최대의 착오는 1977년의 소위 '반혁명유언비어'에 대한 대처였다"고 말한다.

화궈펑의 당시 사상 상황은 피동적이었고 비교적 복잡했다. 한강은 근래 새로 드러난 사료를 근거로 화궈펑은 덩샤오핑을 나오게 하고 또 지지했다고 말했다. 한강은 글에서 우더吳德의 구술을 인용하면서 1976년 10월 '사인방' 체포 후 1차 정치국회의에서 화궈펑은 강화 중 덩샤오핑이 재기할 수 있기를 청했다고 한다. 이외 1977년 1월 6일 화궈펑은 정치국 회의의 강화에서 덩샤오핑 동지의 문제는 '사인방' 폭로과정에서 어떤 것은 바로 가라 앉혀 재가의 문제는 자연스럽고 때가되면 저절로 이루어지게 해야 한다고 말했다.

당시 중공중앙 부주석 예젠잉葉劍英의 사상이 가장 개방적이었다. 1977년 3월 10일에서 22일 중앙에서 공작회의가 열렸다. 회의 전 예젠잉은 문건을 기초한 사람에게 천안문사건은 억울한 사건이므로 반드시 바로잡혀야 한다고 말했다. 즉 덩샤오핑이 제기한 것의 좋은 점을 지적하는 것이 덩샤오핑 재기를 위해 유리한 조건을 창조했던 것이다. 중앙공작회의에서 천윈陳雲, 왕천王辰 등이 예젠잉의 의견을 지지하는 발언을 하였다.

화궈펑의 말과 비교하여 왕둥싱이 마오 만년 사상의 입장을 옹호하는 것이 더욱 강경했다. 당시 전국은 사인방 비판운동을 전개했고 일련의 매체는 장춘챠오張春橋의 「자본주의전면전제정치에 대하여 논함」과 야오원위안姚文元의 「린뱌오(林彪)반당집단의 사회기초를 논함」 두 글을 비평하였다. 1977년 2월 4일 왕둥싱은 이 두 편의 글은 중앙과 위대한 영도자 마오주석을 거친 것이어서 비판을 할 수 없다고 말했다. 왕둥싱은 이러한 지시를 선전기구에 발표하고 매체와 이론계에 골칫거리를 제공했다.

한강의 글에는 '양개범시'가 막 나왔을 때 덩샤오핑도 주의하지 않았다고 했다. 주자무朱佳木가 이러한 제안에 주의를 기울였고 덩리췬鄧力群은 이 문제의 엄중성을 논했다. 덩리췬은 왕천을 찾아 말하길 당신은 '양개범시'를 아는가? 이는 덩샤오핑을 향하는 것이며 덩샤오핑이 나오지 못하게 하는 것이다라고 말했다. 이에 왕천이 덩샤오핑에게 가서 '양개범시'의 문제를 이야기했다고 한다. 이러한 상황 하에서 덩샤오핑은 4월 10일 화궈펑, 예젠잉에게 편지를 써서 정확한 마오사상을 통해 우리 당을 지도해야 한다고 제기했다. 덩샤오핑의 뜻은 마오의 단편적 말로 이러한 문제를 처리할 수 없다는 뜻이었다.

5월 24일 아직 복권되지 않은 덩샤오핑이 왕천, 덩리췬과 담화하여 '양개범시'에 공개적으로 도전했다. 그는 "전날 중앙판공청의 두 명의 책임동지가 내게 와서 내가 그들에게 '양개범시'는 안된다고 했다. '양개범시'에 따르면 나를 위한 복권은 안된다는 문제를 말할 수 있고 또한 1976년 군중의 천안문광장의 활동이 정리에 부합한다는 것을 긍정할 수 없다는 문제를 말하게 된다. ……마오쩌둥 동지는 여러 차례 그의 말이 잘못되었다고 했다. 그는 일개인이 일을 하려면 착오를 범하지 않을 수 없다고 하였다. 또 말하길 맑스 엥겔스는 모두 과오를 범했는데 과오를 범하지 않았다면 왜 그들의 수고手稿가 항상 고쳐져야 했겠는가…… 마오쩌둥 동지는 자신이 착오를 범했다고 말했다."고 하였다. 덩샤오핑은 또 "맑스, 엥겔스는 '모두 옳다凡是'를 말한 적이 없고 레닌과 스탈린도 모두 옳다고 한 적이 없으며 마오쩌둥 동지 역시 '범시'를 말한 적이 없다."고 하였다.[18]

1977년 7월 16일에서 21일까지 열린 10계 3중 전회에서 덩샤오핑은 중공중앙 부주석, 중앙군사위원회 부주석, 국무원 부총리와 해방군 총참모장의 "삼등 항해사三副一正"의 직무를 회복하였다.

8월 12일에서 18일 거행된 중공 11대에서 화궈펑이 보고한 것은 '양개범시'를 기조로 한 것으로 문화대혁명을 찬동한 것이었다. 그는 마오쩌둥 만년사상의 핵심내용을 무산계급독재하 계속혁명의 이론이라 하고 '맑스주의 발전사상에서 특별히 중요한 지위를 부여하고……이는 당대 맑스주의의 가장 중요한 성과'라고 예찬하였다. 그는 계속해서 두 개의 계급, 두 가지 길의 투쟁을 중심으로 해야 한다고 강조했고 심지어 당중앙을 대표하여 "문화대혁명, 이러한 성격의 정치대혁명은 금후에도 여러 차례 진행될 필요가 있고 우리는 반드시 마오 주석의 교훈과 지도에 따라 무산계급독재 하의 계속혁명을 철저하게 진행해야 한다"고 선포하였다.[19]

이러한 표명은 '양개범시'가 당시 이데올로기의 주류이며 화궈펑 사상이 마오쩌뚱 만년 이데올로기의 틀을 벗어나지 못했음을 반영하는 것이었다. 11대에서 왕둥싱은 중앙정치국위원에서 중공중앙부주석으로 승진

---

18) 『鄧小平文選』, 第2卷, 38~39쪽.
19) 『中國共産黨第十一次全國代表大會文件選編』, 16쪽, 31쪽.

했다. 이는 전국 당대회가 그가 사인방체포의 과정에서 한 관건적인 역할
을 한 것에 대한 보답이었고 왕둥싱은 정치생애의 정상에 도달했다.

중국의 발걸음은 우여곡절을 통해 철저하게 '양개범시'의 구노선을
해결하였고 새로운 결합이 요구되었다.

1978년 5월 전국을 한바탕 흔든 공격이 시작되었다. 신시대를 열려
고 하는 개혁자는 마침내 '양개범시'를 공격할 돌파구를 찾았다. 이는
중앙당교中央黨校와 광명일보사光明日報社가 합작한 「실천은 진리를 검
증하는 유일한 표준」이라는 글이었다. 후야오방胡耀邦의 적극적인 지
지 하에 쑨창장孫長江, 후푸밍胡福明 두 명의 작가가 합작한 이 글은 10
월 후야오방이 창간한 중앙당교의 『이론동태理論動態』 제 60기에 발표
되었다. 다음날 즉 11일 『광명일보』는 '특약평론원'이란 명의로 전문을
발표했다. 제 3일 즉 12일에는 『인민일보』, 『해방군보解放軍報』에 전문
이 실렸다.

글에는 "현재……'성경에 기재된 것은 옳다'는 이러한 경향이 의연
히 존재한다." 현재 공식은 무한히 풍부하게 발전할 혁명실천이 제한
되고 유린되며 재단되게 하는데 이러한 태도는 잘못된 것이다." 시사
에 관심을 갖은 사람들은 이러한 말이 정곡을 찌르는 것이고 '양개범
시'를 향하는 것이었음을 모두 알 수 있었다.

당연히 상대방의 놀람도 컸다. 『인민일보』에 글이 실린 12일 밤 11시
전 인민일보총편집, 마오선편위원회 판공실 부주임 우렁吳冷이 서남
西南인민일보사 총편집 후지웨이胡績偉 에게 전화로 이 문장은 정치상
매우 잘못 되었고 방향성의 착오를 범하고 있고 기치를 파괴하고 마오
쩌둥 사상의 기치를 넘어뜨리는 것이라고 하였다.

17일 오후 『홍기紅旗』잡지 총편집 슝푸熊復는 같은 잡지 핵심소조
영도인을 만났을 때 이러한 잡지가 어떤 특별한 평론원 발표의 문장을
싣는데 사용되어 그들이 중앙의 말을 대표하는 것으로 여기게 되다니

도대체 대표라고 해야 할지 할 수 없는지 말하기가 어렵다고 했다. 이렇게 마오 주석의 기치를 유지하는 문제가 실천과 진리의 문제를 중시한다는 이러한 문장에서 도대체 무엇이라 했는가?

18일 오전 왕둥싱이 슝샤熊夏와 왕수王殊를 찾아 담화하고 「실천이 진리를 검증하는 유일한 표준」과 「노동분배에 따르는 사회주의 원칙의 관철」이라는 두 글을 비평하였다. 왕둥싱은 "이 두 편의 글은 볼 때는 괜찮지만 지금 보니 문제가 매우 크며 마오주석을 겨냥한 것이다. 어떤 중앙을 대표하는지 모르겠는가? 현재 이론계의 사상은 매우 혼란하고 이론문제는 신중해야 한다. 경험을 총괄하고 인식을 통일하는데도 예외가 아니다"라고 하였다. 그는 또 슝샤에게 엄격히 "관여하고 조직규율을 준수해야하니 파악되지 않은 문제는 명확해야 한다."[20]고 하였다.

18일 밤 중앙선전부장 장핑화張平化는 전국교육공작회의에 참가한 각 성省의 책임자를 댜오위타이釣魚臺에 모이게 하고 모두 「실천이 진리를 검증하는 유일한 표준」이라는 글을 판별하도록 권고하고 냄새를 맡아야 한다고 하였다. 그는 『인민일보』에 싣지 않고 신화사新華社에 발표를 했고 정론을 만들어서 감히 다른 의견을 제출했다.

덩샤오핑이 시작했지만 「실천이 진리를 검증하는 유일한 표준」이라는 이 글은 몰랐다. 그는 이 문장이 큰 논쟁을 불러일으켰다는 것을 알고 찾아보았다. 30일 그와 후챠오무胡橋木등이 담화를 할 때 "현재 이러한 문제가 발생했고 실천이 진리를 검증하는 기준이 문제가 되었으며 참으로 말로 표현할 수 없는 신묘함이 있다."라고 말했다.[21] 6월 2일 덩샤오핑은 전군정치공작회의 강화에서 사람의 정확한 사상은 사

20) 沈寶樣, 『真理標准問題討論始末』, 中共黨史出版社, 2008, 第 86쪽.
21) 『鄧小平年譜(1975 ~ 1997)』(上), 中央文獻出版社, 2004, 第 320쪽.

회실천 중에서만 가능하며 사회실천에서 검증되어야만 정확한가의 여부를 증명할 수 있다고 하였다.

그러나 왕둥싱은 진지를 지켰다. 6월 15일 오후 그는 중앙 직속 신문딴웨이의 회의에서 '특약평론원'의 이름을 직접 거론했고 후야오방을 몇 가지 명목으로 비판하였다. 그는 인민일보와 신화사의 책임자 후지웨이와 쩡타오曾壽를 질책하고 그들 두 사람에게 교훈을 받지 않으면 용서하지 않는다고 했다.

왕둥싱이 분노를 참지 못한 것은 그가 경고한 다음날『인민일보』가 셰비쓰邪賁思의「진리표준문제에 관하여」를 발표하고 실천이 진리검증의 유일한 표준임을 거듭 드러냈기 때문이었다. 6월 24일『해방군보』도「맑스주의 기본원칙」을 발표했다. 이 글은 후야오방이 조직적으로 쓴 것으로 중앙군위 비서장 뤄루이칭羅瑞卿 대장의 견결한 지지를 얻었다. 30일『이론동태』와『인민일보』가 동시에「역사적 조류의 세찬 전진」을 발표했다. 이 문장은 '범시파'를 반격한 것이다.

중국사회과학원의 원장 후챠오무는 논전 초기에 두리뭉실한 태도를 취해 실제는 '양개범시'에 편향되어 있었다. 그는 사회과학원대회에서 내가 책임 있게 말할 수 있는 것은 중앙이 이러한 문제에서(진리표준토론을 지칭)일치하였고 누구도 중앙내부에 다른 의견이 있다면 동요를 책동하는 것이고 중앙을 분열하는 것이다라고 하였다.

6월 20일 후챠오무는 후야오방의 집으로 갔다. 그는 후야오방에게 논쟁은 당교가 일으켰고 나는 다시 논쟁하는 것에 동의하지 않으며 즉시 논쟁을 중단하고 다시 논쟁을 하면 당의 분열이 반드시 조성될 것이라고 하였다.

후야오방은 후챠오무의 의견에 동의하지 않았다.

7월이 되자 왕둥싱은 한걸음도 양보하지 않았다. 그는 산둥山東 시찰을 할 때 '문화대혁명'의 성적은 주요한 것이며 마오 주석이 긍정한 것이다라고 하였다. 깃발을 꺽고 칼을 버리지 않으려면 계급투쟁을 강령으로 해야 한다고 하였다.

화궈펑은 중앙선전부와 『홍기』잡지에 진리표준토론에 대해 개입하지 말고 태도를 표시하지 말라고 지시했다. 이는 「실천이 진리검증의 유일한 표준」이라는 글에 대한 보류의 태도였다.

7월 21일 덩샤오핑은 장핑화張平化를 찾아 담화하고 그가 진리표준토론을 막아서는 안된다고 경고했다.

22일 오후 덩샤오핑은 후야오방을 찾아 그에게 "당신들의 『이론동태』 그룹은 매우 괜찮다! 당신들 동지들이 이러한 글을 읽고 원고를 버리지 않는다면 이것도 좋은 것이다. 이 글은 맑스주의적이다. 논쟁하는 것은 좋다. 그 근원은 '양개범시'때문이다."라고 말했다.22) 후야오방은 강력한 지지를 얻었다.

당시 전국 대부분의 매체는 계속 실천이 진리검증의 유일한 표준이라는 문장을 발표했고 형세는 불 위에 기름을 끼얹은 것 같아 진리표준의 대토론이 전국에서 펼쳐졌다. 이론계, 과학기술계, 교육계, 문예계의 지식인은 문혁 중 참단한 타격을 받았기에 분분히 전선에서 싸우며 '양개범시'를 비판했다.

그러나 10월이 되자 상층의 형세는 교착상태에 빠졌다. 3일 중앙판공청의 부주임이 민원업무회의에서 "현재 천안문사건의 번복을 요구하는 사람이 있는데 이것은 옳지 않고 중앙을 압박하는 것이다. 「실천이 진리검증의 유일한 표준」이라는 문장은 일련의 문제가 있다. …… 어떤 사람이 주석의 말로 주석을 비판하고…… 마오 주석만을 겨냥하는 것이 아니라 화주석도 겨냥하고 있다."23)라고 말했다.

---

22) 沈寶祥, 『眞理標准問題討論始末』, 第 94쪽.
23) 沈寶祥, 『眞理標准問題討論始末』, 第 89쪽.

최종적으로 11월 11일에서 12월 15일 열린 중앙공작회의에서 '양개 범시' 문제를 해결했다. 화궈펑은 이 회의에서 확정한 주제는 당의 공작 중점을 경제건설로 옮긴 것인데 이 의제는 매우 가치가 있었지만 당시 문혁의 남은 문제가 산적하여 사람들을 사로잡고 있는 실정이어 이 문제를 해결하지 못하여 중점을 전이하기가 쉽지 않았다.

회의가 열리자 천윈, 탄전린譚震林, 녜룽전聶榮臻, 샤오커蕭克, 캉커칭 康克清, 쑹런쥬宋任窮, 샤오화蕭華, 후야오방, 양더즈楊得志, 천피셴陳丕顯, 완리萬里 등의 원로가 문혁의 중대문제와 천안문사건의 문제를 먼저 해결할 것을 요구하자 회의에서 큰 반향과 호응이 일었다. 천짜이다오 陳再道, 리창李昌, 위광위안于光遠, 왕후이더王惠德, 양시광楊西光 등이 천안문 사건을 높게 평가하였다.

11월 14일 화궈펑은 『북경일보』의 보도에서 천안문사건은 혁명적 행동이라고 하였다. 16일 『인민일보』에 글을 발표하고 천안문사건은 혁명적 행동이라고 하였다. '양개범시'의 방어선이 무너진 것이다.

25일 화궈펑이 회의에서 '우파 번안풍翻案風을 반격하라'는 중앙문건 을 선포하여 '2월 역류'가 복권이 되어 푸이보薄一波 등 61개 '반도'의 복권이 이루어지고, 타오주陶鑄, 양상쿤 楊尙昆이 복권되고, 펑더화이彭 德懷의 骨가루를 팔보산八寶山 혁명공묘에 뿌리고 캉성康生, 셰푸즈謝富 治는 비판을 진행하고 중앙 전안조專案組를 없애 모든 안건을 중앙선전 부로 옮겼다. 이러한 지방적 중대사건은 지방의 실사구시로 타협 처리 되었다.

양개범시의 방어선은 기본적으로 무너졌다.

26일부터 회의는 진리표준토론문제로 격렬한 논쟁이 벌어졌다.

시중쉰習仲勛, 마원루이馬文瑞, 런중이任仲夷, 리더성李德生 등이 발언 중 「실천이 진리를 검증하는 유일한 표준」을 지지하고 장이전江一眞, 위쾅위엔, 양시꽝 등이 왕둥싱이 견지하는 '양개범시'를 중점적으로 비판하고 진리표준토론을 억누르는 착오를 비평했다. 대다수 발언자들은 리신李鑫, 우렁시, 슝샤 등에게 「실천은 진리를 검증하는 유일한 표준」이라는 모자를 씌우는 방식으로 비평했다.

덩샤오핑, 후야오방, 시쭝쉰, 쉬샹첸徐向前, 완리, 덩잉차오鄧穎超, 자오쯔양趙紫陽, 후지웨이胡績偉 등은 발언 중 진리표준토론은 일반이론의 문제가 아니라 정치투쟁이며 당과 국가의 명운과 관련이 있다고 하였다.

12월 13일 화궈펑이 회의에서 검사를 하였다. 그는 "'양개범시'의 제안은 혁명영수의 기치를 거는 것에서 출발하여 절대적이지만, 주도면밀하게 고려한 것은 아니어서 어느 정도 대중의 사상을 속박하여 실사구시적으로 당의 정책을 결정하는데 불리했고 당내사상을 활발하게 못하게 하여 당시 '양개범시'가 제기하지 않은 것은 잘한 것이다. 이러한 책임은 나에게 있다. 나는 자아비평을 하며 동지들의 비평을 환영한다."고 하였다.[24]

화궈펑은 진리표준토론을 긍정하고 예젠잉의 제의에 따라 이론회를 열어 이러한 문제를 전문적으로 해결하자고 하였다.

친히 중앙공작회의에 참가했던 우꽝위엔은 『1978 - 내가 직접 경험한 역차 역사대전환』이라는 글에서 화궈펑의 당시 회의에서의 표현에 대해 평가 했다. 우꽝위엔은 전체적으로 화궈펑이 천안문사건의 평정과 '양개범시'의 문제에서 피동적이었다고 했다. 그러나 그는 강경함은 없었고 비록 철저한 전변을 할 수 없었지만 대부분 의견을 고려하고 심지어 받아들일 태도를 취했다. 회의가 비교적 순조롭게 열린 것은 그의 이러한 태도가 적극적으로 작용했기 때문이었다.

왕둥싱은 이날 회의에서 서면검사를 했다. 그는 "사인방 분쇄 이후 나는 선전공작을 했는데 일련의 문제가 발생했다. 1977년 2월 7일 중앙은

24) 張湛彬, 『大轉折的日日夜夜』(上), 中國經濟出版社, 1998, 363쪽.

두 신문에서 발표한 사론「좋은 문장을 작성하는 강령을 배우자」에 발표한 양개범시의 문제였다. 당시 나는 이러한 관점에 동의를 하였고 이러한 글은 내가 본 것으로 중앙이 비준을 한 것이었다. 후에 보니 이러한 관점은 타당하지 않았고 실사구시로 당의 정책을 결정짓는데 유리하지 않았다. '실천이 진리를 검증하는 유일한 표준'이라는 문제에 관한 토론에서 중앙정치국 상무위원회가 11월 25일 북경시위원회, 공청단중앙 책임동지에게 얘기할 때 나는 이미 이러한 문제를 이야기 했고 나는 완전히 동의했다. 진리표준문제에 관한 글에 대해 나는 다른 견해와 관점을 발견한 이후 이러한 토론을 조직하고 영도하지 않았고 오히려 토론을 거쳐 사상을 통일하고 인식을 통일했다. 이러한 문제에서 나는 영도책임을 맡았고……동지들의 비평은 나에게 도움이 되었다. 나는 내가 담당한 직무와 나의 능력이 어긋나지 않고 명실상부 한 것이라고 믿는다. 이를 위해 나는 간절하게 중앙이 내가 겸임한 직무를 면직시켜 주길 간구하며 중앙의 결정을 기다린 후 성실히 동지들 에게로 나아갈 것이다."고 하였다.[25]

우꽝위엔은 「1978--내가 직접 경험한 역차 역사대전환」이란 글에서 왕둥싱의 표현에 대해 비평을 하였다. 우꽝위엔은 회의상에서 왕둥싱을 비평하였는데 그 심리는 물론이고 이 회의의 부합여부에 대해서 썼다. 이 때문에 이 회의의 성공에 대해 그가 공헌한 점이 없다고 할 수 없다.

덩샤오핑은 회의에서 「사상해방, 실사구시, 앞을 행해 단결」이라는 강화를 하였는데 사실 며칠 이후 11기 3중전회에서 주제보고를 하였다.

12월 18일에서 22일 11기 3중 전회를 거행했다. 전체회의는 '계급투 쟁으로 강령을 삼는 것'을 폐기하였고 전당의 공작의 중점을 현대화 건설로 옮기기로 결정하였으며 확실히 경제개혁을 진행하도록 요구

25) 於光遠,『1978-我親曆的那次曆史大轉折』, 中央編譯出版社, 2008, 205 ~ 208쪽.

하고 또한 사회주의법제 건설의 중대 문제를 제기하였다.

'양개범시'는 실패했고 개혁개방은 정식 항로를 시작했다.

어떤 사건은 제기할 만한 가치가 있다. 중앙공작회의가 열리는 기간에 베이징 시단西壇 담장에 출현한 대자보가 사상해방을 추동하는데 적극적인 작용을 하였다. 당시 나는 중국청년보 이론부의 편집을 담당했다. 1978년 12월 15일 오후 나는 중국사회과학원 원부에서 신선회神仙會에 참가했다. 당시 사과원 신선회의 주제는 사상해방을 토론하는 것이었고 매 격주간 금요일 오후에 거행했다. 당일 회의를 주지한 것은 사회과학원 부원장이던 덩리췬이었다. 그는 나와 대화 중 『중국청년보』에 시단벽의 대자보를 등재 줄 것을 요구했고 내가 책임자에게 이러한 의견을 보내주기를 원했다. 나는 즉각 서스광余世光 사장에게 이러한 상황을 알렸다. 서스광은 결심하지 못하고 오히려 나를 데리고 당시 청년단중앙공작을 주재한 후치리胡啓立에게 재차 알렸다. 이러한 몇 차례 고려를 하고 또한 대자보문제를 충분히 민감하게 고려하여 등재하지 않았다. 당시 나는 덩리췬이 주력한 사상해방에 깊은 인상을 받았다. 덩리췬은 머지않아 좌진영으로 전향하여 주력이 되었다. 이러한 현상은 연구할만한 가치가 있다. 1979년 12월 베이징 시정부의 규정에 따라 대자보는 시단벽에서 사라졌다.

2. 제2파동: 사회주의 성격, 자본주의 성격의 문제를 묻다

1989년 풍파를 거쳐 구좌파는 개혁개방을 청산할 기회를 맞았다. 몇 년간의 주변화를 참아내고 원수를 갚았다.

1989년 하반기에 민간에는 풍험과 불길함이 나돌았다. "개혁개방을 끝내려면 계급투쟁을 해야 한다고 한다." "지식인의 꼬리가 치켜 올라갔다. 여전히 마오 주석이 옳다. 그들의 꼬리를 내리게 해야 한다."

"유학정책이 변해야 하는데 방문을 위해 귀국하면 나가지 못하게 해야 한다."

"중앙은 개체호를 취소해야 한다"

……

1990년 2월 22일 『인민일보』에 중앙선전부장 왕런즈의 「자산계급자유화 반대에 관하여」가 발표되었다. 글에는 격렬한 논쟁을 불러 일으킬 의제가 제기되었는데 "자본주의화 개혁을 수행할 것인가 사회주의 개혁을 수행할 것인가?"였다. 이는 89풍파 이후 첫 번째로 제출된 사회주의냐 자본주의냐 성격을 묻는 중요한 글이었다. 작자가 말하는 '자본주의화의 개혁'이란 무엇을 말하는 것인가? 글에서는 "하나는 공유제 취소를 주로 하여 사유화를 실현하는 것이다. 다른 하나는 계획경제를 취소하여 시장화를 실현하는 것이다" 라고 하였다.

글에서는 또 "자산계급자유화를 주장하는 사람은 ……경제상의 근원이 있는가? 경제상의 역량으로 그들을 지지 하는가?"라고 질문했다.

이는 사영경제를 자유화와 같은 것으로 보는 것이다.

베이징 『당대사조』 1990년 제 1기에 「4개 기본원칙으로 개혁개방을 지도하고 규범화한다」가 발표되었다. 글에서 "사영경제와 개체경제는 ……그것이 자유롭게 발전한다면 사회주의 경제에 충격을 줄 것이다."라고 하였다. 1990년 6월 11일 『인민일보』는 「자산계급자유화의 다원화 관점을 평함」을 발표했다. 글에서 "자유화를 주장하는 사람은 경제의 다원화를 희망하면서 자연발생적으로 정치의 다원화와 권력의 다원화를 주장한다."고 하였다.

7월 30일 『인민일보』에 「누가 사회주의가 불명확하다고 하는가」라는 장문이 발표되었다. 『덩샤오핑문선』을 읽은 사람들은 덩샤오핑이 「중국특색사회주의를 건설하자」라는 글에서 "무엇이 사회주의이고 무엇이 맑스주의인가? 우리는 과거에 이러한 문제에 대해 명확히 인식하지 않았다."고 한 것을 알았다.[26]

「누가 말했나」글의 작자는 덩샤오핑의 강화를 명확히 알고 있었고 오히려 비판적으로 "'사회주의불명확론'은 일종의 맑스주의에 대한 조롱이며 공산주의 정당을 모욕하는 것으로 사회주의로의 길을 개척하고 사회주의 건설을 하려는 대중들에게 냉수를 끼얹는 이론이다"라고 하였다.

이러한 설명으로 글의 작자는 자연히 사회주의가 어떻게 된 것인지를 명확히 했다. 그는 글에서 사회주의를 첫째 사회주의생산재료 공유제로 자본주의 사유제를 대체하는 것으로 정의하였다. 이 글의 모두에 사영경제를 지지하는 덩샤오핑에 대해 개혁개방에 대해 언급했다. 작자가 말하고자 한 것은 중공 15대는 "비공유제경제는 우리나라 사회주의 시장경제의 중요한 조성부분이다"라는 것을 확인하는 것인데27) 이러한 정의가 사회주의에 부합한가 아닌가?였다.

이상의 몇 편의 글에서 모두 사영경제의 정당성이 의심되었고 이것이 초점이었다.

당시 다른 초점은 계획경제냐 시장경제냐의 문제였다. 1990년 10월 5일 『인민일보』는 「계획경제와 시장조절의 결합이라는 양개문제에 관하여」를 발표하였다. 글에서 "사회주의적 경제는 공유제 경제이고 그러므로 반드시 계획경제를 실행해야 한다, 계획경제는 총체적으로 계획적이고 비례적인 국민경제발전에 따르도록 실행해야 하며 이것이 사회주의 경제의 기본특징이고 사회주의 우월성의 체현이다."라고 하였다.

10월 12일 『인민일보』는 「사회주의 신념을 공고히 수립하자」는 장문의 글을 발표하였다. 글에서는 "자산계급 자유화는…… 당의 영도, 인민민주독재, 맑스주의, 마오쩌둥사상과 사회주의 공유제, 계획경제

26) 『鄧小平文選』, 第3卷, 63쪽.
27) 『中國共產黨第十一次全國代表大會文件選編』, 人民出版社, 1977, 22쪽.

를 집중 공격하며 집체주의의 도덕윤리도 공격하고 자본주의의 미화에 주력한다."고 하였다.

12월 17일 『인민일보』는 「사회주의는 반드시 자본주의를 대체한다」를 발표해서 "시장경제는 공유제를 취소하는 것이고 이것은 공산당의 영도를 부정하고 사회주의제도를 부정하고 자본주의를 제고하는 것이다"라고 하였다.

이 일년간 베를린 장벽이 무너지고 소련과 동구의 사회주의국가가 붕괴되었다. 몇 대의 중국인에게 익숙했던 도끼와 망치의 붉은기가 크레물린 궁에서 내려지고 소련공산당이 해산되었다.

중국은 긴장하며 주시했고 불안감이 사람들의 마음을 흔들었다. 누구나 개혁개방을 제기하면 '자유화'의 혐의를 갖었다. 사람들은 회의에서 신문보도처럼 말하였다. 어떤 사람은 베이징은 출두하여 세계혁명의 중임을 담당해야 한다고 했다.

12월 24일 덩샤오핑은 담화를 통해 "우리는 반드시 해내야 한다는 이것이 근본적인 국책이다. 이를 최우선으로 하지 않으면 자신의 역량도 충분해지지 않는다. 장점을 없앤다면 많은 주력을 잃게 될 것이다."라고 하였다.[28] 이것이 도광양회韜光晦이다.

1991년 초 덩샤오핑이 상하이에 왔다. 그는 다섯번째로 상하이에서 춘절을 보냈다. 이때 그의 심사가 무거워 중요한 말을 해야 했다. 상하이의 옛 패배의 면모를 보고 덩샤오핑은 마음에서 흡족하지 못했다. 1월 28일에서 2월 18일까지 덩샤오핑과 상하이시 간부가 여러차례 담화를 하였고 주요한 내용은 후에 『덩샤오핑문선』의 「상하이 시찰시의 담화」에 수록되어 있다.

그는 "상하이 개방이 늦었다. 노력해야 한다!" "그 일년 간 4개 경제

---

28) 『鄧小平文選』, 第3卷, 363쪽.

특구가 확정되었는데 주로 지리적 조건이 고려된 것이었다.······상하이가 인재방면에서 우세하다는 것을 고려하지 못했다.", "상하이인은 총명하고 소질이 우수하여 만약 상하이에 경제특구가 설립되는 것이 확정되었다면 현재 이렇지는 않았을 것이다. ······푸둥浦東이 선전深圳 경제특구와 같았다면 더 일찍 개발이 되었을 것이다.", "상하이는 과거 금융중심이었고 화폐가 자유롭게 태환된 지방이었는데 금후에도 이렇게 되어야 한다."고 하였다.29)

덩샤오핑은 베이징의 사람들이 사회주의냐 자본주의냐의 성격 문제를 제기한 것, 시장경제를 비판한 것에 대해서 당연하게 여기지 않았다. 그는 "당시 농촌에서 가정연산승포家庭聯産承包를 실행할 것을 제기하였을 때 많은 사람들이 동의하지 않았는데 가정승포가 사회주의라 생각하는가? 입으로 말하지 않고 마음으로 통하지 않아 이년간이나 고생을 했고 우리는 기다렸다." 고 하였다. 그는 "계획경제가 사회주의라고 하고 시장경제가 자본주의라고 생각하지 마라, 그렇지 않고 양자 모두 수단이며 시장도 사회주의를 위해 복무할 수 있다."고 하였다.30)

덩샤오핑은 상하이인에게 좌적인 소리에 좌우될 필요가 없다고 고무하였다. 그는 "상하이인의 사상이 해방되고 더 담대해지고 더 빨리 나아가길 희망한다."고 하였다.31) 덩샤오핑의 담화는 상하이 간부권내에서 반향을 일으켰다. 그의 담화정신은 전국으로 퍼져 나갔다.

이해 2월 13일 춘절이 이틀 지난날이었다. 상하이시위원회 정책연구실 처장 스즈훙施芝鴻은 해방일보사의 친구에게 전화를 걸어 시위서기 주룽지朱鎔基가 시위판공청 제1당지부회의에서 덩샤오핑 동지의 상하이 6차 강화의 정신과 새로운 뜻을 전달 받았다고 전했다. 이 신문사

29)『鄧小平文選』, 第3卷, 366쪽.
30)『鄧小平文選』, 第3卷, 367쪽.
31)『鄧小平文選』, 第3卷, 367쪽.

의 당위서기 저우루이진周瑞金과 평론부 주임 링허凌河가 이 소식을 듣고 즉시 스즈훙에게 모이자고 하였다. 세 사람은 논의 중 저우루이진이 결정하여 연초의 평론을 덩샤오핑동지 강화 정신에 비추어 쓰기로 하였다.

2월 15일 양의 해 첫 날이었다. 『해방일보解放日報』 앞면에 링허가 집필한 평론「개혁개방의 선두가 되자」가 발표되고 서명은 황푸핑皇甫平이었다. 글에서 "어떠한 사유방식의 속박도 돌파해야 한다", "풍험을 견디고 천하의 선두가 되어 선인이 가보지 못한 길을 가야 한다."고 하였다.

보름 후 3월 2일 『인민일보』와 『해방일보』는 서로「상품경제의 발전은 계획경제를 부정할 수 없다」를 발표하였다. 글에서 "어떤 사람들은 ……계획경제에 대해서 어떻게든 부정한다.", "시장경제원칙은 자원의 합리적 배치와 유효한 이용을 어렵게 한다, 우리나라 40년 사회주의 경제건설은 세계가 목도할 성취를 취득하였는데 우리나라의 계획경제의 거대한 우월성을 설명하는 것이다."라고 하였다.

『해방일보』는 배짱을 지니고 베이징의 책난을 거들떠 보지 않았다. 3월 22일 『해방일보』는 노작자 선쥔포沈峻坡가 집필한 한편의 평론「개방의식을 더 강하게 확대하자」를 발표하고 발표시 황푸핑으로 서명하였다. 글의 요점은 "만약 우리가 자본주의냐 사회주의냐를 힐난하는데 머무르기만 한다면 기회를 놓치게 될 것이다."는 것이었다. 황푸핑 계열 평론은 구좌파 여론의 해를 입어 즉시 공격을 받았다. 4월 20일 출판한 『당대사조』 제2기에「개혁개방은 자본주의냐 사회주의냐를 묻지 않는가?」가 발표되었다. 글에서 "자유화 사조가 범람하면서 한때 구호가 되어 자본주의인지 사회주의인지 묻지 않게 되었다." "결과는? 자본주의 사회주의를 묻지 않고 배척하다 보니 개혁개방을 자본주의화의 길로 끌고 가고 있다.", "성격을 묻지 말자는 구호가 유행할 때 경제상

사유화, 시장화가 주장되고 정치상 다당제, 의회제, 이데올로기상 다원화의 사조가 주장되어 사회주의는 개혁개방사업에서 끊어지게 되었다."

베이징에서 출판된 『고교이론전선高校理論戰線』6월에 출판된 제3기에서 「자본주의냐 사회주의냐를 묻는다」라는 글이 출판되었다. 글에서 "개혁개방을 실행하는 데는 반드시 사회주의냐 자본주의냐를 구분하여야 하는데 원인은 매우 간단하다. 왜냐하면 현실생활에서 자본주의냐 사회주의냐의 다른 개혁관이 존재하기 때문이다."

6월 15일『인민일보』에 덩리췬의 「인민민주독재를 유지하고 화평연변和平演變을 반대하고 방지하자」라는 긴 글이 올라 왔는데 이것은 계급투쟁이라는 '보배法寶'를 중시해야 한다고 본 것이다. 글에서 "전국인민이 쌍중 임무 즉 계급투쟁과 전면건설에 직면해 있다"고 하였다. 이는 기본노선이 규정한 '경제건설을 중심으로'를 양개중심으로 바꾸고 이뿐 아니라 계급투쟁을 경제건설의 전면에 배치했다. 덩리췬은 "계급투쟁을 정확하게 고려하여 진행해야만 현대화건설사업의 사회주의성격과 방향을 보증할 수 있다"고 했다. 이는 11기 3중 전회를 부정하지 않으면 계급투쟁을 강령으로 할 수 없다는 것을 거듭 천명한 것이 아닌가?

덩리췬은 이런 민감한 시기에 중대한 이론수정을 제기했는데 구좌파 영도인물의 역할을 보여준 것이다. 덩리췬은 중앙서기처 서기였다. 1987년 13대회에서 좌경사상을 견지하면서 명성이 알려졌으나 결과적으로 중앙위원선출에서 낙선되고 이어서 상무위원 선거에서도 탈락되었다. 덩샤오핑은 선거를 승인하고 변동은 없을 것이다라고 하였다. 이 때문에 덩리췬은 덩샤오핑에 대해 계속 유감을 갖았다. 덩리췬의 회억록 『12개춘추春秋』에서 중앙위원과 중앙고문상임위원회 위원 낙선은 내게 매우 자극이 되었다고 했다. 덩리췬은 1982년부터 2001년까지 구좌파집단에서 점차 현저한 핵심작용을 했고 사회여론도 덩리췬을 '좌파의 왕'으로 불렀다. 좌파왕의 등장은 좌파진영의 사기를 진작시켰다. 『진리의 추구』7월호에 「자본주의냐 사회주의냐를 다시 제기한다」가 실렸다. 글에서 "개혁은 자본주의인가 사회주의인가 물어야 하니 이것은 개혁은 4항 기본원칙의 견지가 요구되는가 아닌가를 통속적으로 드러내기 때문이다." 소위 개혁은 자본주의냐 사회주의냐를 묻지 않는데 본래 엘리트들이 은폐하기 위해 사용한 연막탄이었기 때문이다."라고 했다.

여름에 심려하던 인민일보사 사장 가오디高狄가 상하이로 내려와 비밀리에 조사하고 후에 『해방일보』에 발표된 황푸핑 문장에 어떤 배경이 있는지를 물었다. 결과는 공로 없는 후퇴였다.

8월 하순 『구시求是』1991년 제 16기에 「사회주의 방향을 따라 개혁개방을 계속 추진해야 한다」가 발표되었다. 글에서 "우리는 두 종류의 개혁개방관의 경계를 분명히 해야 하는데 매우 중요한 방면은 개혁개방의 대정방침과 기본정책시행 등 중대한 원칙의 문제에서 사회주의 사업의 발전에 유리한지 여부를 봐야 한다는 것이다. 통속적으로 말해 자본주의인지 사회주의인지를 물어야 한다는 것이다. 이래야만이 우리의 개혁개방이 사회주의의 방향을 시종 견지할 수 있고 중대한 착오를 모면할 수 있다."고 하였다.

8월 20일 출판한 『당대사조』에서 「자본주의인지 사회주의인지를 왜 물을 수 없는가?」를 발표하여 황푸핑을 직접적으로 비판하였다. 글에서 "우리가 새로운 개혁조치를 제기할 때 대중들이 사회주의 성격인지 자본주의 성격인지를 묻는 것을 '신사상의 부재'라고 여겨서는 안된다. ……만약 대중의 혁명본능을 경솔하게 '신사상의 부재'로 귀결시키면 군중의 자본주의 복벽에 대한 경각심과 애국주의 감정을 억제할 수 있겠는가?"라고 하였다.

9월 2일 『인민일보』에 「당전 개혁의 세 가지 문제」가 발표되었는데 글에서 "우리의 동지 중 어떤 이는 두 종류의 개혁관의 분리를 하지 않으려고 하고 성격을 말하는 것을 꺼려한다.", "개혁문제의 두 가지 주장, 두 가지 방면은 두 가지 길의 투쟁으로 다른 형식이 지속되고 있다."고 하였다.

10월 23일 『인민일보』에 「사회주의 사회의 모순을 정확하게 인식하고 모순처리의 주동권을 장악하자」고 발표하였다. 글에서 덩리췬은 관점을 거듭하여 중국의 계급투쟁을 설명하면서 '건국 이래 어떠한 시기와 비교해도 선명하고 격렬하며 첨예하다'고 하였다.

11월에 출판한 『구시』제 22기에 「간부의 맑스주의 이론 훈배공작을 적극 강화하자」가 발표되었다. 글에서 각급간부에게 "우리의 동지들은 개혁의 정확한 방향에 대해 인식이 모호하여 맑스주의 기본이론으로 개혁을 할 수 없고 두 종류 개혁관의 기본경계를 명확하게 하지 않고 심지어 사회주의인지 자본주의인지 모두 상관하지 않는데 이는 매우 위험한 것이다."라고 하였다.

이러한 질책은 실제 어두운 기세를 담고 있었다. 가을 들어 형세는 미묘한 변화를 보이기 시작했다. 우선 덩샤오핑이 매체에서 출현한 화평연변에 반하는 강철장성鋼鐵長城등의 제기를 비평하면서 다시 이를 제기할 필요가 없다고 하였다.

9월 1일 밤 장쩌민江澤民이 중앙방송 『신문연번新聞聯播』프로그램에서 이전 『인민일보』의 제 2일의 사론의 요지를 보고, 당일 밤 『인민일보』는 사론의 '개혁개방 중 우리는 사회주의인지 자본주의인지 성격을 논해야 한다'는 구절을 제거하게 했다. 32)

그러나 구좌파는 어디에서 극복할 수 있었을까? 1992년 1월 5일까지 남순강화의 15분전 덩리췬은 다시 강경하게 덩샤오핑을 반대하는 주장을 했다.

---

32) 馬立誠, 『交鋒三十年』, 江蘇人民出版社, 2008, 150 ~ 151쪽.

이날 베이징서 출판된 간행물 『이론동태』에 그는 '화즈챠오華之侨'란 필명으로 「화평연변을 반대하는 3가지 논」이란 글을 발표했다. 이 글에서 그는 계속 앞 문장의 기조를 이어 화평연변 반대를 중심으로 주장했다. 글의 논조는 '계급투쟁을 강령'으로 하는 것이었다. 그는 "자산계급 자유화와 반자산계급 자유화 투쟁의 초점, 중심은 정권문제이다." "누가 누구를 이기는 문제로 해결할 수 없다. 계급모순은 아직 존재하고 자산계급과 무산계급의 모순, 그 투쟁은 여전하며 각파 정치역량의 투쟁이 아직 있어 무산계급이 스스로의 면모에 의거해 세계를 개조하고 자산계급도 자기의 면모로 세계를 개조하려 한다. 자산계급의 사상, 소자산계급 사상은 완강하게 자신을 표현했다 ……우리는 화평연변반대의 투쟁을 하고 자본주의의 중국에서의 복벽을 막아야 한다."고 하였다.

좌경사상의 급진적 팽창은 엄중한 결과를 초래했다. 둥푸렁董辅礽 주편의 『중화인민공화국 경제사』 제 14장에서 좌경사조의 영향으로 사영기업의 인심이 횡횡해졌다고 한다. 1989년 전국 개체호가 1,234만호 감소하고 영업인원이 1,943만명으로 감소하여 1988년 15%와 15.7%로 하강하였다. 사영기업은 50%가 감소했다.

1989년에서 1991년까지 GDP성장은 5% 정도였다.

개혁자들은 이러한 국면에 대해 자연히 초초하게 되었다. 당시 국무원 발전연구중심 부주임 우밍위吳明瑜와 상하이시위 선전부 부부장 류지劉吉등은 차례로 좌경사조의 엄중한 범람에 관한 상황을 수집하여 덩샤오핑에게 보고하였다.

후성胡繩이 말한 것처럼 당시 개혁개방의 명운이 이미 위기에 처했다. 덩샤오핑은 손을 들지 않을 수가 없었다. 1992년 들어 덩샤오핑은 88세가 되었다. 노인은 계속 긴장된 사고를 하고 어디에서 문제가 나타나는지 보고 의심을 풀고 먹구름을 해결해야 했다.

시간이 노인에게 준 기회는 이미 많지 않았다. 다행인 것은 노인이 이 기회를 잡은 것이다. 1992년 1월에서 2월까지 남순강화의 소리가 재차 전국을 진동했다.

남순강화는 덩샤오핑의 '백조의 춤'이었다. 남순강화가 연 새로운 시대는 80년대의 개혁보다 더 중국의 면모를 변화시켰는데 이것이 경제체제에서 중국을 재구성하였기 때문이었다. 노인은 황혼의 시기에 전력을 모아 중국을 최후로 추동하였다. 이것이 덩샤오핑의 중국 돌파와 발전에 대한 최대의 공헌이다. 진정한 덩샤오핑의 시대는 남순강화 후에 출현한 것이었다. 노인이 떠난 오늘날 우리는 남순강화의 연장선상에서 생활하고 있다. 중국경제는 2010년 일본을 추월하여 세계 제 2위가 되었고 이는 남순강화의 걸출한 성과였다.

덩샤오핑은 다년간의 정치경험과 안목으로 정곡을 찌르는 말을 하였다. 그는 "고질적인 병폐는 오히려 좌경적인 것이다. 이론가, 정치가, 명분으로 협박을 하는 사람들은 우가 아니라 좌이다. 좌는 혁명색채를 띠고 좌를 넘어 혁명으로 가려는 것 같다. 좌는 우리당의 역사에서 두려워할 만한 것이었다! 이런 좋은 것이 그로 인해 한번에 매장되었다. 우는 사회주의를 매장시키고 좌 역시 사회주의를 매장시켰다. 중국은 우를 두려워해야 하지만 좌를 방지하는데도 주력해야 한다.……개혁개방을 자본주의를 발전시키는 것으로 말하고 화평연변의 주요한 위험을 경제영역에서 찾는다면 이것이 바로 좌이다."라고 말했다.[33]

덩샤오핑은 "개혁개방이 걸을 수 없게 하고 돌파하지 못하게 한 것은 자본주의를 너무 두려워하면서 자본주의의 길로 갔다는 것이다. 자본주의냐 사회주의냐 성격을 말하는 것은 해로운 것이다. 판단의 표준은 마땅히 사회주의 사회의 생산력 발전에 유리한가 아닌가의 여부에

---

33) 『鄧小平文選』, 第3卷, 375쪽.

있고 사회주의 국가의 종합국력을 증강시키는데 유리한가 아닌가의 여부, 인민의 생활수준을 높이는데 유리한가 아닌가에 있다.”고 하였다.[34] 그는 “계획이 더 많으냐 시장이 더 많으냐는 사회주의와 자본주의의 근본적인 구별이 아니다. 계획경제는 사회주의와 같은 것이 아니며 자본주의도 계획이 있다. 시장경제는 자본주의와 같지 않고 사회주의도 시장이 있다. 계획과 시장은 모두 경제수단이다.”라고 하였다.[35]

이해 열린 14대에서 장쩌민의 제의에 따라 중국의 경제체제는 사회주의 시장경제체제를 확정하였다. 14대는 주로 좌의 방지를 제기하였다. 구좌파의 두 번째 파동은 실패하였다.

3. 제3파동: 네 번의 만언서로 사영경제를 깎아내리다

구좌파는 제 2파동의 도전이 1992년 좌절이 되자 3년간의 침묵 후에 다시 도전하였다. 1992년부터 1995년 이 삼년의 형세의 큰 특징은 다수의 관리와 지식인이 남순강화의 고무하에 샤하이下海를 하여 중국의 사영경제가 공전의 폭발적인 증가를 이루었다는 것이다.

이 삼년 구좌파가 형세를 관찰하니 새로운 돌파구를 찾을 수 있었다. 이 세 번째의 공격은 사영경제에게 향해졌다. 마오쩌둥의 전통사회주의 모델은 사영경제를 별도로 여겼기 때문에 구좌파는 이점을 크게 이용하려고 했다.

처음 그들이 제기한 문제는 사영경제의 발전이 국가안전에 위협을 조성하는가 아닌가였다.

국가안전은 구좌파가 사람들을 위협하는 새로운 구호가 되었다.

---

34) 『鄧小平文選』, 第3卷, 372쪽.
35) 『鄧小平文選』, 第3卷, 373쪽.

공격의 형식에 새로운 특징이 나타났다. 과거에 구좌파는 대중매체를 통해 개혁개방을 비판하는 글을 발표해 왔지만 1992년부터 덩샤오핑의 공격을 받은 후 매체가 좌에 대한 경계를 보이자 구좌파는 대중매체에서 비판을 하기가 어려워졌다. 그러므로 새로운 투쟁의 방법으로 세상에 나온 것이 바로 만언서萬言書를 뿌리는 것이었다.

이러한 신비한 방법은 오히려 중국적이었다. 만언서는 일종의 정치투쟁의 선언 수단이다. 청말 만언서를 뿌려 양무운동에 반대하기도 했다. 구좌파는 청말 완고파의 방식을 따라 진영을 새롭게 하여 개혁개방의 반대에 사용하였다.

공격의 각도와 논거는 모두 세심히 설계되었고 문장을 보더라도 작자가 한미한 집단이 아니며 글에는 정책결정에 영향을 끼치려는 의도도 선명했다.

첫 번째 만언서는 1995년 봄에 뿌려졌고 제목은 「우리나라 안전에 영향을 끼치는 약간의 요소」였다. 작자는 익명으로 현재까지도 누가 썼는지 확실히 제기된 바는 없다. 그러나 독자들이 모두 인정하는 것은 이러한 만언서의 작가는 구좌파 사조의 대표자일 것이라는 점이다. 이 만언서는 A4용지로 제본한 책을 각종 경로로 수도에 유포하고 또한 지방, 해외에까지 여러 차례 유포하였다. 사람들은 사적으로 좌파강령을 만들었고 심지어 개혁개방을 성토하는 격문을 만들기도 하였다.

사람들로 하여금 놀라게 한 것은 신비한 방식이 전국에 드리워졌다는 것이었다. 네이멍구 內蒙古에서 광둥廣東, 산둥山東에서 신장新疆까지 사람들이 모두 보았고 주요독자는 정계와 학계에 있었다.

과거 우파분자나 이러한 수단을 사용했는데 그들의 글을 외부에 발표할 수 없었기 때문이었다. 어떤 견해는 신문간행을 할 수 없어 내부에서 비판용으로 제공되기 위해 인쇄해야 했고 이 때문에 익명으로 유포되는 것이 나았던 것이다. 현재 좌파인물들이 반대로 이러한 익명의 수단을 사용하자 사람들은 시대가 변화했다는 생각을 하지 않을 수 없었다.

　이러한 만언서의 주요한 요지는 증명을 하려는 것으로, 개혁개방이 중국에 새로운 자본계급과 자산계급 이데올로기를 조성하고 공산당 내부의 주자파走資派와 의기투합하여 '국가안전에 엄중한 위험을 조성'했다는 것이었다. 만언서의 작자는 개혁개방이래 "소유제구조의 변동'을 우려했다. 그의 계산에 의하면 '공업총생산가치 중 국유는 1/4로 감소하고 집체도 1/2이 될 것이며 사영개체는 1/4로 올라갈 것이다. 사회상품소매총액에서 국유는 1/3로 낮아지고 집체는 1/6으로 하강하고 사영개체(농민의 비농업거류민의 소매업을 포함)의 1/2로 상승할 것이다.", "우리는 완전하게 한 민간자산계급이 이미 경제상 형성되었다는 것을 알 수 있고……현재 우리 사영업주는 '황금열매를 취하기에' 바쁜 한편 자기의 경제이익을 지키기 위해 이미 독립적인 정치요구를 하고 있다.……예측할 수 있는 것은 일단 형세가 허락되면 이러한 사람들이 공개적으로 자산계급정당을 조직하는 것은 오래 걸리지 않을 것이다."라고 하였다.[36)]

　작자는 "자산계급의 형성은 우리나라 무산계급독재의 잠재적 위협이 된다. 조건이 갖추어지지 않았을 때 자산계급은 적극적으로 공산당의 내부투쟁에 개입하여 당내 사회주의의 길로 가는 개혁파를 타격하고 당내 주자파의 길을 가는 개혁파를 지지할 것이다. 일단 조건이 성숙하면 국제자산계급의 지지와 배합하여 전체 공산당을 송두리째 뽑아내고 직접 공개적으로 자산계급독재로 무산계급독재를 대체할 것이다. 이 때문에 자산계급은 금후 십여년의 우리 국내 정치안전공작에서

---

36) 본 단락 이하의 인용문은 馬立誠, 凌志軍, 『交鋒』, 人民日報出版社, 2011, 190쪽, 192쪽, 193쪽, 216쪽, 217 쪽에 있음.

주의해야 할 주요한 대상이 될 것이다."라고 하였다.

내가 이러한 만언서를 본 것은 1995년 여름이었다. 어느 날 베이징 동부의 한 사영음식점의 주인이 우징롄吳敬璉, 둥푸렁, 쑨창장孫長江과 나를 청해 식사를 하였다. 이 주인은 베이징 동부의 유명한 사람으로 몇 개의 공장과 음식점을 경영하고 매년 몇 백만 위안씩의 세금을 내고 있었다. 주인은 나에게 이 만언서 이야기를 하며 두려움을 토로하고 자신의 재산이 위험을 맞을 것 같다고 하였다. 자리가 파하자 그는 즉시 아내와 아이들을 외국에 보내고 자신은 영주권을 품고 베이징에서 조용히 사태를 바라보았다. 후에 그는 나에게 '그 글의 기세가 대단했다'고 말했다.

두 번째 만언서는 1995년 가을 등장했는데 제목은 「미래 일이십년 우리나라 국가안전의 내외형성 및 주요위협의 초보적 탐색과 토론」으로 익명이었다.

이 만언서는 소련과 동구의 변화와 결합하여 중국의 화평연변和平演變이 가능할 수 있는가의 형세를 분석하였다. 글의 입론은 첫 번째 만언서의 관점을 계승하면서 중국에 이미 새로운 자산계급이 형성되었다고 보았다.

작자는 "근년래 직접 간접적 사유화 구호와 조치가 지지를 받으면서 우리나라 사영기업이 신속히 발전하고 몇 배 증가하여 무시할 수 없는 경제역량이 되었다. 남방의 몇 개의 성省은 이미 주체적 지위를 차지하게 되었다.…… 사회재부가 소수인의 수중에 신속하게 들어간 사실을 재차 표명해야 하니 우리나라에 새로운 자산계급이 이미 형성되었고 계급투쟁은 우리사회의 주요한 모순으로 거듭 새롭게 등장하였다."고 하였다.

작자는 "우리정당기관과 국유기업단위 가운데 국내외 자산계급의 정치대표, 사상대변, 경제대리세력이 존재하며", "당내자산계급화의 이익집단의 연맹을 조성하였다."고 보았다. 당 외의 새로운 자산계급과 당내 자본주의의 길을 가는 세력이 서로 합해 우리나라 화평연변의 중견세력을 구성하였고 이것이 우리나라의 국가안전을 위협하는 최대의 우환이다.

작자는 반反화평연변의 투쟁을 즉각 전개하고 전당의 일체공작은 화평연변의 반대를 강령으로 해야 한다고 제기하였다.

세 번째 만언서의 제목은 「공유제 주체지위를 견지하는 약간의 이론과 정책문제에 관하여 關于堅持公有制主體地位的若干理論和政策問題」였다. 이는 만언서중 유일하게 날짜를 글에 표기하고 있었는데 1996년 9월 대강을 정하고 1996년 10월에서 12월 20일까지 초고를 썼으며 1996년 12월 21일에서 1997년 1월 20일까지 원고를 수정했다고 하였다.

이 당시는 당중앙, 국무원은 국유기업개혁에 착수하여 '과대방소抓大放小(큰 것은 잡고 작은 것은 놓아라)' 방침을 실시할 시기였다.

이 만언서는 "공유제의 주체지위를 견지하는 것은 바로 몇 십 만개 크고 작은 국유기업의 '국國'이란 글자를 유지하는 것이며 소기업도 놓을 수는 없다는 하나의 관점을 제출하였다. 소기업이 공업기업 총수의 90%를 차지하기 때문이었다. 만약 소기업이 사유화된다면 절대다수의 직공의 생활은 비공유관계에 놓이고 노동계급의 대부분이 고용노동자가 될 것이기 때문이었다. 이 때문에 당중앙, 국무원이 제정한 '과대방소' 방침은 사유화의 주장이며 잘못된 것이라고 하였다.

1997년 2월 덩샤오핑이 사망하자 네 번째의 만언서가 나왔다. 이 만언서는 이전의 3번의 만언서를 보충하는 것으로 자산계급자유화 학자, 작가, 매체의 블랙리스트를 늘어놓았다. 그중에는 많은 유명한 경제학자, 법학자, 이론가, 학자와 작가 및 중앙방송국, 베이징방송국, 『인민일보』, 『광명일보』, 『공인일보工人日報』, 『중국청년보中國靑年報』, 『경제일보經濟日報』, 『독서讀書』, 『중국법학中國法學』, 『북경문학北京文學』

등의 여러 매체가 포괄되었다. 만언서는 1992년 이후 자산계급자유화의 바람이 점차 견고해져 자산계급자유화가 중요한 매체를 점거했다고 보았다. 만언서는 이러한 매체와 학자, 작가의 주장은 자산계급을 만들어내고 자산계급의 자유화를 제고하였으므로 관련방면을 심판하라고 요구하였다.

만언서가 광범위하게 유포되자 긴장감은 더욱 고조되었다. 산둥성위 선전부의 부부장은 산둥의 간부들이 만언서를 본 이후 마음이 두렵고 감히 말을 못하고 빨리 달려갈 생각을 못했다고 했다. 네이멍구에서도 개방을 확대하는 회의를 준비하다가 중단하였다. 사람들은 만언서의 기세에 놀라 두고 보았다.

1997년 이해에 두 가지의 사건이 있었는데 하나는 봄의 덩샤오핑의 사망이고 다른 하나는 가을에 15대가 열린 것이었다. 해외와 국내에서 모두 덩샤오핑의 사망 후의 정책이 변할 것인가가 논의되었다. 확실히 만언서는 반향을 일으켰고 여론을 형성하여 15대 노선과 방침정책에 영향을 끼쳤다.

이러한 가운데 영향력 있는 큰 안건이 발생되었는데 선전시의 서기 리유웨이厲有爲가 소유제의 토론으로 어려움을 당했기 때문이다.

1996년 가을 중앙후보위원, 광둥성위 상무위원, 선전시위 서기 리유웨이厲有爲는 중앙당교에서 학습을 하였다. 그는 학습하면서 「소유제의 약간의 문제에 관한 사고」를 써서 같은 반의 동학에게 열람하게 하고 명확히 자신의 의견을 제기했으나 발표되지 않았다.

생각지도 못하게 1997년 초 리유웨이를 비판하는 한편의 글이 베이징의 각계에 뿌려졌고 그의 이 문장이 첨부되어 이 글은 얻기 어려운 반면교재라고 칭해졌다. 리유웨이는 크게 놀랐는데 이 글을 누가 외부로 알렸는가? 그러나 당시 이 사건을 조사한 사람은 없었다.

비판의 글은 리유웨이에게 모자를 씌우고 이 학습대회는 철저히 사회주의를 변화하기 위해 준비된 정치선언이자 경제강령을 준비했던 것이라고 하였다.

1997년 2월 10일 중국역사유물주의학회가 펴낸 『역사유물주의통신 歷史唯物主義通信』 제 28기에는 리유웨이를 비판한 「리유웨이는 무엇을 도모하는가?」라는 글이 실렸다. 이것은 20여명의 익명의 "수도이론계 인사"가 1월 18일에 열린 리유웨이를 비판한 회의에서 발언된 요점을 담은 것이었다. 이 익명의 인사는 리유웨이가 제출한 주식제도股份制개 혁방안을 질책하며 주식제도의 실행은 사유화를 고취시키는 것이고 새로운 자산계급을 형성하게 하는 것이다라고 하였다. 이러한 발언자 들은 "회의의 전문가들에게 건의하고 반영하기를 요구를 하는 것은 리 유웨이 동지가 이러한 사상과 정치요소를 지닌 공산당원이라면 공산 당원으로서의 조건이 충분치 하고 또한 중앙후보위원으로 중앙위원회 에 들어가는 것은 적절치 않으며 또한 어떠한 일급 당정조직의 중요한 영도직무를 담당하는데 적합하지 않다"라고 협박하였다.

리유웨이는 후에 "정말 베이징의 물이 이렇게 깊을 줄은 생각지 못 했고 이 한편의 내부학습회의가 이렇게 큰일이 될 줄이야 생각했겠는 가?"라고 나에게 말하였다. 사실 리유웨이는 글에서 단지 혼합소유제 경제 건립을 건의했을 뿐이며 그는 주식제도를 실험해 볼 수 있고 또 사영경제는 사회주의경제의 기초에서 유기적 조성부분임을 지적했을 뿐이었다. 이러한 관점은 당연히 4번의 만언서에서는 용납될 수 없는 것으로 구좌파의 분노를 야기시켰다. 구좌파는 15대가 열리기 전 살기 등등 한 선전포고의 글을 제출하고 중앙과 지방의 관리들이 소유제에 대한 탐색을 하지 못하도록 기도했다.

4월 좌파의 성토가 이루어지는 중에 장쩌민이 중난하이에서 불안해 하는 리유웨이를 단독으로 접견하고 그와 경제체제 개혁의 문제를 토론 하고 그를 격려하며 안심하고 서기직을 담당하라고 했다. 리유웨이는 심리적으로 안심하게 되었다.

15대회가 열리기 전 구좌파는 시간이 많지 않음을 느끼고 더욱 공격을 가했다. 1997년 6월 20일 베이징에서 출판된『당대사조當代思潮』제45기에는「전면적으로 명확하게 '공유제를 주체로 하고 다종경제성분을 공동으로 발전시키자'는 전략방침을 이해하고 관철하자 全面准確之理解和貫徹'以公有制爲主體, 多種經濟成分共同發展'的戰略方針」가 발표되었다. 글에서는 반드시 사영경제는 단지 '필요한 보충'일 뿐이며 이러한 정도를 넘을 수 없고 그렇지 않으면 공유제의 지위를 위협한다고 하였다.

다른 한편으로 베이징에서 출판된 잡지『진리의 추구 眞理的追求』6월 호에는「공유제주체의 지위 견지에 관한 이론 토론회 종술 關於'堅持公有制主體地位'理論討論會綜術」에서 "국가가 주식회사제도로 생산자료공유제를 대체하는 것은 …… 사회주의 생산자료공유제를 개조하기 위한 명분이며 공유제를 부정하려는 것이다."라고 하였다.

구좌파의 공격에 직면하여 개혁자가 반격을 개시했다. 7월에서 9월까지『중국경제시보中國經濟時報』는 싱번쓰邢賁思, 우징롄吳敬璉, 리쥔루李君如, 리루이李銳 등의 글과 담화를 발표하면서 구좌파의 논조를 비판하고 중국이 발전하려면 반드시 공유제 사유제 성격의 논쟁을 벗어나야 한다고 했다.『경제일보』역시 문장에서 사회주의냐 자본주의냐의 성격논쟁을 쉬어야 하며 이러한 논쟁에 휘말리면 새로운 형세 하에서 사람들의 사상에 중요한 장애를 야기할 것이라고 했다.

9월 15대회가 열렸고 장쩌민은 보고에서 혼합소유제 경제를 건립하고 비공유제경제는 우리나라 사회주의 시장경제의 중요한 조성부분이란 점을 확인했다. 보고에서는 또한 주식회사제는 생산력 발전에 유리하며 자본주의에서도 쓸 수 있고 사회주의에서도 쓸 수 있다고 하였다. 국유경제의 비중의 감소가 사회주의 성격에 영향을 미치지 않을 것이다. 개조, 연합, 겸병, 임대, 도급경영과 주식회사제, 매각 등의 형식은 국유소형기업의 보폭을 더욱 빠르게 개방시켜 줄 것이라고 제기했다.

국무원 부총리였던 주룽지가 15대에서 비공유경제는 좋은 점이 있으나 보폭을 잃고 발전이 빠르지 못했다고 말했다. 당시 안후이 성장이던 후이량위回良玉도 포산도호제 시행의 정신을 가져와 주식회사제도를 시행하자고 말했다. 당시 장시江西성장 수성유舒聖佑도 집체경제와 비공유제경제를 발전시키려면 비중문제의 속박에 스스로 가두어서는 안 된다고 하였다.

당시 후베이 성장 장주핑蔣祝平도 그러한 주식회사제도와 사유제를 연계하는 전통관념을 버려야 한다고 했다. 그리고 리유웨이에게도 구좌파의 당적박탈의 요구가 있었지만 15대에서 다시 중공중앙후보위원으로 선출되었다. 구좌파의 15대 개혁방향을 돌리려는 노력은 거듭 좌절되었다. 어떤 이는 기뻐했고 어떤 이는 근심했다. 15대가 제출한 경제개혁의 새로운 조치는 개혁을 새롭게 추동하도록 하고 중국이 활기차게 일어나게 했다. 구좌파는 잠시 국가를 놀라게 하였다. 다시 앞을 바라보면 무엇을 할 수 있을까? 이러한 강경한 인물들은 또 다시 새로운 모색을 도모하였다.

4. 제4파동: 다시 한번 '문혁'을 불러내다

21세기에 들어 『영국 가디언The Guardian』은 유럽의 좌파는 쇠락했다고 하였다. 이 신문은 2010년 2월 9일 "이탈리아에 좌파는 없고 프랑스 사회당도 혼란스럽고 사회민주당은 독일의 대선에서 최대의 패배자가 되었다"라고 하였다. 단 우리는 그렇지 않았으며 체제상의 폐단이 좌파의 생존을 유리하게 하여 중국의 구좌파는 오히려 공세적으로 나아가 네 번째의 게임으로 사람들의 눈에 들어왔다.

4번째의 파동에서 몇 가지의 특징이 보이는데 첫째 오랜 기간 지속하였다는 것으로 2004년 개혁 대논쟁에서 지금까지 여파가 끊이지 않았다. 둘째 베일을 벗고 중공중앙영도층과 철저하게 분리되었다는 것이다. 구좌파는 개혁개방을 철저히 부정했을 뿐 아니라 덩샤오핑을 거명하여 비판하고 심지어 '집정집단'을 '현대수정주의집단', '자본주의의 길을 가는 당권파'라고 정의하였다. 구좌파는 '사인방'의 명예회복을 요구하며 다시 문혁을 불러와 '자본주의의 길을 가는 당권파를 타도하자'고 했다.

위에서 구좌파의 제 2차 파동, 제 3차 파동을 일으킨 지도인물은 덩리췬이라고 제기했다. 제 4번째 게임이 시작된 이래 1916년 출생한 덩리췬은 2005년『12개춘추』를 출판한 후 건강의 이유로 점차 미미해져 갔다. 전 야금부治金部의 부장이던 마빈馬賓과 중앙민족대학교수 장홍량張宏良은 격렬한 정도에서 덩리췬을 뛰어 넘었고 점차 구좌파의 제 4번째 게임의 주도인물이 되었다.

제 4차 파동의 게임을 소개하기 전 우선 2001년에 발생한 일대사건을 말하면 이것은 구좌파가 발기한 새로운 진공의 서막이었다.

2001년 7월 1일 장쩌민이 중국공산당 80주년 성립 기념일에서 강화를 발표하여 '사회기타방면의 우수인재를 당내로 흡수하자'고 하였다.[37] 여기에서 '다른 방면의 우수인재'는 개체호와 사영기업주를 포괄하는 것이었다. 이것은 중국공산당 당건학설의 일대 중요한 돌파였으며 사회의 호평과 지지를 받았다.

사실 구좌파는 매우 일찍 장쩌민이 당건방면에서 돌파할 분위기가 있음을 알고 선제공격을 한 것이다.『진리의 추구』2001년 1월호에서 샹치위안項啓源의 글「노동계급의 정당이 어떻게 자본가를 흡수할 수

---

37)『人民日報』, 2001 年 7 月 2 日.

있는가?」를 발표했고 『중류中流』 4월호는 궁원수宮轄書의 글 「결코 사영기업주는 공산당에 들어올 수 없다」를 발표하였다.

그러나 이러한 움직임은 장쩌민을 멈출 수 없었고 구좌파는 매우 분노하였다. 장쩌민의 강화 이후 7월 20일 덩리췬, 우렁시吳冷西, 리얼중李爾重, 웨이웨이魏巍, 린모한 林默涵, 위안무袁木 등 17명이 실명으로 공개적으로 「71 강화는 중대한 정치적 착오의 사건」이라는 글을 발표하고 전단의 형식으로 사회에 발표하고 인터넷 상에도 띄웠다. 서신에서 "우리는 71강화는 어떠한 중대한 이론적 창신도 아니고 중대한 이론의 수정일 뿐임을 안다. 그는 근본적으로 건당의 학설과 공산당의 기본성질을 바꾸고 당장과 규정 및 조직원칙 등을 위배하는 큰 문제를 저질렀다"고 하였다. 이러한 서신을 세상에 알리는 동시에 5통의 실명공개의 서신을 사회에 광범위하게 뿌렸다. 이러한 공개서신은 장쩌민의 강화는 "국내사영자본에게 공개적으로 투항한 것이며 공개적으로 부자를 따라다니는 것과 같다"고 하였다. 자본가라는 이리를 방으로 끌어들여 전민당으로 바꾸려는 것과 같다. 이러한 공개적인 서신은 또한 장쩌민의 강화는 단지 그 개인을 대표할 뿐이지 당중앙을 대표할 수는 없다고 하였다.[38]

당시 중앙통일전선부 부부장 후더핑胡德平은 구좌파를 반대하였다. 그는 7월 24일 산시 山西 『발전도보發展導報』에 「유산자를 정치에서 일어나게 해야 한다」라는 글을 발표하고 사영업주도 노동자라고 하면서 다른 계층과 동등한 정치적 대우를 받아야 한다고 주장했다. 이에 구좌파는 실명으로 진영을 꾸려 두려움 없이 더 격렬하게 대응하였다.

아래는 네 번째 파동의 교착을 소개하는 것이다.

2004년 6월부터 경제학자 랑셴핑郎咸平이 국내의 매체에 TCL, 그린

---

38) 馬立誠, 『交鋒三十年』, 202쪽.

쿨格林柯爾, 하이얼海爾등 기업이 국영기업 개혁의 기회를 틈타 국유자산을 침해했다고 발표했다. 그는 국유기업은 개혁이 필요하지 않으며 국유기업 개혁은 중단해야 하는데 "대정부주의와 중앙집권으로 국유기업개혁을 바꾸어야 한다"고 주장했다. 랑셴핑의 의견은 격론을 불러일으켰고 논쟁도 여기에서 비롯되었다.

이 기간에 랑셴핑은 여러 차례 좌파인물과 회의를 열어 공동으로 '중국산권개혁 20년을 주도한 신자유주의 학파'를 성토하였다. 구좌파는 격렬하게 찬동하며 중국대지에 랑셴핑 바람을 불러일으켰다.

2005년 11월 27일 출판된 홍콩의『아주주간亞洲周刊』에서 랑셴핑의「사람이 사람을 먹는 중국의 극단적 조화」가 발표되었다. 글에서 "중국 국유기업개혁이 벌레처럼 잔학하고 교육개혁은 근본적으로 빈민의 부담이 되었고 의료개혁은 기본적으로 실패했으며 삼농三農문제는 가공할만하고 정부부패는 방지가 잘 되지 않는다. 게다가 법치도 없고 관상이 결탁하고 환경오염에 검은 세력이 옮겨 다니고 자금은 외부로 유출되고 대량의 낭비에 사법폭력은 이미 천인공노할 상황이다. 중국사회의 문제는 오천년 역사에 없던 것이다"고 하였다. 그는 "이러한 사람이 사람을 먹는 국가를 어떻게 사회주의 국가라고 할 수 있는가?"라고 물었다. 랑셴핑의 정서적 논조는 민수주의자들의 환영을 받았다. 일련의 네티즌은 그는 '유일하게 진실을 감히 말하는 경제학자'라고 말했다.

랑셴핑의 주장은 우징롄, 장웨이잉張維迎, 주치런周其仁, 친후이秦暉, 류지劉吉 등의 비평과 반박에 직면했다. 국가자산위원회의 관리들도 랑셴핑의 단순화 정서적 의견에 찬동하지 않았다. 후안강胡鞍鋼은 이러한 논쟁의 전개에 찬성하며 논쟁을 하는 것은 좋은 것이라고 하였다.

2005년 7월「류궈광劉國光이 경제학의 교학와 연구 중 말한 일련의 문제」라는 글이 인터넷에 오르자 다시 폭탄을 터뜨린 것 같았다. 당시 82세의 류궈광은 중국사회과학원 부원장이었다. 그는 현재 경제학의 수업과 연구에서 맑스주의 경제학은 주변화되었다고 했다. 일련의 해외유학파가 맑스주의 교육을 받지 않고 교수가 되었다는 것이다. 그는 현재의 영도권은 맑스주의자의 수중에 있지 않고 서구화 색채가 강한 사람들이 빼앗았으며 교육부를 좌지우지하고 있다고 하였다. 현재 돌출된 문제는 자산계급자유화가 다시 부활하였다는 것이다. 일단 중국 경제개혁이 서구 신자유주의가 주도 하면서 경제기초가 변화였으며 공산당은 정권을 장악하지 못하고 사유제 대표가 정권을 장악했다. 그는 경제학계는 맑스주의를 반대하고 사유화를 고취시켜 이미 세력을 형성했다고 하였다. 그는 계획을 강조하는 지도적 작용을 요구하며 시장환경은 부패생산의 온상이 되었다고 간주했다.

베이징의 유토피아烏有之鄕서점빠, 마오쩌둥기치 인터넷사이트와 중국역사유물주의 학회가 세 차례의 회의를 열어 류궈광을 지지하여 '류선풍'이라 불렸다. 회의발언에서 어떤 이는 1993년부터 진행된 산권제도개혁은 신자유주의가 맑스주의의 중국개혁의 주도를 대체한 상징이라고 하였다. 어떤 이는 사유화투쟁은 계급투쟁이며 건국 이래 두 가지 노선투쟁의 연장이라고 했다. 어떤 이는 마오쩌둥은 그 일생의 최후 몇 개월 동안 스스로 수억 군중을 화평연변을 반대하는 대연습(필자: 문화대혁명을 지칭)을 영도해 온 것은 훌륭한 일이 아닐수 없다고 했다. 어떤 이는 국가재정계통의 영도지위는 비맑스주의자의 손에 들어가서는 안된다고 했다. 어떤 이는 현재의 상황은 개혁의 기치를 내세워 자본주의 복벽을 꾀하려는 것이며 영도권문제는 핵심적 문제이며 우리는 영도권의 문제를 더 많이 고려해야 한다고 했다.

토론 중 류궈꽝은 재차 자본주의 사회주의 성격의 문제를 제기하였다. 그는 논쟁의 초점은 사회주의 방향을 견지하는 개혁이냐 아니면 자본주의 방향을 견지하느냐?에 있다고 했다. 이는 사회주의 자본주의 성격논쟁이며 피할 수 없게 되었다.

가오상취안高尚全은 류궈꽝의 말을 반박하며 중국개혁은 덩샤오핑이론에 따라 실천한 것이니 어찌 이러한 일을 신자유주의라고 할 수 있는가?라고 했다. 가오샹취엔의 의견은 국무원 지도자의 지지를 얻었다. 우징롄, 옌즈제晏智杰, 황푸핑皇甫平, 허쭤슈何祚庥도 계속하여 류궈꽝을 비판한 글을 발표하였다.

2005년 7월 전국인민대회 상임위원회는『물권법(초안)』을 공포하여 의견을 구했다. 8월 12일 베이징대학교수 궁셴톈鞏獻田은 인터넷상에 우방궈吳邦國 위원장과 전국인민대회 상무위원회에 공개적 글을 보내어『물권법(초안)』이 사회주의 기본원칙에 위배된다고 하여 강렬한 변론을 끌어내면서 '공선풍'을 불러일으켰다.

궁셴톈은 무산계급이 승리한 이후 주된 임무는 사유제의 폐지였고 이 때문에 사회주의 헌법은 반드시 공유재산신성불가침이 되어야 한다고 했다. 우리나라 헌법 제 12조는 바로 이렇게 쓰여져있다.

궁셴톈은『물권법(초안)』은 공공재산상의 '신성神聖'이란 두 자를 버렸는데 이것은 받아들일 수 없는 것이라고 했다. (필자는 궁셴톈이 비평한『물권법(초안)』제 4조는 이렇게 서술되어 있는데 즉 국가, 집체, 개인 물권과 기타 권리인의 물권은 법률의 보호를 받으며 어떠한 단위와 개인도 침범할 수 없다고 되어 있다고 밝힌다)

궁셴톈은『물권법(초안)』은 공공재산과 개인재산을 함께 병렬하고 있는데 이는 사회주의원칙에 위반하는 것이라고 했다.

궁셴톈은『물권법(초안)』의 입법원칙은 '소련 민법전의 사회주의 전통에 위배되며'39) 자본주의 세계화와 신자유주의경제학에 영합하는 것이라고 하였다.

이글은 큰 파동을 일으켰다. 구좌파는 크게 호응하며 여러 차례 회의

---

39) 徐景安,『中國未來與理念革命』, 中國財政經濟出版社, 2007, 424쪽.

를 열어 궁셴톈을 지원하고 이 투사에 대한 찬사를 그치지 않았다.

그러나 법학자 장핑江平은 궁셴톈의 글의 본질은 개혁개방의 불필요의 문제라고 하였다.

전국인민대회 파공法工위원 야오훙姚紅은 기자의 질문에 대한 회답에서 『물권법(초안)』은 헌법의 규정에 부합한다고 했다. 왜냐하면 헌법규정은 사회주의 시장경제의 실행을 규정하기 때문이었다. 각종 재산을 평등하게 보호하는 것은 시장경제의 특징에서 결정적인 것이다. 시장경제는 시장주체의 평등한 권리의 향유를 요구하는데 만약 시장주체가 불평등하면 시장경제는 진행될 수 없다. 만약 국가재산과 개인 재산이 침범을 받게 되는데 보호를 다르게 한다면 대중들은 받아들일 수 없을 것이다.

거의 2년 동안 논쟁을 했다. 궁셴톈은 20여편의 글에서 『물권법(초안)』 비평의 글을 발표하고 또한 여러 차례 서명운동을 전개해서 『물권법(초안)』을 반대하였는데 가장 많은 서명자의 수는 3천명에 달했다.

2007년 3월 16일 10계 전국인민대회 제 5차회의는 『물권법(초안)』에 대한 표결을 진행했다. 2799표 찬성, 52표 반대, 37표의 기권으로 통과되었다.

궁셴톈은 받아들일 수 없다고 하고 각종 『물권법』반대운동을 전개했다.

2005년 2월 24일 원자바오溫家寶 총리가 서명한 『국무원의 개체사영 등 비공유경제발전을 지지하고 고무하는 것에 관한 약간의 의견』(간칭 36조)를 반포했는데 이는 중화인민공화국 성립이래 첫 번째의 비공유제경제발전을 주제로 한 중앙정부의 문건이었다. 『의견』은 시장진입을 확대하고 비공유제경제를 공평하게 대우하며 비공유경제의 거대기업, 공공사업, 기초설비, 사회사업, 금융업과 국방공업부분으로의 진입을 허용했다. 비공유경제의 재정금융지원도 추가했다.

2007년 5월 1일 그 해 90이 된 야금부 부총장 마빈을 선두로 한 109명이 서명한 「중공중앙, 전국인민대회, 국무원에 보내는 건의서」가 사회와 인터넷상에서 돌아다녔다. 「건의서」는 국무원의 36조에 반대하면서 36조는 헌법의 공유제를 주체로 하는 규정을 위배했다고 하였다. 마빈 등은 비공유경제는 이미 국민경제의 2/3을 점유하였는데 이러한 상황에서 왜 또 지지를 하는가?라고 하였다. 「건의서」는 국내의 빈부격차는 비공유경제가 발전하면서 조성된 것이고 사영경제의 발전은 국가의 안전에 유리하지 못하다고 했다. 마빈 등은 전국인민대회는 헌법이 권력을 부여하였기 때문에 36조를 취소할 수 있다고 제기하였다.

구좌파의 성토는 혼란을 야기했다. 2008년 7월 21일 중국민영경제연구회의 회장 바오위쥔保育鈞은 『재경財經』잡지의 글에서 '36조'는 시대의 획을 긋는 좋은 글이지만 여러 가지 원인으로 실현시키기는 매우 어렵다고 했다. 보수세력과 일련의 거대한 이익집단이 서로 여러 수단을 사용하여 36조의 관철을 방해하여 사영경제는 문턱에 부딪치고 '유리문'의 밖에 놓이게 되었다.

가장 심각한 공세는 17대가 열리기 전야에 발생했다.

2007년 6월 산시山西의 흑벽돌공장 노역사건과 노동자 살해의 비참한 사건이 발생하면서 사회를 고통스럽게 했다. 7월 12일 마빈, 리청루이李成瑞가 이끄는 17명의 공개서신이 인터넷 상에서 돌아다니며 동요되었다. 해외의 매체들도 이 폭발적 서신을 공개했다.

서신의 제목은 「산시흑벽돌공장사건 등 문제에 관한 인식과 17대에 관한 건의」였다. 글에는 "이러한 사건은 매우 우리가 부득불 심각하게 당과 국가의 명운에 관한 문제를 제기할 수 밖에 없게 하였다. 이것은 우리가 바로 진행하는 사업이 사상정치노선상 엄중한 문제를 발생시켰기 때문이며 정확한 방향을 잃은 것이 아닌가?……개혁개방은 이미 여러 해 진행되었고 많은 문제가 점점 더 엄중해 지고 있다……백성의 분노가 커지고 당과 인민정부가 대중을 이탈하여 사회주의가 위태롭고 중화민족이 가장 위험한 시기에 처했다.[40)고 하였다.

이러한 공개서신은 문제의 요점과 본질을 제기하였는데 즉 "근본문제는 어디에 있는가? 20여년 이래 우리가 집행한 것은 잘못된 이론과 사상을 지도사상으로 하는 잘못된 노선이었다. 불철저하게 이러한 사상의 문제를 타파하지 못했고 사유화의 방침을 수정하지 않았으며 자본가 입당의 착오원칙을 바꾸지 않았고 단지 두 차례의 분배상의 몇가지 복리 조치만 취하여 몇 명의 가난한 관리를 도왔을 뿐 근본적인 문제를 해결하지 못했다"고 하였다. 그들은 중앙정치국 상무위원회가 착오를 바로잡고 뉘우치기를 바라면서 "당중앙 영도동지가 결심을 하고 각성해야만 진정으로 맑스레닌마오의 혁명노선으로 돌아갈 수 있다"라고 했고 "반드시 더욱 아름다운 전도와 미래가 있을 수 있다"고 하였다.

확실히 흑벽돌 공장사건은 그들이 개혁개방을 부정하고 마오 시대의 발전시기로 돌아가기를 요구하는 출발점이 되었다. 마땅히 이러한 노인들의 사회병폐에 대한 개탄은 마음에 품고 존중을 해야 하지만 그들의 처방은 잘못된 것이었다.

구좌파가 개혁개방의 물결을 부정하고 공격하자 그해 10월에 열린 17대는 거듭 개혁개방의 국가정책을 천명했다. 후진타오胡錦濤는 보고 중 개혁개방의 위대한 성과를 열거하며 결론적으로 "근본적인 것은 개혁개방이 당심과 민심에 부합하며 시대조류에 따르는 완전히 정확한 방향과 길이었으며 성취와 공적을 부정할 수 없으니 후퇴하고 멈추면 출로가 없다"고 하였다.

---

40) 본 단락 이하의 인용문은 馬立誠, 『交鋒三十年』, 275쪽, 276쪽, 279쪽, 281쪽에 있음.

구좌파가 제기한 '마오쩌둥시대로 돌아가자'는 요구는 재차 거부당했다. 17대회에서 후진타오는 과학발전관의 실현을 요구하고 민생개선에 착수하고 사회보장체계를 빨리 건립하여 현재 사회상 존재하는 많은 문제를 해결할 것을 요구했다.

그러나 17대정신은 아직 구좌파의 스스로의 입장의 변화를 이끌어내지 못했을 뿐 아니라 구좌파는 오히려 더욱 격렬하게 반대하였다. 시간이 지나면서 결과적으로 개혁개방을 철저히 부정하고 덩샤오핑을 비판하면서 '사인방'의 회복을 요구하며 문화대혁명의 잘못된 길을 소환하였다.

17대 후 반년이 지난 2008년 4월 내가 유토피아서점에서 6권의 책을 샀는데 일련의 책은 자비로 인쇄된 것이었다. 마빈의 『마오쩌둥기념』은 한권에 30위안이었다. 메이챠오梅俏의 『마오쩌둥의 에베레스트』는 한권에 25위안이었다.

마빈은 글에서 중국은 이미 사회주의는 없고 중국을 통치하는 것은 제국주의, 관료매판자산계급과 당내수정주의 세력이라고 했다. 그는 간사하지 않은 상인은 없고 탐욕스럽지 않은 관리도 없으니 도둑질한 자를 주살해야 한다. 이러한 새로운 삼대세력을 벌하지 않으면 사회주의를 생각할 수 없다고 하였다.

어떻게 이러한 국면이 형성될 수 있었는가? 마빈은 "그 역사근원은 무산계급문화대혁명 후기 영도권을 수정주의분자가 탈취하고 11기 3중전회가 마오 주석의 노선을 배반하고 맑스주의의 정확한 노선을 수정하여 계급투쟁과 대중운동을 하지 않았기 때문이다"라고 했다.

어떻게 문제를 해결할 것인가? 마빈은 "반드시 마오사상을 견지하고 마오주석의 혁명노선을 따라서 제 2차 문화대혁명을 시행해야 한다", "문화대혁명이라는 이 글자는 중국사회주의 내용과 매우 부합하는 것이다. 마오쩌둥의 일생의 공적은 문화대혁명이라는 돌출된 부분이다,

역사는 이것이 마오쩌둥 말년의 가장 빛나는 혁명활동임을 증명한다."
"문화대혁명을 하는 것은 계급투쟁을 강령으로 견지하고 무산계급독
재 하 혁명의 위대한 실천을 견지하는 것이다."라고 했다.

마빈은 독자에게 "제 2차 문화대혁명은 사실 일차의 청당이다. 이번
문화대혁명은 반드시 제 1차 문화대혁명과 수정주의 개방적 경험교육
기초위에서 진행해야 한다." "마땅히 규획과 적극적인 제 1차 문화대혁
명 하의 단계를 준비해서 제 2차 문화대혁명으로 준비해야 한다. 국제
상 미제국주의를 반대하고 국내에서는 관료, 부패현상과 당내수정주의
의 투쟁에서 제 2차 제 3차 문화대혁명운동이 발생할 수 있다." 고 하
였다. 마빈은 또한 제 2차 문화대혁명의 구체적인 투쟁목표를 제기했
다. "도시에서 개혁개방기간 일체 공유재산이 사유화된 재산이 되었을
경우 사회주의 전체인민에게 돌아가야 한다. 농촌에서는 토지국유화,
노동집체화, 생활사회화의 삼농정책을 실행한다." 마빈은 특별히 "도시
의 투기부동산 타도는 건축을 몰수해서 도시거주민의 주택문제를 해
결해야 한다."고 하였다.

이때까지 마빈은 공개적으로 철저히 '마오주석, 장칭, 장춘챠오, 야오
원위안, 왕훙원 등의 사람들이 누명을 벗는 것!'이라고 요구했다.

마빈 저작의 영향력을 확대하기 위해 2008년 2월 구좌파가 베이징에
서 마빈저작 좌담회를 열었다. 회의 후 「마빈 동지에게 배운다」는 소
책자가 인쇄되었는데 장훙량張宏良, 궁셴톈巩獻田, 메이치아오梅俏, 징둥
敬東 4사람이 회의에서 발언을 했다. 이 책은 유토피아서점에서 공개적
으로 판매되었다.

회의에서 장훙량이 제기한 중국목전의 상황은 사교상태이며 문혁의
방식으로 바뀌었다. 그는 "마빈 현상은 고립된 현상이 아니며 이러한 현
상 자체가 중국좌익역량을 바로 부흥시켜야 한다고 표방했다"라고 했다.

문혁이 시작되어 홍위병이 5감 정신을 발양했는데 즉 감히 상상하

고 감히 말하며 감히 시행하고 감히 혁명하고 감히 반란을 일으킬 것이라고 했다 이러한 것은 어떠한 두려움도 없는 정신과 같다. 장훙량은 "목전 우리당, 우리국가, 우리민족, 우리인민이 직면한 최대의 문제는 무엇인가? 바로 서방문화 중 소위 약육강식, 열성도태의 총체적 법칙 및 물욕을 근본으로 하는 욕정주의이다. 30년 동안 이러한 원칙이 전체국가로 인해 강제적으로 훈련이 되었고 결과적으로 인성과 문명이 완전히 타락하였다. 사람들이 동물적인 원시지배상태로 떨어졌고……일종의 반인류, 반문명적 사교邪敎행위로 바뀐 것이다." "마빈 동지는 고령자들의 선봉으로 이러한 창호지를 찢어버렸다. 나는 마빈 동지의 이러한 공로는 미래 중국공산주의 발전사상 중화민족부흥사상 진정 강렬한 필치를 남겼다고 본다."라 하였다.

메이치아오는 덩샤오핑을 비판하는 발언에서 "덩이 우경 번안풍 반격을 비판했을 때 많은 사람들이 따르지 않았을 뿐 아니라 덩샤오핑에 대해 동정하였다. 당시 사론이 발표되어 『홍기紅旗』 잡지에 실렸는데 자산계급 민주파에서 주자파까지 였다. 현재 이 문장을 읽어도 매우 정확하다. 장칭江靑은 노간부의 70%에서 80%가 민주파라고 했다. 현재의 결과로 보면 장칭의 말이 틀렸는가?" 그는 "덩샤오핑은 책도 보지 않고 신문도 보지 않고 스스로 몇 구절로 덩샤오핑이론을 만들었단 말인가?"라고 하였다.

징둥敬東도 "30년의 소위 개혁개방에서 우리는 어떠한 진보도 보지 못했다. 우리가 본 것은 정치, 경제, 문화, 사상의 후퇴였고 전면적으로 사회주의가 유린되고 공산당이 유린되고 우리의 민족주의 정신도 유린되었다. 우리 노동자계급이 만든 사회가 매판관료, 대지주, 대자본가, 화이트칼라, 탐관오리, 도둑과 창기가 가득차서 퇴화시킨……구사회가 되었다. 이러한 것들이 드러내놓고 개혁개방을 통해 무대로 드러나서 그들이 인민을 압박하고 박해하고 해롭게 하도록 하였으니 이것은 진보가 아니며 당과 인민 사회에 대한 범죄이다." 칭동은 "먼저 일부인이 부자가 되라는 것은 엄중한 반공산당 선언적 관념이며 공산주의 이념, 사상, 도덕을 사람들이 받아들이지 못하게 하고 나아가 공산당을 공개적으로 사악한 길로 향하게 한 것이다." 라고 하였다. "중국사회는 30여년간 대관료, 특대지주, 관료매판, 대자본가 등을 타도하였는데 이것이 무슨 집정강령이란 말인가?", "오늘날 중국사회, 관계, 시장에 문제가 발생하여 인민들도 비판하는 문제이고 전 세계가 비웃을 일은 지금의 무산계급문화대혁명을 반대하고 비판하는 문제인 것이다. 그러나 문화대혁명에 참가한 대중과 조반파造反派가 박해를 받은 지 30여년이 되었고 이는 어떠한 역사에서도 겪지 못한 잔혹함이다."고 하였다. 칭동은 마빈을 높이 찬양하며 "마동지는 철저히 유물주의의 입장에 있으며 그는 공적인 관점으로 현대 수정주의와 관료매판자산계급의 가식과 중국인민에 대한 기만을 해부했고 중국노동계급을 배반한 것을 분석했다."고 하였다. 칭동은 "우리는 인민의 무산계급문화대혁명을 다시 불러내지 않을 수 없다!"고 하였다.

메이치아오가 지은 『마오쩌둥의 에베레스트』는 문화대혁명을 높이 평가한 전문서로 책의 머리에 '인류역사상 제 1차 무산계급 문화대혁명 40주년'이라는 글자가 있다. 이 책은 문혁은 인류역사상의 에베레스트 산 봉우리라고 칭송한다. 1981년 발표한 「중국공산당 중앙위원회의 건국 이래 당의 약간의 역사문제에 관한 결의」가 문혁을 부정했고 마오쩌둥의 말년의 사상을 비평하자 메이치아오는 책에서 맹렬하게 「결의」를 공격하면서 「결의」는 우리나라의 반동복벽파가 중국의 자본주의를 드러내려 한 선언서였다고 하였다. 이 때문에 우리가 자본주의 복벽의 역류를 타파하고 중국의 사회주의의 운명을 회복하려면 우선 반드시 「결의」의 깃발을 내려야 하고 그것을 보류하고 관용하고 변호하는 어떠한 언론도 잘못이다"라고 하였다. 이 책은 장칭江靑이 무산계급전사였다고 칭찬하는 동시에 덩샤오핑을 요마라고 하고 덩샤오핑은 탈권, 자본주의 복벽의 역도요 적이라고 하면서 반드시 '덩샤오핑과 그의 개혁개방'을 철저하게 부정해야 한다고 하였다.[41]

근래 장홍량은 유토피아 사이트와 기타 중외매체에서 대량의 강연과 문장을 발표하면서 구좌파의 대표인물이 되었다. 그는 2011년 6월 15일 영국 BBC가 펴낸 『상전벽해90년』에서 중국은 1981년 (필자에 따르면 이 해는 중공중앙이 문혁을 부정한 「건국 이래 당의 약간 역사문제에 관한 결의」를 통과한 해이다)이래 현재까지의 상황을 문자가 생겨난 이래 인류역사에서 없었던 도덕적 상실이며 한사람도 변절자가 아닌 사람이 없고 하나도 가짜가 아닌 것이 없으며 먹을 것에 독을 쓰지 않은 것이 없다. 중국의 대란은 피할 수 없을 것이다. 라고 하였다. 장홍량은 글에서 '문혁'을 적극적으로 변호하였다. 그는 1981년 중공중앙이 통과시킨 「결의」에서 문혁을 부정한 것은 전국을 황망하게 하여 자아부정과 훼손에 이르게 한 것이라고 하였다. 또 예를 들어 2011년 7월 2일 장홍량은 상하이에서의 일차 강연에서 '문화대혁명'을 요마화하는 것은 중국민족의 자신감을 훼손시키는 것이며 중국을 도덕지대에 서 중국을 해체시키는 절묘한 전략으로 나아가게 하는 것이라고 하였다. 문화대혁명은 현대화사회에 적응하는 대중정치문명을 창조하였다. '문화대혁명'은 중국인이 스스로를 높이고 공산당이 스스로를 자랑스러워 할만한 것이며 문혁을 부정하는 것은 공산당역사의 합법성을 부정하는 것이다."라고 하였다. 다시 장홍량은 2011년 7월 19일 「충칭 重慶모델의 성패와 중국정치의 앞날」이란 글에서 개혁개방의 첨병 광둥을 크게 비판하였다. 그가 말한 파렴치한 죄악현상은 모두 광둥에서 발생한 것이고 광둥의 경험은 30여년의 옛 노선(필자에 따르면 개혁개

---

41) 梅俏, 『毛澤東的 "珠峰"』, 烏有之鄕書吧出售, 2006, 346쪽, 354쪽.

방의 길을 지칭)에서 더욱 광증을 지속한 것이다라고 하였다. 그는 또 오늘날 중국현행 법률은 나쁜 사람을 보호하는 법률이라고 했다. 이는 참여입법자가 모두 안 좋은 사람 일색이었기 때문이라고 했다. 이 때문에 중국의 현행 법률은 중국이 직면한 대동란의 근본적인 원인이 되었다.

이상의 언급들은 유토피아의 개인학자 사이트 중 장훙량란에서 볼 수 있다.

근래 또 구좌파 위안위화袁庚華는 대중의 주목을 받았다. 1946년 출생한 위안위화는 지식인 가정 출신으로 본인은 초급중학을 졸업하고 일찍 정저우鄭州의 도살공장의 노동자가 되어 문혁시기에 허난河南 조반파의 영수가 되었던 인물로서 문혁문제로 여러 차례 감옥에 갔고 최후로 출옥 후에 상업에 종사했다. 1995년부터 현재까지 정저우 사상살롱을 경영하며 국내외의 많은 대학과 연구소에서 강연을 하고 자신의 주장을 널리 소개하였다. 그는 스스로 마오파라고 하고 문혁조반파를 변호하였다. 그는 중국의 문제는 대명大鳴대방大放대자보 大字報대변론 大辯論식의 대민주로 해결해야 한다고 하였다. 그러나 그는 또한 각종 사상과의 대화와 교류를 하여 함께 중국민주화의 길을 가야한다고 했다. 그는 2010년 7월 타이완『사상思想』잡지에서 인터뷰를 하였는데 이 잡지에서 발표된 그의 담화제목은「영원한 조반파」였다. 이 문장은 궁스왕共識網 등 많은 인터넷 사이트에서 볼 수 있다.

위안위화는 자산계급은 공산당 내에 있고 관료자산계급은 가장 극단적 우파이며 주요한 적이라고 하였다. 위안위화는 중국의 좌익은 덩샤오핑의 개혁개방을 일체 부정하는데 개혁개방의 최대 수익자는 관료자산계급과 그 가족으로 엄중한 문제를 낳았기 때문이라고 하였다. 그는 현재 마오파는 좌익을 주체로 하고 신좌파 역시 마오쩌둥에게 큰 영향을 받았다고 했다. 위안위화는 1958년 대약진은 인민의 뜻이 드러난 것이었다고 하였다. 1959년 루산廬山회의에서 펑더화이가 마오를 비판했는데 이는 이전 소련계획이 일차로 밖에서 함께 한 이루지 못한 정변이었다. 인민공사는 이룩할 수 없었다. 마오저뚱의 주요한 공헌은 문혁을 발동하고 사람들이 직접 민주권리를 행사할 수 있게 한 것이다. 금후 중국민주의 희망은 바로 문혁을 옹호한 군중운동에 있고 대자보에 의지하여 돌파 할 수 있을 것이라고 하였다.

위안위화는 금후의 민주는 형식민주와 대민주가 서로 결합하여 인민의 언론, 결사, 집회, 파공의 자유를 보장해야 한다고 했다. 그는 파가 많은 것이 파가 하나인 것보다는 좋고 다른 관점의 사람들도 스스로의 의견을 표현할 권리가 있다고 하였다. 그가 맡고 있는 정저우의 사상살롱은 각종 사상대표인물을 초빙하여 토론을 하고 그는 살롱을 평등한 교류의 무대로 삼고 싶어 한다. 그는 정부가 더 좋은 의료, 교육, 주택, 양로의 4종류의 사회보장을 실현하라고 요구한다.

개괄적으로 말해 위안위화는 두 가지의 4대를 제기하였는데 하나는 정치상의 4대로서 대명대방대자보대변론이며 둘째 경제상의 4대를 제기하였는데 무상의료, 무상기본교육, 기본거주의 조건 보장과 기본적 양로조건의 보장을 들었다. 이후 형식민주와 대민주의 상호결합을 거쳐 민주제도를 건립하는 것이다. 그가 말하는 형식민주의 한계는 단지 민중이 선거를 할 뿐 다른 방면의 민주권리가 제한을 받기 때문이라는 것이다. 그러나 대민주는 전면적으로 개방을 하여 민중이 감독권을 행사할 수 있다.

구좌파 30여년 항쟁의 역사에서 우리는 구좌파 사조의 기본관점은 스탈린의 경직된 사회주의 모델을 견지하고 마오의 말년의 좌경사상을 견지하고 계급투쟁을 강령으로 견지하여 개혁개방을 부정하고 시장경제를 비판하며 사영경제를 압박하는 것이다. 국제적으로 미국제국주의와 그 공모자들의 타도를 주장한다.

긍정적인 것은 구좌파는 지속적으로 사회병폐에 대해 고도로 민감함을 유지하여 많은 엄중한 문제를 제기했고 확실히 사고와 구제책을 끌어내는 작용을 하였다. 그들의 각도에서 보면 이것은 중국에 대한 책임감 때문이다.

많은 사람들은 구좌파의 주장에 찬성하지 않지만 구좌파의 의견은 역시 사회 일부인의 정서와 고민을 반영하는 것이었다. 특별히 근래 국가건설의 찬란한 성과와 함께 사람들이 보편적으로 개혁의 결핍을 느끼고 있다. 부패의 발생, 검은 세력의 횡행, 법치의 부족, 빈부격차의 확대 등등 이러한 현상은 사람들을 불끈 분개하게 하며 상당히 많은 사람들은 속수무책의 상실감에 빠져있다. 이러한 상황 하에서 민수民粹주의는 반드시 나타나고 이 때문에 구좌파는 시장을 더 크게 반대할 수 있었다. 싱가폴 국립대학 동아연구소 소장 정용녠은 2011년 이래 중국 좌파의 역량이 상승했다고 말했다. 이것이 사람들이 직시해야 하는 현실이다.

제3장

신좌파의 '새로움'은 어디에 있는가

- 신좌파 사조

1. 신구좌파는 어떻게 구별 되는가

20세기 90년대 신좌파사조가 중국에서 등장했다. 신좌파의 새로움은 어디에 있는가? 사람들은 구좌파가 소리 높여 『물권법』에 항의한 이유는 이러한 법의 내용이 '소비에트원칙에 위배된다'는데 있었기 때문이었던 것을 기억한다. 유감스러운 것은 오늘날 러시아 입법 역시 '소비에트'를 다시 거론하지 않는다는 것이다. 구좌파와 다르게 신좌파는 스탈린주의의 소련유산을 계승하려 하지 않고 '계획경제', '1대2공', '계급투쟁', '누구와 싸우고 누구에게 승리할 것인가' 등의 말을 매우 조롱한다.

그들이 인용하는 대부분은 현대 서구 신좌파의 이론이며 주로 서구 신맑스주의, 제 3세계의 후식민주의 사상과 포스트모더니즘론 등이다. 촘스키Noam Chomsky, 프레드릭 제임슨Fredric Jameson, 1934-, 에드워드 W 사이드Edward W. Said, 1935~2003, 사미르 아민Samir Amin, 영국의 신좌파이론과 독일 프랑크푸르트학파의 이론 등이다.

신좌파 담론은 대개 사회정의와 참여정치를 많이 논한다. 신좌파는 자본을 비판하고 자본주의를 부정하며 초국적기업의 '통치'에 반대하고 '시장물신주의'를 혐오하며 세계화와 세계무역기구를 비판하고 현대성과 현대성과 관련된 계몽과 이성정신을 조롱한다. 신좌파인물의 일부는 중국은 이미 자본주의국가로 변화하였고 자본의 '사악한 통치'를 제어하기 위해 신좌파는 심지어 마오쩌둥이 발동한 문화대혁명을 긍정하기도 한다. 이러한 관점은 서구신좌파와 같다.

왜 서구신좌파인가?

영국 신좌파 이론가 마더린·데이비스Madeleine Davies가 『영국신좌파의 맑스주의』에서 서구신좌파는 1956년 후르시초프가 '비밀보고'로 스탈린을 비판한 이후 등장한 것이라고 하였다. 1956년 전 서구 좌파운동의 주요한 내용은 소련공산당을 따라 각국의 공산당 정치활동을 전개하는 것이었다. 1956년 후 서구 좌파는 스탈린주의와 경계를 그어가는 동시에 새로 등장한 좌파는 정치적 실천적 관계를 단절하고 맑스주의 이론의 새로운 연구에 집중하며 소련관방의 공산주의 학설과 선을 그었다. 이것이 신좌파이다. 영국에서는 인도주의와 다원주의의 신맑스주의와 신사회주의 사상이 출현해 스탈린주의를 대체했다. 프랑스에서는 사르트르 등의 '실존주의 맑스주의'와 알튀세르의 '구조주의 맑스주의'가 나타났다. 이탈리아의 신좌파는 신그람시주의 사상운동을 전개했다. 80년대 신좌파는 평화운동, 생태운동과 여권운동 등의 영역으로 확대되었다. 미국의 신좌파가 보기에 이상의 성과는 정당정치와 레닌식 교조주의를 버린 신좌파 사상이었다.

서구신좌파의 요체는 자본 세력을 반대하고 정치권력을 반대하며 시장경제를 비판하는 것이다.

일찍이 20세기 60년대 초에 미국의 좌익사회학자 밀스Charles Wright Mills, 1916-1962가 미국 『좌파연구』에서 「신좌파에게 보내는 서신」을 발표하였고 대기업통치에 반대하는 주장을 제기했다.

현재 미국 남부 사회학 학회의 주석 블라우Peter Blau, 1918-2002 교수는 신좌파의 한 명으로 그녀는 미국 남부사회학자회의에서 '자본주의 타도!'를 소리 높였는데 이 70세의 여교수는 또한『미국- 최대 유민국가』라는 저서에서 미국 국내생산총가치의 10%는 제 3세계에게서 받고 있는 것으로 미국이 제 3세계를 착취했기 때문이라고 하였다. 서구신좌파의 이론은 미국신좌파의 사상자원이 되었다. 중국의 신좌파와 구좌파와의 다른 차이는 표현방식의 차이였다. 구좌파의 표현방식은 대개 과거 대자보의 방식이며 의분으로 가득 차 논리가 부족하고 두세 마디 설명으로 단순하고 감정적이었다. 표면상 살상이 넘쳐나 읽고 나면 과한 느낌이 든다.

신좌파의 대표적 인물의 문장은 형식논리에서 개선이 되었고 널리 증명을 하고 비교적 서구화되어 있으며 문장의 내용도 서구 신좌파의 사상을 따르고 있다. 많은 독자들은 신좌파의 문장이 충분히 소화된 것이 아니어 읽기 어렵다고 느낀다. 한마디로 구좌파의 구시곡에 비해 신좌파는 서구좌익 선봉이론색채가 농후하다. 대학생의 말로 말하면 때에 맞다는 것이다. 이중톈易中天의 말에 의하면 이러한 글은 구좌파에서는 나올 수 없는 것이다.

2. 신좌파의 주장과 관련논쟁

중국신좌파는 목표가 명확한 집단이 아니며 해외유학파 신좌파, 본토 신좌파가 있다. 이론신좌파, 문학신좌파 등 여러 종류로 단일하지 않다. 그들의 주장도 완전히 일치하지 않고 또한 신좌파인물은 스스로를 신좌파라고 여기지도 않는다. 이러한 것은 현재 중국사상계의 복잡성을 반영하는 것이다.

총체적으로 보면 중국 신좌파의 사상주장은 기본적으로 서구좌익과 포스트모더니즘론에 기원하며 일부는 구좌파 사상에 의지하거나 계승하기도 하여 그 주장은 구좌파와 가깝다.

　서구 신좌파를 가져온 예를 하나 들어 보도록 한다. 현대 미국 신좌파의 대표적 인물의 한명인 듀크대학 교수인 프레드릭 제임슨Fredric Jameson이 「60년대: 역사단계론의 각도에서 보다」라는 글에서 중국의 문화대혁명에 대해서 "60년대는 그러한 시기에는 세계의 모든 것이 변화될 수 있었다. 바꾸어 말하면 그 단계는 전체인류의 대해방의 시기였고 전지구성이 대량으로 방출된 시기였다. 바로 이러한 점에서 마오쩌둥이 이러한 과정에서 든 비유는 사람들을 깊게 성찰 하게 했다. '우리 이 민족은', 크게 소리치며 '마치 원자탄처럼…… 일단 안의 아이들이 깨어나면 방출된 열량이 생산한 거대한 역량은 비교할 수 없을 정도일 것이다.' 문혁에서 이러한 상징은 구식의 봉건과 향촌구조를 분쇄하도록 촉진했고 동시에 그러한 구조에서 구습관이 소멸되어 진정한 군중대중운동을 환기시켰다. 그러나 분열의 영향, 분자량의 석방, '물질만능'의 출현은 사람들을 놀라도록 했다. 또한 당시(지금은 알 수 있지만) 마오쩌둥 본인은 친히 발동한 운동이 최후에는 서로를 고발하고 끝나버리게 되는데 이르렀다고 하였다. 또 문혁이 최고조의 시기에 도달했을 때 '상하이공사(꼼윤)'가 성립했을 때 그는 당 기구에 대한 진일보한 해체를 정지하도록 명령을 내리고 또한 신속하게 이러한 실험의 방향을 바꾸어 놓았다.(오늘 우리는 그 확실한 결과를 목도하고 있다)"⁴²⁾고 하였다.

　'문화대혁명'은 도대체 진정한 민주운동이었는가 아니면 전제권력으로 조정되는 군중운동이었는가? 문혁은 문화를 훼손하고 오히려 기묘함을 만들어 낸 것인가? 문혁을 거친 중국인의 심중에는 제임슨의 이

42) 詹明信, 『晚期資本主義的文化邏輯』, 三聯書店, 1997, 392 ~ 393쪽.

러한 논의는 장님이 코끼리를 만지는 것과 같다고 여겨진다.

제임슨은 중국이 '문화대혁명'을 부정하는 것을 매우 불만으로 여기며 그는 이것을 혁명사를 더럽힌 것이라고 불렀다. 그는 같은 글에서 "마오주의와 중국문화대혁명의 경험에 스탈린의 가면을 칠하고 더러운 선전운동을 하고 있다……이는 60년대사가 조성한 부분을 훼손하는 것이다."[43]라고 하였다.

제임슨은 오늘날 문혁을 부정하는 명확한 결과를 목도하고 있다고 말하였다. 그는 마오쩌둥이 문혁을 철저히 진행하지 않아서 중국에 자본주의의 복벽이 출현했다고 한다. 이는 바로 서구 신좌파가 오늘날 중국사회성격을 규정하는 내용이다.

제임슨의 주장은 중국의 신좌파에게 전해졌다. 신좌파의 대표인물 왕후이汪暉는 『당대중국의 사상상황과 현대성문제』라는 글에서 "문화대혁명의 종료를 계기로 부단혁명과 자본주의 비판을 특징으로 하는 사회주의는 종말을 선언했다……또한 개방의 개혁 실천 중 중국은 점차 세계자본주의 시장으로 들어갔다."[44]고 하였다.

선창원沈昌文이 신좌파의 역할은 우체부였다고 한 것은 이상한 말이 아니었다.

신좌파의 다른 한 명인 추이즈위안崔之元은 「마오쩌둥문혁이론의 득실과 현대성의 중건」이란 글에서 마오쩌둥은 문혁 중 대민주를 실시했다고 상찬했다. 그는 '대민주'로 '당내 주자파'를 타도한 것이 마오쩌둥 문혁이론의 핵심내용이고 '마오쩌둥 문혁이론의 득이며 교조화된 맑스주의를 돌파했으며 대민주의 방법으로 현재의 사회주의체제가 지닌 내재적 모순을 해결하고자 했다……대민주는 마오쩌둥의 끝내지 못한 사

43) 詹明信, 『晚期資本主義的文化邏輯』, 359쪽.
44) 汪暉, 『去政治化的政治』, 三聯書店, 2008, 66쪽.

업이며 그의 정치유산에서 가장 중요한 부분이다."라고 하였다.[45] 이외 추이즈위안은 그의 글에서 '문혁'은 정면요소와 적극적인 작용이 있었고 문혁에서 대중운동의 경험을 흡수해야 한다고 주장했다.

신좌파의 상술한 주장은 당시 중국정치의 근본문제와 관련해서 문화대혁명을 어떻게 평가할 것인지를 말한 것이다. 중국의 많은 관료와 민중과 자유주의자, 민주사회주의자는 문혁을 반대했는데 문혁이 극도의 파괴를 일으켜 중국이 거대한 재난을 당하게 되었다고 보았던 것이다.

신좌파는 세계화에 대해 반대하거나 의혹하는 태도를 지녔다. 그들은 발전중의 국가는 세계화의 과정에서 점차 주변화 된다고 보았다. 서구 국가가 세계화를 빌미로 발전중의 국가를 경제식민지로 만들고 초국적기업이 경제침략과 착취의 도구가 된다고 보았다. 중국이 세계화의 배경 하에 발전할 수 있다는 것은 단지 꿈일 뿐이라고 했다.

의존이론을 제기해 중국의 신좌파가 격찬한 사미르 아민의 제기에 의하면 자본주의는 이미 세계를 정복하고 통일했으며 전지구의 경제체제를 전복했다고 하였다. 하지만 자본주의는 세계 각국의 경제를 균형적으로 발전시키지 않고 오히려 중심과 주변의 구역을 조성한다. 중심은 구미각국이며 주변은 발전중의 국가이다. 세계화의 발전에 따라 주변국가는 점차 심각한 곤경에 빠지게 된다.

왕후이는 「현대성문제 문답」이라는 글에서 "소위 세계화의 역사는 각 구역, 사회, 개인이 하나의 등급화로 조직되고 불평등한 구조로 나가도록 편재하는 과정이다", "발달한 국가와 발전중의 국가……이 양자는 사실 중심과 주변, 주재와 종속의 불평등한 관계에 있다.", "발전주의의 다른 특징은 바로 성공의 발전모델을 (마치 미국이나 유럽, 일

45) 崔之元, 「毛澤東文革理論的得失與"現代性"的重建」, 烏有之鄕 학자 개인 사이트, www.wyzxsx.com, "崔之元".

본적인 것처럼)보편적인 발전모델로 만드는 것이고……이러한 서사는
……이러한 발전이 다른 지역과 인민의 발전권리와 생존권의 박탈이
라는 것을 의미한다는 것을 은폐하고 있다."[46]라고 하였다.

　　양빈楊斌은 신좌파의 세계화를 한마디로 정의하였다. 그는 "중국은
세계각국인민을 광범위하게 단결시켜야 하고 공동으로 독점자본주의
의 세계화에 반대해야 하며 세계화를 폭로하여 개방과 경제관계를 더
욱 촉진시키고 실제 신식민주의 정책의 이행을 변화시켜 미국이 세계
패권을 창조하려는 조건의 본질을 폭로해야 한다."라고 하였다.[47]

　　그러나 자유주의 경제학자 천즈우陳志武는 오히려 중국은 세계과정
의 일부분으로 중국개혁개방 30년의 경제기적은 바로 세계화로 인한
것이며 세계화 역량의 구체적 체현이었다라고 하였다. 사실 세계화의
대배경하에서 중국은 30여년의 고속발전을 이루었고 중국의 발전은
한낱 꿈이 아니었다. 세계화의 배경 하에서 싱가폴, 인도 등의 국가도
고속성장을 실현했다.

　　세계화반대의 태도로 인해 신좌파는 중국의 WTO가입을 반대했다.
그들은 세계무역기구는 서구가 중국의 목을 조이게 하는 것이라고 보
았다. 양빈은 "미국이 중국을 세계무역기구에 가입하게 하는 것은 경
제를 고려하는데 기본을 두었다기 보다는 기본적으로 정치적 고려에
기인한다. 미국정부는 중국의 기업이 미국과 서구 기업과 불법으로 경
쟁하고 중국이 세계무역기구에 들어간 이후에는 반드시 실업이 생겨
이렇게 중국사회가 불안정해지면 정부가 무너지게 될 것이라고 여겼
다."[48]고 하였다. 왕후이는 「중국신자유주의의 역사근원」이라는 글에
서 다른 각도에서 문제를 제기했는데 "우리가 물어야 하는 것은 중국

---

46) 汪暉, 『去政治化的政治』, 498쪽, 505쪽.
47) 楊斌, 『威脅中國的隱蔽戰爭』, 經濟管理出版社, 2000, 311쪽.
48) 楊斌, 『威脅中國的隱蔽戰爭』, 295쪽.

이 세계무역기구의 가입과 어떻게 가입하는가의 문제가 민주적이고 공동참여의 원칙을 준수하는 것인가?"이다라고 했다. 확실히 그의 답안은 부정적이었다.[49)

많은 학자들은 신좌파의 주장에 동의하지 않았다. 그들은 중국이 세계무역기구에 가입한 이후 7년간 경제가 고속성장을 했다는 것은 중국이 본세기 초에 세계무역에 가입한 것은 정확한 정책결정이었음을 증명하는 것이라고 했다.

신좌파는 시장경제를 집중적으로 비판했다. 신좌파학자 천쉐밍陳學明은 "중국이 당면한 문제는 시장경제의 소극적 측면이 조성한 것이다."[50) 라고 했다. 그가 제기한 이유는 (1)시장경제는 노동자를 시장으로 보내어 노동자가 도구이자 상품이 되게 한다. (2)시장경제는 효율과 자본의 결합을 통해 최대의 이윤을 추구하므로 노동자의 처지를 고려하지 않는다. (3)시장경제는 사람과 사람간의 관계를 경쟁관계로 만들고 이웃과 거리를 두게 한다. (4)시장경제는 반드시 양극화로 이끈다는 것이다.

이에 대해 우징롄, 친후이秦暉 등의 학자는 중국시장경제의 문제는 권귀權貴가 시장에 깊이 개입하고 민주와 법치, 사회보장이 결핍되고 노동자의 권리를 보호할 노동자조직과 농민조직이 없기 때문이다. 단순히 시장경제의 문제를 지적하는 것은 처방이 잘못되었다라고 제기하였다.

중국사회성격을 어떻게 판단하는가는 커다란 다른 논쟁의 초점이다. 신좌파는 중국은 이미 자본주의 사회가 되었다고 하는데 예를 들면 왕후이는 중국경제는 이미 세계자본주의 시장의 중요한 부분이 되었

---

49) 汪暉, 『去政治化的政治』, 147쪽.
50) 陳學明, 「正視市場經濟的負面效應」, 『社會科學報』, 2010 年 6月 24日.

다고 본다. 또한 신좌파 학자들은 중국사회는 자본주의가 범람했다고
말했다.

자유주의학자들은 중국은 아직 자본주의사회가 완성되지 않았고 포
스트근대로 진입하지 못했다고 본다. 친후이는 신좌파의 중국사회성
격의 경계에 동의하지 않으면서 그는 중국은 후공산주의의 전형적 사
회이며 중국사회의 상황은 전통체제와 다르며 서구의 자유민주사회와
도 다르다고 했다. 다른 학자는 중국은 후전체주의 사회이거나 권위주
의 사회라고 했다.

신좌파도 부패를 통탄한다. 그러나 부패가 왜 창궐하는가? 신좌파는
민주가 부족하거나 권력의 제약이 결여된 각도에서 문제를 보지 않고
스스로 다른 해석을 한다.

왕후이는 문제를 덩샤오핑의 생각에서 찾는다. 그는 「중국신자유주
의의 역사적 근원」이란 글에서 덩샤오핑은 '남순南巡'의 직접적 결과는
대량 개발구의 출현과 선물시장, 증권시장과 부동산시장의 개방이었는
데 이러한 요소가 당대 중국의 신부유계층의 출현과 제도적 부패의 정
책의 전제이자 시장조건이 되었다고 하였으며, 다른 층차의 정치엘리
트와 경제엘리트(국내와 국제의)가 둘이 하나가 되는 역사조건과 부합
하게 했는데 이는 불평등조건 하에서 거듭 사회분화와 계급분화의 과
정이 생겨나 오랜 사회위기를 배태해간 것이다"라고 하였다.[51]

신좌파의 눈에는 덩샤오핑이 추동한 시장경제체제는 부패의 책임을
지녔고 그밖에 국제자본 역시 중국의 부패에 책임이 있는 것으로 보였
다. 신좌파의 대표적 인물은 국제자본과 국내자본의 상호침투와 충돌은
불가피하게 체제적 부패를 조성했다고 한다. 그러나 신좌파는 국제자본
이 중국의 부패를 이끌었다는 이러한 문제에 대해 논증하지 못했다.

---

51) 汪暉, 『去政治化的政治』, 128쪽.

부패 등의 문제는 어떻게 해결할 수 있는가? 민주의 방법으로 가능한
것인가? 일련의 신좌파인 추이즈위안, 간양甘陽은 보통선거에 찬성하고
왕후이도 민주의 추진에 찬성한다. 그러나 근래 신좌파의 논조가 바뀌
었다. 왕사오광王紹光은 최근 그의 저작과 담화에서 다시 선거를 문제
삼았다. 예를 들면 그는 『상해서평上海書評』신문에서 오랜 역사시기 동
안 민주는 종래 어떠한 좋은 것도 되지 못했다고 말했다. 민주형식에서
가장 나쁜 것은 일인일표의 경쟁적 선거라고 했다. 그는 "선거는 문제
해결을 하지 못하게 하고 더욱 많은 문제를 가져 온다……나는 오히려
중국의 정치적 개혁, 민주개혁이 경쟁적 선거로 돌파될 것이라 여기지
않는다. 또한 어떠한 좋은 것도 가져올 것이라고 생각하지 않는다."[52]고
하였다. 왕사오광은 무엇을 주장하는 것인가? 그는 진정한 민주는 실제
로 마오쩌둥이 주장한 대중노선에 있지만 대중노선은 통치주체를 어떻
게 만들어낼 수 있는가의 문제는 이르지 못했다. 이 때문에 왕사오광은
민주는 민중의 바램을 대표하는 것이고 정부가 여기에 호응을 하는 것
이지 대표자를 선출하는 것은 아니라고 하였다. 이렇게 왕사오광은 사
실 민주의 가장 중요한 기능을 부정했다. 본질적으로 보면 그의 주장은
오히려 유가민본정치의 틀에서 벗어나지 않은 것이다.

다른 사람에는 우선 자유파였다가 신좌파로 바뀐 자오팅양趙汀陽이
있는데 「각개인의 정치」라는 글에서 이론상 혹은 실천상 민주의 가치
는 우세하지 못하다고 하였다. 민주와 전제는 인민의 권익을 해치고
정당한 이유를 지니고 있지 못하다.

판웨이潘維는 「당대중화 체제」라는 긴 글에서 "반봉건적 요구로 인
해 중고中古이후의 서구발전은 '권리본위'사상이 나왔지만 중국은 반봉
건의 임무가 없어서 고대의 '책임본위' 사상이 지금까지 이어져 왔다……

---

52) 王紹光, 「王紹光談民主和選主」, 『東方早報 · 上海書評』, 2009 年 10月 18日.

책임본위는 개인이 특정한 역할을 해야 할 때 다른 사람에게 책임을 이어감을 강조한다. '삼강오상三綱五常'은 중국전통사회의 책임본위를 드러내는 것이다. 확실히 각자사회의 책임을 명확히 하고 인민의 복무를 위해 중국현대사회의 책임본위가 표현되었다…… 책임본위는 중국 민본 정치논리의 기점이며 관리는 백성의 복지에 책임을 다해야 한다."[53]고 하였다. 말은 매우 분명하나 판웨이는 공민이 법치 보장 하에서 자기의 권익을 지니는 것을 찬성하지 않고 관리의 백성을 돌아봄만을 강조하여 결국 개명전제의 틀 안에서 주장하고 있는 것이다.

　민주를 부정하고 새로운 처방이 나오지 못하자 신좌파는 단지 문혁의 원인소재를 추구한데 그쳤다. 이에 대해 학자 우자샹吳稼祥은 신좌파 자체가 질병이 있어서 처방이 될 수 없다고 비판했다.

　일련의 신좌파인사는 문명, 이성, 계몽 등 현대성의 개념에 대해 비판과 질문을 진행했다. 왕후이는 「베버와 중국현대성문제」에서 현대성관념으로 중세의 기독교를 들고 현대성 관념은 분열적 서로 모순된 개념이라고 하였다. 예를 들어 현대성 개념은 (직선적 시간의식-왕후이)기독교에서 나왔지만 현대성은 세속화를 이끌고 기독교와 충돌이 발생했다. 또한 현대성의 정치, 경제개념은 이성, 자유, 시장을 숭배하는데 이것은 모두 자본주의의 개념범주에 속하지만 현대주의 미학의 현대성은 오히려 자본주의에 반대, 자본주의를 비판하는 특성을 지닌다. 이 때문에 현대성은 하나의 '자기가 자기를 반대라는 전통'이다. 왕후이는 현대성은 기독교를 배경으로 하는 서구지역의 개념이나 보편적인 개념이라는 것이 중국인의 머리에 고정되어 있다고 했다. 이러한 방면에서 베버는 이성적 분석방법으로 종교윤리로 중국사회현대성의 문제를 분석하여 많은 혼란과 착오를 만들었다. 중국문제를 분석하면

---

53) 潘維 主編, 『中國模式－解讀人民共和國的60年』, 中央編譯出版社, 2009, 82～83쪽.

서 서구의 현대성, 이성화 된 현대화의 이념모델을 써서 강세문화가
약세문화를 지배하는 중국사회자체의 문제를 잘못 진단했다는 것이다.

　그러나 신좌파의 친후이, 저우치런周其仁등의 학자에 이르면 오히려
"현대성은 서구계몽운동이 제창한 자유, 이성, 개인권리 등을 핵심가치
관으로 하고 이를 기초로 건립된 시장경제, 민주정체와 민족국가 등의
제도가 현대문명질서이며……현대성은 학자가 정의, 분석한 개념이지
만 그 내용으로 보면 가장 본질적 측면에서 인류공동의 관점을 지니고
매우 자연적인 인성에서 비롯된 것이고 자연적인 사회성을 지니고 있
다. 이러한 의의에서 현대성의 보편성은 이러한 개념의 추상성 때문이
아니라 누구나 쉽게 수용할 수 있는 개념이라는데 있다"라고 하였다. 54)

　이외 계몽에 관해 신좌파는 무엇이 계몽인가? 누구를 계몽하는가?
누가 계몽할 자격이 있는가?라고 힐문하고 신좌파는 5·4이래 중국지
식인의 큰 문제는 바로 서구담론으로 정신자원을 삼고(예를 들면 계
몽) 실제는 '식민화된 것이었다'고 질책했다.

　왕후이가 보기에 계몽은 이미 죽었다. 그는 『당대중국의 사상상황
과 현대성문제』에서 "중국의 가장 활력 있는 사상자원인 계몽주의는
나날이 불명확한 상태에 빠졌고 점차 현대사회문제를 비판하고 진단
할 능력을 상실했다. ……중국의 계몽주의는 이미 자본주의화 된 사
회에 대면해 있다. 시장경제는 이미 나날이 중요한 경제형태가 되어
중국의 경제개혁은 이미 중국이 전지구자본주의 생산관계에 놓여……
자본주의 생산관계는 이미 스스로의 대변인이 되었으며 계몽지식인은
가치창조자의 역할에 심각한 도전을 맞게 되었다……이 때문에 계몽
주의의 추상적 주체성 개념과 인간의 자유해방의 명제는 전통사회주
의가 비판한 거대한 역사능동성을 보여 주지만 자본주의시장경제화

---

54) 秦曉, 『當代中國問題: 現代化還是現代性』, 社會科學文獻出版社, 2009, 215쪽.

현대화 과정 자체의 사회위기에 직면해서는 오히려 무력할 뿐이다"라고 하였다.[55]

그러나 자유주의 학자 왕딩딩汪丁丁은 『계몽은 죽었다. 계몽만세』에서 왕후이를 반박하면서 계몽은 전통에 대한 영원한 비판 태도의 일종이라고 했다. 이 의의에서 계몽정신은 오랫동안 생존했다. 계몽운동의 '보편주의' 이성과 '개인주의' 자유는 현대중국의 곤경에서 여전히 적용할 수 있다.

베테랑 학자 쯔중쥔資中筠은 현재 우리는 계몽을 필요로 한다고 하였다. 중국사회과학원 미국연구소의 전前소장은 2010년 7월 5일 경제관찰보에 「지식인의 도통 중건의 임무」라는 글을 발표했다. 그녀는 계몽은 이성으로 몽매한 심지를 일깨우는 것이라고 했다. 장기적으로 사상을 속박하는 제도 하에서 각 개인은 스스로의 자아를 계몽할 필요가 있다. 마치 우리 스스로 이미 오랜 자아계몽을 거쳐 이러한 과정에서 많은 사람들이 스스로 계몽을 한 것과 같다. 도를 먼저 깨우치는데 차례가 있다는 말처럼 선각자는 다른 사람에게 자신이 깨달은 것을 나누어 누려야 한다. 지식인은 스스로 자신의 해방이 필요하고 인격독립을 쟁취하여 의존성을 감소하고 우상문화를 제어하고 나 자신 외에 대해 말할 수 있어야 한다. '명군'을 바라는 마음을 버리고 대중을 향하려 노력하며 보편적 세계가치를 강직하게 널리 확산해야 한다. 즉 인권, 법치, 자유, 민주이다. 이러한 자구와 구국의 요구는 서구화와 외부 압력과는 무관한 것이다라고 하였다.

2009년 4월 25일 『독서』잡지와 보위안博源기금회가 연합하여 현대성과 중국사회 전형에 관한 좌담회를 열었다. 가오취안시高소喜는 중국현대가 처한 시대는 정치논리에서 보면 조기 현대의 시간의 접합점에 있

55) 汪暉, 『去政治化的政治』, 80 ~ 81쪽.

고 서구의 16, 17, 18세기의 문제와 관련이 있다고 하였다. 그러므로 당연히 계몽이 필요하다는 것이다.

상술한 문제를 둘러싸고 신좌파와 자유주의는 격렬한 논쟁을 전개했다. 일반적으로 자유주의와 신좌파의 논쟁은 왕후이가 『톈야天涯』 1997년 제 5기에 「당대중국의 사상상황과 현대성 문제」를 발표하면서 시작된 것으로 알려져 있다. 실제는 자유주의 학자 류둥劉東, 레이이雷頤가 1995년 신좌파의 추이즈위안, 간양 등에게 비평을 제기하고 추이즈위안, 간양이 당시 대응 한 것에서 시작된 것이었다. 본서의 '자유주의 두 기원의 몰락'이라는 글도 이러한 논쟁에 대해 평가를 하였다. 마땅히 조기 논쟁은 1995년부터 시작된 것으로 1997년 왕후이가 글을 발표한 후 양측의 설전은 나날이 격렬해져서 세기 교체기에 고조되어 지금까지 그 여파가 남아있다.

쌍방의 논쟁은 세계화와 중국발전, 중국사회성격, 중국과 서구의 관계, 시장경제와 사회공정, 자유와 민주, 중국현대화의 길 등 중대한 문제와 관련되어 있다.

자유주의자는 신좌파가 발달한 자본주의국가의 담론을 통해 중국문제를 논술하는 것은 주제에 맞지 않는다고 비평하였다. 현재 중국사회의 병폐는 단순히 서구병, 시장병이라고 할 수 없다. 중국의 발전에 장애가 되는 것은 초국가적 기업이 아니라 구권력체제와 시장경제기제의 병존이라는 것이다. 중국병의 근원은 낡은 체제가 시장에 기생하여 시장을 왜곡하고 심지어 시장을 압박하는 '권력병'을 낳은 것이다.

주쉐친朱學勤은 「자유주의와 신좌파 분기는 어디에 있는가」라는 글에서 "현재 신좌파들이 시장기제를 비판할 때 자유주의는 정치체제개혁을 호소했는데 이것이 바로 서로간의 근본적인 분기이다. 기타 차이는 아마도 여기에서 파생된 것일 것이다"[56]라고 하였다.

적지 않은 학자들이 신좌파는 국내정치체제방면의 폐단을 해석하고 정치체제개혁의 요구를 했다고 하지만 이것이 신좌파사조의 중대한 한계라고 했다.

또 어떤 학자들은 신좌파가 부패와 빈부격차와 사회 불공평을 폭로하여 구좌파와 같은 곤경에 빠져 들었다고 하고 그들은 해결방법도 제시하지 못했고 어떠한 건설적인 것도 없으며 중국문제해결의 가치방향에 대해서도 다하지 못하였다고 한다.

학자 레이이雷頤는 신좌파를 매우 투철하게 보았다. 그는 신좌파의 몇몇은 말과 생각이 맞지 않고 국내에서 이렇게 말하고 해외에서 또 이렇게 말한다고 여겼다. 예를 들면 그들은 국내에서 자유주의를 비판하며 '서구 담론패권'에 반대한다고 하고 심지어 조직적으로 글을 비판하고 이데올로기의 '순결성'을 호위하려 했다. 미국에서 가서는 오히려 자신은 "마지막으로 천안문광장을 떠난 사람이었다", 집정당국이 수행하는 '발전주의'정책에 투쟁을 했다고 하고 스스로 당국에 반대한 영웅이라고 하면서 미국인에게 갈채를 받았다.

또 어떤 학자들은 적지 않은 신좌파는 영리한 사람으로 단지 계산에 빠른 것이며 이 때문에 끊임없이 말을 바꾸는데, 종합하면 가면을 바꾸는 감각을 갖고 있으며 변론도 끊임없이 바뀐다는 것이다. 심지어 연극을 하고 계교를 꾸민다고 말했다.

타이완 『연합보』는 2010년 5월 발표한 글에서 중국에서 완전히 새로운 신좌파가 필요하다고 하였다. 이는 신좌파는 반성을 해야 하며 국가주의 고취를 버리고 자본주의 비판과 금융만능의 비판 외에 정부의 감독, 평화애호, 자유숭상, 타인에 대한 큰 사랑 등을 주장해야 시대에 부응할 수 있다고 하였다. 이에 대해 신좌파가 어떻게 생각할지는 알 수 없다.

---

56) 朱學勤, 『書齋裏的革命』, 長春出版社, 1999, 420쪽.

3. 신좌파와 국가주의

구좌파 위안위화袁庚華는 2010년 7월 타이완『사상思想』잡지의 인터 뷰에서 덩샤오핑의 개혁개방에 대해 거의 좌익은 모두 부정적이었다 고 말했다.[57]

위안선생의 개괄은 일정한 근거가 있다. 예를 들어 왕후이가 개혁개 방에서 실시한 정책을 비판한 것은 일종의 편파적 '발전주의'였다는 것 이며 그는 또한 덩샤오핑의 남순강화가 부패를 더 가속화시켰다고 했 다. 또 신좌파는 중국이 세계화 되고 점차 사적재산권제도와 시장경쟁 제도를 추진한 것도 맹렬하게 비판했다. 당연히 이러한 발전추세는 바 로 자유주의의 적극적인 추동과 주장에 의한 것이었다고 하였다.

그러나 최근의 동향에 변화가 있었다. 중국경제의 기적적인 발전으 로 2008년부터 '중국모델'이 제기된 이후 신좌파는 오히려 과거 개혁개 방에 지녔던 의문과 비평과는 반대로 중국모델을 칭찬하고 저작을 발 표하고 중국개혁개방의 경험을 총결산했다. 치우펑秋風은 신좌파는 중 국모델식의 정책설계자와 이론가로 국내외 사상계와 정계에서 활약하 였는데 과거 몇 십년간 개혁이 창조한 것이 기적을 방불케 한다고 하 였고 바로 그들이 설계한 것이었고 이는 진정 기묘한 변검이었다.

왜 이러한 변화가 발생한 것인가? 어떤 학자는 신좌파의 기본입장은 서구자본주의와 그 민주를 반대하는 것으로 그들은 현재 중국모델을 제창하고 중국이 서구의 길을 거부하고 보편가치에 도전한 것을 논증 하려 하는 것에 성공했다고 말했다. 총체적으로 말하면 서구반대가 목 적이고 개혁을 지지하거나 반대하거나는 수단일 뿐이며 이러한 목적 에 도달하는데 유리한지의 여부만 중요할 뿐이라는 것이다.

---

57) 毛澤東旗幟網, 共識網「永遠的造反派--袁庚華先生訪談錄」에서 인용.

최근 쉬지린許紀霖은 「근10년래 중국국가주의사조의 비판」이라는 글에서 근래 신좌파인물들이 집단적으로 우파로 바뀌었고 국가주의 주장을 하고 있다고 했다.

무엇이 국가주의인가? 이는 19세기 초 독일에서 만들어진 사조이다. 국가주의는 국가를 핵심으로 하고 국가지상이며, 개인이익은 국가의 이익에 절대 복종하도록 하는 것이다. 국가주의는 애국주의를 선양하고 국내민중단결을 호소한다. 총체적으로 보면 국가주의는 민족주의에 속한다.

쉬지린은 이렇게 중국의 국가주의를 해석하면서 "중국의 현재 담론 하에서 국가주의는 민족주의의 발전에서 온 것이나 민족주의보다 더 극단적이고 더 정치화 된 것으로 국가가 사회생활의 각 영역에서 지고무상의 핵심지위를 차지하는 것으로 강조되며 이 때문에 국가가 민족과 인민의 전체이익을 대표한다고 여겨서 개인이익을 억제하여 정치과정의 침투와 간섭을 받게 할 수 있다는 것이다. 중국의 국가주의는 또한 비전통의 황권전제주의나 현대의 극단주의의 재판으로 그것의 정당성은 인민주권론을 호소하여 마치 민의에 기초한지 않은 것 같고 민주로 권위를 실현시키는 일종의 대중추수식의 권위주의이다. 중국의 국가주의는 중국굴기라는 배경 하에서 자기가 서구와 다르고 중국 특색의 정치적 길과 모델을 지니고 있다고 하면서 보편적 서구민주 제도적 창신에 도전하며 인민이익과 중화문명의 신비화를 하여 국가를 숭배하는 종교를 만드려는 것이다."58)라고 하였다.

쉬지린은 신좌파가 국가주의로 전환한 두 가지 배경을 말한다. 하나는 일련의 신좌파가 중국경험 혹 중국모델의 총괄을 거쳐 국가주의로

58) 許紀霖, 「近十年來中國國家主義思潮之批判」, 愛思想網站 www.aisixiang.com/data/41945.html.

갔다는 것이다. 예를 들어 왕후이는 과거에 그가 비판적 지식인의 세계화비평, 관료화와 중국의 발전주의에 대해 비판의 태도를 취했으나 지금은 오히려 중국경제굴기의 과정에서 당국체제의 경험을 총괄했다. 왕후이는 중국의 성공은 '상대적으로 독립되고 완비된 주권성격을 지니고 있다'고 하고 이러한 독립 자주적 성격이 정당 실천으로 완성되며 "중국정당과 국가는 독립된 품격으로 서로 오류를 수정하는 기제를 발전시켜 왔다"라고 하였다. 또 예를 들어 간양은 맑스 베버의 민주권위주의를 흠모하며 간양이 중시한 것은 민주는 권위를 강화하는 기초 위에서 이러한 기능적 역할을 한다는 것이었다. 왕사오광과 후안강은 1990년 중국국가능력보고에서 국가의 스스로의 의지를 실현하는 능력을 강조하며 구체적으로 흡수능력, 조절통제능력, 합법화능력과 통제능력이라고 했다. 최근 한위하이韓毓海가 왕사오광의 관점을 이어 저작 중에서 오백년 동안 중국과 세계의 역사를 다시 살펴보면서 결론 내리기를 오백년 역사의 흐름 속에서 핵심은 국가능력의 경쟁이었다고 했다.

쉬지린은 국가주의는 슈미트주의와 사상적 맥락이 닿아 있다고 했다. 류샤오펑劉小楓으로부터 히틀러의 법학자 슈미트(C.Schmit)의 사상으로 중국의 슈미트풍이 유행되었는데 국가주의의 씨가 뿌려진 것이었다. 이 방면에서 가장 대표적인 사람이 창스궁强世功으로 그는 2004년 우크라이나의 "색깔혁명顔色革命"의 교훈을 총결하면서 정치문제의 관건은 옳고 그름의 문제가 아니라 복종과 불복종의 문제라고 하였다. 단지 정치 권위를 복종하지 않는다고 네가 틀렸다고 말만 하는 것도 잘못된 것이다. 정치의 가장 중요한 문제는 적과 친구를 구분하며 적과 친구 간에는 자유의 문제가 존재하지 않고 다만 폭력과 복종만이 있으며 이것이 정치의 실질이다. 창스궁은 자유주의자가 종종 정치의 실질을 알지 못한다고 여겼다. 창스궁은 중국의 국가의지는 바로 당국 의지이고 당은 영혼이요 국은 몸이라고 했다. 판웨이 역시 이러한 관점을 지지했다.

쉬지린은 신좌파는 슈미트주의 및 기타 국가이성의 서구학자에 근거해서 국가의지를 숭배하며 장차 엄중한 결과를 초래할 것이라고 하였다. 쉬지린은 "독일, 일본 등 현대에 굴기한 역사는 국가이성이 종교, 인문, 계몽가치의 제약을 결여한다면 그 안에 내재한 권력확장 만이 남게 되며 국가이성이 홉스식의 공리주의에서 보수적 낭만주의로 가면서 도덕이 결여된 가치허무주의로 변화하여 마침내 반反인문, 반反인성적 국가주의 괴물이 생겨나 국가는 나날이 강대해지고 국가이성이 스스로 옳다고 여기며 그 최후로 타락할 위험성은 더 커질 것"이라고 했다. 59)

59) 許紀霖, 「近十年來中國國家主義思潮之批判」, 愛思想網站 www.aisixiang.com/data/41945.html.

제4장

중국의 민주사회주의

- 민주사회주의 사조

1. 민주사회주의 중국에서 거듭 저주를 당하다

　오랜 시간 동안 민주사회주의(사회민주주의로도 칭해진다)는 중국에서는 '반역도당'으로 형상화되었다.

　1960년대 중국은 소련과 결별했다. 중공은 '구평九評'(9편의 소련공산당중앙을 공개적으로 평론한 글)을 발표하고 소련공산당을 '현대수정주의'라고 비판하였다. 소련수정주의라고 비판하는 동시에 민주사회주의와 '옛 수정주의자'의 조상을 베른슈타인, 카우츠키까지 거슬러 올라가 각 국가 사회당(사회당은 민주사회주의의 체제)까지 연결시켜 한솥에 넣어 비판을 하고 전면부정하면서 맑스주의의 '반역도당'으로 지칭했다.

　'8평'을 한번 살펴보자.

　1964년 3월 31일 『인민일보』에 「무산계급혁명과 후르시초프의 수정주의- 소련중공을 8평하는 공개서신」을 발표하였다. 작자는 인민일보 편집부, 홍기잡지 편집부로 서명하고 최고권위를 대표하였다.

　이 글에서는 "소련 20차 대표대회로부터 후르시초프는 10월 혁명의 길은 근본적으로 소위 '화평과도'길과 대립하였고 또한 '회의를 거쳐 사회주의 과도로 간 것으로 ……후르시초프가 고취한 이러한 상품은 어떠한 창조도 아니며 제 2국제 수정주의의 재판에 불과하고 베른슈타인주의와 카우츠키주의의 부활인 것이다. 베른슈타인은 맑스주의의 주요지표를 위반하여 합법적 의회주의를 주장해서 폭력혁명을 반대하고 구국가기구 타도를 반대하고 무산계급독재를 반대하였다고 하였다. 그는 자본주의가 어떻게 평화롭게 사회주의에 편입될 수 있는가를 생각하였고……카우츠키도 베른슈타인과 마찬가지로 의회적 길을 고취시키고 폭력혁명에 반대하였다 ……그는 자산계급민주제도하에서는 ……폭력으로 정부를 전복한다고 주장한다면 비웃음을 면치 못할 것이다라고 하였다. 그는 레닌과 볼셰비키정당은 '인내심이 부족하여 폭력적 수단을 사용하여 임산부가 9개월이 아니라 5개월 만에 아이를 낳은 것과 같다'……카우츠키는 의회에 심취하였다. 그는 '우리 정치투쟁의 목적은 종래와 마찬가지로 의회에서 여러 방법으로 국가정권을 탈취하는 것이다'라는 유명한 말을 했다.

이 글은 평화로운 과도기를 주장하는 각국 사회당에 대해서 부정적인 평가를 한 것으로 "사회당은 사회주의 정당이 아니다. 개별적 좌익을 제외하고 그들은 자산계급정당의 일종의 변형이다. 사회주의혁명의 문제에서 우리는 사회당의 입장과 근본적으로 다르며 이러한 한계가 모호할 수 밖에 없다"라고 하였다.

글의 결론은 "폭력혁명은 무산계급혁명의 보편적인 규율이며……레닌은 제2국제 수정주의자가 의회제도에 빠진 환상을 지적하여 정권탈취의 혁명적 임무를 방기하고 무산계급정당이 선거당이 되게 하고 의회당으로 변화하게 하며 자산계급의 꼭두각시가 되게 하며 자산계급독재를 유지하려 하였다고 했다. 현재 후르시초프와 그의 추종자들은 의회의 길을 선호하고 제2국제 수정주의자의 전철을 밟을 수 있다"

라고 하였다.

비판적 글이 하늘을 가리고 땅을 덮은 결과 민주사회주의는 중국에서 말만 들어도 무서워하게 되었다.

베른슈타인과 카우츠키의 저작은 단지 비판을 위해서만 제공되는 내부의 회피서로 변색되었다.

개혁개방 후 사정이 변화하였다. 중국은 계속하여 민주사회주의문헌을 출판하고 일련의 학자들은 서구사회당의 글을 객관적으로 소개하였다. 예를 들면 1988년 헤이룽장黑龍江인민출판사가 출판한 인쉬이殷叙彝가 『당대세계사회주의연구총서』는 객관적으로 민주사회주의에 대한 대량의 정보를 소개한 것이다. 둥팡출판사東方出版社가 출판하고 류이잉劉藝影이 번역한 『민주사회주의를 논함論民主社會主義』이라는 책도 독자들에게 민주사회주의의 이해를 돕기 위한 것이었다.

그러나 '굴곡이 너무 심하였다.' 1980년대 말 1990년대 초 소련과 동구의 변화가 일어났고 동유럽 각 국가의 공산당이 사회당이 되자 어떤 이는 이러한 풍조가 자신에게 영향을 미칠까 하여 다시 민주사회주의를 비판하게 되었다. 이시기 민주사회주의의 사조를 부정하는 흐름이 다시 대두되었다. 당시 각지에서 10여종의 민주사회주의를 비판하는 서적이 출판되었고 짧고 간단한 글은 셀 수가 없었다.

안후이교육출판사가 1994년 10월 출판한 쉬준다許俊達가 주편한 『민주사회주의철학원류』라는 책이 있다. 이 책의 제 7쪽에 "소련과 동유럽의 변화 후 민주사회주의는 단지 우익들이 자본주의의 급속한 과도적 교량으로 가게 한 것에 불과한 것이었다고 보이고 ……민주사회주의는……사회주의발전의 방향은 아니다."라고 하였다. 제20쪽에서는 "민주사회주의는 추상적인 인성론을 기초로 하고 인도주의를 주선과 핵심으로 하는 일종의 정치사조이며 정치철학이다……이러한 사조는 비맑스주의적인 것으로 심지어 반맑스주의적이며 오히려 자유주의적이고 심지어 현대자유주의와 더욱 유사한 점이 많다."라고 하였다.

충칭출판사가 1995년 12월에 출판한 쉬충원徐崇溫이 지은 『민주사회
주의평석民主社會主義評析』이란 책이 있다. 이 책은 제 1장의 제 5절의
표제를 '민주사회주의는 공산주의를 반대한다'라고 했다. 이 1절 시작
은 (58쪽) "민주사회주의는 개량주의로 과학사회주의와 서로 대립되고
또한 일종의 지도사상이며 사회당의 인터내셔널이 공산주의, 공산당,
사회주의국가를 반대하도록 이끌었다"라고 하였다. 또한 1989년 동유
럽의 극심한 변화 중에 사회주의국가가 화평연변의 정책을 취하게 했
다고 한다.

당연히 90년대에도 다른 추세가 있었다. 이것은 1992년 덩샤오핑의
남순강화를 발표한 후 새로운 해방사상의 풍조가 일어 개혁개방의 전
기를 가져왔을 뿐 아니라 민주사회주의의 새로운 방향을 객관적으로
열어갈 수 있도록 했다.

이와 동시에 각국의 사회당과 중국공산당의 관계는 부단히 개선되었
다. 1997년 사회당인터내셔널의 주석 피에르 마우로이Pierre Mauroy, 1928-
가 중국을 방문하여 중공과 사회당관계의 정상화의 지표가 되었다.

같은 해 영국 블레어 총리가 신노동당대표로 집정하면서 '제3의 길'
이란 주장을 제기하여 세계적으로 거대한 반향을 일으켰다. 신노동당
은 1995년 당장을 선포하였는데 노동당은 하나의 민주사회주의 정당
이라고 하였다. 노동당의 목표는 사회를 공정하게 정치체제를 개방하
고 환경을 건강하게 한다였다. 한편 자본주의의 병폐를 (분배의 불공
정) 제거하고 다른 한편으로는 사회소유제(전통사회주의공유제를 실행
하지 않는다)를 추진하는 것이라고 하였다. 짧은 시기 내 중국에는 '제
3의 길'이 번역되고 연구열이 일어났으며 많은 중국학자들이 '제3의 길'
의 저작을 출판했다. 구이저우貴州인민출판사의 셰펑謝峰은 『영국노동
당 제3의 길 연구- 서구사회민주당의 혁신을 함께 논함』이라는 책을

출판하였고 사회과학문헌출판사의 허빙멍何秉孟, 장후이姜輝의『계급구
조와 제3의 길: 영국학자와의 인터뷰기록』, 둥팡출판사가 출판한 롼쭝
이阮宗譯의『제3의 길과 신영국』, 중앙편역출판사가 출판한 스즈친史志
欽의『세계화와 유럽사회민주당의 전형』등 민주사회주의에 관한 상대
적으로 객관적인 소개와 평론이 이루어졌다.

　베른슈타인, 카우츠키 등의 저작도 내부출판 '회피서'의 굴레를 벗어
던졌고 차례로 인민출판사, 중앙편역출판사가 공개적으로 출판 판매하
여 독자들의 환영을 받았다.

　민주사회주의는 중국에서 굴곡이 심했지만 대중의 주목을 받았다.
현재 중국인의 중국미래의 나아갈 길에 대한 논의가 많지만 민주사회
주의는 무엇을 사회주의라고 하는가에 대해 자연히 많은 흥미를 불러
일으켰을 뿐 아니라 민주사회주의 역시 점차 급진적이 되어 갔다.

2. 민주사회주의는 무엇을 신성시하는가?

　이렇게 무궁무진한 민주사회주의는 도대체 무엇을 신성시 하는가?
　우선 사회주의를 이해해야 한다. 사회주의는 서구의 일종의 사회사
조이다. 처음 고대희랍에서 널리 전파된 사람의 '평등한' '황금시대'의
전설에서 시작되어 중세기 토마스 모어의『유토피아』, 칸파넬라의
『태양성』, 베이컨의『신대서양의 섬』, 프랑스대혁명시기의 평등주의
문헌과 생시몽, 오언, 프리에의 공상사회주의에서 맑스 엥겔스의 과학
사회주의까지 다시 맑스 엥겔스의 서거 후 백여년의 탐색이 있어 사회
주의의 점차 원류가 길어지고 파벌도 더 많아졌다. 어떤 이는 세계상
50여종의 사회주의가 있다고도 하고 또 어떤 이는 100여종이라고도 하
는데 이는 고증할 수 없다. 요약하면 사회주의는 비록 유파가 많고 내
용도 많지만 지금까지 다른 유파의 사람들도 공통적으로 지닌 핵심가

치관은 바로 평등, 공정, 자유, 민주, 보편적 행복이었다. 어떤 사회주의유파는 구두로라도 이러한 5가지의 가치는 부정하지 않았다.

민주사회주의 역시 민주적 방식 즉 비폭력적 방식으로 사회주의를 실현하는 것이고 사회주의실천 중 특히 민주를 강조하는 사회주의 주장이라고 할 수 있다.

역사를 살펴보자.

서구 각국의 약세민중(노동자를 주체로 하는)은 자본주의 압박에 반대하는 정치운동을 해왔고 민주사회주의는 1848년 유럽혁명시기에 등장했다.

'사회민주주의'라는 이 개념은 프랑스인 랑케와 루이 블랑이 독일의 법률을 근거로 1848년 프랑스 2월혁명 중 제기한 것이었다. 그들은 세계상 첫 번째 사회민주당을 건립했다. 후에 구미각국에서 성립된 사회당, 사회민주당, 노동당, 페비언스 등은 모두 사회민주주의운동정당이었다. (본서는 사회당이라는 명칭을 이러한 정당을 대표하여 사용할 것이다)

루이 블랑 등은 노동자이익을 증진시키는 것에서 사회주의를 실현하고자 했다. 그들은 국가역량의 도움으로 '국가공장'을 건립, 대중의 취업과 노동시간의 감소를 도모했다. 그들이 이해하는 사회주의는 프랑스사회주의자들이 생시몽의 말을 차용해서 사람은 평등하고 모두 행복해야 한다고 하였다. 독일에서 라살레는 스스로 사회민주주의자라고 칭했다. 라살레는 보통선거로 인민정부를 건립해야 하고 특권과 압박에 반대하며 사회주의는 보통선거권으로 민주를 쟁취하는 투쟁이다라고 하였다. 영국의 헌장파 역시 보통선거권의 쟁취는 재부의 합리적 분배를 보장하는 유일한 길이라고 하였다. 왜 보통선거권이 이처럼 중요한 것인가? 무산계급자는 자산계급에 비해 숫자가 더 많기 때문에 진정하게 보통선거가 실현된다면 민중에게 유리한 정치가가 선출될 수 있기 때문이었다.

　민주사회주의의 신봉자는 비록 스트라이크를 거행하고 심지어 국부적인 저항을 하였지만 사유제의 소멸을 주장하지 않았고 폭력으로 구 국가기구에서 국가정권을 탈취하지 않고 점진적 수단으로 선거권을 쟁취하고 정부권력을 제한하며 노동자의 임금을 증가시키고 약세군체의 세수를 감소시키고 취업을 확대하며 부녀아동을 구조하고 노동시간을 단축하는 등을 한다. 한마디로 합법적이고 개량적인 길이다. 맑스는 『루이 보나파르트의 18일』이라는 책에서 "사회민주파의 특수성의 표현은 민주공화제도를 수단으로 하는 것이지 양극화 해소를 위한 것이 아니다. 자본과 고용노동이라는 것을 소멸시키려는 것이 아니고 온화한 자본과 고용노동 관계의 대항적 요소를 협조적으로 변화시키려는 것이다. 물론 그것은 어떠한 방법으로 이러한 목표에 도달할 것인지 목표자체의 길에 혁명적 색채가 약화 될것인지간에 그 내용의 시종은 한가지이니 민주주의적 방법으로 사회를 개조한다는 것이다."[60] 라고 평론하였다.

　민주사회주의는 보통선거권의 쟁취를 통해 점진적 개량의 실현을 주장하며 맑스가 제기한 무산계급혁명의 진행을 국가기구의 폭력타도, 정권쟁탈, 자본주의의 소멸, 통치자들의 소멸, 사유제의 소멸, 계급강령의 소멸이라는 것과는 구별되는 것이었다.

　1940-50년대 유럽에서 격렬한 노동자 운동이 폭발하여 『공산당선언』(1848)의 영향을 크게 확대했다. 제 1인터내셔널(1864-1876)이 성립했을 때 격렬한 변론을 거쳐 최후로 성립한 선언에서는 '정권을 쟁취하여 노동자계급의 위대한 사명을 달성하자'로 칭해졌고 그 공동장정에는 '어떠한 계급통치도 소멸하자'라는 요구가 쓰여졌다. 제 1인터내셔

---

60) 『馬克思恩格斯選集』, 第1卷, 人民出版社, 1995, 614쪽.

널은 1868년 9월에 열린 제 3차 대표대회에서 반드시 생산자료의 공유제를 실행할 것을 결의했다. 이러한 표명은 맑스의 폭력으로 정권을 탈취하고 자본주의를 소멸하고 사유제를 소멸하는 등 일련의 주장들이 국제적으로 주도적 위치를 차지하고 민주사회주의는 하풍에 처해지는 결과를 낳았다.

제 2인터내셔널(1889-1923)에서는 상황이 변화하였다. 사회주의 운동의 내부에서 의회책략에 관한 논쟁이 발생했고 민주사회주의자가 폭력혁명의 폐기를 주장하는 것이 주류가 되었다. 1893년 열린 제 2 인터내셔널 제 3차 대표대회의 결의에서 비폭력혁명으로 구정권 타도, 무산독재의 건립이 정해졌다. 이러한 변화는 서구사회의 형세의 변화와 긴밀한 관련이 있다.

1848년 혁명운동이 끝난 후 대략 19세기말 서구자본주의 사회와 노동운동의 형세는 점차 세 가지의 변화가 나타나게 된다.

하나는 서구 각국이 차례로 공업화가 고조되고 자본주의가 더 발전하면서 번성의 시기를 맞았다. 각국의 군사력이 점차 증강되고 점차 전쟁으로 치달았다. 1848년 이전의 각국 노동운동이 시가전으로 승리한 국면이 복잡하게 드러나자 새로운 투쟁방식을 고려하지 않을 수 없게 되었다.

둘째 반복되는 투쟁을 통해 노동자의 노동생활의 조건과 권리의 국면이 점차 개선되면서 사회주의가 발전을 하게 되었다. 예를 들어 노동시간의 단축, 보수의 제고, 선거권의 확대 등이다. 서구 각국은 차례로 독립적인 노동자 조직을 성립하였고 노동자 정당은 합법적 지위와 공개적으로 자신의 잡지를 지니게 되었다. 1867년 영국의 의회는 선거권 개혁법안을 통과시키고 숙련노동자는 선거권을 획득하였다. 프랑스의 사회주의자 미랜드Alexandre Millerand는 1899년 프랑스의 내각에서 공상부장이 되기도 하였다. 이상의 두 가지 요소가 서로 작용하여 노동운동은 급속히 저조해지게 된다.

셋째 맑스는 주식제, 신용제와 은행제도에 대한 연구를 깊게 하면서 점차 자본주의 생산방식이 지양될 수 있고 평화로운 방식으로 사회주의 생산방식이 되어 폭력이 필요하지 않다고 했다. 맑스는『자본론』제 3권에서 "신용제도와 은행제도는 자본주의의 사적성격을 버렸고 자체적으로 이미 자본주의적 성격을 버렸다"고 하였다. 주식제도를 말하면서도 그는 주식제도는 "자본주의체계자체의 기초 위에서 자본주의의 사적생산업을 지양하면서 더욱 확대되고 새로운 생산부분으로 침투되어 개인산업을 소멸시켜갈 것이다."고 하였다. 맑스는 자본은 여기서 직접적으로 사회자본(즉 그러한 직접적으로 연합한 개인자본)의 형식으로 사적자본과 대립하고 다른 기업 역시 사회기업으로 나타나서 개인기업과 서로 대립하게 될 것이다. 이는 개인재산의 자본이 자본주의 생산방식자체의 범주 내에서 사라지게 되는 것이다"[61]라고 하였다. 맑스는 이러한 연구의 결과로 폭력으로 개인경제를 없앨 필요가 없다고 표명하였다.

노동운동이 점차 저조해지는 상황 하에서 엥겔스는 폭력 이외의 경로를 밟아갔다. 1881년 프랑스 루바Roubaix과 꼬망틀리Commentry 두 시의회가 노동자의원이 점차 다수를 차지하면서 노동자에 유리한 법안을 통과했다. 엥겔스는 「두개의 모범지방의회」라는 글을 발표하면서 영국과 독일의 노동자 역시 프랑스의 두 지방과 마찬가지로 국가의 현실역량을 바꿀 수 있기를 희망하였다. 맑스가 사망한 이후 독일사회민주당은 의회선거에서 계속 승리하였다. 1889년 독일사회민주당은 의회선거에서 1, 427, 298표로 35개 의석을 취득했다. 엥겔스는 "이번선거는 독일역사에서 진정하게 새로운 시대를 열었다."고 여겼다. 같은

---

61)『馬克思恩格斯選集』第25卷, 人民出版社, 1979, 499쪽, 496쪽, 493쪽.

해 9월 엥겔스는 독일사회민주당이 탄압을 받았으나 '시가전을 구축하여 무력을 써서는 안된다'고 했는데 '폭동의 결과 25년 점령한 진영을 잃을 수 있다'고 보았기 때문이었다. 1891년 엥겔스는 '구상할 수 있는 것은 인민대의기관은 일체의 권력을 자기의 손에 넣지만 대다수인민의 지지로 헌법에 따라 국가의 일을 처리하여야 하므로 구사회를 가능한 한 평화적으로 새로운 사회로 진입시켜야 하는데 예를 들면 영국, 프랑스, 미국과 같이……" "우리의 당과 노동자계급은 단지 민주공화국의 형식 하에서나 통치를 할 수 있다."라고 하였다. [62]

1895년 8월 엥겔스가 사망하였다. 엥겔스는 임종 전 3월에 「『프랑스계급투쟁』도언」이라는 글을 썼다. 글에서는 '선거권을 이용하여 우리가 탈취할 수 있는 일체의 진지를 탈취해야 한다'고 제기하였다.[63] 이러한 설법은 제 2인터내셔널 내부에서 격렬한 논쟁을 불러일으켰다.

엥겔스는 이 글에서 노동운동의 새로운 경험을 총결하면서 군사기술의 발전을 지적하고 시가전으로 정권을 취득하는 방법은 이미 시대착오적인 것이라고 하였다. 유럽 각국의 사회주의자들은 선거를 통해 의회로 진출하는 방식을 거쳐 도처에서 돌파 해나가야 한다고 했다.

엥겔스는 독일노동자정당이 선거에서 획득한 성과를 회고하면서 "독일노동자는……세계각국동지에게 새로운 무기를 주었는데 - 가장 첨예한 무기중의 무기 - 는 그들에게 어떻게 보통선거권을 사용하여야 하는지를 표명하였다"고 했다. "선거권의 쟁취, 민주의 쟁취는 무산계급전투의 가장 중요한 임무의 하나이다." "이러한 효과적으로 보통선거권의 이용하여 무산계급의 새로운 투쟁방식이 작용을 할 수 있고 또한 신속하게 발전할 수 있을 것이다. 사람들은 자산계급이 조직을 이

62)『馬克思恩格斯選集』, 第25卷, 人民出版社, 1979, 4쪽, 92쪽, 273쪽, 274쪽.
63)『馬克思恩格斯選集』, 第4卷, 522쪽.

용하여 국가를 통치하고 노동자계급이 이러한 기구자체를 이용하여 투쟁을 할 수 있다는 것을 발견하였다. 노동자가 각국의 의회 시위원회 및 공상업중재법정의 선거에 참가했다. 이러한 직위로 노동자표수에 따라 더 표결에 참가하여 노동자가 자산계급에게서 직위를 빼앗아서 결국 자산계급과 정부가 노동자정당을 좌우하는 합법활동이나 그들의 불법활동을 압박하고 선거로 기의를 방해하는 것을 압박할 수 있도록 했다. 이러한 투쟁의 조건은 이미 근본적인 변화가 발생되었기 때문이었다. 구식의 기의 즉 1848년 이전 도처에서 모두 결정적으로 작용을 한 시가전이 현재에는 거의 시대착오적인 것이 되었다."고 하였다.[64]

엥겔스의 결론은 "우리가 합법적인 수단으로 얻은 성과가 불법수단과 전복의 방법으로 획득한 성과보다 더 많을 것이다."[65] 라는 것이었다. 당연히 엥겔스는 불법수단을 전반적으로 부정한 것은 아니었지만 합법수단 즉 민주사회주의가 주장하는 의회방식으로의 전환을 강조한 것이었다고 볼 수 있다.

엥겔스 사망 후 머지않아 1896에서 1898년 베른슈타인은 카우츠키 주편의 『신시대』 잡지에 연속해서 사회주의를 논하는 논문을 발표했고 1898년에 출판을 하였는데 이것이 저명한 『사회주의의 전제와 사회민주당의 임무』라는 책이었다. 베른슈타인은 "엥겔스는 「프랑스계급투쟁」의 서언(필자 - 도언이다)에서 견결한 태도로 보통선거권과 의회활동이 노동자계급해방의 수단이라고 여겼으며 혁명으로 정권을 탈취하는 사상과는 갈라선 것이었다."라고 하였다. [66]

베른슈타인은 글에서 자본주의사회의 모순은 첨예해지는 것이 아니

64) 『馬克思恩格斯選集』, 第4卷, 516 ~ 518쪽.
65) 『馬克思恩格斯選集』, 第4卷, 524쪽.
66) 『伯恩施坦讀本』, 中央編譯出版社, 2008, 258쪽.

라 온화해지고 있고 보통선거권은 자산계급국가가 인민의 주인에서 종으로의 변화시키게 하므로 맑스의 폭력혁명이론은 이미 시대착오적인 것이다. 자본주의제도는 매우 큰 탄력성을 지니고 부단히 진화한다. 사회민주당의 임무는 바로 사회에 큰 격동의 상황 하에 놓이지 않는 고도의 제도를 수립하게 하는 것이라고 했다. 베른슈타인의 이러한 주장은 폭력혁명을 버리고 합법투쟁을 주장하고 평화로운 사회주의로의 진입을 의미하는 것이었다. 조금 후 제 2인터내셔널의 다른 중요인물 카우츠키 역시 민주선거를 이용하여 합법적으로 사회주의를 실현하자고 하였다.

'평화로운 장기진입'의 주장은 점차 서구 각국 민주사회주의자들의 광범위한 지지를 얻어서 제 2인터내셔널 중후기의 주도적 사상이 되었다.

자연적으로 민주사회주의 각국 정당은 1917년 레닌의 러시아 10월 폭력혁명을 찬성하지 않았고 소련의 무산계급독재실행, 민주압제, 개인기업과 부농의 소멸과 전반공유제등의 주장에 찬성하지 않았다. 1918년 레닌은 민주사회주의정당과 선을 긋고 소련사회민주노동자당을 공산당으로 개명하고 동시에 1919년 코민테른을 결성했다. 각국의 사회주의운동 중의 급진파들은 각국사회당을 이탈하여 공산당을 조성하고 레닌의 기치 하에 코민테른(코민테른은 1943년 해산)에 가입했다. 1923년 각국의 민주사회주의정당은 사회주의 노동자인터내셔널을 결성했고 1951년 사회당인터내셔널로 개명했다. 두 개의 인터내셔널은 서로 대립했다.

1970년대 사회당과 공산당의 관계가 풀리며 대화를 시도했다. 80년대 고르바초프의 소련 개혁 후 사회당과 공산당은 화해 하였다.

민주사회주의운동은 반세기의 풍파를 거쳐 점차 장대해졌다. 현재까지 사회당 인터내셔널은 정식의 당, 고문당과 관찰원당 모두 129개가 있고 세계 각국에 편재되어 있다. 사회당은 차례로 30여개 국가에

서 집정당이 되었다. 현재 러시아집권당인 통일러시아당 역시 민주사
회주의적 성격의 정당에 속한다.

다시 주장을 보자.

사상근원. 사상의 다원화를 주장한다. 민주사회주의는 맑스주의를
이론 근거의 하나로 인정한다. 1972년 프랑스사회당 영수 미랜드
Alexandre Millerand는 당의 이론기초는 맑스주의라고 했다. 맑스주의
외에 윤리사회주의, 인도주의철학, 계몽운동사상 역시 모두 민주사회
주의의 사상연원이다. 당연히 베른슈타인주의, 카우츠키주의, 페비언
사회개량주의, 푸르동주의, 라살레주의, 기독교사상 등도 포괄하고 있
다. 민주사회주의는 솔직히 자유주의 역시 민주사회주의사상 연원의
하나가 된다. 예를 들어 개인권리의 제창, 공민자유권의 보장 등이다.
사회당이론가 케렌스키는 "사회민주운동은 이미 성공적으로 자유주의
사상을 발전시켰다"고 하였다.[67]

경제목표. 민주사회주의의 경제목표는 번영과 평등이다. 민주사회
주의는 경제발전에 주력하며 사회적 재부를 크게 하는데 노력한다. 민
주사회주의의 주장은 혼합사유제경제이며 소유제는 사회주의의 지표
가 아니라고 간주한다. 민주사회주의는 시장경제의 작용을 제창하고
사유재산권을 보호하며 경제민주 실현(노동자의 관리참여 및 협상
권담판)으로 분배의 불공정을 극복하는 것이다. 민주사회주의는 공유
제나 국유기업이 사회공익을 촉진하고 경제발전을 조절하고 경제민주
를 증강하는 수단이라고 본다. 민주사회주의는 소련 10월 혁명 후의
생산수단의 몰수를 찬성하지 않고 이것이 실패의 반면사례라고 간주
한다.

정치주장. 민주사회주의는 헌정민주를 실행하는데 주된 특징은 민

---

67) 費多謝耶夫 等, 『什麼是民主社會主義』, 中國社會科學出版社, 1984, 24쪽.

주를 강조하는 것이다. 민주사회주의는 국가는 인민권리공동체라고
보고 계급합작을 주장하고 국가제도의 민주화를 추구한다. 민주사회
주의는 노동자조직, 종교, 부녀, 환경보호 등 사회단체의 활동을 지지
하며 사회단체운동의 발전을 지지한다. 민주사회주의는 삼권분립을
찬성하고 보통선거제를 실행하고 다당선거, 상호감독, 순환집권, 언론
의 자유와 사법권의 독립을 지지한다.

  사회정책. 민주사회주의집정의 특징은 복지국가건설이다. 복지국가
는 완전한 사회보장제도를 완성한 것이다. 사회당은 사회보장이 없이
는 사회주의를 실현할 수 없다고 본다. 아동의 보호받을 권리, 청소년
의 교육권, 성인의 노동권, 휴식권, 주택권 및 상해, 실업, 의료보장권,
노인의 양로보장 등을 포괄하여 거의 모든 부분을 포괄한다.

  현재, 영국, 덴마크 등은 국가사회보장제도가 100%에 달하고 스웨
덴, 노르웨이, 네덜란드 등의 사회보장은 100%를 초과하였다. 복리제
도는 서구각국이 획득한 중요한 사회적 성과이다. 당연히 과도한 사회
보장 역시 정부의 부담을 조성하고 의존문화를 낳고 사회의 활력을 저
해하기도 한다. 2011년 그리스의 정부부채위기는 뚜렷한 사례이다. 그
리스인은 기본적으로 매일 5시간을 일하고 부모가 사망한 후 그들의
양로금을 미혼 혹 이혼자녀가 수령 해왔다. 근래 복지제도에 개혁을
가해야 한다는 것이 서구 각국의 보편적 의견이다.

  5대원칙이 있다. 실천의 심화와 이론이식의 부단한 심화에 따라 각국
의 사회당은 차례로 자유, 공정, 단결, 민주, 인권을 제기하여 민주
사회주의의 기본원칙으로 하였다. 이하 사회당 인터내셔널의 사이트를
보면 이 조직은 1989년 열린 18차 대회선언에서 명확하게 '자유, 공정,
단결, 민주, 인권'을 사회당의 기본원칙으로 하였다. 이 5개의 기본원
칙은 이미 민주사회주의의 지도사상과 행동지침으로 민주사회주의의
지표가 되었다.

민주사회주의와 자유주의는 어떻게 구별되는가? 사회당인은 반전제 투쟁에서 점차 발전한 자유주의운동이 부분적으로 자유, 평등, 박애의 수혜를 받지만 재산권이 없는 대다수인들은 불평등에 처해지므로 사회당의 임무는 소유한 자들과 공동의 권리를 향유하는 것이라고 하였다.

어떤 학자는 민주사회주의와 자유민주주의의 구별은 자유주의가 개인권리를 중시하고 민주사회주의는 집단의 복리를 중시하는 것이라고 본다. 그들은 소련 동구권 변화 이후 공산당의 개명으로 된 동구 각 사회당의 강령을 이용해 이점을 설명했다. 불가리아 사회당은 스스로 '일개 군중적 정당으로 노동대중의 권익을 보호하고 대표하며 저수입층에게 사회보장을 위해 실업과 빈곤화를 반대한다'고 했다. 루마니아 사회민주주의당은 '진정한 사회보장의 실행'을 강조한다. 폴란드 사회민주당주석 크바스니예프스키Aleksander Kwasniewski는 반드시 세 가지 역량이 중시된다고 했다. 첫째는 노동자 둘째는 농민 셋째는 청년이며 '노동권과 사회보장권의 보호'라고 했다. 이것이 농후한 사회주의를 내포하지 않는다고 할 수 있겠는가?

3. 리훙린李洪林과 왕뤄수이王若水: 민주사회주의 최초의 목소리

중국에서 민주사회주의를 추진하자는 관점은 이미 조기에 맹아가 있었다. 1970년대 말에서 1980년대 중앙선전부이론국 국장 리훙린은 일련의 사회주의관련 글을 발표했다. 그는 '사인방'을 보편빈곤을 사회주의라고 하고 부유한 생활을 자본주의라고 보는 극좌의 착오를 하였다고 비평했으며 생산수단의 완전 공유화와 고도의 집중관리제와 높은 축적률, 낮은 소비력의 스탈린주의 사회주의 방식을 비판하였는데 주로 두 가지 측면을 중점적으로 강조하였다.

하나는 생산력의 발전으로 부유 행복의 실현이었다. 리훙린은 1979

년 4월 발표한 「우리는 어떠한 사회주의를 견지해야 하는가」에서 "추상적으로 공유화 정도가 높을수록 사회주의를 견지한다고 말할 수 없다. 표준은 단지 한 개인데 생산력이 신속하게 발전 할 수 있는가 없는가이다. 생산력 발전이 신속하면 공유화 정도가 비교적 낮더라도 사회주의를 견지한다고 할 수 있다. 만약 생산력 발전을 촉진할 수 없다면 공유화의 정도가 높아도 사회주의를 견지한다고 볼 수 없다.", "생산력발전을 저해하는 것은 책에 어떻게 되어있든 누가 긍정적으로 말했든 상관없이 모두 개혁해야하는 것이다." 68)라고 하였다.

그는 1989년 6월 『중국의 4종주의』를 출판하고 "새로운 사회주의는 비록 청사진은 없다고 해도 가장 중요한 표준은 생산력발전에 유리한가에 있다. 구체적으로 말하면 인민의 부유한 행복에 유리한가 국가의 발전에 유리한가에 있다."69)고 하였다. 이 책에서 리홍린은 그가 제출한 '신사회주의'를 경제방면의 내용에서 해석하면서 생산력의 발전은 경제건설을 중심으로 한다. 다종경제성분과 다종경영방식이 병존한다, 계획적 상품경제와 노동에 따른 분배를 실행한다, 대외개방을 한다고 제기했다.

둘째는 민주를 발전시키는 것이었다. 리홍린은 1979년 6월 발표한 「우리는 어떠한 무산계급독재를 견지할 것인가」에서 "민주적 의사는 인민이 결정하는 것이다. 누가 국가정권을 조성하며 누가 인민의 의지를 집행하는가이다. 민주는 우선 작풍의 문제가 아니며 국가제도의 문제이며 또한 인민이 직접 혹 간접적으로 영도인을 선출하고 국가기관을 만들며 인민을 위한 문제를 처리하는 것이다."70)라고 하였다.

비록 리홍린의 글에 당시의 역사적 한계가 있다할지라도 그가 표명

68) 李洪林, 『理論風雲』, 三聯書店, 1985, 174쪽, 175쪽.
69) 李洪林, 『四種主義在中國』, 三聯書店, 1989, 81쪽.
70) 李洪林, 『理論風雲』, 三聯書店, 184쪽.

한 두 가지 조항은 민주사회주의의 요점이라고 할 수 있다.

전 인민일보 부총편집 왕뤄수이는 1980년대 초 인도주의와 소외의 문제를 제기하여 중국의 이론계를 진동시켰다.

왕뤄수이는 맑스주의는 실천적 적극적 인도주의라고 주장했다. 왕뤄수이가 1980년에 쓴 중요한 글의 제목은 「사람은 맑스주의의 출발점」이었다. 그는 1983년 1월 「인도주의를 위한 변호」라는 글에서 인도주의는 사람의 가치, 사람의 존엄, 행복, 발전, 자유를 주지와 목표로 하는 이념이며 철학이라고 하였다. 왕뤄수이는 중국의 극좌사조가 1960년대 이래 인도주의에 행한 공격과 질책을 반박하며 문혁시기의 전면독재정치를 버리고 사회에 존재하는 계급과 특권을 반대하고 사람이 목적이고 사회주의 생산의 목적일 뿐 아니라 일의 목적이 되어야 한다"고 주장했다.[71] 왕뤄수이는 『나의 맑스주의관』에서 자기의 철학을 실천적 유인주의철학이라고 하였다.

왕뤄수이는 맑스의 『1844년 경제학철학수고』 등에 의거하여 사상상, 정치상, 경제상 인류노동의 소외문제를 해결하고자 했다. 왕뤄수이는 중국의 첨예한 문제에 대해 "정부가 어른이 되어 인민이 통제 되지 않자 자신의 역량을 소외시켰는데 이것이 바로 소외화, 정치상의 소외화이다."[72]라고 했다. 왕뤄수이는 이 문제를 해결하려면 언론자유가 필요하고 보통선건제를 실시해서 인민이 관리에게 파면권을 행사할 수 있도록 보장해야 한다고 했다.

왕뤄수이는 「1921년」이란 글에서 맑스주의의 한 원리 즉 생산관계는 생산력의 수준에 적합해야 한다는 것을 강조했다. 일종의 사회형태는 가능한 생산력 전부를 발휘하기 이전에는 소멸할 수 없다고 하고

71) 王若水, 『爲人道主義辯護』, 三聯書店, 1986, 233쪽.
72) 王若水, 『爲人道主義辯護』, 193쪽.

"맑스 사후 백여년 동안 자본주의의 생산력은 발전해 왔고 자본주의의
사회형태가 용납하는 생산력은 모두 발휘되지 않았음이 증명되었다."
라고 하였다. 이 때문에 레닌은 러시아의 낙후된 현실사회주의는 맑스
주의에 적합하지 않다고 보았다. 스탈린도 10월혁명의 시기 러시아에
는 어떠한 사회주의 맹아도 없었다고 말했다. 왕뤄수이는 글에서 독일
사회주의자 로자 룩셈부르크의 말을 인용해서 소련의 독재실험을 "보
통선거가 없고 제한 없는 출판과 집회자유도 없고 자유로운 의견교환
도 없고 어떠한 공공기구도 절멸되어 영혼 없는 생활이 되었으며 단지
관료만이 유일한 활동요소가 되었다"고 비판하였다. 왕뤄수이는 「민주
안내民主引論」에서 "몇 십년의 실천경험은 소비에트 형식이 실패했다는
것을 증명한다."[73]고 했다.

　왕뤄수이는 「끊없는 탐색」이란 글에서 "나는 레닌주의자가 아니다."
라고 하였다. 그는 "맑스주의에 일련의 귀중한 것이 있고 이것은 관방
이 부정할 수 없는 것이다. 나는 정통은 아니고 내 주장은 맑스주의에
수정을 가한 것이다. 내가 주장하는 맑스주의는 개방적, 비판적, 인도
주의적인 것이다." "나는 사회주의의 실천으로 맑스주의 이론을 점검
해야 하며 동시에 맑스주의 이론으로 사회주의의 실천을 비판해야 한
다고 생각한다."[74]라고 말했다. 왕뤄수이는 맑스가 주장한 사유재산폐
지는 성립할 수 없고 사회문제의 근원은 사유경제에만 머물 수 없다고
보았다. 왕뤄수이는 또한 맑스는 사람의 본질은 자유라고 보았고 자유
는 사회주의의 핵심이라고 했다. 왕뤄수이의 이러한 주장은 바로 민주
사회주의사상의 정수이다.

---

73) 王若水, 『新發現的毛澤東』, 香港, 明報出版社, 2003, 659쪽, 666쪽, 672쪽.
74) 馮媛 主編, 『王若水80周年誕辰紀念』(贈送本), 61쪽, 66쪽, 67쪽.

4. 후성胡繩 등 공산당 구세대의 스탈린 마오쩌둥의 사회주의 모델에 대한 회의

개혁개방의 전개에 따라 노공산당의 스탈린, 마오의 사회주의 모델에 대한 반성과 질문이 제기되어 사람들이 사회주의를 다시 재고하고 민주사회주의의 영향을 확대하게 하였다.

전국정협 부주석, 중국사회과학원장 후성은 마오쩌둥이 50년대 강력하게 사회주의 개조 및 '인민공사로 공산주의사회로 진입해 들어가자'고 주장하는 것은 민수주의라고 주장해서 전국이론계의 거대한 반향과 논쟁을 불러일으켰다.

후성은 「마오쩌둥의 신민주주의론 재평가」(원래 『중국사회과학』1999년 제 3기에 실림)라는 글에서 이러한 문제를 제기했다.

무엇이 민수주의인가? 후성은 자본주의를 경과하지 않고 직접 소농경제발전에서 사회주의로 가는 것이 바로 민수주의라고 하였다. 민수주의는 자본주의를 증오하고 실제 자본주의를 박해하고 거부하였다.

후성은 원래 공산당내에서는 1949년부터 몇 십년간 건설을 준비하고 다시 사회주의로 넘어가기로 했었다고 한다. 그러나 마오쩌둥이 급하게 1953년 농업, 수공업과 자본주의 상공업에 대한 사회주의 개조를 시작했는데 이를 '과도기연구究過度'라고 했고 정권의 힘에 의거하여 인위적으로 촉성되었다고 했다. 후성은 글에서 "이러한 과도기연구의 사상은 당연히 사람들에게 민수주의를 연상하게 했다."고 말했다. 이외 1958년 모든 농촌의 인민공사화를 진행하고 인민공사를 공산주의로 진입하는 '황금다리'라고 칭했다. 후성은 당시 농업생산력은 어떠한 뚜렷한 발전도 없었고 국가의 공업화가 막 시작되던 때라서 인민공사가 충분히 공산주의로 갈 수 있다고 여겼는데 이것이 무슨 사상인가? 단지 이러한 사상은 사실 민수주의의 범주에 들어갈 뿐이다라고 했다.

후성은 마오쩌둥은 '문혁'중의 '자본주의의 꼬리를 자른다' 및 '주자파'를 타도한다' 등 자본주의를 배척하고 성토하는 민수주의가 보였다고 주장했다.

후성은 마오쩌둥의 사회주의실천을 민수주의라고 하고 좌파에 대한 비판과 힐책을 전개했지만 당내 외에 사고를 유발시켰다. 대중사회주의는 확실히 사회주의의 왜곡과 변형으로 그 결과 공동부유의 목표에서 더욱 멀어졌고 이는 마오집권 시기 모두가 아는 사실이었다.

원래 구이저우성 성위원회 서기 주허우쩌朱厚澤는 1985년부터 1987년 초 중앙선전부장을 맡았다. 그는 1986년 발표한 '삼관三寬'이라는 강의에서 매체를 통해 광범위한 보도를 하여 거대한 반향을 불러일으켰다. 삼관은 관용, 관대, 여유이다.

주허우쩌는 1986년 전국문화청 국장회의에서 우리의 원래 사상은 일치된 사상관점에 대해 관용적 태도를 취하였는가 아닌가, 다른 의견을 지닌 동지에 대해 관대하였는가 아닌가, 전체적 분위기, 환경은 여유로웠는가 아닌가를 말했다. 완전히 강성한 것은 비교적 쉽게 부서지므로 충격에 저항할 수 없어서 사회생활 중의 충격이 수시로 있게 되며 각개 방면에서 일어났다. 탄성이 있고 유연하면 발전에 유리할 뿐 아니라 충격에도 유리하다. 많은 탄성을 지니고 유연함을 지니면 우리의 사상문화문제를 처리하고 경제정치문제를 처리하는데 적게는 가정, 부부, 부자, 모녀에서 크게 국가대사, 민족관계에 이르기까지 좋을 수 있다.

그의 발언은 논의할 만 했지만 엄격한 강성체제를 통제한다는 것은 매우 민감한 것이었다. 확실히 주허우쩌는 사회주의가 더욱 민주적이고 자유로워야 한다고 요구했다.

허난河南인민출판사가 1994년 출판한 이전 중앙조직부 상무부부장 리루이李銳의『루산회의실록』이 여러 차례 재판되었는데 이는 공인된 저작이 되었다. 리루이는 차례로『젊은 시절의 마오쩌둥』,『마오쩌둥

의 젊은 시절과 노년』 등의 여러 저작을 출판하여 저명한 마오연구자
가 되었다. 『여산회의실록』은 오늘날까지 중대사건에 관한 가장 권위
있는 저작이다. 이 저작에서 리루이는 친히 경력자 신분으로 사람들이
마오의 1959년 여산회의에서의 엄중한 좌경착오가 있었음을 보여주고
또한 마오의 전제주의가 당내 조성한 위해에 대해서도 해석했다. 이
책에서 리루이는 마오의 유토피아 사회주의사상의 오랜 맥락을 소개
하며 사람들이 심각하게 마오모델이 중국사회주의 사업에 조성한 좌
절을 인식할 수 있게 하였다.

허난인민출판사는 1999년 출판한 쑹첸멍宋賤夢의 『리루이 그 사람』
이라는 책(375쪽)에서 리루이가 마오 만년에 대해 심오하게 연구를 전개
했다고 했다. 리루이는 "마오 만년의 실천과 마오 만년의 사상연구는
오늘날에도 충분히 현실적 의의를 지니며 이것은 사회주의초급단계이
론의 거대한 문제를 논의하게 한다. ……우리는 개방을 말하고 개혁
을 말하는데 개혁이 무엇인가? 나는 중요한 한 가지는 바로 마오 만년
사상의 지도하에 장기적으로 폐쇄되었던 상태를 개방하는 것으로, 마오
만년의 정형화된 정치경제모델을 개혁하는 것이라고 본다"고 했다.

근래 마오만년의 사상실천이 중국사회주의에 끼친 손실을 기초로
리루이는 사회주의헌정의 실현을 주장했다.

중국인민대학의 시니어교수 가오팡高放은 2009년 화빙샤오華炳嘯가 지은
『자유주의초월- 헌정사회주의의 사상언설』이라는 저작의 서문에서
"소련모델의 사회주의는 사회주의공유제와 노농대중의 정권장악의 새로
운 사회제도를 열었지만 사회주의의 자유, 민주와 헌정을 결여하여 실
패하고 말았다. 소련과 동구의 거대한 변화는 우리가 절실히 자유와 민
주와 헌정을 인식하지 못한다면 사회주의도 없다는 심각한 인식에 도달
하게 하였다. 그러므로 사회주의 자유, 민주와 헌정은 사회주의국가의
흥망성세와 사상존망과 직결되는 중요한 문제이다."[75]라고 하였다.

가오팡은 일찍이 1987년『개혁과 이론改革與理論』잡지기자가 인터뷰
할 때 민주의 사회주의에 대한 중요성을 강조했다. 그는 "마오 말년의
잘못은 바로 민주정치건설, 정치체제방면에서 스탈린의 일을 재판했다
는데 있다. 그는 후계자 지정에 있어서 스탈린보다 더 나아갔다. 그는
1969년 린뱌오를 후계자로 정하고 9대장정을 썼는데 이것은 국제공산
주의운동사상 전무후무한 것이었다. 이를 보면 우리의 정치체제에서
민주건설은 부족했다고 할 수 있고 이것이 우리 정치체제의 중대한 폐
단이라고 할 수 있다. 사실 우리과거의 정치체제에서 봉건전제의 요소
가 남아있다. 이 때문에 우리는 반드시 간부의 정치체제의 폐단을 없
애고 민주정치건설의 중요성과 절박성, 우선성을 보아야지……경제건
설만 중심에 놓고 민주건설을 이야기하지 않으면 안된다. 민주건설의
경제건설에 대한 거대한 촉진작용과 과거 우리가 오랫동안 민주가 부
족하고 과도하게 집중과 독재정치를 한 결함을 이야기 하여 오늘날 사
회주의 민주정치건설을 충분히 중시해야만 한다."76)고 하였다.

두광杜光은 중공중앙당교 시니어 교수로서 중앙당교과연판공실주임
이자 도서관 관장이다. 그는 2009년 후야오방을 기념하는 추모글「한
명의 위대한 민주주의자」에서 엥겔스의 합법투쟁방식(의회선거)의 채
용논술을 인용하면서 "정권탈취이든 사유제 소멸이든 폭력혁명은 모
두 이미 유일한 선택이 아니다. 폭력혁명은 신사회 탄생의 산파일지라
도 만약 신사회를 양육한 구사회가 예비한 기간에 도달하지 않았다면
폭력은 살 수 있는 영아를 낳을 수는 없다. 인위적인 방법으로 태아를
2-3개월 만에 산파가 끌어내는 것인데 이러한 작은 생명이 살아남을
수 있겠는가? 깊이 생각하면 구사회의 자궁은 근본적으로 잉태할 수

---

75) 華炳嘯,『超越自由主義』, 西北大學出版社, 2010, 11쪽.
76)『高放政治學論萃』, 團結出版社, 2001, 172쪽.

없었고 산파의 폭력혁명이 무단으로 태아를 모태에서 발육을 완성시켰다고 인정하고 배를 갈라 아이를 얻은 것으로 그 이후는 상상할 수 있을 것이다. 신생아를 얻을 수 없을 뿐 아니라 모체 역시 엄중한 손실을 입게 되고 건강도 매우 나쁘게 된다. 맑스와 엥겔스의 시대는 자본주의의 발전이 사회주의를 실현할 정도로 도달하지 못해서 공산주의는 말도 할 수 없었다. 그러므로 공산주의가 주장하는 폭력적 정권탈취와 폭력적 사유제의 폐지는 사실 양보할 수 없는 것이 아니다."[77]

5. 왕잔양王占陽과 후싱더우胡星斗 : 보편행복주의와 헌정사회주의

2006년 이래 중앙사회주의학원 교수 왕잔양은 구조형 사회주의(소유제구조로 사회주의표준을 판단하는 스탈린 방식)에서 공능형 사회주의(보편행복을 사회주의의 목표로 간주)로 변화하는 것을 역사적 진보라고 제기했다. 스탈린의 구조형 사회주의는 이미 실천과정에서 실패했고 덩샤오핑의 '고양이론'과 '삼개유리우三介有利於'가 공능형 사회주의라고 했다. 공능형 사회주의는 바로 보편행복주의가 20세기에 흥기한 것으로 국제사회주의운동의 거대한 발전이라고 하였다.

왕잔양은 2006년 출판한 「신민주주의와 신사회주의」라는 글에서 기능과 가치는 같은 개념이며 사회주의는 하나의 가치론개념이라고 했다. "소위 사회주의는 실질적으로 보편행복주의이다.", "소위 사회주의가치는 사실 보편행복주의가치이다.…… 이러한 원칙으로 해석하면 우리는 논리적으로 무엇이 효율이고 공평, 자유, 민주, 인권, 박애, 복리, 정의 등 다른 가치가 모두 사회주의가치에 부합한다는 것을 알 수 있고 또한 논리적으로 사회주의의 가치체계를 분명히 할 수 있다."[78] 라고 하였다.

77) 張博樹 主編,『胡耀邦與中國政治改革』, 香港, 晨鍾書局, 2009, 185쪽.

이러한 가치와 기능은 신사회주의의 기본내용을 구성했다.

왕잔양은 자유, 민주와 인권을 사회주의의 기본가치 원칙이라고 강조했다. 그는 "사회주의 자유화가 없다면 사회주의 민주화도 없다.", "민주가 없다면 사회주의가 없다." 전제, 노예와 압제화는 모두 반사회주의적이다라고 하였다. 그는 "사회주의가 자유, 평등, 박애를 구호로 하지 않는다면 전제, 독재, 복수를 구호로 해야 한다는 것인가?"라고 하였다. 왕잔양은 관본위, 관료주의, 파벌관계, 간부특권, 정치부패 등은 모두 반사회주의 현상이라고 했다.

왕잔양은 소련동구의 격변에서 실패한 것은 사회주의가 아니고 비사회주의의 경직된 전체체제라고 하였다.

왕잔양은 신사회주의의 경제 역시 보편행복주의의 경제이며 보편부유의 경제는 효율과 평등이라는 두 개의 기본적 특징을 구비해야 한다고 했다. 신사회주의의 경제는 자본주의와 사회주의의 결합이다. 사회주의소유제는 사회소유제로서 대중이 보편적으로 생산수단을 점유한다. 서구현대경제제도는 보편행복의 기능을 구비했고 이 때문에 이러한 경제제도는 신사회주의경제제도의 기초가 되어야 하며 나아가 개혁과 창신이 이루어져야 한다고 했다.

2011년 왕잔양이 근거로 제출한 사회주의는 보편행복주의 개념으로 진일보했고 스웨덴을 대표로 하는 서구국가를 사회주의국가라고 제기하고 미국은 사회주의 초급단계라고 하였다.

쉬징안徐景安 역시 사회주의는 보편행복주의라고 하는 개념에 찬동하였다. 그는 우선 남방이 행복 선전深圳, 행복 광저우廣州의 관념을 주동하여 광둥성 지도층의 지지를 얻었고 행복광둥은 지방의 거버넌스

---

78) 본 단락 이하의 인용문은 王占陽, 『新民主主義與新社會主義 (修訂版)』, 中國社會科學出版社, 2006, 4쪽, 5쪽, 7쪽, 11쪽에 보임.

이념이 되었다. 근년래 쉬징안은 또한 행복중국을 제기했다. 그는 일반대중이 잘 지내도록 하려면 부유 뿐 아니라 민주, 문명이 요구되는데 이것이 바로 행복이다라고 하였다. 이어 행복중국을 제출한 것은 중국을 발전제일의 편집 가운데에서 벗어나게 하기 위해서이며 그렇지 않으면 어떠한 문제도 잘 해결할 수 없다고 보았다. 그는 행복중국을 기치로 건의하여 새롭게 개혁을 추동하자고 했다. 시징안의 노력으로 보편행복주의의 신사회주의 이론이 실천으로 이끌었다.

2006년 9월 중앙사회주의학원은 제 1회 사회주의논단을 열었는데 북경이공대학교수 후싱더우胡星斗가 서면으로 헌정사회주의 개념을 제출했다. 이것은 국내에서 처음이었기에 주목을 받았다. 저명한 법학자 장핑江平은 후싱더우의 글을 보고 헌정사회주의의 주장에 찬성하며 중앙에서 이를 점차 수용해 가길 희망했다. 이글은 지금 '후싱더우 중국문제학'이라는 사이트에서 전파되고 있다.

후싱더우는 중국국정에 의거해 헌정이 민주에 우선해야 한다고 보고 법치국가건설이 민주국가건설에 우선해야 한다고 주장했다.

후싱더우는 헌정은 정부권력을 제한하는 것으로 분권과 형평을 실현한다고 여겼다. 헌법법원을 설립하여 정부의 헌법위배를 심사하여 공민의 권리를 보호해야 한다. 그는 "헌정사회주의는 사회주의 공평가치관과 중국국정을 충분히 존중하고 헌법의 낙후된 상태를 지고무상한 지위로 끌어올려 법치국가를 건설해야 하고 또한 정부의 유효성과 권위성을 보증해야 한다고 했다. 현대인류문명의 고도의 성과는 헌정이며 사회주의핵심가치관을 계승하려면 시장경제의 공평을 발전시키고 특권이익집단의 부패를 제어하고 인본, 인도, 공정, 공개, 공유, 공부의 현대중화문명을 건설하여 사민주의-민유(인민의 공유주권), 민수(인민민권), 민치(기층인민자치), 민향(인민의 성과향유)등을 실현하여야 한다. 사민주의로 중국의 개혁과 발전, 안정, 통일로 나아가야 한다."[79]고 주장했다.

주의할만 한 것은 후싱더우가 '민주를 통제하자'고 제창하자 실내민주
(TV, 강당, 교실 등에서 경선연설을 발표), 협상민주(다른 당파와 이익
집단의 평등한 협상), 법치민주(문혁식의 불법민주에 반대), 간접민주
를 제창하고 가두민주의 반대했다. 그는 법치를 민주에 우선하고 대의
제도의 건립, 공민은 생산권력기구나 입법기관을 선거한 이후 권력기
구와 입법기관을 통해서 행정관원과 협상과 선출을 할 수 있다고 주장
했다.

후싱더우는 헌정은 법치와 질서로 폭민정치를 모면하게 하여 집권
자에 대해 안전적이다. 권력을 극복할 수 있어서 정부가 통제되며 공
민도 안전할 수 있다고 말했다. 또한 헌정을 실행하기만 하면 시장경
제의 건강한 발전이 보증되고 사회의 안정과 도덕문명이 보장되며 근
본적으로 폭력과 망언의 전통정치가 바뀌며 민족주의와 민수주의를
피할 수 있다고 했다. 후싱더우는 개혁은 인민대표대회의 작용의 발휘
에서 시작되어야 하며 위헌심사위원회가 성립되어 공개적인 경선을
통해 인민대표가 선출되고 각급정무관원이 인민대표대회에서 선출되
는 등을 제기했다.

왕잔양의 보편행복주의와 후싱더우의 헌정사회주의는 중국에서는
하나의 창의적이고 새로운 것이었으며 또한 농후한 민주사회주의적
색채를 지닌 것이었다.

6. 셰타오謝韜사건

상술한 탐색은 『염황춘추炎黃春秋』잡지 2007년 2월호에 중국인민대
학 전 부교장 셰타오의 글 「민주사회주의와 중국의 앞날」(1-8쪽)에 있

---

79) 胡星鬥사이트, http//www.huxingdou.com.cn.

었다. 이글은 공개적으로 민주사회주의가 중국의 앞길임을 제기하여
중국에서 폭발적인 반향을 일으켰다.

이 글의 요지는 아래와 같다.

1. 맑스『자본론』제 3권은 "주식회사는 자본주의체계자체의 기초에
서 자본주의의 사적소유산업을 방기한 것이다."라고 하였다. 자본가는
기업주식의 하나가 되고 소유권과 경영권의 분리를 실현하는데 이것
은 하나의 화평혁명이다.『자본론』제 3권에는 또 주식회사는 하나의
과도지점이며 "자본을 다시 생산자소유로 바꾸어 이시기에 그것은 이미
생산자의 사유재산이 아니며 공동생산자의 공동재산으로 직접적 사회
재산이 된다."[80]고 하였다. 셰타오는 자본주의는 사회주의를 완성시키
는 평화로운 과도라고 인식했다.『자본론』제 3권은『자본론』제 1권
의 결론을 번역한 것으로 자본주의의 '훼손'해야 하는 '껍데기'가 필요
없다는 것이다. 맑스 심중의 맨체스터식의 원시자본주의는 없어졌고
그 후 자본주의는 점차 사회주의화 된 것이었다.『자본론』제 3권은
맑스, 엥겔스의 자본주의에 대한 수 십년간 연구의 최종결론이며 엥겔
스의 10년의 수정을 거쳐 엥겔스가 사망한 일년전인 1894년에 출판되
었다. 맑스, 엥겔스는 만년에 민주사회주의자였다.

2. 엥겔스는 말년에 반사적 사고를 하면서 합법투쟁의 길을 강조했
고 선거를 통한 성공을 주장했다. 그는 1895년 3월『「프랑스계급투쟁」
도언』에서 "역사는 우리가 잘못했다는 것을 드러내 주었다……1848년
의 투쟁방법(폭력으로 정권탈취, 셰타오의 주석은 이하 동문) 오늘날
에는 일체 모두 시대착오적인 것이다……선거권을 이용하여 우리가
진지를 탈취하는 것이 효과적이다. 준비 없는 공격(폭력)은 오히려 지
위를 후퇴하게 한다."[81]라고 했다. 셰타오는 이것은 엥겔스가 사망 몇

80) 馬克思,『資本論』, 第3卷, 人民出版社, 1966, 504쪽.

달 전 발표한 글로 그의 최후의 견해라고 했다. 이는 우리에게 합법투쟁을 통해 정권을 얻고 자본주의 생산방식을 남겨 사회주의로 평화롭게 넘어가는 것이 성숙한 맑스주의라고 한다. 엥겔스는 말년에 민주사회주의자가 되었다.

셰타오는 글에서 "맑스 엥겔스의 혁명경험교훈의 총결은 1848년 착오를 승인한 이후 자본주의생산방식을 유지하고 장기적으로 사회주의에 평화롭게 들어가야 한다는 것으로 『자본론』 최고 성과이며 맑스주의 주제이며 맑스주의적 정통인 것이다. 이것이 바로 민주사회주의라고 부를 수 있는 것이다."라고 하였다.

셰타오는 소비에트가 폭력으로 정권을 탈취하고 사유제를 분쇄하는 것은 잘못된 것이며 좌적으로 맑스주의를 수정한 것이라고 하였다. 셰타오는 이 글에서 "베른슈타인1850-1932은 맑스주의의 폭력혁명이론을 '수정'한 것이 아니라 평화로운 과도이론을 제기한 것이며 베른슈타인은 단지 엥겔스의 말을 거듭 천명하여 엥겔스의 맑스와 그가 공동으로 창립한 혁명이론에 대한 반성과 수정을 계승하고 발휘시킨 것이었다. 오히려 레닌은 맑스주의의 사회주의가 선진자본주의국가의 공동승리의 사상임을 위반하고 낙후된 동방국가에서 일국사회주의건설의 이론을 제기한 것이었다. 레닌주의는 블랑키주의의 계승발전이다. 블랑키Blanqui, Louis-Auguste, 1805-1881는 19세기 프랑스 비밀조직의 지도자로 제 1인터내셔널의 폭력혁명파로 파리꼼뮨의 군사지도자였다. 블랑키주의의 요점은 생산력발전이 어떠한 수준이든 상관없이 단지 혁명폭력으로 착취와 압제가 없는 신세계를 창출할 수 있다고 믿었다."라고 하였다.

셰타오는 스웨덴 등 서구 북구 국가의 사회민주당은 민주사회주의

---

81) 『馬克思恩格斯選集』, 第4卷, 510쪽, 522쪽.

의 기치를 수용하고 평화로운 방식의 사회주의로 변화되어 소련의 폭력사회주의와 경쟁을 거쳐 최종적으로 승리했고 민주사회주의는 서구 북유럽에서 대대적 성공을 거두었다고 하였다. 민주사회주의의 가장 위대한 성취는 바로 오랜 자본주의국가가 생산력의 발전과 분배의 조절을 거쳐 이룩한 것으로 기본적으로 도시와 농촌의 차이, 노동자와 농민의 차이 및 육체노동자와 정신노동자의 차별을 없애고 민주사회주의의 영광을 만들어 내었다. 이러한 성취는 소련 방식의 폭력사회주의를 무색하게 하고 이는 소련과 동구국가가 화평변화를 하게 한 근본적 원인이 되었다고 하였다.

셰타오는 글에서 "민주사회주의모델의 구성은 민주헌정, 혼합소유제, 사회시장경제, 복리보장제도이다. 민주사회주의의 핵심은 민주이다. 민주적 보장 없이 다른 세 가지는 모두 소외되고 변질될 것이다"라고 했다.

셰타오는 중국은 개혁개방이래 민주사회주의의 길을 걸어갔다. 민주사회주의는 중국의 앞길이다라고 했다.

바로 사람들이 예측한 것처럼 셰타오의 글은 구좌파의 맹렬한 비판을 받았다. 항저우, 상하이, 베이징 등에서 10여개의 회의가 열려 셰타오를 비판하고 셰타오는 '4항기본원칙을 부정'했고 '맑스주의를 흩뜨려 놓았고' '사회주의를 반대하며' '마오쩌둥사상을 반대하고' '중국공산당을 망령되이 타도하려했다'고 하였다. 그들은 셰타오는 소위 '민주사회주의'강령을 드러내 소위 '정치개혁'을 진행하여 당의 영도를 전복시키고 맑스주의 마오주의 사상의 지도적 지위를 전복시키려 한 것이라고 했다. "이것은 반당 반사회주의 반맑스주의의 사조이며 그의 악랄한 영향을 좌시할 수 없다."고 하였다. "이러한 반동언론은 거대한 기만성을 지니므로 철저하게 비판하지 않으면 국내에 엄중한 사상적 혼란을 조성하고 나아가 국가와 사회, 대중인민의 운명에 영향을 끼칠 것이다"라고 하였다.

어떤 학자는 셰타오의 언술은 생각할만한 가치가 있다고 하였다. 엥겔스가 임종 전 쓴『도언』은 확실히 선거 등 합법수단을 통한 사회주의 실현을 강조했던 것이나 단 엥겔스는 철저하게 폭력으로 정권을 창출하는 것을 버리라고 하지는 않았다.

수도에 널리 알려진 것은 위에서 이에 대해 냉정한 태도를 취했고 고위층의 의견이 불전재, 불비판, 불논쟁으로 정해지자 모두 이러한 태도를 취했다.

2007년 5월 10일『인민일보』는 '독자질문에 답하다'에 「어떻게 민주사회주의를 볼 것인가」를 발표하고 셰타오의 글에 대응했다. 글에서 민주사회주의의 정치다원화주장에 반대하고 그러나 어투는 온화하여 과거와 같은 살기등등한 태도는 없었으며 민주사회주의는 '일정한 참고할 의의가 있다'고 하여 미묘한 변화를 보였다.

비록 구좌파가 죄를 물으려 하였지만 많은 매체에서 대량의 민주사회주의를 소개하는 글과 덴마크나 노르웨이 사회를 연구한 글이 발표되었고 북유럽 각국의 대사관들의 의견을 듣는 자리가 마련되었으며 민주사회주의와 복지사회에 대한 평가가 이루어졌다.

2007년 이해에 민주사회주의는 중국에서 공전의 열기를 형성했다.

7. 화빙샤오華炳嘯: 자유주의의 초월, 헌정 사회주의로의 지향

2010년 6월 시베이西北대학출판사에서 화빙샤오의 56만자에 달하는『초월자유주의- 헌정사회주의의 사상언설』이라는 책이 출판되었다. 이는 사회주의를 연구하는데 중대한 전진이었다. 가오팡은 이 저서의 서문에서 장펑이 10월 28일 남방주말에 「헌정사회주의는 대세적 추세」라는 글에서 이 책을 추천하였다고 했다. 저우루이진周瑞金, 왕창장

王長江, 바오신젠包心鑑, 왕잔양王占陽 역시 호평을 하였다.

화빙샤오는 오늘의 세계에서 민주화의 조류에 저항할 수 없고 권위정체의 종결은 필연적이라고 보았다. 그러한 인식은 경제성공이 통치의 합법성을 갖추게 한다는 관점은 바로 설 수 없는 기만적인 것일 뿐이라고 보았다. 현재 덩샤오핑이 사업을 완성하지 못해 정치개혁을 전개해 정치현대화를 실현하는 것이 이미 중국의 주요한 문제가 되었으며 정치현대화의 핵심문제는 정치의 민주화이다.

작자는 고도의 집권이 사회주의는 아니라고 한다. 그러면 무엇이 사회주의의 본질적 특징인가? 바로 전인민의 민주이다.

작자는 중국의 제도는 관료체제 하의 간부기층이 권력을 좌우하며 전체사회와 인민에 대한 지배권을 가지고 있다고 본다. 이러한 상황 하에서 중국인민의 임무는 자본주의의 혁명이 우선이 아니라 우선 봉건주의와 관료독점주의의 변혁을 통해 사회주의 헌정을 건립하는 것이라고 본다.

작자는 헌정민주의 요구와 헌정민주의 공급간의 거대한 모순으로 중국에는 엄중한 불평형의 '태평성대 경관'이 나타났다고 한다. 중국은 세계가 인정할 최저한도의 민주표준을 지닌 중국민주모델을 제시할 수 없으며 또한 진정하게 세계에 영향을 끼칠 사상 문화대사를 제공할 수가 없다. 오히려 '경제거인, 정치난장이, 문화빈혈'의 괴현상이 출현했다.

작자는 오늘의 중국은 이미 민심의 바라는 바요 대세가 민주화라고 본다. 헌정사회주의는 역사대세에 의해 요구된 구세처방이다. 그는 자유, 민주, 인권, 법치가 보편가치로서 헌정과 민주는 사회주의 성격인지 자본주의성격인지를 구별할 필요가 없다고 제기했다. 단 그는 동시에 공산당이 정합적 기능을 발휘하지 못한다면 중국은 동란과 분열에 빠지게 될 것이라고 지적했다.

이 때문에 화빙샤오는 그가 제기한 헌정 사회주의는 자유주의 헌정 모델과는 다르며 민주사회주의 모델과도 다르고 서구의 경험 기초에 의거하여 중국국정으로부터 출현한 독특한 제도적 설계라고 했다.

그가 제기한 헌정사회주의의 정수는 당이 주도하는 입헌으로 즉 공산당 일당의 영도하의 헌정민주구조이다. 작자는 이는 다른 개혁방안 중 중국의 실정에 가장 근접한 일종일 가능성이 있다고 말했다. 요점은 아래와 같다.

(1) 당내법치, 당내민주의 실행과 확대이다. 당의 전국대표대회는 당의 최고권력기관이다. 중앙위원회와 중앙기율검사위원회는 모두 대표대회에서 선출되며 서로 동등하고 예속되지 않는다. 당무를 공개적으로 실행하고 당정을 공개한다.

(2) 사법개혁을 실행하고 사법의 독립을 보장한다. 국가사법원을 설립하여 사법을 주관하고 아래에 헌법법원, 최고인민법원, 최고인민검찰원과 사법공작위원회를 둔다. 심판위원회, 안건심비(審批)제와 안건청시(請示)제도를 취소한다. 사법원 당조직은 사법공작을 간섭하지 않고 주로 영도인의 제명과 당원교육조직공작을 담당한다.

(3) 인민대표제도를 개혁하고 인민민주를 확대한다. 인민대회의 상무위원회를 참정이사원으로 개칭하고 구성원은 참리원이라고 칭하며 전문직업화를 실행하고 입법을 책임지며 공민의 각 항의 자유권을 보장하도록 한다. 당은 인민대회중의 지도지위를 보증한다. 각급인민대표와 참리원은 모두 반드시 기층에서 경선을 거친다.

(4) 정협제도를 개혁하고 민주협상을 하게 한다. 정협은 의정원으로 고치고 의정참정, 자순감독, 정치협상의 기능을 한다.

(5) 정치와 기업의 관계를 순리대로 하여 양권의 분리를 실현한다. 이러한 대형기초산업과 비영리성 기초기업을 제외한 국유기업은 인민소유제기업을 바꾸고 참리원이 산권 관리권을 행사한다.

(6) 집정방식을 혁신하고 경선내각을 실행한다. 국가주석은 전국 당대회에서 두 사람을 제명하여 선거하고 두 사람은 전국인민대표대회에서 경선하여 국가주석을 투표로 뽑는다. (당선자는 자동적으로 당서기와 군사위원회 주석을 겸임한다)정부의 변화에 앞서 전국 당대회는 국가주석으로 두 명의 국무원총리후보를 추천하고 두 명이 전국인민대회에서 경선하여 인민대표대회에서 총리를 선출한다.

작자는 이러한 방안을 '신형일당제'라고 하고 복합식민주라고 하였다. 예를 들어 '일원一元전략 컨센서스'라는 전통을 유지함과 동시에 체제 내의 이원경쟁을 하게하고 나아가 다원이익을 확대하는 것이다. 또한 일원제(인민대표대회)의 영도 하에 참리원, 의정원, 국무원, 사법원의 4원제의 균형을 이룸과 동시에 국가원수제도를 상호 실현한다. 이것이 바로 다중복합이다.

화빙샤오는 민주화는 다당제의 제고에 있는 것이 아니라 국가주권이 인민에 속하도록 하고 헌정과 법치(집권당의 권력을 제한하고 언론, 출판, 결사자유를 보장하는)를 실행하는 것이라고 했다. 작자는 이를 '입헌적 일당제'라고 칭했고 다당제의 제고가 아닌 공개적 정치반대파를 허락하지 않는 것을 강조한 것이었다.

화빙샤오의 헌정이념은 '신사회주의'이다. 이러한 주의는 104자로 표현되는데 개인자유권리를 존중하는 기초 위에서 공민사회를 본위로 하고, 인민민주헌정을 본질적 특징으로 하며 과학민주제를 기본조직원칙으로 하고, 사회공정과 평등을 핵심가치로 하고, 공민자유발전의 촉진을 임무로 하며 전면적 사회주의 건설의 물질문명, 정치문명, 정신문명, 생태문명과 사회문명의 건설을 한다.

화빙샤오는 인민민주헌정의 실현만이 사회주의를 구제할 수 있다고 했다.

화빙샤오는 헌정사회주의는 자유주의 개인권리의 보장이라는 정수를 학습했지만 자유주의는 자본주의의 길을 주장하므로 자유주의를 비판했다. "자유주의의 수호는 우선 개인의 자유, 엘리트의 자유일 수 있고 근본적으로 자본특권의 자유를 옹호한다. 그러나 사회주의의 임무는 바로 빈부격차를 방지하고 공동부유를 실현하여 자본특권과 불합리한 특권을 제한하는 것이다. 사회주의의 사람의 존엄에 대한 전면적 관심은 바로 약세군체에 대한 특별한 관심과 원조를 제도화하여 실현된다. 자유주의는 오히려 '사람들이 더욱 가난해지고 부자는 더욱 부자가 되게 하는' 현상을 단지 자유롭게 방임하여 부자가 '더욱 건장해지고' 궁인은 '절름발이'가 되게 한다. 부자는 더욱 부자가 되고 가난한자는 더욱 가난한 것이 당연해진다."[82]라고 말했다.

화빙샤오의 결론은 사회주의민주화가 자유주의민주화를 대체해야 하며 그는 현 단계 중국은 자유주의헌정의 다당경선방법을 채용하는 데는 동의하지 않는다고 했다. 이외에 민주사회주의는 다당제를 찬성하지만 이는 화빙샤오가 주장한 '입헌적 일당제'와는 다르다.

후싱더우의 헌정사회주의는 비록 '민주를 통제할 수 있다'고 하지만 명확하게 다당제 실행을 부정하지 않는데 이 때문에 이러한 문제에서 개방적인 태도를 보이고 다당제를 반대하지 않고 있다. 이러한 점은 화빙샤오의 헌정사회주의와는 구별되는 것이다.

일련의 독자는 이 책의 후기를 읽었다면 화빙샤오의 헌정사회주의를 현단계 중국의 국정을 고려한 과도적 성격의 방안이라고 말할 것이다. 미래의 중국은 과도적 방식으로 안정을 취득한 연후에 불가피하게 많은 종류의 정치역량이 공개적으로 경쟁하는 국면으로 나아가게 될 것이니 이는 불가분의 문제이며 현실적 추세이니 바로 마오가 말한 당

---

82) 華炳嘯, 『超越自由主義--憲政社會主義的思想言說』, 489쪽, 490쪽.

밖에 당이 없다는 것은 제왕사상이다 라고 하였던 것과 같다. 화빙샤오가 책 중에서 중국민주화의 삼단계 시간표를 1978-2009 적응성정치개혁, 2010-2020은 헌정제도화 전면 전개, 2021-2049는 참여민주화라고 제기했다. 그러나 2049년 이후의 추세에 대해서는 명확히 하지 않았다.

화빙샤오가 제기한 헌정사회주의는 정치개혁과 민주를 중점적으로 강조했고 그가 제기한 헌정사회주의는 최종적으로는 민주사회주의로 가는 과도라는 것을 배제할 수 없다. 이 때문에 화빙샤오의 주장은 민주사회주의의 한 절로 넣을 수 있다.

제5장

자유는 하나의 새로운 도통

- 자유주의 사조

1. 자유주의의 재생과 제 1차 좌절

2010년 5월 1일 밤 나와 아청阿城, 류쒀라 劉索拉는 쒀라의 798공작실에서 밤새 이야기를 했다. 아청은 자유민주는 하나의 신도통이라고 말했다.

이러한 쉬여우위徐友漁가 말한 '자유주의학설과 중국전통문화는 매우 다른 성질이라고 말한' 것은 하나의 주장으로 그는 "화하민족이 현대정치학설을 받아들이는데 곤란을 충분하게 고려할 필요가 있다."라고 말하였다.[83]

전통정치학설과 비교해 자유주의이론은 중국에서의 탄생이 매우 늦었다고 할 수 있다.

로크의 『정부론』(1690)의 출현을 시작으로 고전자유주의이론은 대략 17세기 영국에서 형성되었다. 그 후 로크의 동포 스미스의 『국부론』(1776)은 경제층면에서 고전자유주의를 풍부하게 하였다. 이 두 저서

---

83) 徐友漁, 『重讀自由主義及其他』, 河南大学出版社, 2008, 3쪽, 4쪽.

는 삼대문제를 해결하였는데 하나는 인권의 증장으로 군권의 비신수권을 제기하여 세속의 동의를 얻었다. 둘째 정부권력의 제한으로 그것의 자의성을 제어하여야 하며 정부의 관리는 적을수록 더욱 좋다고 하였다. 셋째는 경제발전이 시장에 의거하고 자유경쟁에 의거한다는 것이다. 자유롭게 지식과 지혜, 재부의 경제 상태를 운용하게 하는 것이 최상의 상태라는 것이다.

이백년 후 자유주의는 중국에 상륙했다. 민국 이후 베이징대학 초대 교장 옌푸嚴復는 서구자유주의 사조를 계통적으로 수입한 제 첫 번째 사람이었다. 1902년 옌푸은 아담 스미스의 『국부론』을 번역했는데 그의 중역본은 『원부原富』라고 되어 있다. 1903년 그가 밀(존 스튜어트 밀)의 『자유론』을 번역 출판하였다. 옌푸는 몇 차례 선택을 거쳐 중역본의 이름을 『군기권계론群己權界論』으로 하고 여러 차례 수정하여 군체와 개인의 권리의 한계를 강조하였다.

옌푸는 중국에 자유의 경전적 정의를 제공하였다. 즉 "자유라는 것은 하고자 하는 바를 무리하게 하지 않는 것이다. 예를 들면 어떤 이가 세상밖에 홀로 거한다고 하면 그 자유의 경계는 어디까지인가? 선이든 악이는 일체가 모두 자신으로부터 시작되는 것이지 누가 그것을 금지시킬 수 있는가? 그러나 단체로 들어간 이후 자유인 역시 자유의 제한이 구속되지 않으면 세계가 강권으로 들어가고 충돌이 일어나게 된다. 그러므로 사람이 자유롭지만 반드시 다른 사람의 자유를 고려해야 한다."고 말하였다.[84] 이것은 사람은 자유롭고 자신이 원하는 것을 할 수 있지만 반드시 다른 사람의 자유를 방해하지 않아야 한다는 것을 말한다. 옌푸가 가장 높게 평가한 이러한 자유의 가치는 특별히 언론의 자유를 중시하는 것이다. 그는 실증방법과 경험론을 강조하고 서구입헌

---

84) 嚴復, 「群己權界論」, 澤凡例, 『嚴復集』 第 1 冊, 中華書局, 1986, 132쪽.

민주제도를 높이 평가하면서 '자유를 체로 민주를 용으로 해야 한다'고 주장했다. [85)

그러나 옌푸는 자유의 위에 국가부강의 목적을 두었다. 그는 인민의 자유가 있으려면 국가가 부강해야만 한다. 그러므로 국가부강이 첫 번째가 되어야 하고 자유는 두 번째가 되어야 한다. 자유는 그렇다면 일종의 도구인가 아니면 일종의 가치인가? 두 가지에서 하나를 선택해야 할 때 어떤 이는 공구로서 선택하고 가치를 버리는데 이것은 자유주의의 문제에서 공구이성과 가치이성의 오랫동안의 긴장과 충돌을 도출했다.

영민했던 옌푸은 자유주의와 전통중국문화의 충돌을 보았다. 그는 "자유라는 것은 중국의 역대 성현이 깊이 고려한 것이나 아직 가르침이 서지는 못했다"라고 견결히 말했다. [86)

아청, 쉬여우위의 말은 옌푸와 같다.

옌푸 이외에 19세기 말에서 1940년대까지 정관잉鄭觀應, 황쭌셴黃遵憲, 캉유웨이康有爲, 량치차오梁啓超, 탄쓰퉁譚嗣同, 차이위안페이蔡元培, 후스胡適, 푸쓰녠傅斯年, 천두슈陳獨秀, 루쉰魯迅, 저우쭤런周作人, 딩원장丁文江, 량스츄梁實秋, 장쥔리張君勱, 뤄룽지羅隆基, 추안핑儲安平 등의 사람들은 다른 각도에서 자유주의의 발전을 위해 노력했다. 그러나 전쟁이 끊임없고 외적이 침입하면서 자유주의 발전의 공간은 매우 제한되었다.

1949년 대규모의 혁명세력이 자유주의 사조를 중국대륙에서 단절시키면서 자유주의는 침묵에 들어갔다.

자유주의가 20세기 상반기 중국에서 몰락한 것에 대해 쉬여우위는

---

85) 嚴復, 「原强」(修訂稿), 『嚴復集』 第 1 冊, 132쪽.
86) 嚴復, 「論世變之亟」, 『嚴復集』 第 1 冊, 2쪽.

이렇게 해석했다. 첫째 자유주의와 중국문화전통의 융합과 갈등으로 비교적 오랜 기간의 과정이 필요했다는 것이다. 둘째 사회조건이 구비되지 않은 것으로 현대경제의 기초가 없고 강대한 중간계급이 없고 기초적인 법적 조건이 없다는 것이다. 셋째 전쟁이 끊이지 않고 외적의 침입으로 계몽이 쉽게 이루어지기 어려웠다는 것이다. 넷째 1차세계대전 후 자유주의이념이 상대적으로 쇠락하고 30년대 서구경제의 위기로 소련건설이 성과를 얻어 사회주의 이상이 크게 확대되면서 세계가 좌경화되었다는 것이다. 다섯째 자유주의는 시종 지식인들에게 유행되고 민중에게 세력을 형성하지 못했다는 것이다. 비록 자유파인사가 노력을 했을지라도 정치군사집단 간에 세력이 양립하지 못하면서 자유주의자는 실제 무능력했다. 총체적으로 말해 역사조건이 성숙하지 못했다는 것이다.

1970년대 말에서 1980년대 초 개혁개방이 시작되어 사상해방이 크게 일어나면서 자유주의가 가뭄 끝의 단비를 맞는 시기를 맞이하였다. 어떤 학자들은 자유주의는 중국지식계가 극좌시대 문화전제주의를 비판하고 반성하면서 나타났고 자유주의와 중국의 사상해방운동은 함께 나타났다고 하였다. 이 말은 맞는 말이다.

시작부터 30년을 거쳐 자유주의 사조는 당대중국의 궤적에서 두 차례 부침을 겪었다.

우선 첫 번째 부침을 보자.

'문혁' 참극 후 사회각계의 개인가치와 권리에 대한 호소가 자유주의의 장기동면 후에 부활하게 되었다. 다시 말하면 개혁개방 초 덩샤오핑 사상과 자유주의 사조는 일단의 '밀월기'를 갖었다. 당시 쌍방은 공동의 목표가 있었는데 개인숭배를 없애고 사상의 금기를 깨고 개인자유를 확대하고 민주법치를 주장하는 것이었다.

자유주의가 일어났을 때 두 가지 특징이 있었다. 하나는 70년대 말

80년대 초 오랜 문화금기의 기간을 거치면서 지식자원이 결핍되었고 중국대륙의 자유주의가 이론적 자각이 없어서 명확하게 자유주의기치를 내걸 수 없었다. 둘째 80년대 반복적으로 '반자유화'운동이 일어나 압력을 크게 받자 자유주의 기치를 감히 내걸 수가 없었다.

당시 자유주의사조의 맹아는 잠행하여 거대한 서구 저작번역작업의 진행에 따라 점차 대두되기 시작했다. 70년대 말 80년대 초 일련의 대학에서 인문대표 경선활동이 전개되고 일년여 동안 시단西單 대자보가 남게 되면서 마오 말년의 사상과 '문화대혁명'이 비판받아 민주를 부르짖고 정신의 속박을 타파할 것을 요구한 것은 의심할 여지없이 자유주의였다. 1984-1989년의 문화대변론과 80년대 후기의 신계몽활동은 자유주의의 지속적인 인문추구의 표명이며 즉 인간의 해방과 인간가치의 재발견이었다.

80년대 가장 영향력 있던 구호는 '사상해방'이었다. 그러나 이러한 구호 이면에 각종 다른 주장들이 내포되어 있었다. 자유주의사조는 사상해방의 목표를 자유, 인권, 민주의 실현에 두었으며 최종적으로 헌정민주국가를 건설하는 것이었다.

어떤 이는 80년대는 자유주의의 통일 천하였지만 사실 실제와 부합하지 않아 자유주의의 전파에 적지 않은 왜곡이 있었다고 하였다. 80년대 '반정신오염', '반자유화' 등의 문제를 둘러싸고 정책결정측과 자유주의는 나누어 졌는데 양자는 농촌개혁을 지지하고 개체사영경제를 확대하고 상품경제발전을 촉진하고 세계로의 확대를 추동하였다.

그 후 정치개혁의 문제 등에서 현행의 체제와 자유주의가 점차 멀어지자 자유주의사조는 제압되기 시작했다.

89정치풍파 중 자유주의와 권위주의가 서로 충돌하면서 실패에 빠졌다. 풍파 후 자유주의주장은 비판을 받게 되고 나락에 빠졌다. 이것이 자유주의의 첫 번째 실패였다.

바닥에서 지식계는 '일사천리로 일을 성급히 끝내는' 급진자유주의 사조에 대한 반성을 하게 되면서 중국정치개혁의 장기성과 점진성을 인식하게 되어 이성적이고 온화한 자유주의가 점차 드러나기 시작했다.

2. 1990년대: 자유주의의 재기

다시 두 번째의 쇠락을 보자.

1992년 덩샤오핑의 남순강화가 좌경 교조주의를 비판하였고 대규모의 시장화 개혁을 추동하며 사상해방을 새롭게 제기하였다. 자유주의 사조는 곤경을 거치며 다시 활기를 띠었다. 자유파 지식인은 좌파를 반대하고 개혁개방을 지지하고 경제영역의 큰 변화를 지지하고 또한 세계화로의 융합과 진입, 시장경제체제의 건립, 사영경제의 발전, 사적재산권의 보호, WTO가입 등의 일련의 중대한 문제에서 정책결정측과 재차 공통의 인식을 형성했다. 좌경사조는 이러한 중대한 문제에서 공개적으로 현재의 노선방침정책을 반대했고 집정자들을 곤경에 빠뜨리자 자유주의자와 정책결정측과의 긴장관계가 풀리고 좌경사조에 대항할 역량을 형성하였다. 이 때문에 자유주의자가 다시 등장하게 된 것이다.

중국은 90년대 초 시장경제의 개혁목표를 확립하여 경제자유주의의 기치를 선명하게 내세웠고 자유주의의 재기가 가능했다. 이 방면에서 우징롄吳敬璉, 리이닝勵以寧, 둥푸렁董輔礽, 장우창張五常등의 노경제학자가 다시 중요한 작용을 하게 된다. 경제자유주의의 주장은 시장경제발전의 급박한 수요에 적합하였고 나아가 정책결정의 활력을 주었으며 정책결정의 중심에 나아가 체제개혁작용의 중요한 역할을 발휘하였다.

시장경제의 목표 모델이 확립된 후 학계의 시장경제와 체제, 법치, 국가권한, 사회공공질서의 관계에 대해 전면적이고 계통적인 토론이 전개되어 과거 인위적으로 설계된 사회개조공정의 위해요소를 새롭게 인식하게 되었으며 개인주의에 대해서도 새로운 이해를 하게 되었다. 많은 사람들이 국가와 사회, 집체가 사실은 공공권리복무를 위한 수단과 기구라고 인식하게 되었다. 이와 동시에 90년대에 점차 후스열胡適熱, 천인커열陳寅恪熱이 일어나면서 자유주의의 본토자원이 다시 발굴되었다.

당시 많은 중요한 법률적 수정과 정책의 제정은 자유주의사상의 요소를 흡수하였다. 예를 들어 법치정부 및 소정부, 대사회의 개혁목표가 제기되었고 다시 비공유제경제는 사회주의 시장경제의 중요한 조성부분임이 승인되었고 또한 헌법수정안에 인권보장의 내용 등이 포함되었다. 이외 중국의 새 매체 남방보계와 각지의 도시보 계열 및 『재경財經』잡지 등 일련의 시장화 잡지와 신흥 인터넷매체도 보편적으로 자유주의로 향했고 자유주의의 강한 여론 분위기를 형성하여 자유주의이론의 자각과 영향력은 모두 80년대보다 커졌다.

'재차 봄을 맞는 상황'에서 90년대 중후기 많은 학자들은 학리형식에서 공개적으로 자유주의 기치를 내걸고 자유주의는 '가려진 국면'을 타파하고 무대에 높이 등장했다.

1995년부터 류쥔닝劉軍寧, 왕옌王焱, 허웨이팡賀偉方이 주편한 『공공논총公共論叢』 총간이 자유주의자들에게 토론을 야기시켰지만 사회상으로는 보편적으로 전 중국사회과학원부원장 리선즈李慎之에서 시작된 것으로 알려졌다. 리선즈의 영향은 컸고 그의 말은 단호했다.

1998년 5월 베이징대학 백주년 기념행사에서 류쥔닝은 『베이징대학 전통과 근대중국』을 편집했는데 리선즈는 서문에 「베이징대학의 자유주의 전통을 확대하자」고 했다. 글에는 "베이징대학 100주년 경축행사의 때에 가장 긴요한 것은 베이징대학의 자유주의 전통을 확대하는 것이며……세계가 공업화를 거친 이래 이삼백년간 비교와 선택을 하였으나 중국은 백여년을 통해 인류역사상 가장 큰 규모의 실험을 거쳐 충분히 이론적으로 증명을 했는데, 자유주의는 가장 좋고 보편적인 가치라는 것이다."[87]라고 하였다.

　같은 해 리선즈는『구준일기顧准日記』서문에서 구준의 사상을 자유주의의 추구라고 설명했다. 1999년 4월 리선즈는「5·4로 돌아가 계몽을 거듭 새롭게 하자」라는 글에서 "중국의 전통문화는 진시황의 통일천하 이천이백년 이래 한마디로 전제주의였다. 전제주의 통치의 유일한 출로는 계몽이며 근삼백년 인류역사의 주류인 자유주의가 전제주의를 대신해야만 한다."[88]고 하였다. 상하이 대학교수 주쉐친朱學勤은 리선즈의 글은 자유주의가 '문틈으로 삐져나온' 표지였다고 말했다.

3. 현대 중국자유주의의 기본주장

　1998년 12월 주쉐친은「1998: 자유주의학설」이란 글에서 현대중국의 자유주의 주장을 간단하게 개괄하여 "자유주의는 도대체 무엇인가? 그것은 우선 일종의 학설이고 그리고 난 연후에 일종의 현실적 요구이다……그것의 변혁관은 점진주의의 확대 진화이며 급진주의자와 서로 대립된다. 경제상의 요구는 시장기제이며 계획경제와 대립된다. 정치상의 요구는 대의제민주와 헌법정치이고 개인이나 소수의 전제에 반대한다. 또한 다수가 공의의 명의로 대중전제정치를 실행하는 것도 반대한다. 윤리상 개인가치의 보장을 요구하며 각종 가치 화약이 최종 달성된 후 개인이 화약을 환원할 수 없고 어떠한 추상적 목적에 희생될 수 없는 도구라고" 간주한다.[89]

　사상사에 익숙하지 않은 사람들이 힘들게 여기는 것은 몇 백년의 변

87) 劉軍寧 主編,『北大傳統與近代中國』, 中國人事出版社, 1998, 1 ~ 4쪽.
88) 李慎之,『風雨蒼黃五十年』, 香港, 明報出版社, 2003, 第 15쪽.
89) 朱學勤,『書齋裏的革命』, 長春出版社, 1999, 381쪽.

화를 거쳐 자유주의의 내용이 복잡해졌다는 것이다. 고전자유주의는
개인권리를 높였고 자유경쟁을 강조하며 '보이지 않는 손'을 중시하고
최대한도로 정부의 권력을 제한할 것을 주장했다.

신자유주의는 정치, 경제, 문화자유를 중시하는 동시에 정부의 효능
발휘를 고려하면서 필요한 경제간섭을 주장하고 동시에 사회의 공정
을 강조했다. 신자유주의자 롤스John Rawls, 1921-2002는 재부의 분배
의 공평과 정의원칙을 내세워 시대의 도전에 대응했다. 이러한 자유주
의는 재부의 생산에 관심이 있을 뿐 재부의 분배에는 관심이 없다.

고전자유주의자 노직Robert Nozick은 '정의유지'로 롤스의 '분배정의'
를 반박했다. 노직은 단지 재부는 합법적으로 얻을 수 있지 무상으로
약체집단에서 탈취할 수는 없다고 말했다. 노직은 '가장 약한 국가'에
찬성했다.

다른 고전자유주의자 하이에크는 인류사회의 자유자발의 질서를 존
중하고 법치하의 자유 실현을 주장했다……

다른 사람은 자유주의자의 다른 측면을 접하면 앞이 혼란스럽게 된
다. 자유주의의 복잡한 갈래에 직면해서 쉬여우위는 자유주의의 핵심
가치를 설파한다. 그는 「자유주의의 재고」라는 글에서 "자유주의의 핵
심은 바로 개인가치와 존중에 대한 긍정이며 개인권리와 권리와 이익
에 대한 존중과 보호이다."[90]라고 했다. 난카이南開대학의 위닝즈于寧志
는 「쉬여우위의 자유주의언설」이란 글을 허베이성河北省 『사회과학
논단』 2010년 제 18기에 싣고 쉬여우위는 자유주의의 견결한 보호자요
수호자라고 하였다.

쉬여우위는 「자유주의에 대한 재해석」이란 글에서 진일보해서 자유
주의의 핵심가치를 논했다. "자유주의는 개인의 존엄과 권리의 보호를

---

90) 徐友漁, 『自由的言說』, 長春出版社, 1999, 289쪽.

매우 특별히 강조하는데 인간은 평등하고 천부적으로 자기의 신체와 재산을 지닐 권리를 지니며 타인을 방해하지 않은 전제 하에서 일체 행동의 자유를 지닌다. 이에 기반하여 자유주의는 국가의 정치, 경제, 사회생활이 되며 개인자유의 보호가 최종의 목적이고 국가의 작용은 개인생활을 간섭하거나 지배할 수 없고 법률을 질서유지의 수단으로 여기고 개인자유를 방해하지 못하게 한다. 이 때문에 국가권력은 상당히 제한되어야 하며 상술한 목표에 도달하는 한에서 제한되어야 한다, 권력이 확장되고 농단되는 경향이 있어 국가권력이 다른 기구에 분속되어 서로 감독과 제약기제를 지니게 해야 한다. 국가는 또한 경제생산의 지도나 자원분배의 책임을 지지 않고 그 책임은 법률이 공민에게 보장하는 기초적 자유경쟁으로 책임지는 것이다."91)라고 하였다.

류쥔닝은 많은 글에서 자유주의의 다른 '운명命門'을 논술했는데 즉 자유주의와 사유재산권은 공생공사의 중요한 관계를 지닌다는 것이다. 그는 「바람은 나아가고 비도 나아갈 수 있지만 국왕은 나아갈 수 없다風能進, 雨能進, 國王不能進」라는 글에서 "개인자치의 핵심은 개인이 그 재산에 대해 독립적, 배타적 지배권을 지니는 것이다. 재산권이 없다면 어떻게 몸에 대한 권리가 있을 수 있는가? ……재산점유권은 개인자치의 불가결의 요소이고 그것은 개인자유에 보호를 제공해야 하고 개인이 자치의 능력을 획득하게 해야 하는데……재산권을 취득함이 없이 재산권의 자유를 행사함이 없이는 이러한 개인은 자주적 자유가 아니며 인격존엄도 없게 된다. 무수한 사실에서 개인자유의 가장 유효한 것은 바로 개인의 재산권 박탈이라고 볼 수 있다……재산권이 보장하는 창조적 재부의 자유는 인류의 일체 자유의 전제 이다……재산권을 부정하면 경제학자 제임스 M 부케넌James McGill Buchanan,

1919-2013이 말한 것처럼 자유가 보장되지 못하게 된다."92)고 하였다.

류쥔닝은 이 글에서 영국의 옛이야기를 인용했다. 18세기 중엽 영국 수상 윌리엄 피트는William Pitt, 1708-1778연설에서 이러한 재산권을 인간의 신성성으로 형용하였다. 즉 궁핍한 개인은 그의 가난한 집에서도 국왕의 권위에 대항할 수 있다. 바람이 이 집을 흔들고 비가 새어들고 집이 심지어 폭풍우로 무너지더라도 영국국왕은 안으로 들어갈 수 없으며 그의 천군만마도 감히 파손된 집에 들어갈 수 없으니 이 집이 개인재산이기 때문이다.

류쥔닝은 이러한 고사를 인용하여 재산권은 개인이 국가통제를 받을 수 없는 영역을 창조했고 정부의 권력과 전횡의지를 제한했다고 설명하였다. 재산권은 권력 장악을 통제하고 시민사회와 민간역량이 자라날 수 있는 온상이다. 하이에크는 재산권이 없으면 정의도 없다고 하였다. 영국학자 어거스트Michael Oakeshott, 1901-1990는 일단 생산자료가 단일한 점유자의 수중에 있게 되면 노역이 눈앞에서 생겨난다. 그러므로 재산권은 일체 정치권리보다 앞선 것이며 헌정민주의 초석인 것이다라고 말했다.

자유주의학자 집단 내에서 류쥔닝은 사회복리를 제기하지 않아 '가장 순수한' 자유주의자 혹 '자유지상주의자'로 불린다. 그의 주장은 미국공화당의 핵심가치관과 유사하여 자유주의 우익으로 구분되었다. 류쥔닝은 근래 새로운 방향으로 전환하기 위해 노력하였다. 그는 『보수주의』라는 책에서 영국보수주의 대가 버크 Edmund Burke, 1729-1797의 사상을 소개했다. 이 책에서 류쥔닝은 사람에 의거해 세계를 중건하는 것을 기도하고 이성주의와 급진주의를 비평하면서 경험주의의 기초에서 자유전통을 보수하고 사회가 자연스럽게 변화해 나가야 한다고

---

92) 劉軍寧, 『共和·民主·憲政』, 上海三聯書店, 1998, 42쪽.

주장했다. 류쥔닝은 저작에서 보수주의는 자유를 보수하는 것이라고 하였다. 이와 같이 근래 류쥔닝이 발표한 문장이 많은데 선진제자 중 자유의 요소를 찾아 자유와 헌정이 중국의 전통에서 순환되고 있음을 증명하려 했다.

런젠타오任劍濤는 「무엇이 중국자유주의의 공동전선인가」라는 글에서 일련의 중국학자가 신자유주의의 수용에 열심이어서 의식하든 하지 않든 고전자유주의를 소홀히 한다고 상기시켰다. 그들은 공정의 문제에 편중하여 개인자유 중시 보다도 도를 넘었다. 사회불공평에 대한 비평이 헌정제도건설에 대한 관심을 넘어섰다고 하였다. 그들은 자유주의와 민주사회주의를 연계시켜서 우도 좌도 아닌 기든스Anthony Giddens, 1938-식의 '제3의 길'을 구하고 있으며 대립의 국면이 감소하고 공격을 피하고 있다고 주장했다.

런젠타오는 "그들이 중국이 기본자유가 결핍해 있는 것에 대해, 기본자유를 보호하는 기본헌정제도의 안배가 결여되어 있는 상태를 보지 않는다." 고 하였다. "소위 공동의 전선은 단지 고전자유주의가 제공하는 개인자유와 권리라는 이러한 전선만을 가질 뿐으로"[93] 그러나 신자유주의나 민주사회주의가 제출한 각종각양의 조화식 관념은 아니다.

런젠타오는 발달한 국가는 이미 안정적인 자유민주헌정제도가 조성되어 있고 고전자유주의가 요구하는 개인의 권리와 자유가 이미 확실히 보장되어 있다고 간주한다. 이러한 기초에서 신자유주의가 발전했고 자유와 평등이라는 이 양대 제도 주제가 결합되어 주제에 이미 의의를 갖추고 있다. 그러나 중국의 상황은 완전히 달라서 고전자유주의는 현실에서 거의 기초가 없다. "우리는 강조할 필요가 있다." 런젠타오는 "현재 중국은 단지 고전자유주의만 가능하지 신자유주의를 받아

---

93) 任劍濤, 『後革命時代的公共政治文化』, 廣東人民幣出版社, 2008, 109쪽.

들이기는 어렵다. 원인은 매우 간단한데 자유이념에 대한 보편적 인식이 없고 자유민주헌정제도를 효과적으로 운영할 안정적 제도가 없어 직접적으로 신자유주의적 평등 관념과 제도의 궤적을 따르는 것은 단지 공민의 개인자유를 훼손할 뿐이다."[94]라고 말했다.

친후이秦暉와 런젠타오의 의견은 다른 점이 있다. 친후이는 근래 강연을 하면서 스스로 좌도 우도 속하지 않고 중간의 관점을 지향한다고 강조했다. 그는 글에서 위생부의 퇴직 부부장 인다쿠이殷大奎가 말한 중국 80%의 의료자원을 관료가 향유하고 사용한다는 사실을 인용하면서 중국은 '복리를 실행해야' 한다고 비평하고 주택, 의료 등 복리의 항목은 모두 사회강세집단 예를 들어 관료계층에게 우선되고 있고 궁핍한 개인에게 우선적으로 공급되지 못하고 있다고 하였다. 친후이는 사회복지의 완성을 강력히 주장하고 공정과 평등의 실현을 주장했다. 일련의 학자들은 친후이는 사실상 민주사회주의자라고 한다. 어떤 학자는 친후이는 1990년대『중국도서상보中國圖書商報』에 발표한 글에서 민주사회주의를 지지한다고 발표했었다고 한다. 당연히 친후이는 개인권리를 수호하는 주장도 지지했다. 친후이는 자유주의자 중 민주사회주의 경향의 학자에 속하며 자유주의 좌익으로 보인다.

친후이는 「중국현대자유주의의 이론검토」에서 자유주의의 기본관점이 개인권리를 긍정하고 인류의 보편적 가치를 추구하는 것이라고 하였다. 그는 당대 중국의 자유주의사조의 사상자원을 4가지 측면에서 말하고 있는데 하나는 하이에크의 소극적 자유론이고 둘째는 서구경제학의 신제도학파 특히 교역구성이론이다. 셋째는 민국시기 제창된 제 3의 길의 뤄룽지 등으로 뤄의 사상은 루소Jean-Jacques Rousseau, 1712-1778, 라스키Harold Joseph Laski, 1893-1950 등 사회민주경향으로

94) 任劍壽,『後革命時代的公共政治文化』, 107쪽.

부터 온 자유주의이며 넷째는 해외신유가와 '후기 신유가' 사상 중의
자유주의 성분이라고 하였다.

친후이는 당대중국자유주의자의 추구는 다르게 편중되어 있다고 보
았다. 그는 중국의 오늘날의 시장경제는 불공정한 현상이 상당히 돌출
되어 있다고 말했다. 이 때문에 민주사회주의 경향의 자유주의자가 발
전적인 합리성을 지닌다고 하였다. 그의 뜻은 중국의 구체적 상황에 대
해 민주사회주의가 공정평등과 자유주의의 개인권리의 강조와 결합되
어야 하며 중국의 현재의 상황 하에서 자유주의는 민주사회주의와 확
실한 경계를 지을 필요가 없다고 한다. 유가儒家를 말하면서도 그는 유
가전통에서 자유질서의 기초를 구성하는 개인권리에 대한 존중이 결여
되어 있는데 이는 중국인이 고민해봐야 하는 것이라고 한다. 이외 각파
신유가는 모두 심성의 학문이며 제도사상이 결여되어 있다고 하였다.

친후이는 "중국자유주의자는 반드시 중국당대에 직면한 여러 문제
를 해결해야 하고 특히 이것이 가장 중요한 관건적 문제인 것이다." 라고
하였다.[95] 친후이는 완전한 시장경제체제의 건립을 요구하고 법에 의한
재산권개혁의 심화, 공정평등의 실현을 요구했다. 그는 당대 중국은
자유주의가 민주사회주의와 서로 보충되어야만 한다고 주장했다. 그는
사실 오늘날 발달한 국가의 자유주의와 민주사회주의도 이러한 추세
라고 말했다.

이에 비해 쉬여우위는 초기의 민주사회주의는 자본주의를 반대하고
사유제를 반대하고 노동자계급정권의 건립을 주장하고 계획경제를 실
행하는 것에서 후에 점차 자유주의 사상을 받아들여 오늘날의 정치다
원상태와 시장경제체제로 변화되었으니 자유주의의 공로가 크고 또한
자유주의를 견지해야 할 필요가 있다고 하였다.

95) 秦暉, 『問題與主義』, 長春出版社, 1999, 117쪽.

오늘날 중국의 형세로 말하면 자유주의는 어떠한 것을 주장하고 있는가? 자유주의는 개인재산권과 자유경쟁을 주장하고 법치사회의 건립을 주장하며 정부의 심사를 대폭 감소할 것을 주장한다. 자유주의자는 부패와 농단을 반대한다. 자유주의자는 부패의 주요원인을 정부와 권세집단이 권력과 자원을 농단하는데 있고 경제활동과 사회활동의 과도한 간여에 있다고 본다. 이 때문에 자유파 지식인은 분권형평제도를 요구하고 소정부, 유한정부의 건립, 정부간섭의 감소를 주장한다. 동시에 다른 권익집단의 게임이 입법의 틀 내에 들어와 정상적인 담판과 게임, 타협의 길을 열어야 한다고 주장한다.

자유주의는 정치체제의 개혁을 호소하고 민주발전을 추동하며 공민정치참여의 확대, 인권의 보장, 사회역량의 권력에 대한 감독과 균형작용의 발휘, 문책제도, 예산공개, 사법독립과 언론자유를 추동하여 권력의 향유, 운용의 제도화, 투명화를 실현하고 정책제정의 제도화, 투명화 및 민주헌정의 법치국가 건설을 주장한다.

자유주의는 중국의 진보를 방해하는 것은 초국가기업이 아니라 국내의 구정치체제와 이데올로기라고 본다. 자유주의는 마오쩌둥 만년의 사상과 문혁에 반대하고 이는 중국의 문제해결의 명확한 길이 아니라고 본다. 자유주의는 '군중 대민주'식의 민수주의를 반대하고 제도적 민주와 대의제민주를 제창한다. 자유주의는 의화단식의 배외적 민족주의에 반대하고 중국의 세계로의 융합, 책임대국, 균형대국, 이성대국의 역할을 감당하기를 제창한다. 자유주의는 세계화를 찬성하고 중국의 세계무역기구 가입을 지지한다.

주쉐친은 "자유주의는 상술한 여러 위험적 경향을 제거하기 위해 양면도피의 틈에서 반복하여 말하기 때문에 정면압력을 받음과 동시에 필연적으로 지식계 내부의 동지들의 오해와 비판을 받는 것은 필연적이다."라고 하였다.

4. 1995년: 류둥劉東과 레이이雷頤의 신좌파에 대한 비평

국내외의 많은 논저는 자유주의와 신좌파 쌍방의 논쟁이 1997년에 시작되었다고 생각한다. 사실 이 논쟁은 1995년에 시작되었다. 이 해에 류둥과 레이이가 홍콩『21세기二十一世紀』쌍월간 12월 호에서「사람을 놀라게 하는 '중국식 서구학풍'」과「'중국식 서구학풍' 모두」를 발표했다.『21세기』잡지는 같은 기에 신좌파학자 추이즈위안, 간양의 대응글을 발표했다.

류둥은「사람을 놀라게 하는 '중국식 서구학풍'」에서 통렬하게 기존의 같은 해 같은 사건의 작위를 가슴 아프게 보면서 인위적인 '중국식 서구학풍'이라고 표현했다. 일련이 학자는 신진화론, 분석적 맑스주의와 비판법학잡류로 부조화된 틀을 구성하여 중국을 오독하고 독자를 오독하게 했다고 하였다. 예를 들어 추이즈위안은 당시 중국모순의 산적, 신구교체, 혼잡의 국면을 소위 '제 3의 길'인 '제도창신'으로 묘사하였다. 또 예를 들면 간양은 중국농민의 '준신분제'가 조성한 어쩔 수 없는 '토지는 떠나도 고향은 떠나지 못하는' 현상은 투박하게 소위 '향토중국의 생활공동체를 다시 중건하여야 하고' '인류문명사의 막대한 공적'이라고 칭하였다. 또 어떤 이는 프랑크푸르트 학파의 이론을 가져와 개혁개방의 과정은 단지 중국을 더욱 조악하게 할 뿐이라고 주장한다. 류둥은 이러한 서구학자의 학술성과는 새로운 연구방법을 제공하고 계몽의 여지는 많지만 그들은 중국생활의 절실한 체험을 결핍하고 있어서 거리가 쉽게 생기고 중국의 복잡한 현실과 융합하기 어렵다고 하였다. 중국유학생이 중국생활에 대한 체험에 따르면 국제사회에서 더욱 우세한 지위를 차지할 수 있다. 그러나 애석한 것은 이러한 유학생이 중국의 복잡성을 표현하는데 민감하지 않고 오히려 '서양문법을 배워 오히려 중국어를 말할 수 없게 된' 것이다. 류둥은 나아가 이러한 유학생은 책임감 없는 태도로 서구의 사상방식을 수용하고 중국의 경험적 사실을 증명하는데 무책임하고 단지 유희가 농후한 말로 학문활동을 개인의 도모수단으로 전락시켰다고 보았다. 류둥은 글에서 이러한 공론을 주장하는 유학생을 비판하면서 "그들은 스스로 이미 부모 나라의 강성여부를 돌아보지 않고 오직 외국의 척도로만 보려고 한다"고 하였다.

레이이는 「'중국식 서구학풍' 모두」라는 글에서 '중국식 서구학풍'의 본질은 사회역사경험에서 이탈하고 사실을 억지로 이론의 틀에 맞추려 하는 것이다. 예를 들어 문혁 시기 홍위병 미술의 평론에서 현대미술, 테크노 예술 이론으로 홍위병의 미술을 평론하고 홍위병 미술을 반역미술, 전복의 미술이라고 하였다. 실제 홍위병의 본질은 거의 반역과 전복이 아니라 일원화된 잔인함으로 피를 뿌리는 '홍색공포'로 홍색지도자의 절대권위를 보장하였으며 강산의 '말년홍'을 보증하였다. 홍위병 미술은 무산계급독재노선을 보위한 것이다. 홍위병의 조반도 조반을 받든 것이며 '무산계급사령부'와 국가기구는 후순위였다. "단지 좌파조반만 허락했고 우파조반을 허락하지 않은" 오만한 것으로 서구후현대에서는 없었던 것이다. 홍위병 미술은 사실 당대 관방미술이며 『마오쩌둥거안원毛澤東去安源』에서 관방의 지지를 얻었다는 것이 이를 증명하는 것이다. 레이이는 이러한 평론가의 관점에 의거하면 의화단의 예술도 후현대예술이라고 할 수 있고 의화단 단민의 복장은 관운장의 전투를 한 것이라 자칭했다. 다시 예를 들면 서구 학자들은 푸코Michel Foucault, 1926-1984의 사상으로 마오쩌둥의 말년의 사상을 추종하면서 마오만년 사상을 찬동하기에 이르렀다. 일련의 중국유학생도 이러한 추세에 따라 마오의 만년사상과 문혁을 칭송한 것이다. 어떻게 태평양을 넘자 마오쩌둥이 스탈린주의의 극대의 발전에 불과했다는 것을 잊을 수 있는가? 레이이는 당대인은 사회이론을 다른 사회에서 운용할 때 이러한 이론 배후의 함의와 특정사회내용을 망각하고 단순하게 세계의 보편성만을 말하여 서구의 맑스주의, 후현대, 후식민이론이 서구 문제로 중국의 문제를 환상하여 결과적으로 오히려 이러한 이론으로 인해 합리성을 상실했다고 하였다. 이 교훈은 외국 이론을 그대로 가져올 수 없으며 맞지 않는 것을 갖다 부칠 수 없다는 것이다.

추이즈위안은 대응글인「'인식론특권' 반대: 중국연구의 세계적 시각」에서 류둥과 레이이가 제기한 문제에 대해 정면으로 토론하지 않고 다만 중국을 하나의 완결서처럼 말하는데 한가지의 해석만 있을 수 없으며 많은 시각의 경쟁과 상보적 해독을 거쳐야만 오늘날 중국에 대해 풍부한 함의와 내일의 중국의 잠재가능성에 대해 제시할 수 있을 것이다라고 하였다. 추이즈위안은 류둥은 '중국현상에 대한 절실한 경험을 갖추고 있는가'의 여부를 이유로 글에서 '인식론특권'을 취하고 있는데 이는 사람들의 동의를 얻을 수 없다고 하였다.

간양은「누가 중국연구에서 우리인가?」에서 역시 류둥과 레이이의 글에서 제기한 문제를 정면으로 대응하지 않고 류둥의 글에서 '우리'를 들어 글을 작성했다. 간양은 류둥의 글에서 '어떻게 중국을 이해할 수 있는가'를 '누가 중국을 이해할 수 있는가'로 바꾸었다. 류둥의 답은 단지 우리만이 중국을 이해할 수 있는데 '우리'는 중국현상에 대한 절실한 경험을 했기 때문이다. 우리에 속하지 않는 사람은 모두 중국을 진정으로 이해할 수 없고 모두 '중국식 서양'이다. 간양은 류둥의 글이 초조함을 보여주고 다른 사람들이 중국이해의 권리를 갖을까 두려워한다고 보았다. 간양은 류둥은 스스로 상상한 중국연구에 대해 살생대권의 권위를 지녔다고 보고 '우리'에 속하지 않는 사람들이 중국에 관해 토론하는 것을 소탕하려한다고 했다. 간양은 만약 일개인이 자신은 중국인이므로 자신이 중국을 가장 잘 이해한다고 한다면 마치 노동자는 스스로 노동자이므로 노동계급을 가장 잘 이해한다고 하는 것과 같다라는 것인데 이것은 일종의 잘못된 가설이라는 것이다. 만약 '절실한 경험'이 다른 사람을 배척하는 근거가 된다면 사회과학은 성립할 수 없는 것이다. 간양은 류둥을 우물 안 개구리로 비유했다. 간양은 중국 연구는 사람들이 할 수 있는 것이고 중국은 어떠한 사람도 점유할 수 없는 것이라고 하였다.

1995년 후부터 자유주의자와 신좌파의 논쟁이 점차 전개되기 시작 했다.

논쟁의 주요한 문제는 어디에 있는 것인가?

첫째 중국사회현상이다. 신좌파는 중국은 이미 자본주의 사회이며 세계자본주의 체계의 일부로 활약하고 있다고 보았다. 자유주의자는 중국사회는 후스탈린 시대이고 후마오쩌둥시대 즉 권위사회주의라고 하였다.

둘째 부패는 어떻게 생산된 것인가에 대한 것이다. 신좌파는 덩샤오 핑의 개혁개방과 초국가기업이 중국에 들어와 부패를 형성했다고 보 았다. 자유주의자는 개혁개방을 단호하게 지지하고 권력제약이 없는 구체제가 부패를 날로 심화시킨다고 본다.

셋째 마오쩌둥의 만년사상을 어떻게 보고 문혁과 인민공사를 어떻게 보느냐이다. 신좌파는 마오쩌둥 만년의 사상과 문혁을 적극적으로 보고 인민공사도 우월성을 갖추고 있다고 본다. 자유주의자들은 마오 쩌둥 만년의 사상을 비평하고 인민공사제도가 농민을 속박하고 노역 시키며 농민생산의 적극성을 좌절시키므로 폐지되어야 마땅하다고 본다.

넷째 보편가치를 어떻게 보는가이다. 신좌파는 근래 민주를 비평하고 특히 선거제도를 반대하며 선거를 혼란과 도태로 이끄는 것이라고 본 다. 자유주의자들은 민주, 자유, 인권, 법치를 지지하고 선거를 찬성하며 선거는 공민의 정치참여를 확대하고 정치합법성을 제공한다고 본다.

다섯째 세계화를 어떻게 볼 것인가이다. 신좌파는 '중심과 주변이론'

을 근거로 세계화를 비평하고 세계화를 제 3세계가 발달국가에게 속박을 받게 하며 세계의 빈부격차를 심화시키는 것으로 본다. 자유주의자들은 중국의 세계화의 참여를 지지하고 중국의 발전이 세계화로 유리할 수 있다고 본다.

이러한 문제를 둘러싼 논쟁은 신좌파학자는 당대 중국의 자유주의와 새로운 자본세력이 천연적으로 관련이 있으며 자유주의는 그것의 대변자이고 신계급의식을 발육시키는 유모의 역할(즉 신자산계급)을 하고 있고 증가하는 신계급은 또한 자유주의를 위해 옥토와 같은 토양과 자원을 제공하고 자유주의의 성장을 고무시키고 있다고 주장했다.

신좌파가 오늘날 곤란하게 느끼는 것은 근래 많은 자유주의지식인이 저층 민중 내에서 기층공민사회건설과 기층사회민주실험에 주력하고 있고 적극적으로 사회공익사업의 발전을 추동하고 있으며 저층민중의 스스로의 합법적 권익보호를 돕고 있다는 것이다. 이러한 자유주의자가 이러한 활동에 종사하여 압박을 받고 있는 것이다. 자유파 지식인은 이러한 공헌이 무비판적으로 자유주의에게 자본과의 결탁이라는 모자를 씌워 압살하지 못하게 할 것이라고 하였다.

5. 쯔중쥔資中筠: 자유는 새로운 도통이다

그러나 치우펑秋風은 2011년 현재 자유주의는 이미 명확한 쇠퇴를 드러내었다고 제기했다. 이는 홍콩의 『21세기』 2011년 8월호에서 발표한 그의 「중국자유주의 20년의 쇠퇴」라는 글의 주요 논지였다.

치우펑은 당대중국의 여러 사상유파 가운데 자유주의는 지지가가 가장 많고 전파범위도 가장 넓으며 영향력도 최고이지만 현재 명확하게 쇠퇴를 보이고 있다고 하였다. 근본적인 원인은 경제자유주의의 추동 하에서 세계의 교체기에 진행된 국유기업개혁에서 중국 국유기업이 점차 축소되고 많은 기업이 '블랙박스'를 거쳐 권귀權貴의 국유 자산의 침해가 일어나고 대량 노동자의 실업사태, 권력과 자본의 교역이 만연하기 때문이라는 것이다. 민중은 무력하게 그러한 연결고리에 놓여 있어서 결과적으로 민중은 시장을 반대하게 되었다. 이것은 2003년 랑셴핑이 제기한 국유개혁반대가 대변론을 이끌어낸 근본적 원인이었다. 이에 대해 경제자유주의자들은 복잡한 학리로 대중이 즉각적으로 이해할 수 없게 변호를 했고 경제자유주의가 주장하는 개인재산권과 경쟁제도에 대한 기대를 실추시켜 공공정책 토론에서 점차 주변화 되어 자유주의 사조는 영향을 받게 되었다는 것이다. 지도층에게 당초 필요한 것은 경제자유주의였고 자유주의의 다른 영역에 대한 주장은 받아들여지지 않았다. 2003년 이후 지도층은 이미 경제성장의 '비방'을 획득하여 경제자유주의자에 대해 점차 냉담해졌다. 구좌파와 신좌파가 허를 뚫고 들어와 대중의 신임을 빼앗았다. 자유주의는 다른 방식으로 변혁을 찾아나가야 했는데 예를 들면 유권활동과 기독교가입 활동이었지만 거대한 장애를 만나 다시 또 좌절을 하면서 저조하게 되었다. 현재 대학에서 해외유학파와 본토 신좌파의 영향이 점차 거세지고 자유주의가 대학에서는 주도적 지위를 이미 상실했다. 매체의 자유주의 경향의 국면도 오래가지 못할 것 같다. 이러한 상황에서 자유주의자가 국가주의로 좌변하거나 신구좌파와 함께 하기도 했는데 예를 들면 류샤오펑劉小楓과 간양이다. 총체적으로 말하면 2003년 이래 자유주의는 이론과 실천의 양 측면에서 곤경에 빠졌고 이것은 자유주의의 정치환경을 불리하게 하였다.

이것은 자유주의가 맞이한 두 번째의 고비였다. 2008년부터 지속적으로 현재까지 서구 금융과 경제위기로 인해 세계적 범위 내에서 신자유주의 경제학이 위기를 맞이했고 국제적으로 좌익세력이 상승하면서 중국에도 파급되었는데 일정 정도상 자유주의의 영향력을 약화시켰다.

정융녠은 최근 근래 중국좌파의 세력이 상승해서 이러한 추세가 특징이 되었다고 하였다. 그러나 많은 학자들이 지적하듯이 90년대 이래 광범위한 확산을 토대로 자유주의는 격변의 담금질을 경험하였고 일정 정도 사람들의 마음에 수용되면서 견고한 역량을 갖추게 되었다. 자유주의는 전파과정에서 풍파를 맞았지만 이것도 정상적인 것이다.

치우펑은 일련의 자유주의자들은 자유주의가 외래에서 온 것이라고 하여 이로 인해 자유주의를 중국인의 생활에 적용하기 어렵게 한다고 본다. 중국 자유주의는 이론창조가 빈약하여 현재의 곤란한 국면으로 이끈 원인이 되었다. 치우펑은 더 연구를 진행하여 철학과 이론의 측면에서 자유가 중국의 전통에서 나왔음을 보여주었다. 이것이야말로 자유 본토화이고 중국과 자유의 합일을 이루게 해서 강력한 관념을 만들어 내어 자유의 보편적인 신념으로 이끌어야만 제도적으로 자유에 유리한 방향이 실현하게 될 것이라고 여겼다.

자유주의는 재차 곤란함을 만나 80세의 시니어학자이자 중국사회과학원 미국연구소의 전 소장 즈쭝쥔은 『염황춘추』 2010년 9월호에서 「지식인의 도통에 대한 계승과 몰락」이라는 글을 발표했다. 그녀는 이러한 중요한 글에서 중국지식인이 '문화를 방치'하는 것에 대해 고전 계승의 책임을 지고 사士의 정신을 발양하여 천하를 자신의 일로 여기며 명예와 절개를 중시하고 기골을 논하고 도통을 지켜야 한다고 호소했다.

무엇이 도통인가? '도道'는 법칙이며 '통通'은 법칙전승의 맥락이다. 전자는 논리이고 후자는 역사이다. '도통'이라는 이러한 용어는 남송 주희朱熹가 제기한 것이다. 그러나 이 개념의 내함은 당대의 한유韓愈가 먼저 제기한 것이며 요순에서 공맹으로 전해지는 성인의 도를 지칭한다. 역사상 적지 않은 지식인이 투신하여 도를 지켰다. 적어도 사의 이름과 골기는 대대로 전승된다.

　세상은 쉽게 변하고 물질과 문화가 교대로 변화하나 한유는 한유의 도통이 있고 오늘날은 오늘날의 도통이 있다. 탄쓰퉁譚嗣同, 치우친秋瑾의 희생은 이미 원래 유가의 도통을 지키기 위한 것이 아니라 독립된 인격, 자유의 사상을 위함이었다. 그러면 오늘의 도통은 어디에 있는가? 즈쭝쥔資中筠은 "당당하게 보편가치를 발전시켜야 한다. 인권, 법치, 자유, 평등, 헌정, 민주, 이것이 오늘의 도통이며 이것은 자구와 구국을 위해 필요하며 서구나 외부의 압력과는 무관하다."라고 하였다. 즈쭝쥔은 고대의 '선비士'의 절조와 자유주의의 신도통을 접맥하는 것이 옛 뜻을 아울러 새로움으로 나아가는 것이라고 한다.

제6장

눌려 있던 나뭇가지: 돌진하는 민족주의

- 민족주의 사조

1. 양날의 검

나에겐 2개의 노란색 무명 지갑이 있다. 베이징에서 가장 북적거리는 관광지 스차하이什刹海 주점가의 노점에서 산 것이다. 하나는 '중국인은 반드시 모든 것을 이끈다.'라는 문구가 쓰여 있고 다른 하나에는 '전 세계는 반드시 중국어를 말한다.'라는 문구가 새겨있다.

이러한 상품을 생산하는 것은 사람의 이목을 끌어 돈을 벌기위해서이다. 다른 나라에도 이런 상품을 팔고 있는지 모르겠다. 내 기억에는 없는 것 같다. 이 두 지갑은 다음 몇 학자들의 말에 생동적인 주석이될 것이다.

쉬지린許紀霖은 2010년 8월호 『독서讀書』 잡지에서 최근 10년간 중국에서 민족주의 광풍이 불고 있다. 반 서방과 반 계몽에서 시작하여 국가를 숭배하는 정치 보수주의로 발전하였다고 말했다.

쯔중쥔資中筠은 2010년 7월 5일자 『경제관보經濟觀報』에서 현재 국가주의 또는 극단적 민족주의가 특히 심각한 상태이다. 국가주의로 인해 국민의 복지를 희생시키고 허영심을 만족시키는 것은 극단으로 치달을 경우 파시즘으로 발전한다고 하였다.

쉬여우위徐友漁는 2010년 7월호『영도문췌領導文萃』잡지에서 민족주의는 최근 들어 중국 사회에서 가장 시끌벅적한 목소리이다. 일부 사람들은 '애국'이란 명목으로 사람들을 속이거나 제멋대로 행동하여 민족주의를 고취하는 것이 이미 쇼나 돈벌이가 되었고 진급의 수단이 되었다. 민족주의의 각종 구호는 독립적이고 내재적이며 중국 국민의 진정한 이익과는 아무런 관련이 없는 가치이다.

2010년 9월 18일 베이징『신경보新京報』에는 이중톈易中天과 리쩌허우李澤厚가 민족주의와 민수주의에 대해 나눈 대담이 실렸다. 두 사람은 중국에서 이미 나치 사조가 나타나고 있다며 경계했다. 리쩌허우는 '중국의 용이 세계를 주재한다.'는 민족주의가 일단 민수주의와 결합하게 되면 상당히 위험하며, 대외적으로는 전쟁을 발동시키고 대내적으로는 전제주의를 강행할 수 있다는 것이다. 민족주의에 민수주의가 더해지면 '국가사회주의' 즉 나치가 되며, 중국이 현재 방향을 잡는데 있어 가장 위험한 방향이자 중국모델을 특히 크게 외쳐대는 것도 이러한 위험이 있다는 것이다. 이중톈은 지금 만약 어떤 사람이 일본과 미국이 전쟁을 할 거라고 말한다면, 사람들은 다들 흥분하면서 전쟁을 원할 것이다. 이 시점에서 리쩌허우 선생은 민족주의와 민수주의가 더해진 '나치' 경향에 반대할 것이다. 나는 이를 두 손 들고 찬성할 것이다.

20세기 90년대 초 구소련과 동유럽의 급변으로 양대 진영으로 세계를 나뉘던 판이 이미 끝이 났다. 양대 진영에서 각기 고수하던 이데올로기는 이론과 실제적인 의미를 상실하였다. 현대 세계에는 두 가지 전혀 다른 추세가 나타났다. 하나는 전 지구화의 가속화로 민족과 국가의 경계가 점점 사라지고 있다(예를 들면, 동유럽). 둘째는 민족주의가 세를 몰고 일어났다.

독일 학자 프리드리히 마이네케Friedrich Meinecke는『세계주의와 민족국가世界主義與民族國家』에서 "한 민족이 반드시 갖춰야 할 조건은 자연적 특성이며, 이러한 자연적 특성은 혈연에서 비롯된다."[96]라고 말했다.

민족주의는 혈연에 기인한 배타성의 감정과 의식으로서 본질적으로 비이성적 특성을 가지고 있으며 가치의 핵심이 부족하다. 민족주의는 마치 만화경과 같이 한 번씩 돌릴 때마다 전혀 다른 이미지가 나타난다.

민족주의는 한 자루의 양날의 검이다. 한편으론 사상 화합제로서 응결과 통합의 기능을 발휘하여 외적에 맞서 민족의 정당한 권익을 보호한다. 하지만 다른 한편으론 마치 헤로인과 같아서 흡입자는 환각 속에 빠져 분열과 전쟁, 역행을 초래하기도 한다. 왕이저우王逸舟는 민족주의는 여러 가지 형태가 있어서 구체적인 조건과 상황에 따라 결정된다고 한다.

일부 민족주의를 주창하는 사람들은 아마도 현대 민족주의의 기본 원칙을 의식하지 못한 듯하다. 영국 학자 어네스트 겔너Ernest Gellner에 의하면, 민족의 지리적 경계는 국가의 경계와 상호 중첩되며 한 개의 민족이 한 개의 국가로서 1민족 1국가이다.

방대한 소련은 15개 국가로 구성되어 있다. 러시아 경내의 체첸이 독립을 요구하고 있으며, 세르비아 경내의 코소보는 독립을 선언하였다. 캐나다 퀘벡성에 있는 프랑스 민족의 후예들이 독립을 요구하고 있으며, 스페인 북부 바스크족이 독립을 요구하고 있고, 터키 동부와 이라크 북부의 쿠르드족이 독립을 요구하고 있다…… 이러한 요구는 1민족 1국가 원칙을 기초로 하는 것이다.

하지만 주지하다시피 전 세계 많은 민족들의 경계는 국가의 경계와 중첩하지 않는다. 이는 본 민족에 대한 충성과 국가에 대한 충성 사이

---

96) Friedrich Meinecke, 『世界主義與民主國家』, 3쪽, 上海三聯書店, 2007년.

에 충돌을 일으켜 사람들을 곤경에 빠뜨리고 있다. 이러한 추세는 중국에 대해서도 위협을 가져올 것이다. 이로써 볼 때 민족주의를 고취하는 사람들은 동시에 소수민족의 1민족 1국가라는 정치적 욕구를 자극한다.

중국 헌법의 머리말에는 민족주의 개념을 이렇게 명기하였다. "대민족주의 즉 대 한족주의를 반대하며 지방 민족주의도 반대해야 한다."[97] 여기에서는 분명히 비판적인 시각으로 민족주의란 개념을 사용한 것이다.

영국 학자 이사야 벌린Isaiah Berlin은 민족주의는 민족의식이 일종의 "염증을 일으켜 빨갛게 부어오른" 상태로서 민족주의가 초래하는 것은 보통 상처와 치욕감이다. 민족주의는 일반적으로 열등감에 시달리는 사람들의 과도한 반응으로 눌려 있던 나무 가지가 반발하여 튀어오르는 것과 같다. "자신이 실제로 가지고 있거나 혹은 상상속의 미덕에 대해서는 과장하지만, 타인의 영예·즐거움·성공에 대해서는 분노와 적대감을 보인다. 실제로 18세기 독일인이 서양에 대한 감정(특히 프랑스)이 이러한 특징을 띠고 있었다."[98]

미국 학자 그린필드Greenfeld는 1992년에 출판한 『민족주의: 현대를 향한 5개의 길民族主義:走向現代的五條道路』에서 민족주의는 지금까지 변모해오면서 개체주의 원칙을 상실하고 집단주의 원칙으로 변했다고 하였다. 국민은 공허한 개념이 되었고 개인의 자유선택과 비판정신은 사라져 개인은 집단에 완전히 순복하였다. 민족주의와 민주주의 사이에 본래 있었던 혈육관계는 사라졌다. 민족주의가 권위주의로 변하고 심지어 강권 통치가 되어 최고지도자는 고도의 전제정치를 행사하고

---

97) 『中華人民共和國憲法』, 4쪽, 中國法制出版社, 2004년.
98) Isaiah Berlin, 『扭曲的人性之材』, 249쪽, 譯林出版社, 2009년.

일체 복종을 강조한다. 그렇게 되면 민족의 이익보호라는 명목 하에 인권유린을 일삼고 원한을 선동하며 반대자를 제거하고 분열을 계획하며 살인방화 심지어 전쟁까지 발동하게 된다. 그리고 이를 자연스러운 것이자 의심할 여지가 없는 것으로 만들어 버린다. 이 점은 2차 대전 이전 독일 민족주의의 팽창이 잘 말해준다. 그린필드의 연구 성과는 상술한 학자들의 민족주의의 발흥에 대한 우려를 설명할 수 있을 것이다.

맑스와 엥겔스는 민족주의를 반대하였다. 그들은 전 세계 범위의 계급투쟁을 찬성하였다. 『공산당선언』에 "공산당원들은 전체 프롤레타리아계급의 민족구분이 없는 공동의 이익을 강조하고 견지한다."라고 하였다. 『공산당선언』의 명언이 바로 '노동자는 조국이 없다.'이다.[99] 중국의 민족 개념은 서방에서 도입되었다. '민'과 '족' 두 글자는 모두 고대 문헌에는 있으나 일반적으로 백성이나 종족을 가리킨다. 근대 민족의 의미는 없으며 과거에는 이 두 글자를 합쳐서 사용하지 않았다. 민족문제를 언급할 때는 보통 '만蠻'·'이夷'·'양인洋人' 등의 단어를 사용했다. '민족'이란 단어를 처음 사용한 곳은 량치차오梁啓超가 1902년에 발표한 「동적월단東籍月旦」이란 글이며, 일본어에서 직접 끌어온 것이다. 그리고 량치차오는 1903년에 독일 학자 불룬칠리Bluntschli로부터 민족의 정의를 도입하였다. 이를 테면, 같은 지역에 거주하고 동일한 혈통과 같은 신체 형태를 가지고 있으며, 동일한 언어·문자·종교·풍속을 가지면서 동일한 생계를 유지하는 것을 말한다. 이 정의는 상당한 기간 동안 중국의 학계에서 인용되었다.

청말 량치차오는 혁명파와 변론을 할 때 만족 배척을 반대하고 '만한일가滿漢一家'를 주장하였다. 그는 이러한 개념에서 출발하여 한漢,

---

만滿, 몽蒙, 회回, 장藏 등 각 민족을 하나로 합하여 대 민족을 만들 것을 제안했다. 그리고 캉유웨이康有爲는 이 대 민족공동체를 중화로 명명할 것을 제안했다. 캉유웨이는 "우리나라는 자고이래로 중국으로 불렸다. 지금은 동서양이 우리를 지나라고 부른다.……혹 중화의 변형된 발음일 것이다. 지금 국호를 정확하게 함으로써 외부의 칭호를 분명히 하고 역사문헌을 따르는 것은 '중화' 두 글자를 사용하는 것보다 더 좋은 게 없다."[100]라고 말했다. 중화민족이라는 이 민족공동체의 개념은 이로부터 탄생한 것이다.

근대 시기 중국은 계속해서 서방의 침략을 받았다. 망국의 검이 늘 국민들의 머리 위에 걸려있었다. 다섯 개 민족(한족·만주족·몽고족·회족·장족)을 하나로 합치자는 주요 의도는 중화민족의 단합을 촉진하고, 멸망의 길에 놓여있는 나라를 구하자는 것이었다. 중국의 민족주의는 이로부터 탄생한 것이다. 나라를 수호하고 종족을 보존하며 민족의 독립을 추구하는 것은 근대 중국의 민족주의의 첫 번째 과제이자 가장 중요한 사명이었다.

신해혁명에서부터 중화인민공화국 성립에 이르기까지 중국은 외부 침략에 맞서 민족의 독립을 이뤄왔다. 2차 대전 이후 세계는 평화와 발전의 시대로 접어들었고 중국의 국력도 끊임없이 강화되어 나라와 종족이 멸망하는 위험은 더 이상 존재하지 않았다. 근대 중국의 민족주의 목표가 실현된 것이다.

하지만 90년대 이후 민족주의의 목소리가 갑자기 다시 높아졌다. 이유는 무엇일까? 첫째, 중국과 서방의 가치관과 체제사이에 차이가 존재함과 동시에 끊임없는 마찰이 이어지면서, 중국과 서방의 관계는 종종 긴장상태에 처하게 되었다. 둘째, 80년대 말 사건과 쑤둥蘇東사건

---

100) 高端泉 編, 『中國近代社會思潮』, 395쪽, 華東師範大學出版社, 1996년, 재인용.

(제3세션 연관 주제, 현대 중국의 6대 사회사조의 역사와 미래 1. 자유
주의 사조 참고)이후 한때 방대했던 사회주의 진영이 사라졌다. 이데
올로기는 민족주의를 통해 서방세력에 저항하지 않을 수 없었다. 이로
인해 민족주의는 강한 힘을 얻게 되었고 나아가 지식인의 작은 울타리
를 넘어 빠르게 대중의 정서를 향해 확산되어 갔다.

2. 격렬한 반 서방언론

1990년 허신何新은 애국주의와 민족주의를 이데올로기의 핵심으로
삼아 서방 국가들의 전복 음모를 반격해야 한다고 하였다. 이후 조금
지나 샤오궁친蕭功秦도 민족주의를 반드시 사회 응집력을 강화하는 자
원으로 활용해야 한다고 제기했다.

『전략과 관리戰略與管理』는 1994년과 1996년에 민족주의에 관한 2차
례의 토론내용을 실었다. 어떤 학자는 냉전 후 민족주의 사조가 다시
확산하여 민족주의가 일종의 선택이 되었다고 하였다.

지셴린季羨林은 1992년 8월 「동방문화와 서방문화東方文化與西方文化」
라는 글에서 21세기부터 동방문화가 세계를 주재할 것이라고 분명히
제시했다. 지셴린 선생은 그 후로도 일련의 글들을 발표하여 서방 국가
들은 자신의 문제를 극복해야하며, 반드시 중국의 사상적 자원에 의거
해야 한다는 입장을 밝혔다. 1994년에 창간한 『원도原道』에서는 공개
적으로 문화민족주의 입장을 견지한다고 밝혔다. 조금 뒤 베이징과 상
하이에서 각각 문화민족주의에 관한 논술을 발표한 학자들이 생겨났
고 그들은 중국 문명우월론을 제기했다. 상기 토론은 지식인들의 울타
리 안에서 진행된 것이다. 쉬여우위는 이를 상층 민족주의라고 한다.

1996년 중화공상연합中華工商聯合출판사가 출판한 베스트셀러『NO라
고 말할 수 있는 중국中國可以說不』(쑹창宋强 · 장창창張藏藏 · 챠오볜喬邊

지음)의 발행 부수가 약300백만 권에 달했다. 출판되자마자 대중들의 민족주의 정서에 광풍을 몰고 왔다. 쉬여우위는 이러한 현상에 주목하여 민족주의가 하층의 민수民粹주의 층면까지 내려갔다고 한다.

이 책은 어떠한 배경에서 등장하였는가? 1995년 6월 타이완 리덩후이李登輝가 이른바 '외교적 돌파'를 실현하기 위해 미국을 방문하자 중국으로부터 맹렬한 반격을 받았다. 1996년 3월에는 중국에서 타이완 주변 해역으로 미사일을 발사했다. 같은 달 미국은 2대의 항공모함 전투군을 타이완 해역으로 파견하였다. 중미 간의 대립적 위험이 드러났다. 그리고 같은 해 여름,『NO라고 말할 수 있는 중국』이 출판되었다. 이 책은 분명 미국을 겨냥한 것이다. 해외에서 이 책은 중국 정부의 입장을 반영한 것이라고 인식하였고 전 세계의 주목을 끌었다.

이 책이 출판되자 출판계의 상업적 홍보가 즉각 개시되었다.『중국은 왜 NO라고 말하는가中國爲什麽說不』와『중국은 NO라고 말해야한다中國就是要說不』등 10여 가지 'NO라고 말하다'의 책들이 쏟아져 나왔다. 'NO라고 말하다'가 일시에 유행어가 되었고 누군가 'NO'라고 말하지 않으면 배신자로 몰릴 지경이었다.

『NO라고 말할 수 있는 중국』의 원래 아이디어는 1989년 모리타 아키오盛田紹夫와 이시하라 신타로石原愼太郎의 공저『NO라고 말할 수 있는 일본日本可以說不』에서 나온 것이다.『NO라고 말할 수 있는 중국』의 내용은 중국을 망하게 하려는 서방 세계의 집요한 이데올로기와 주변은 모두 적대세력이라는 곤경에 처한 심리를 입에 잘 맞는 정서적인 표현으로 바꾸어, 세상 물정을 잘 모르고 이성이 부족한 젊은이들의 취약하고 민감한 신경을 자극하였다.

외부의 압력에 대해 근거 있는 항쟁을 하는 것은 당연한 일이지만 이 책에서 제시한 구호는 도를 지나쳐 '염증이 나서 불게 부어오른' 상태이다. 이 책에서 제시된 구호를 보자.

창천은 죽을 것이고 황천은 세워질 것이다.
21세기는 중국인의 세기이다.
전 세계의 모든 평화와 진보 어느 하나도 중국의 공덕을 입지 않는 것이 없다.
중국인은 원한을 잊어서는 안 된다!
미국은 지금 반 중국 팀을 구성하고 있다.
헐리웃을 불태워버리자!
미국 상품을 거부하고 미국 영화를 보지 말며 미국의 보리와 쌀을 먹지 말자!
우리는 싸움을 준비해야 한다! 싸움을 준비한다는 말을 꺼리지 말라. 이러한 자부심이 누군가를 자극할 수 있다는 것을 두려워 말라! 작게 싸우는 것은 크게 싸우는 것만 못하고 늦게 싸우는 것은 일찍 싸우는 것만 못하다!
미국의 종말은 단지 시간문제일 뿐이다!

이러한 비이성적인 발산 방식은 '중국위협론'의 시장을 넓히고 주변 국가들과 기타 관련국들에게 중국에 대한 우려와 공포를 증가시킬 뿐이다. 나아가 그들로 하여금 군비를 강화하고 미국에게 더 가까이 다가가서, 결국 중국의 이익에 해를 끼칠 거라는 사실은 의심의 여지가 없다.

『NO라고 말할 수 있는 중국』의 작가는 자신들이 민족주의자라는 것을 전혀 꺼리지 않는다고 주장한다. 심지어 이 책에는 "당신이 진심으로 친구에게 미국의 분위기를 추천할 때, 당신은 이미 중앙정보국의 대리인이 된 것을 모르고 있다."[101]라고 날조하기도 한다. 그렇다면 당시 총서기를 역임한 장쩌민이 1998년 간부들과 대중들에게 미국 영화 『타이타닉호』를 추천한 것에 대해 어떻게 평가할 것인가?

중국사회과학원 연구원 선지루沈驥如는 1998년 2월 『중국은 'NO'맨

---

101) 宋强 等, 『中國可以說不』, 147쪽, 中華工商聯合出版社, 1996년.

을 하지 않는다中國不當"不"先生』라는 책을 출판하였다. 그는 『NO라고
말할 수 있는 중국』은 세계 정치에 대한 작가의 정서적 선택이었지만
정서는 정책을 대신할 수 없다. 만약 21세기에 큰 나라들이 걸핏하면
'NO라고 말한다'면 시대의 주제가 평화와 발전에서 냉전과 대치로 후
퇴하는 것이 아니겠는가? 평화와 발전은 대화·이해·협력·타협 및
서로의 공통점과 차이점을 찾아내는 것이 필요하다. 그런데 걸핏하면
'NO라고 말한다'면 지역 평화 나아가 세계 평화에 이로울 게 없다. 중
국은 대국으로서 전 세계적으로 중요한 영향을 끼치며 세계의 평화 발
전에 중요한 책임이 있으므로, 전 세계에 대한 중국의 태도는 이처럼
경솔하고 무책임해서는 안 된다고 하였다.

　『NO라고 말할 수 있는 중국』과 관련한 분위기가 채 가시기도 전에
같은 해(1996) 연말, 리시광李希光·슝레이熊蕾·류캉劉康 등 8명이 공동
으로『중국을 요망하게 만든 것의 배후妖魔化中國的背後』를 써서 중국사
회과학출판사에서 출판하였다.

　8명의 작가는 모두 미국에서 공부를 했거나 일을 한 경험이 있다. 그
들은 "미국의 매체는 거대 자산계급의 이익만을 복종한다.", "미국의 매
체들은 완전히 거대 자산계급과 다국적 기업의 이익만을 대표한다."[102]
라고 말했다.

　주지하다시피, 중미 관계에 있어 덩샤오핑은 여태껏 국제적인 계급
투쟁을 크게 언급한 적이 없으며 자신을 프롤레타리아 계급으로 자처
하지도 않았으며, 그리고 사람들에게 미국의 자산계급을 반대하도록
호소한 적도 없다. 그리고 1990년 3월 3일의 덩샤오핑은 「국제형세와
경제문제國際形勢和經濟問題」라는 연설에서 소련, 미국과의 관계에 있어
이데올로기 논쟁을 하지 않을 것을 특별히 밝혔다.

---

102) 李希光, 『妖魔化中國的背後』, 11~12쪽, 中國社會科學出版社, 1996년.

미국 학자 레스터 브라운Lester Brown은 1994년에 중국은 향후 식량을 수입할 것이란 말을 했다. 『중국을 요망하게 만든 것의 배후』란 책에는 "중국이 다가올 세기에……대량의 식량을 수입할 것이며, 나아가 세계 식량공급의 위협을 초래할 것이라고 널리 퍼뜨리고 있다. 그들이 주장하는 '중국위협론'의 일부분이며……편견과 적대심에서 비롯된 것이다."[103]라고 말하고 있다.

사실 이 문제에 대해서도 좀 논의할 필요가 있다. 중국의 식량공급이 장기간 동안 반드시 균형을 유지할 수 있다는 보장은 없다. 브라운이 제기한 문제에 대해 신중한 연구가 필요하다. 무분별하게 적대시부터 하고보는 것은 과학적 태도가 결여된 자세이다. 사실 중국이 각기 다른 시기마다 여러 국가로부터 식량을 수입해 온 것은 비밀이 아니다. 2010년에도 수요를 충족하기 위해 미국으로부터 옥수수를 수입했다. 이는 정상적인 일이다.

『중국을 요망하게 만든 것의 배후』란 책은 미국 영화를 일체 부정한다. 헐리웃은 추한 중국인의 이미지를 만들어 내는 근거지이며 중국과 중국인에 대한 이미지를 항상 악의적으로 묘사하거나 모독한다고 한다. 예컨대, 리샤오롱李小龍이 영화에서 여색을 가까이 하지 않는 것도 헐리웃의 음모이며, 동방의 남성들의 성 이미지를 박탈한 것이라고 한다. 하지만 『중국을 요망하게 만든 것의 배후』가 출판됨과 동시에 중국의 여러 매체에서는 도리어 미국이 거금을 들여 4년에 걸쳐 『화무란花木蘭』을 촬영한데 대해 높이 평가했다. 중국의 신문 잡지들은 미국의 영화제작자들이 어려움을 마다하고 중국으로 와서 생활하였다고 칭찬하였고, 아울러 이 영화에는 중국의 문화적 깊이가 깔려있다고 평가했다.

---

103) 李希光, 『妖魔化中國的背後』, 132쪽.

『중국을 요망하게 만든 것의 배후』에는 "미국의 매체는 중국에 관한 보도를 할 때 어떤 다원적인 차이도 보지 않고 완전히 협소하고 배타적인 시각으로 바라본다.", "중국에 관한 모든 보도는 반드시 미국인들에게 이러한 편견을 주입시키기 위해서이다. 이를테면, 중국은 강권적이고 전제적이며 반인권적인 마지막 공산주의국가이다. 소련이 해체되었으니 다음은 중국이다.", "미국의 기자들은 심지어 어떤 탐방도 하지 않고 중국에서 온 모든 뉴스들은 가짜라고 한다.", "미국과 기타 서방 국가의 매체는 통상적인 적대감에서 비롯하여 단지 중국의 부정적이고 소극적인 측면만을 보도한다. 즉 중국을 가련하고 가소로우며 심지어 혐오스러운 이미지로 서방 세계의 대중들 앞에 나타나게 한다."[104]라고 하였다.

이 말에는 '완전히', '그 어떤', '모두'와 같은 절대적인 표현들이 들어 있으며 미국의 모든 매체와 기자들을 포함하고 있고 시기의 제한도 없다. 사실상 30여 년간 중국에서 출판한 『참고소식參考消息』에만 중국에 대해 좋은 평가를 한 미국의 뉴스 보도와 논평의 글이 약 천 편에 달한다. 그래서 중국의 경제학자 량사오민梁小民은 역반응의 심리를 느끼자, 2010년에 발표한 「나는 『참고소식』을 안 본다我不看 『參考消息』」라는 글에서 이른바 『참고소식』이란 외국인의 입을 빌어 중국을 칭찬하는 신문이라고까지 말했다.

최근에는 심지어 서양인이 출판한 『중국이 세계를 통치하다: 중국 굴기와 서방세계의 쇠락當中國統治世界:中國的崛起和西方世界的衰落』이란 책이 국민들의 호응을 얻고 있다.

일부 유학생들이 해외에 거주하면서 현지 주류 사회에 합류하지 못하는 데 대한 우려를 이해할 수 있다. 『중국을 요망하게 만든 것의 배후』

104) 李希光, 『妖魔化中國的背後』, 16, 21, 54, 131쪽.

의 8명의 저자들은 당연히 자신들의 민족주의 열정을 높일 권리는
있지만, 이러한 열정이 중국에게 과연 유익한 지에 대해서는 별개의
문제로 보는 듯하다.

2009년 3월에 나온 『중국은 불쾌하다中國不高興』(쑹샤오쥔宋曉軍 · 왕
샤오둥王小東 · 황지쑤黃紀蘇 · 쑹창宋强 · 류양劉仰 공저, 江蘇人民出版社)는
2008년 올림픽 봉화가 프랑스에서 거부당한 것에 대한 반응으로 『NO
라고 말할 수 있는 중국』의 속편으로 볼 수 있다. 이 책은 50만부 발행
되었다. 이 책의 몇 가지 요점을 살펴보자.

선양하는 신념: 중국이 세계를 이끄는 것은 천명이다.
계획하는 목표: 세계의 큰형님이 되어 세계를 이끌고 서양인들은 둘째가
　　　　　　　되어야한다.
추구하는 정신문화: 상무尙武정신과 호전적 열정이다.
의지하는 역량: '봉화 세대'와 군사영웅 집단이다.
동원 방식: 대규모 민간 집회이다.
사용 수단: 검을 들고 장사를 하며, 악의 세력을 몰아내고 백성들을
　　　　　　평안하게 하며, 군사 전쟁과 상업전쟁의 결합이다.
사용 언어: 우리가 강해지면 너희를 친다.

하지만 『NO라고 말할 수 있는 중국』이 열렬한 호응을 받은 것과는
달리 이 책은 대중들의 호응을 받지 못했을 뿐만 아니라 다수의 매체
들은 심지어 풍자하는 태도를 보였다. 중국 사회가 성숙해지고 있다는
증거이다.

우자샹吳稼祥은 2009년 4월 8일호 『중국청년보中國青年報』에 발표한
「중국으로 하여금 나의 마음에게 복종케 하다:『중국은 불쾌하다』가
판매한 병적인 민족주의를 논함讓中國服從我的心情:評 『中國不高興』所推銷

的病態民族主義」이란 글에서 이 책에 대해 비평을 하였다.

우자샹은 『중국은 불쾌하다』는 마치 이른 봄에 불어온 한줄기 찬바람과 같다. '불쾌하다'는 바이러스로 우리 민족의 마음을 병들게 한다. 그중 쉽게 감염되는 사람은 미성년자와 젊은이들이다. 이들은 청춘 시절을 국가 인격에 대한 분노와 원망으로 발효시키며, 아울러 폭력을 드러내게 된다고 하였다.

우자샹은 이 책이 판매한 것은 병적인 민족주의라고 하였다. 이러한 병적인 민족주의는 4가지 특징이 있다. 첫째, 상처를 훈장으로 여긴다. 둘째, 자기사랑에 빠져 배타적이다. 셋째, 뒤만 돌아본다. 넷째, 호전적이다. 요약하자면, 피해자의 심리에서 벼락부자의 심리에 이른 것이다. 왕샤오둥이 말한 이 말이 정확하게 반영하고 있다. "미국이 뭔데? 누가 세계의 큰형인데? 문명사의 각도에서 볼 때 우리가 진짜 세계의 큰형이야!"[105]

한마디로 말해, 이 책의 5명의 저자들은 당장이라도 주먹을 불끈 쥐고 곧장 세계로 출정하지 못하는 것을 한스러워할 것이다. 그들의 말에 따르면, 검을 들고 장사를 하는 것이 대국이 승리하는 길이며, 해방군은 중국의 핵심 이익에 따라야 하며, 국제 사회에서 용감하게 악의 세력을 제거하고 선민들의 평안을 지켜야하며, 그리고 강국의 길 위의 있는 모든 퇴폐한 풍기를 쓸어버려야 한다는 것이다. 쏭샤오쥔의 생각에는 중국이 한번 패배를 맞보더라도 전쟁을 하지 않는 것보다 낫다는 것이다. 이유는 무엇일까? 왕샤오둥은 그의 말을 이렇게 해석하였다. 전쟁에서 패하면 외부의 압력을 가져와 내부의 부패 부분을 도려내거나 부패 집단 전체를 도태시킬 수 있다는 것이다. 그들은 특히 중국 역사상 정복욕이 컸던 호전적인 사람들을 매우 그리워한다. 이 다섯

---

105) 宋曉軍 等, 『中國不高興』, 136쪽.

명이 볼 때 중화민족 앞에는 단지 두 가지 선택 밖에 없다. 하나는 전쟁이고 다른 하나는 중국과 같은 대국이 계속해서 피와 땀으로 모은 돈으로 서방주도의 발전모델에 값을 치르는 것이다. 한마디로 전쟁이 아니면 돼지우리로 들어가는 것이다.

우자샹은 중국이 30여 년 간의 경제성장을 거두자 일부 사람들은 한껏 부풀어 올라 세계의 두목이 되려고 한다. 그들은 중국인의 애국정서를 이용하여 민족 전체를 인질로 잡고 있다. 그들은 세계 큰 형이 되기 위해 광상곡과 방아쇠를 당기려고 한다고 비판했다. 이런 병적인 민족주의가 얼마나 위험한가, 나치와 같은 것이다.

그 외에 3명의 청년평론가 저우샤오빈周筱贇·셰추화葉楚華·랴오바오핑廖保平이 2009년 6월에 출판한『중국의 누가 불쾌한가中國誰在不高興』(花城출판사)에서도『중국은 불쾌하다』의 선동적 목적을 비난했다.

셰추화는 1996년『NO라고 말할 수 있는 중국』이 나올 무렵 자신은 고등학생이었다고 한다. "나는 커다란 열정으로 이 책을 읽었다……매번 읽을 때마다 피가 끓어오르는 듯 했다……춘약을 먹은 것만 같았다." 하지만 지금은 꿈에서 깨어났고 꿈에서 깬 후 내가 본 무대와 배후의 실제 모습은 무엇인가? "악덕 상인들과 비양심적인 작가들이 많은 돈을 벌어들여 주색에 빠져 방탕한 생활을 할 때, 열광적이고 가난한 분노한 청년들은 보통 '우리는 정신을 흥분시키기 위해 기꺼이 원한다고 말할 것이다." 그의 결론은 "분노한 청년은 큰 시장이다."이다. 랴오바오핑도 정곡을 찌르는 한 마디를 했다. "민족주의는 필력이 괜찮으면 잘 팔린다."[106]

저우샤오빈은『중국은 불쾌하다』는 중국의 불쾌함을 표현한 책이다. 하지만 실직자들의 불쾌함은 볼 수 없고 땅을 잃은 농민들의 불쾌

---

106) 周筱贇 等,『中國誰在不高興』, 110쪽, 花城出版社, 2009년.

함도 볼 수 없으며 취직을 못한 대학생들의 불쾌함도 볼 수 없다. 단지 분노한 청년들이 중국이 세계를 제패하지 못한데 대한 불쾌감뿐이다. 이는 초점을 완전히 다른 쪽으로 옮긴 농간을 부린 것이다. 백성들의 실제적 이익을 떼어다가 허황된 쇼비니즘으로 바꾸어 불쾌하다는 둥 어떻다는 둥을 논하고 있으니, 국민을 우롱하는 일이 아니고 무엇인가라고 말했다.

저우샤오빈은 『중국은 불쾌하다』는 군사적 힘으로 세계로 나가 자원을 쟁탈할 것을 선양하고 있으며, 이는 분명 중국이 주장하는 평화공존 5개 원칙에 배치된다고 비난했다고 했다. 예를 들어, 왕샤오둥은 심지어 우리들 마음에 안 들면 칠 것이라고 말했다. 그는 또 "우리는 지금보다 훨씬 더 많은 자원을 관리해야 한다. 경제적으로도 관리해야 하고 정치적으로도 지도해야한다. 우리는 이 세계를 이끌어야 한다."[107]라고 말했다. 이러한 침략성이 강한 대국의 쇼비니즘 발언은 주변국들에게 중국에 대한 우려와 공포를 나아서, 다른 나라들이 연합하여 중국을 대응하는 결과를 촉진할 뿐이다.

세추화는 이 책에 맞장구를 치는 쪽은 중화사이트中華網과 톄쉐사이트鐵血網 등 민족주의를 위해 분노하는 청년들을 이용하여 돈을 버는 웹사이트들이라고 했다. 이들은 늘 목적성을 띠고 민족주의 이슈를 다루면서 분노한 청년들에게 분노의 해소와 정신적 음행의 장을 제공함으로써 자신들의 지명도와 트래픽을 높여 돈을 번다.

2010년 1월에 출판한 또 다른 과격적인 민족주의 저서 『중국이여 일어나라中國站起来』(長江文藝출판사)도 주목을 받았다. 저자 모뤄摩羅는 이전에 자유파 지식인이었는데 지금은 병적인 민족주의자와 국가주의자가 되었다.

---

107) 宋曉軍 等, 『中國不高興』, 99쪽.

모뤄는 서방은 약탈·노역·음모·반 인류를 의미하며 중국은 정의·자립·문명·공평심을 의미한다. 서방 문명은 암세포와도 같은 지구상의 고질병이며, 중국 문화가 반드시 서방의 병을 치유할 것이라고 한다. "미래에는 중국이 정치적으로 전 인류를 통합시켜 세계 정부를 세울 것이다."[108)라고 말했다.

모뤄는 서방에게 배우자고 제창하는 중국인들은 모두 민족의 적이라고 하면서 5·4시기의 천두슈陳獨秀·후스胡適·차이위안페이蔡元培·루쉰魯迅을 중점적으로 비판하였다. 5·4시기를 정신의 대붕괴 세대라고 했다.

이들은 한때 모뤄가 그토록 숭배했던 위인들이었지만 지금은 "서방 식민지 개척자들을 위해 분주히 뛰어다니는" 외국인의 종이 되었다고 한다. 그리고 그들의 죄는 "편파적으로 서방 문화를 선양하고 자기 민족의 문화를 포위하여 토벌하였다."고 규정했다.[109)

예컨대, 천두슈는 서방문화야말로 진정한 사람의 문화이며 중국 문화는 이미 죽었다고 하였고, 후스는 전반서화를 제창하였다고 했다. 차이위안페이는 1919년 베이징대 학생들이 창간한『국민잡지國民雜志』의 서문에서 국가보다 더 높은 세계주의 표준이 있다. 즉 "이른바 국민이란 또한 전 세계 인류의 일부분이기도 하다. 만약 절대적인 국가주의를 제창하고 인도주의를 등한시 한다면 독일과 같은 강국일지라도 패하게 되는데, 다른 국가는 더 말할 것도 없지 않은가?『국민잡지』가 이기적인 국가주의를 제창하지 않길 바란다."라고 말했다면서, 모뤄는 차이위안페이는 중국인들의 애국주의의 불을 끄고 "중국인들을 열등하고 자학하게 만든다."[110)라고 역설했다. 루쉰에 대해서는 그가 평생

---

108) 摩羅, 『中國站起来』, 255쪽.
109) 摩羅, 『中國站起来』, 23쪽.
110) 摩羅, 『中國站起来』, 26쪽 재인용.

동안 국민성 비판을 하면서 "실제로 서방 식민지 개척자들이 우리에
대해 모독했던 묘사에 따라 우리 자신의 정신생활을 체험하고 있다."
라고 비난했다.

　　모뤄는 또 "천두슈·후스·루쉰할 것 없이 그들은 전반서화를 주장
할 때, 이미 서양인이 세워둔 세계의 도식을 전반적으로 받아들였을
뿐만 아니라 자신과 자신의 민족을 그 세계 도식 중의 우매하고도 비
천한 위치에 놓았다.", "5·4 신문화운동은 민족정신을 심각하게 파괴
하였고, 그로인해 우리는 지금까지 그 나쁜 결과를 짊어지고 있다.",
"5·4 신문화운동은 자발적으로 자기 나라를 서방 이데올로기에 편입
시킨 문화운동이다. 이는 민족문화와 민족정신에 부정적인 영향을 주었
으며 그 영향은 오늘날까지 나타나고 있다."[111]라고 말했다.

　　결과적으로 영국과 미국을 반대하기만 하면 모든 것은 자연적인 정
당성을 얻는 것으로 귀결되었다. 그래서 모뤄는 독일의 히틀러에 대해
매우 좋은 평가를 한다. "히틀러가 자기 민족을 이끌고 영국과 프랑스
의 강권적 압제로부터 벗어난 것은 탄복할만하다."라고 했다(「모뤄인
터뷰摩羅探訪錄」, 광저우『남도주간南都周刊』, 2010년 3월 5일 참고) 그는
또 2차 대전 때 일본 군국주의에 대해서도 긍정한다. 일본이 영국과 미국
의 패권에 용감하게 도전했기 때문이라고 한다(『중국이여 일어나라』
서문 참조). 이러한 민족주의는 미쳐도 한참 미친 것이 아닌가?

　　과거에 권력과 절대 타협하지 않았던 정신적 전사로 추대 받았던
모뤄, 한때는 기독교를 신봉했던 모뤄. 하지만 지금 그의 신앙은 국가가
되었다.

　　모뤄의 민족주의는 국가주의가 합쳐있다. 그는 애국주의를 이렇게
정의한다. "국가가 인류 사회가 집단과 경계를 구분하는 제1의 기준이

---

111) 摩羅, 『中國站起来』, 17, 21, 22쪽.

되던 시대에서는 공신과 죄인, 성인과 악인을 구분 짓는 기준은 개인의 품성과 전혀 관계가 없었다. 전적으로 한 사람이 어떤 국가의 이익을 추구하고 어떤 국가의 생명에 해를 끼쳤는가에 달렸다. 이 기준을 요약해서 말하자면, 바로 애국주의이다."[112] 과거에 선이었든 악이었든, 성인이었든 악마였든 상관없이 그리고 어떤 도덕적 판단 기준도 없이 전적으로 국가에 이익이 되는지의 여부에 달려 있다는 것이다. 모뤄가 히틀러와 일본 군국주의를 칭찬하는 이유도 바로 여기에 있는 것이다.

　모뤄가 왜 이렇게 달라졌는가에 대해 쉬지린은 「국가의 제단으로 향하는 길: 모뤄의 전향으로부터 본 현대 중국의 허무주의走向國家祭臺之路:從摩羅的轉向看當代中國的虛無主義」라는 장편의 글 속에서 분석하였다. 이 글은 『독서』 2010년 8월호와 9월호에 각각 연재되었다. 쉬지린은 모뤄는 내적으로 안정성이 없는 허무주의자로서 몇 번이나 전향한 경력이 있으며, 이는 중국의 지식인들이 보편적으로 직면한 존재감 상실과 공동체 의식의 상실을 드러내고 있다고 평가했다.

3. 중국의 WTO 가입을 반대하며, 경제적으로 '영광스러운 고립'을 주장한다

　1999년 11월 팡닝房寧과 왕샤오둥, 쏭창 등이 공동 집필한 『세계화의 그늘 아래에서 중국의 길全球化陰影下的中國之路』이 중국사회과학출판사에서 출판되었다. 이 책의 뒤표지 광고에는 『NO라고 말할 수 있는 중국』과 『중국을 요망하게 만든 것의 배후』에 이어 중국 지식계가 다시 한 번 거센 민족정서의 선택에 직면하게 되었다고 말하고 있다.

　이 책의 요지는 첫째, 글로벌화를 반대하고 둘째, 중국은 영광스러

---

112) 摩羅, 『中國站起来』, 74쪽.

운 고립이 필요하다는 것이다. 먼저 첫 번째 요지를 살펴보자. 이 책의
서명 '세계화의 그늘'은 저자의 비판적 경향을 보여주고 있다. 이 책의
결론을 정리하자면 대략 이러하다.

"서방 국가들은 세계화의 최대 승자이다. 제3세계는 불쌍하게도
패자의 역할을 하고 있다."[113], "선진 자본주의 국가들로 구성된 중심
지대와 광범위한 제3세계 발전도상국들로 구성된 주변 지대는 미래
세계의 기본적인 구도를 구성한다.", "중심과 주변 사이의 모순이 현대
세계 경제체제의 기본적인 모순이다.", "경제 글로벌화 시대에 발전도
상국들이 국제적 순환사슬을 통해 점진적으로 서방 선진국을 따라
잡을 가능성은 갈수록 희박해질 것이다. 경제 글로벌화는 제3세계에게
있어 기회보다 리스크가 더 많고 대가가 이익보다 더 크다는 점을
냉철하게 판단해야 한다.", "글로벌화는 글로벌의 분열화를 초래했고
일부 제3세계 국가들의 산업화 과정이 발전의 함정으로 빠져들
었다."

그렇다면 과연 사실은 어떠한가? 발전도상국을 대표하는 중국은 글
로벌화 시대에 30여 년간 지속적으로 이륙을 시도하였다. 2010년은 중
국의 GDP가 일본을 제치고 세계 2위에 등극했다. 스페인『라틴아메리
카 뉴스』웹사이트 2010년 9월 20일자에 다음과 같은 글이 올라왔다.
"브라질은 신흥 세계강국이다." 미국과 EU가 2010년 9월 20일 공동으
로 발표한 "2025년 글로벌 통치"란 보고서에는 인도가 이미 세계 제4대
경제 실체로 발전하였다고 보고했다. 물론 '브릭(BRIC) 5개국'에는 러
시아와 남아공도 포함되어 있다. 비교적 일찍이 한국·싱가포르·말레
이시아·타이완·홍콩 지역의 발전 역시 글로벌화의 덕을 보았다. 이는
글로벌화가 중국에 있어 함정이 아니라는 것을 증명하고 있으며 중국

---

113) 房寧 等, 『全球化陰影下的中國之路』, 269, 296, 273, 296, 334, 56쪽.

의 발전도 꿈이 아님을 보여준 것이다. 기회를 잡아 적합한 정책을 펼친 발전도상국들도 글로벌화 과정에서 기회를 얻어 괄목할만한 이익을 얻었다.

다음으로 '영광스러운 고립'을 살펴보자. 이 책의 저자는 중국은 미국·EU·일본 사이의 충돌을 이용할 수 없고 심지어 러시아도 믿을 수 없다고 한다. 따라서 "중국은 영광스러운 고립의 사상적 준비와 물질적 준비를 해야 한다."는 것이다. 그렇다면 이는 과거의 '자력갱생'의 국면으로 돌아가자는 게 아닌가? 이러한 말들은 민족주의의 팽배는 결과적으로 쇄국정책과 폐쇄적 의식을 초래한다는 것을 시사하고 있다.

1979년 11월 26일 덩샤오핑의 말을 기억해 보자. "우리는 건국 이래로 장기간에 걸쳐 세계에서 격리된 상태로 있었다."[114]

1984년 10월 22일 덩샤오핑은 중국공산당고문위원회中顧委의 연설에서 "지금 어떤 나라든 발전하려면 쇄국정책으로는 안 된다. 우리는 이런 고생을 해보았고 우리 조상들도 겪었다. 명나라 성조成祖 때, 정화鄭和가 서쪽 바다로 나간 것은 개방적이었다고 할 수 있다. 명나라 성조가 사망한 이후 명나라는 점점 쇠락해졌다. 그 후 청나라 강희康熙·건륭乾隆황제는 개방적이라 할 수 없다. 명나라 중반부터 계산하여 아편전쟁 때까지 300여 년은 바깥 세계와 교류를 하지 않았다. 강희부터 계산하여도 약200년은 된다. 장기간에 걸친 쇄국 정책으로 중국은 갈수록 가난하고 낙후하며 우매한 나라가 되었다."[115]라고 말했다.

1988년 9월 5일 덩샤오핑은 외빈과의 회담에서 "중국으로 말하자면, 50년대 중국의 기술은 일본과 그렇게 큰 차이는 없었다. 하지만 20년 동안 문을 닫고 국제시장의 경쟁문제를 의제에 올려놓지 않은 사이에

114) 『鄧小平文選』第2卷, 232쪽.
115) 『鄧小平文選』, 第3卷, 90쪽.

일본은 경제대국으로 성장했다."[116]라고 말했다.

덩샤오핑의 이 말은 한마디로 핵심을 찔렀다. 『세계화의 그늘아래에서 중국의 길』에서 제시한 길로 갔다면 또다시 "중국을 빈곤하고 낙후하며 우매한 나라"로 만들지 않았을까?

2000년 5월 양빈楊斌의 『중국을 위협하는 은폐전쟁威脅中國的隱蔽戰爭』이 경제관리출판사에서 출판되었다. 이 책은 글로벌화와 WTO를 철저히 부정하고, 전 세계 사람들이 중국과 단합하여 미국과 영국을 타도하자고 호소했다.

양빈은 "미국과 영국이 국제적인 권위기구들을 조종하여 대대적으로 글로벌화를 펼쳐나가는 것은 일련의 신자유주의 정책을 추진하려는 것이다. 이를테면, 제3세계 국가들의 경제적 주권을 박탈·제한하고, 정부의 정책 간섭을 버리고 자유롭게 시장의 조정에 맡겨 상품과 자본, 정보의 흐름을 저해하는 장애를 제거한다. 이로써 서방의 다국적 기업들이 자본과 기술의 우세를 앞세워 아무런 구속을 받지 않으면서 현지 민족 산업을 파괴하고 통제하여, 불평등한 경제적 분업과 무역거래 관계를 가중시키는 것이다……글로벌화는 사회적 부의 양극화를 초래하였다. 소수의 부자와 다국적 기업들만이 수익자가 되었으며 발전도상국들의 민족 산업으로 하여금 좌절을 맞게 하였다……글로벌화가 자연스럽고 당연한 진행과정이라는 견해는 전적으로 조작된 허튼 소리이다. 80년대 미국과 영국의 우익 보수정부가 들어 선 후 신자유주의 이데올로기를 추진하여 글로벌화는 자본의 자유를 수호하는 도구가 되었다."[117]라고 말했다.

그는 또 "미국과 영국이 신자유주의와 글로벌화를 대대적으로 펼쳐

---

116) 『鄧小平文選』, 第3卷, 274쪽.
117) 楊斌, 『威脅中國的隱蔽戰爭』, 309, 310, 311, 294, 295, 296, 200, 309쪽.

나가는 것은 소프트 전쟁을 통해 약소국의 문호를 개방시켜 신 식민주의를 추진하여 다시 전 세계를 정복·통치하려는 것이다."라고 했다.

양빈은 중국의 WTO 가입을 어떻게 보는가? 그는 'WTO가입은 마치 타이트한 죄수복을 입는 것과 같다', '미국이 중국을 WTO에 가입시키는 것은 경제적인 고려가 아니라 정치적인 고려에서 비롯된 것이다. 미국 정부의 생각은 중국 기업은 미국과 서방 국가들의 기업과 경쟁이 되지 않기 때문에 중국이 WTO에 가입하게 되면 필경 대량의 실업사태가 발생할 것이고, 그렇게 되면 중국 사회가 불안정하게 되고 정부가 무너질 수 있을 것이다."라고 보는 것이다.

그는 또 "WTO 가입 후 경쟁의 충격이 증가하여 많은 분야의 산업시장이 위축되고 각종 기업들이 더 큰 경영 곤란에 빠지게 되며 심지어 연쇄반응을 일으켜 경제적 위기를 가져 올 것이다……WTO 가입 이후 중국의 수출증가가 상당히 어려워질 것이다. 그때 대량의 수입품과 외자가 유입되면 자동차와 금속 업계 등은 심각한 타격을 입게 되어 거액의 투자와 은행 대출이 부실채권으로 전락할 것이다. 그리고 이는 관련 기계와 철강, 화공 등의 산업까지 영향을 미쳐 과잉 생산과 경영의 어려움이 더욱 가중될 것이다.", "WTO 가입 후 농산물 시장의 과도한 개방으로 수많은 농민들이 어려움에 빠질 것이다."라고 한다.

글로벌화와 WTO는 모두 미국과 영국이 전 세계를 상대로 발동한 소프트 전쟁을 위한 날카로운 병기로서 핵무기보다 더 큰 파괴력을 발휘할 수 있다는 것이다. 그는 아담 스미스가 쓴 『국부론』 역시 제국주의의 세계 장악을 위한 음모의 일부라고 생각한다.

그렇다면 어떻게 할 것인가? 그는 책에서 여러 차례 호소했다. "반패권의 책임은 중화 문명이 미룰 수 없는 책임이다……중국은 세계 각국의 국민들과 광범위하게 단결하여 다시 미국의 패권에 반대하는 통일 전선을 형성하여 다함께 미국과 영국의 지역 권력문화라는 독버

섯을 제거해야 한다. 그래야만 각종 문명의 조화로운 공동 발전의 환
경을 조성하고 평화 발전의 세계 흐름을 형성할 수 있을 것이다."

2000년 경제관리출판사는 한더챵韓德强의『충돌碰撞』이란 책을 출판
하여 경제 민족주의를 선전하기 시작했다. 이 해는 중국의 WTO 가입
을 위한 협상에 있어 매우 중요한 시기였다. 이러한 관건의 시기에『
충돌』을 출판하여 중국의 WTO 가입을 방해하려는 것이다.

먼저 글로벌화의 문제에 대한 그의 견해를 보자. 한더창은 "이른바
글로벌화란 정확히 말해서 소수인들의 글로벌화이다. 때문에 이는
인류의 복음도 아니며 필연성을 담고 있는 것도 아니다. 이러한 글로
벌화가 불가피한 것이며 전 인류가 환영할 가치가 있다고 생각하는
것은 단지 소수인이 다수인을 포섭하려는 이데올로기에 불과하다.
실제로 글로벌화가 진행됨에 따라 갈수록 많은 사람들은 실업과 빈곤
의 늪으로 빠져들고 있다.", "글로벌화는 자본주의의 글로벌화와 동일
하다.", "글로벌화는 필연적으로 치열한 경쟁을 초래할 뿐만 아니라 미
국의 정치 엘리트와 금융 엘리트들의 중대한 음모이기도 하다. 이는
오래 전부터 미국 정책결정권자들의 공개적인 비밀이기도 하다."[118]라
고 말했다.

다음으로 중국의 WTO 가입에 대해 한더창은 자신의 상상력을 동원
하여 독자들에게 WTO 가입 후 중국의 극도의 공포적인 대재앙의 모
습을 그려나갔다. 그는 "일단 미국의 농산품이 중국 시장에 들어오면
중국 농민들은 식용유 · 소금 · 간장 · 식초 등 생필품을 구매할 수 없게
되고 더 많은 농민인구가 부득이하게 도시로 이동하게 될 것이다.
그렇게 되면 도시들은 어떻게 되는가? 많은 공장과 기업들이 문을 닫
게 될 것이다.", "만약 미국이 변호사 · 회계 · 도시계획 · 영화관 · 택배

---

118) 韓德强,『碰撞』, 306, 307, 308, 314, 5, 6, 18, 112, 116, 316쪽.

서비스 등까지 점령한다면 문제는 더욱 심각해질 것이다. 우리는 내일 어디로 가서 돈을 벌어야 하나 걱정하지 않을 수 없을 것이다……몇 년 후 미국 AP통신이 신화사新華社를 접수하면 바로 수많은 기자들이 해고될 것이다. 중국의 은행산업은 파산하여 적금은 종잇조각이 될 것이고 사람들은 휘발유를 살 돈도 없게 될 것이다.", "전국에 있는 대다수 기업은 국영기업이든 민간 기업이든 개인 기업이든 모두 무너지게 될 것이다."라고 말한다.

한더창은 아담 스미스를 몹시 싫어한다. "'보이지 않는 손'은 도대체 누구의 이익을 대변하는가? 사실 우리도 알고 있지만 아담 스미스는 동인도회사의 지원을 받아 『국부론』을 쓴 것이다. 『국부론』의 설명으로 인해 동인도회사가 아시아 지역에서 자행한 악행들은 모두 공공복지를 촉진한 신의 행동이 되었다." "이른바 '보이지 않는 손'은 강자들의 이익을 모든 사람들의 이익으로 보편화한 것이자 강자들을 위한 정교한 변호인 것이다. 때문에 아담 스미스가 개척한 서방 경제학의 정통은 본질적으로 과학적이지 않고 단지 시장경제의 종교에 불과하다."라고 비판하였다.

그렇다면 어떠해야 한단 말인가? 한더창은 "중국은 완전히 무역보호주의를 할 수 있을 뿐만 아니라 반드시 무역보호주의를 해야 한다."고 결론을 내린다.

하지만 양빈, 한더창 두 사람의 말과는 달리, 중국이 WTO를 가입한 이후 2001년-2007년 동안 아무런 대재앙은 나타나지 않았다. 반대로 중국 경제는 고속 발전을 하고 기업 경쟁력은 지속적으로 향상되었고 국민들의 생활수준도 계속 개선되고 있으며 종합 국력도 빠르게 증강하고 있다. 2010년 기준 중국의 국내 GDP가 일본을 넘어 세계 제2의 경제대국이 되었다. 그렇다면 한더창 선생은 자신의 잘못된 위협에 대해 독자들에게 사과해야 하지 않을까?

4. 전쟁 또한 중국이 발전할 수 있는 기회이다?

2010년 1월 중국우의출판사中國友誼출판사가 출판한『중국의 꿈中國夢』은 국제 언론의 주목을 받았다. 저자는 국방대학 군대건설연구소 소장 류밍푸劉明福이다. 부제는 '포스트 미국시대의 대국적 사고와 전략적 위치後美國時代的大國思惟與戰略定位'이다.

책은 이렇게 기록하고 있다. "지구상에는 평화적 굴기가 있은 적이 없었다.", "국제 사회는 과거에 평화적 굴기가 있은 적은 없었다……중국은 반드시 군사적으로 굴기해야 한다.", "중국의 평화적 굴기는 한 가지 가능성을 배제할 수 없다. 그것은 바로 반 전쟁 억제 과정에서 우뚝 서는 것이다." 그리고 "군사적 굴기가 없는 경제적 굴기는 위험한 굴기이다.", "중미 양국은 21세기에 대결한다.", "21세기는 중국과 미국이 한차례 새로운 챔피언 국가경쟁을 벌일 것이다.", "새로운 챔피언 국가의 굴기는 반드시 기존 챔피언 국가와 무력 대결을 통해 탄생할 것이다.", "중국은 전쟁을 통해서만 국가 굴기의 권력을 지키고, 패권 국가의 무력 제지와 전쟁 제지를 뚫고 전투적 굴기를 실현할 수 있다."119) 고 강조한다. 이러한 말들은 국제적으로 중국이 미국과 전쟁을 시작하겠다는 이미지를 안겨줄 뿐이다.

이 책 역시 대국적 쇼비니즘 경향이 두드러진다. 예컨대, 류밍푸는 "중국 시대의 첫 번째 표시는 세계적 리더의 위치를 확립하고 국제 사회를 이끄는 역할을 하는 것이다.", "중국은 세계적 리더로서의 우수한 문화적 유전자를 가지고 있다."라고 말한다.

이 책이 출판된 이후『환구시보環球時報』의 인터뷰에서 류밍푸는 자신이 책에서 밝힌 관점은 어느 정도 보편성이 있다고 하였다. 광둥의

---

119) 劉明福,『中國夢』, 259, 260, 53, 54, 257, 77, 80쪽.

『동주공진同舟共進』 2010년 6월호에 발표된 셰리타이薛理泰와 자오강趙剛의 「『중국의 꿈』: 서생이 정치를 논하여 백성을 그르치다『中國夢』: 書生論政誤蒼生」라는 글에서 이 책에 대해 분석·비판하고 있다.

셰리타이와 자오강은 최근 계속해서『중국의 꿈』과 같은 작품과 강연을 세상에 내놓고 있으며, 인터넷 상에서 많은 지지를 받고 있다. 반대로 온건한 태도를 지닌 학자들의 다른 의견들은 인터넷에서 질책과 욕설의 대상이 되었다. 이는 매우 비정상적인 현상이다. 이러한 현상은 객관적으로 볼 때 단지 '중국위협론'을 부추길 뿐이다. 이러한 각종 논란과 행동들은 최근 국력의 급격한 상승으로 민간 내지 정부가 모두 붕 떠있는 상황이고, 이러한 자아팽창은 외부에서부터 안까지 깊숙이 존재하고 있다. 이는 중국의 복이 아니고 적잖은 해가 될 것이다.

셰리타이와 자오강의 글은 주목할 만한 현상을 보여준다. 류밍푸 등은 대부분 정치 출신이거나 글쓰기와 관련된 일을 하는 군계 인사들이다. 그들은 민감한 시기마다 글로벌 전략을 야단스럽게 운운하면서 걸핏하면 편향되고 극단적인 글을 써서 사람들의 혐오감을 면치 못하고 있다. 동서고금을 막론하고 걸핏하면 전쟁을 운운하는 사람들은 대략 3가지 종류이다. 첫째는 전쟁 경험이 없는 사람. 둘째는 본인이나 자녀들이 전쟁터에서 목숨을 잃을 가능성이 없다고 생각하는 사람. 셋째는 다른 사람을 따라서 말하는 사람이다. 중국에는 "전쟁에 능한 사람은 전쟁을 말하지 않는다."는 말이 있다. 역대 명장들은 전쟁을 좋아하지 않으며 국가가 전쟁을 피할 수 있도록 최대한 노력한다. 류보청劉伯承 원수는 자택에서 TV나 영화를 볼 때 전쟁 장면은 안보거나 피한다고 한다. '서생'이 전쟁을 논하는 것은 명성을 얻을 수는 있겠지만 국가에게는 복이 아니다. 이러한 사례는 역사 속에서도 많았다. 중국이 정신을 가다듬고 각 부분의 도전에 대응해야할 작금에, 정치 관련 간부들이 커다란 전략적인 문제를 놓고 제멋대로 미국과의 전쟁을 운운하는 것을 그대로 방치할 수 있는가?

셰리타이와 자오강은 현재 중국의 종합국력은 이미 전 세계의 선두 주자라고 말한다. 과거 30여 년 동안 누가 '도광양회'를 관철해온 수익자일까? 중국이다. 현재 중국 굴기는 아직 끝나지 않았다. 예기하는 미래에도 미국이 여전히 제1강국을 유지할 것이다. 맹추격하고 있는 발전도상국 중국이 향후 20-30년 동안 안정적인 중미 관계를 유지한다면, 미래에 안정적인 두 나라 관계의 최대 수혜국은 누가 될 것인가? 역시 중국이다. 이를 위해서는 당연히 계속해서 '도광양회'를 해야 한다고 한다.

셰리타이와 자오강은 류밍푸의 말이 미국의 주목을 받고 있을 뿐만 아니라 러시아도 경계하고 있다고 한다. 얼마 전 러시아군은 '동방'이라 부르는 최신 훈련에서 원동군구 장갑부대, 특수병 및 공수부대는 비밀타격 계획을 진행하였는데, 분명 중국을 목표로 한 것이다. 러시아군도 중국의 급성장에 대해 상당히 경계하고 있는 것이다.

만약 권력을 부여받지 않은 몇몇 군인이 자기 멋대로 호전적인 말을 퍼트리는 것에 대해 제때에 바로잡지 않으면, 언젠가는 양적 변화에서 질적 변화로 발전하게 될 것이다. 그러면 중미 관계가 역전될 것이며 그 파장은 중국의 모든 주변국에까지 미치게 될 것이고, 러시아도 이에 포함된다. 그렇게 되면 중국은 전반적으로 수동적인 상황에 처하게 된다. 이는 누구나 잘 알 수 있는 것이다.

공군 장교 다이쉬戴旭의 『C형 포위망: 내우외환속의 중국 돌파구C型包圍: 內憂外患下的中國突圍』는 2010년 문회文匯출판사가 출판하였다. 이 책에는 중국은 2030년이 되면 와해되는 운명에 놓일 것이라고 한다.

다이쉬는 때론 냉철하지만 때론 상당히 비관적이다. 그는 이 책에서 많은 학자들이 중국의 GDP에 대해 즐거워하지만 사실 스스로에게 마비된 것이라고 한다. 이를테면, 죽은 수치들에는 교육 보급과 정치 발전, 산업 발전 등과 같은 진정한 강국에게 필요한 내용은 없다. 중국 경제는 주로 낮은 수준의 기술에 의존한 것이며 이를 뒷받침하는 산업은 부동산과 술, 담배이다. 중국의 거리를 달리고 있는 수많은 자동차 중 중국이 제조한 엔진을 장착한 차는 한 대도 없다. 우리의 모든 핵심 산업은 거의 다 빈 산업이다. 따라서 중국의 경제적 장점은 군사적 우세와 정치적 우세로 전환할 수 없다. 미국의 GDP는 선진 기술이 기반을 이루고 있어서 모두 군사적 역량으로 전환될 수 있다. 각종 지표를 종합해보면, 중국은 미국에 비해 적어도 100년은 뒤떨어져 있다. 10-20년이 지난 후 중국이 항공모함을 만든다고 해도 2차 대전 당시 미국의 수준에 불과하다. 미국은 2차 대전의 4년간 총160여척의 항공모함을 만들었다. 중국은 많은 차이가 있다. 더욱 심각한 것은 미국은 경제·기술·정신 이 3개 강국의 요소를 갖추고 있는 가하면, 중국은 부패의 위력이 사자와 호랑이보다 더 심하고 빈부격차도 심하고 공정성도 부족하며 권력남용도 끝이 없다. 마치 모래와 돌, 가시가 가득 들어 있는 신발을 신은 것과 같아서 멀리 갈 수 없다. 멀리 갈수 없을 뿐만 아니라 내란이 발생할 수도 있다. 중국이 천하를 제패하지 않는 것은 제패할 수 없기 때문이다. 실력도 없고 조건도 갖추고 있지 못하다. 중국은 기껏해야 지역적 대국이 될 뿐이다. 중국의 실사구시는 자신의 적절한 위치를 정확하게 찾는 것이다. 자신이 세계 대국이라고 억지 주장하는 것은 역사적 상식과 정치적 상식이 부족한 또 다른 표현이다. 그리고 중국은 국제적으로도 진정한 벗이 없다.

다이쉬는 중국은 세계의 진화 과정으로부터 독립하여 스스로 다른 하나의 문명체를 창조할 수 없으며, 중국은 반드시 인류 사회의 일반적인 발전 규칙을 따라야 한다고 말한다. 그가 말하는 인류 사회의 일반적인 발전 규칙이란 당연히 민주·자유·인권·법치를 가리킨다. 다이쉬는 현재 중국의 군사사상과 군사이론은 공염불로 가득하고 실적적인 가치가 없으며, 마치 양초를 씹는 것 같이 실체가 없다고 비판한 다. 사상을 억제하는 방식은 사람들의 생각을 구속하고 사람들의 손과 발을 묶어놓으며 창의적인 가능성을 질식시킨다는 것이다. 다이쉬는 그의 책에서 청나라 말기 중국번의 막료인 조렬문趙烈文이 1867년 청나 라 운명에 대해 중국번에게 예언했던 이 말을 여러 번 인용했다. "중심 축이 썩으면 무너지게 되며 청나라는 길어봐야 50년 밖에 남지 않았 다." 이 말을 들은 중국번은 빨리 죽기를 바란다고 직설적으로 말했다. 다이쉬는 자신이 증국번이 가진 당시 심정과 같다고 말한다. 다이쉬는 가장 가슴 아픈 일은 중국 내부의 부패라고 한다. 나라 곳곳이 흥청망 청 방탕하고 사치스런 생활에 빠져 있으며 그러한 풍조는 마치 로마제 국 말기보다 더 하다는 것이다. 관료는 명리를 얻기 위해 정신이 없고 관심은 권력과 지위, 여자에게만 가 있다. 학계는 귀를 막고 모른 채 하고 있으며, 민심은 활기가 없고 전쟁을 혐오하고 두려워한다. 이러 한 것들이 중국의 종양이라는 것이다.

책에서 다이쉬가 말한 2030년에 중국이 점령당하고 나눠지고 와해 될 것이라는 것에 대해 많은 의문점이 제기되었다.

다이쉬는 미국의 목표는 세계 제국이라고 말한다. 미국은 중국이 이 목표를 실현하는데 있어 방해가 된다고 생각하며, 그래서 중국을 적국 으로 보고 중국을 억제하고 누르려고 세 가지 방법을 동원한다고 한 다. 첫째, 경제와 자본의 힘으로 중국을 억제하는 것이다. 다이쉬는 중 국의 28개 산업 중 21개는 미국의 통제 하에 있다고 한다. 미국은 또한 채권 매도로 중국의 돈을 가져갔다. 둘째, 중국에 대해 외교적인 견제 를 하고 있다. 미국은 다양한 수단으로 각 나라를 끌어들여 중국을 고 립시키고 있다. 일본은 미국과 군사동맹을 맺고 있으며, 한국과 오스 트레일리아도 미국의 편에 서 있다. 지금 동남아는 미국 정치에 속한 지역이 되었고 베트남의 대미 관계도 중국보다 가깝다. 미얀마 역시 코캉Kokang 지역에 있는 화인들에게 칼을 휘두르며 미국에 가까워지고 있다. 미국은 아프가니스탄과 파키스탄을 장악하고 있다. 필리핀과 말레이시아는 미국과 함께 연합 군사훈련을 펼치고 있다. 인도도 갈수록 미국과 가까워지고 있다. 몽고도 조용히 서방 국가들에게 접근하고 있다. 심지어 북한조차도 내심 미국에 마음을 두고 있다. 타이완의 '타이완독립臺獨' 세력은 중국을 이탈하려고 한다. 이렇게 중국이 처한 국제 환경은 매우 열악하다는 것이다.

　셋째, 중국 내부에서 대리인을 찾아 제5종대縱隊를 건설하고 있다. 한마디로 미국이 중국을 포위할 태세는 이미 완성된 상태이다. 그는 "나는 중국이 전쟁의 난을 피할 수 없을 것이라고 생각한다. 그리고 이 난은 머지않은 미래에 다가올 것이다. 길어야 10-20년이다."[120]라고 말했다. 또한 2030년은 미국 및 기타 열강들의 새로운 선진기술 부대가 끝나고 칼을 빼 들 해가 될 것이며, 또한 중국의 경제적 거품도 가셔지는 해라고 한다. 10-20년 내에 미국과 그 동맹국들은 착수하여, 직접 타이완으로 파병하거나 혹은 중국의 서남, 서북 지역으로 파병하여 중국을 분열시키고 와해하면서 중국에 대한 대학살과 약탈이 시작될 것이라고 한다.

　그리고 전쟁의 북소리가 갈수록 가까워지고 있다한다. 어떻게 해야 할 것인가? 그가 제시한 대책은 군사역량을 강화하여 적이 들어오지 못하도록 방어하는 것이다. 공군은 4000km 밖 공중에서 요격전을 펼쳐 적의 공군역량을 타격해야 한다. 중국군은 국제전을 준비하여 해외에 주둔해야 한다. 특히 난사南沙에 대규모 군사기지를 건설하고 필요한 군사충돌을 통해 인접국의 전쟁 충동을 억제해야 한다는 것이다. 급기야 "정의롭고 합법적인 전쟁 역시 중국이 발전하는 기회이기도 하

120) 戴旭, 『C型包圍: 內憂外患下的中國突圍』, 28쪽.

다."[121] "전쟁은 지역의 형세를 개선하고……전쟁은 신형부대의 빠른 완성을 촉진하고 경제 발전을 이끌며 전쟁은 평화를 이루는 첩경이 된다."[122]고 한다.

『사회과학보社會科學報』는 2010년 3월 18일 중국사회과학원의 세계경제와 정치연구소世界經濟與政治研究所 연구원 선지루沈驥如의 글 「뭇 사람들은 다 취해있는데 나만이 깨어있네衆人皆醉君獨醒?」를 실어 다이쉬의 관점을 비판했다. 선지루는 사실 미국의 글로벌 장악력은 약화되고 있다고 한다. 미국의 싱크탱크 브레진스키Brzeziński는 미국의 초강대국 지위는 2020년이면 끝난다고 한다. 지금은 많은 국제적인 문제를 한 나라가 결정할 수 있는 시대가 아니다. 현재는 '브릭스'국가와 11개 신흥 경제체가 포함된 G20이 국제 권리를 공유하고 있다. 중국의 국제적 지위도 빠르게 상승하고 있다. 이러한 상황에서 미국은 함부로 중국을 공격할 수는 없다는 것이다.

『동주공진同舟共進』은 2011년 11월 자오강, 셰리타이의 글 「화근은 형체가 생기기 전에 없애고 환난은 미연에 방지한다消禍於未形, 防患於未然」를 발표하여 중미 관계에 대한 분석 내용을 실었다. 이 글은 미국이 경제적 어려움에 처하여 오랜 기간 벗어나지 못하고, 이라크·아프가니스탄 전쟁의 늪에 빠져 큰 어려움을 겪고 있다고 분석했다. 이슬람 급진 세력과의 악전고투에다 이란의 골칫거리 핵 위기문제 해결도 벅찬 상황에서 어떻게 중국과의 교전을 따로 준비하겠는가? 미국은 재력 면에서도 핵 대국 중국과의 전쟁을 감당할 수 없다. 미국에 있어 시급한 문제는 상처의 치유와 회복이며, 중국과의 평화 공존은 전략적 사유논리와 부합한다. 물론 중미 관계에 있어 중국이 지혜롭고 확실한

121) 戴旭, 『C型包圍: 內憂外患下的中國突圍』, 320쪽.
122) 戴旭, 『C型包圍: 內憂外患下的中國突圍』, 321쪽.

대책을 실행하는 것도 매우 중요하다. 국무위원 다이빙궈戴秉國의 「평화발전의 길로 굳게 가다堅持走和平發展道路」는 전략적 사고에 관한 우수한 글로서 서방 전략계에서도 좋은 반향을 얻고 있다. 또 마샤오톈馬曉天 부총장도 이런 내용의 글을 실었는데 좋은 반응을 얻었다. 평화발전 사상은 시대 흐름에 순응하는 것이다. 중국은 중국의 고속발전은 화가 아니고 복이며 위협이 아니고 기회라는 것을 국제 사회에게 이해시켜야 한다. 중국에게 있어 발전을 추구하는 것은 무엇보다 중요한 장기적인 국책이지만 중국의 발전에 영향을 미치는 대내외적 요인들이 모두 중국이 장악할 수 있는 것은 아니다. 각종 요소들이 빠르게 변화하고 상호 작용하는 과정에서 필부의 용기처럼 혼자의 힘으로 미국과 서방 국가들과 교전한다면 그 후탈은 상상할 수 없다는 것이다.

위에서 최근 9편의 작품들을 간략하게 평가하였다. 유사한 내용의 서적들이 아직 많이 있지만 편폭의 제한으로 이 정도로 마친다.

요약하자면, 현재 민족주의에 대한 여러 가지 요구가운데 반 서방과 글로벌화의 제지가 가장 뚜렷한 두 가지 요구이다. 현재 중국의 민족주의는 장기간동안 빈약함이 쌓여서 일시에 폭발하는 흥분상태라고 평가하는 학자도 있다. 지금 중국 경제가 날로 번성하고 있고 경제 규모도 세계 2위로 올라선 상황에서 흥분하는 민족주의는 중국과 다른 나라간의 긴장만 가중시킬 뿐이다. '중국위협론'을 빌어 시장을 확대하는 것은 중국의 복음이 아니다. 그리고 중서 문화가 서로 보완하고 융합하는 것이 현대화 발전에 있어 필수불가결의 선택이다.

친후이秦暉는 많은 사람들이 민족주의의 깃발을 내걸고 있지만 사실은 가짜들이며, 배후에는 이해타산이 상당히 복잡하게 얽혀있다는 것이다. 예를 들어, 의화단은 지극히 약은 사람들의 집단이었다. 만약 의화단이 정말 총칼을 막을 수 있다고 믿었다면 서십고교당西什庫敎堂이란 그곳을 결코 점령하지 못할 이유가 없었을 것이다. 청나라군은 외

국인과의 전쟁에서 기본적으로 목숨을 걸고 싸웠다. 제독提督 · 총병總
兵 · 참장參將 · 부장副將이 얼마나 많이 죽었는지 모른다. 그러나 의화
단의 큰 사형들 중 전쟁터에서 죽은 사람이 한 사람이라도 있었는가?
한 명도 없다. 8개국 연합군이 베이징에 들어오기 전날 만해도 베이징
에는 수십만 명의 의화단 단원들이 있었다. 하지만 연합군이 들어오자
마자 그들은 모두 도망가 그림자도 찾을 수 없었다. 그들이 재주가
있다면 그건 중국인을 얕보는 것이었다. 그들은 약 수백 명의 서양인
을 죽였지만 중국인은 7만여 명이나 죽였다. 조금이라도 원한이 있는
사람은 배신자로 몰아서 죽이고 재산을 빼앗으면 그만이었다. 이른바
반양교反洋敎란 주로 중국인을 괴롭히고 죽이는 것, 즉 같은 편끼리 죽
이는 것이었다.

또 어떤 학자들은 이렇게 말한다. 현대 중국의 민족주의는 공민 정
신의 내용을 수용할 수 없으며 어떤 측면에서는 공민 정신과 반대로
가고 있다고 한다. 역사적으로 볼 때 민족주의를 고취하는 배후에는
항상 전제주의와 군국주의가 뒤따랐다. 그러므로 많은 중국인 특히 지
식인들이 이에 대해 회의하는 것은 너무도 당연하다. 비록 중국이 가
장 급박한 상황에 처하게 될지라도 민족주의를 제창하는 것은 적절치
않다. 하지만 민주주의는 헌정주의 · 자유주의 · 민주사회주의 · 향토자
치주의 등 다양한 관념과 내용들을 포함하기 때문에 고금을 연결하고
중국과 서양을 결합할 수 있으며 가장 큰 공감을 얻을 수 있는 합법적
인 이데올로기이다. 민주주의를 선양하고 민주화 과정을 가속화하는
것은 양안의 통일을 이룩하는 데도 유리하다는 것이다.

허량량何亮亮은 봉황위성TV鳳凰衛視에서 일본이 중국 어선과 어민들
을 억류한데 대해 당연히 항의하고 이치에 근거하여 변론해야 하는 것
은 문제가 되지 않는다. 하지만 일부 도시의 청년들이 거리로 몰려나
가 일본 식당을 부수고 중일 합자생산 승용차를 부수는 것은 폭력 행

위로서 문제가 있다는 것이다. 일본상품 저지는 더욱 이치에 맞지 않는다고 하였다.

2009년에는 러시아도 중국의 '신싱新星'호를 억류했다. 그리고 더 심각한 것은 포를 쏘아 몇 몇 중국 선원을 사살하기까지 했다. 그런데 왜 거리로 나가 항의하는 사람이 없는가? 러시아인의 중국인에 대한 악랄한 태도는 사람들이 다 아는 사실이다. 예를 들어, 차이나타운 건설 반대, 대규모 화상華商 퇴치, 모스크바에서 공공연하게 수십억 달러에 달하는 중국인 상점의 상품을 몰수하고 절도한 사례가 그러하다. 근래 어느 나라에서도 발생한 적이 없는 이 놀라운 사건에 대해 누구도 거리에 나가서 항의하는 사람이 없다. 이로써 볼 때, 중국인에게 잘못을 한 쪽에 항의하는 것이 아니고 배척의 칼날을 미국과 일본, 프랑스로 향한 것이다. 여기에는 계급투쟁을 강령으로 삼는 생각이 숨어있다. 친후이가 말한 바와 같이 이는 민족주의의 허위를 폭로한 것으로 사실상 분노하는 청년들은 이용당한 것이다.

『남방주말南方周末』의 평론가 옌례산鄢烈山은 민족주의를 부추겨 선동하는 일부 사람들은 실로 '애국의 도적'이라고 했다. 야박하긴 하지만 급소를 찌른 평가이다.

제7장

민수民粹주의의 세찬 움직임
- 민수주의 사조

1. 민수주의의 6가지 내용

1945년 4월 24일 마오쩌둥은 중국공산당 7차 회의의 구두 보고에서 "우리는 이렇게 자본주의를 널리 발전시켜야 한다. 이는 좋은 점만 있을 뿐 나쁜 점은 없다. 이 문제에 대해 우리 당내 일부 사람들은 오랫동안 잘 이해하지 못하고 있으며 민수주의 사상을 가지고 있다. 이러한 사상은 농민 출신의 당원이 대다수를 차지하는 당내에서 오랫동안 존재할 것이다. 이른바 민수주의란 봉건 경제에서 직접 사회주의 경제로 발전하는 것이며 중간에 자본주의 과정을 거치지 않는다. 소련의 민수파가 그러한 경우이다. 당시 레닌과 스탈린의 당에서는 그들을 비판했다. 결과적으로 그들은 사회혁명당이 되었다. 그들은 극히 '좌'향이며 자본주의를 거치지 않고 급히 사회주의를 하려고 한다. 결과는 어떠한가? 그들은 반혁명이 되었다."[123]라고 말했다. 같은 해 3월 마오쩌둥은 중국공산당 6차 7중 전회에서 "민수주의는 중국과 우리 당에

---

123) 『毛澤東文集』, 第3卷, 323쪽, 人民出版社, 1996년.

대한 영향이 크다."[124)라고 말했다.

마오쩌둥의 민수주의에 대한 정의는 레닌에게서 온 것이다. 이 정의는 러시아 역사와 밀접한 관계가 있다.

19세기 후반 러시아의 일부 지식인들은 서유럽 공상사회주의 사조의 영향을 받아 자본주의의 길을 부정하고 나섰다. 예를 들어, 헤르첸Herzen은 『러시아俄國』에서 러시아는 서방 국가들이 걸어온 길을 다시 반복해서 걸을 필요가 없다. 죄악과 피로 이루어진 자본주의의 강물에 다시 뛰어들 필요가 없으며, 자본주의를 우회하여 직접 촌사村社사회주의에서 사회주의 사회로 넘어갈 수 있다고 했다. 헤르첸과 니콜라이 체르니셰프스키Nikolai Chernyshevsky의 촌사사회주의 이론이 이 방면의 대표적인 예이다. 헤르첸은 『지난 일과 생각往事與隨想』에서 러시아 민족의 삶의 합리적이고 자유로운 발전은 서유럽 사회주의 이상과 일치하다고 말했다.

레닌과 플레하노프Plehanov는 여러 차례 이런 이론을 비판하면서 러시아에서 자본주의는 역사적으로 필연적인 것이며 러시아의 사회 발전은 자본주의 단계를 '우회'할 수 없다고 지적했다.

1881년 3월 러시아의 민수파 조직 민의당民意黨은 개명 황제 알렉산더 2세를 폭탄을 터뜨려 살해했다. 알렉산더 2세는 살해되는 당일에도 군주입헌개혁을 추진하는 것에 관한 문서에 서명을 했다. 한 프랑스 외교관은 침통한 표정으로 알렉산더 2세가 죽던 그날 아침에도 한 가지 개혁을 추진하고 있었다고 말했다. 이 개혁을 통해 그는 모든 사람을 초월하여 그때부터 러시아를 현대화의 길에서 안정적으로 걸어갈 수 있게 하였다. 이 개혁이 군주입헌이다. 하지만 무정부주의자들은 그를 살해했다. 암살은 민수주의의 또 다른 특징을 나타낸다. 즉 그들

---

124) 『毛澤東文集』, 第3卷, 275쪽.

은 폭력과 '무너뜨리고 다시 시작'하는 것에 열중한다.

레닌은 민수주의 사조에 대해 비판하였지만 1917년 러시아 볼셰비키가 권력을 잡은 후 무력으로 자본주의를 소멸하고 사회주의로의 이행을 강행하여 또 다시 민수주의의 길로 들어섰다.

후성胡繩은 레닌과 마오쩌둥의 민수주의에 대한 정의에 근거하여 1999년 3월「마오쩌둥의 신민족주의론에 대한 재평가毛澤東的新民族主義論再評價」를 발표하여 쑨중산과 마오쩌둥의 민수주의를 비판하였다. 이 글에서 후성은 중국의 혁명 과정에서 무턱대고 자본주의의 죄악에 대해 질책하면서 즉시 사회주의를 실시하자고 호소하는 것은 민수주의의 영향을 받았기 때문이라고 한다.

쑨중산을 예로 들자면, 후성은 "쑨중산은 '자본주의가 아직 미약하고 심지어 없는 상황에서 빨리 사회주의 혁명을 해야 한다. 이렇게 하면 앞으로 자본주의가 많아질 때 사회주의 혁명을 하는 것보다 훨씬 더 수월하다.'고 했다. 이는 20세기 초 그가 한 연설이다. 우리는 쑨중산을 비난할 수 없다. 그는 자본주의를 단지 죄악으로만 보고 사회주의를 위해 필요한 물질적 준비에 기여할 수 있다는 점은 모르는 것 같다.…… 만약 자본주의가 아직 미약하고 성장하지 않은 시점에서 곧장 사회주의로 넘어갈 수 있다는 것은 민수주의로 기우는 것이고 맑스주의를 이탈하는 것이다."[125]라고 말했다.

또 그는 1949-1953년과 1945년을 비교해보면 자본주의가 더 많아진 것이 아니라 더 적어졌다고 한다. 관료자본의 상당 부분이 해외나 타이완으로 갔으며 많은 민족자본들도 해외와 홍콩으로 발을 돌렸기 때문이다. 마오쩌둥은 1953년부터 전면적인 사회주의 개조를 선포했다. 이는 지나치게 급진적이며 정권의 힘에 의지하여 인위적으로 추진한

125) 胡繩,『馬克思主義與改革開放』, 177, 179, 123쪽, 中國社会科學出版社, 2000년.

것이다. 한편 1958년 산업화가 막 시작되자 인민공사에서 공산주의로 진입할 수 있다고 말했다. 또한 "이것이 무슨 사상인가? 이러한 사상은 본질적으로 민수주의 범주에 속한다고 할 수밖에 없다.", "사람들은 모든 공유제와 국유제 기호가 없는 것들과 모든 형태의 개인 소유제를 자산계급의 것으로 생각한다. 농촌에서 이른바 '자본주의의 꼬리'를 자르고 당내에서 이른바 '주자파'가 나타난 것이 바로 이러한 나쁜 결과이다."라고 했다. 나아가 태평천국 시대에 공업과 상업을 소멸하고 부자들을 죽여 가난한 사람들을 구제하는 것이 절대 평균주의이자 민수주의라고 말한다.

하지만 민수주의는 내용 면에서 변화가 많으며 상기와 같은 러시아의 사례뿐만이 아니다.

학계에서는 근대이래로 전 세계에는 세 차례의 민수주의를 대표하는 운동이 있었다고 공인한다. 첫째는 19세기 말 미국 남서부 인민당이 독점 자본주의의를 반대한 급진 운동이다. 둘째는 19세기 후반에 나타난 러시아 민수파 지식인들이 '민간으로 가서' 농민혁명을 선동한 풍조이다. 셋째, 20세기 중반 아르헨티나의 '엄청난 매력을 가진' 후안 페론 대령이 데스까미사도스descamisados('셔츠를 입지 않은 자들'이란 뜻, 보통 노동자나 빈민계층을 말함)에 의지하여 거행한 '정의주의 운동'이다. 현재 전환기에 있는 세계는 민수주의 부흥의 최고조를 맞이하면서 민수주의는 또다시 사람들에게 뜨거운 관심 대상이 되었다.

민수주의는 상당히 복잡한 내용을 가지고 있으며 각기 다른 국가와 역사적 시기에 따라 각기 다른 내용과 형태를 가진다. 따라서 민수주의에 대한 정확한 정의는 없다.

1967년 영국의 유명 학자 어니스트 겔러Ernest Geller 등은 웅대한 뜻을 품고 런던경제대학에서 학술회의를 개최하여 민수주의에 대해 토론을 벌였다. 민수주의 개념의 주요 내용에 대한 정확한 결론과 정의를 도출하기 위해서였다. 각기 다른 나라에서 온 43명의 학자들이 참석하였으며 그중에는 이사야 벌린Isaiah Berlin과 같은 유명 학자들도 있었다. 하지만 회의에서 민수주의에 대한 정확한 공통된 인식을 형성하지 못했다. 회의 개최 후 출판한 논문집은 중요한 이정표라고는 하지만 객관적으로 볼 때 단지 개별적인 기여를 한 것뿐이다.

에드워드 실스Edward Shils는 민수주의는 지역단체가 세계화 조류에 저항하는 것이라고 한다. 이사야 벌린은 민수주의는 과거에 미련을 가지고 과거의 가치로 현대성에 저항하려고 하는 것이다. 캐빈 키친Gavin Kitchen은 민수주의는 소규모 생산자가 집중화된 대규모 생산자를 반대하는 행위이다. 에르네스토 라클라우Ernesto Laclau는 민수주의는 일부 엘리트들이 상층에서 자신의 목표실현이 좌절을 만났을 때, 군중들을 선동하고 사회운동을 촉발하여 자신의 목표달성에 유리하도록 하는 것이다. 마거릿 캐노번Margaret Canovan은 민수주의의 7개 범주를 제시했다. 즉 민수주의는 대의제도를 반대하는 군중운동으로 군중들이 직접 민주를 실현하기를 요구하며 공민투표를 주장한다. 민수주의는 이민을 배척한다. 민수주의는 보통 가난한 농민들과 도시의 가난한 사람들의 운동이다. 정치가는 '인민'이란 개념을 활용하여 인민의 명의로 소수 전제를 실시한다는 등이다. 피터 워슬리Peter Worsley는 민수주의는 경제 불평등을 반대하고 지식인을 반대하며 금융가를 반대한다. 또르꽈또 디 뗄라Torcuato Di Tella는 민수주의는 평민운동으로서 민수주의 운동의 지도자가 특출한 매력과 개성을 지닌 것이 특징이라고 한다.

그리고 일부 학자들은 에드워드 실스가 1956년에 민수주의에 대해 요약한 정의가 비교적 근접하다고 생각한다. 실스는 통치자가 정치·경제·문화 권력을 독점할 때 반드시 원한과 분노를 일으킨다. 원한이 있는 곳에는 민수주의가 있다고 한다. ……

현대 중국의 민수주의는 다음과 같은 6가지 내용을 포함한다.

첫째, 극단적인 평민주의로서 엘리트주의를 반대하며 가난한 사람들이 옳고 그름으로 시비를 판단한다. "비천한 자가 가장 똑똑하고 고귀한 자는 우매하다." 민수주의는 항상 '인민'이란 기치를 내걸으며 사회발전 속에서의 엘리트의 역할을 부정한다. 영국 학자 폴 태거트Paul Taggart는 민수주의자들의 말에는 머리가 잘 돌아가는 지식인과 관원, 부자들을 헐뜯는 것으로 가득 차 있다고 한다.126) 민수주의자들이 말하는 인민은 추상적인 집단개념으로서 구성원 개개인에 대해서는 경시하는 입장을 보이며, 특히 비판적인 의견을 가진 사람에 대해 그러하다. 민수주의자는 권위를 반대하지만 반대파는 수용하지 않는다.

둘째, 간접민주에 기반한 대의제 민주를 반대하고 일반 대중들이 직접 정치 결정 과정에 참여할 것을 요구한다. 즉, 직접적인 '대민주'이다.

셋째, '빈부격차가 없고' 결과의 균등한 분배를 요구한다. "같은 인간인데 어떤 사람은 거부가 되고 어떤 사람은 가난에 찌들어 있는 것은 너무 불공평하다!"고 외친다. 민수주의가 중시하는 것은 시작점의 균등, 즉 기회평등이 아니라 결과의 평등이다. 그래서 몰수와 강탈 등 폭력적 수단을 통해 빈부균등을 실현하려고 한다.

넷째, 도덕지상으로 도덕은 단지 하층민 사이에서만 존재한다고 생각한다. '군중운동은 자연스럽고 합리적인 것이며' 하층 대중들의 판단이 곧 정의라고 한다. 민수주의자들은 혁명의 도덕이 법률보다 높고 절차보다 높다고 부추기며, 단지 '혁명행동'이라면 살인방화 역시 정의라고 한다.

다섯째, 하층에서 일어난 전설적이고 도덕적이며 매력적인 카리스마를 지닌 지도자를 숭배한다. 민수주의는 권위주의와 엘리트주의를 반대하는 동시에 그들의 마음속에 있는 매력적인 지도자에 대해 매우 숭배

---

126) Paul Taggart, 『民粹主義』, 127쪽, 吉林人民出版社, 2005년.

하며, 어떠한 사람도 그들의 마음속에 자리 잡고 있는 '위대한 수령'을 비판하는 것을 용납하지 않는다.

여섯째, 점진적인 개선에 대한 인내가 없고 폭력적이며 무너뜨리고 다시 시작하는 것을 좋아한다.

2. 자오자러우趙家樓의 방화와 마오쩌둥의 민수주의

중국의 상황에서 볼 때, 어떤 학자는 10월 혁명도 중국에 민수주의를 가져왔다고 지적한다. 폭력 남용, 민간경제의 제거, 심지어 지주와 부농 및 자본가의 소멸 등이 중국에 지대한 부정적 영향을 초래했다는 것이다.

5·4운동을 예로 들어 보자. 최근 주쉐친朱學勤 등은 량쑤밍梁漱溟이 당시 학생들을 비판한 것을 인용하여 자오자로우를 불태운 사건과 장쫑샹張宗祥을 폭행한 행위에 대해 의문을 표했다. 이외에도 장쑤江蘇학자 후촨성胡傳勝도 광저우사회과학원이 출판한 『開放時代』 2010년 8월호에서 「오사시기 폭력행위에 대한 반성五四事件中暴力行爲再反思」이 글을 발표했다. 오랜 기간 동안 이 문제에 대한 반성이 가장 깊었던 것이다.

후촨성은 오랜 기간 동안 5·4운동에서 발생한 폭력을 정치적 행위와 엮어서 논했기 때문에 정치사건의 합리성은 폭력의 잔인성과 범죄적 특성을 가린 것이라고 한다. 비록 폭력이 애국운동 과정에서 일어났다하더라도 양자는 엄연히 다른 것이다. 아무리 숭고한 목표라 할지라도 구체적인 개인의 인권침해의 구실이 될 수는 없으며 방화와 사람을 상하게 한 행위는 반드시 벌을 받아야 한다. 그렇지 않다면 공공사회가 야만 사회로 전락하게 된다. 사람이 최고의 선善이란 명목으로 '극악무도'로 지칭되는 사람을 습격한다면 사회문명은 발전할 수 없으

며 이러한 습격 자체 역시 사람의 인성에 아무런 가치가 없다. 방화와
폭력 행위를 어떤 역사적 과정의 시작으로 간주하는 것은 어떤 불안함
을 예시하는 것이라고 한다.

후촨성은 당시 푸쓰녠傅斯年·뤄자룬羅家倫·천두슈 등의 민수주의
언론이 매우 공포스러웠다고 한다. 뤄자룬은 "이번에 학생들이 그들을
한 명 한 명 죽이지는 않았지만 그들의 사회적 우상은 깨져버렸다!
이후 사회적 제재는 더 많을 것이다!"라고 말했고, 천두슈는 "사회와
국가의 어두운 점에 대해 국민들이 직접 행동하여 제재한다. 법에 호소
하지 않고 특수 세력을 이용하지 않고 대표에 의존하지도 않는다. 법률
은 강권의 보호막이고 특수 세력은 민권의 적이며 대의원은 사기꾼이
기 때문에 절대 국민의 의견을 대표할 수 없다."라고 말했다. 후촨성은
량쑤밍과 후스의 견해에 찬성한다. 당시 량쑤밍은 "사람을 폭행하는
것은 말할 것도 없이 분명 현행범이다. 차오장曹章이 아무리 극악무도
해도 죄명이 성립되지 않은 상황에서 그는 여전히 자유로운 사람이다.
아무리 애국적이고 공평한 행위라 할지라도 그를 범하고 폭행해서는
안 된다. 아무리 대중들의 거동이라 할지라도 제멋대로 행동하고 막무
가내여서는 안 된다. 결코 우리가 하는 일이 다 옳다고 할 수 없으
며 불법행위를 해서도 안 된다."라고 말했다. 후스 역시 "지금 학생 회의
에서는 군중 심리에 영합하려 하지 않는 언론에 대해서 항상 여러 가지
위압적인 표현이 있다. 이것은 폭력 전제이지 민치民治 정신이 아니다.
민치 정신의 첫 번째 조건은 각 측이 모든 의견을 자유롭게 표현하게
하는 것이다."라고 말했다.

후촨성은 공민 사회가 성립되는 조건은 법질서가 정치질서 위에 있
거나 우선해야 한다고 생각한다. 이것이 정치문명을 보증하는 것이다.
그렇지 않으면 정치적으로 서로 충돌하는 집단들이 혼란에 빠지게 된다.
5·4 시위자들은 자신들의 정치적 주장을 제기하고 결책자를 비난할

수 있으나 폭력을 행하는 합법적 근거는 없다. 만약 시위자가 곧 민의 대표자라고 생각한다면 그들의 요구가 가장 좋은 법이 되며, 그리고 정부에게 어떻게 구성해야 한다고 하면 정부가 그렇게 따르면 된다고 여긴다면, 이는 이치를 따지는 것이 아니라 강제적인 것이다. 그 결과 반드시 강한 쪽이 이기고 민의 대표가 되는 것이다. 이기는 자가 왕이 되고 지는 자가 강도가 되는 도리와 같다. 조대를 바꾸는 관념은 공민의 이론이 아니다. 자오자러우에서 불길이 타오르고 장쭝샹張宗祥이 구타를 당할 때 인간의 존엄과 자유도 파괴된 것이다. 폭력적 수단을 사용하는 것은 그 어떤 커다란 정치적 필요성이 있다 할지라도 문명적인 것이 아니다. 위험스러운 것은 정치적 표현이다. 이는 현대 중국에 있어 가장 중요한 교훈 중의 하나이다. 후촨성은 대중의 항의는 시위와 자유로운 언론의 범위 내에서 표현되어야 하며 이 범위를 벗어난 폭력은 법적 책임을 져야 한다고 말한다.

솔직히 말해서 20세기 20년대 중후반 후난湖南농민운동에서도 같은 문제가 존재한다. 마오쩌둥은 「후난농민운동조사보고湖南農民運動考查報告」에서 농회農會의 권력이 가장 높고 지주들은 말할 권리가 없으며, 걸핏하면 사람을 잡아다가 고깔모자를 씌우고 발로 짓밟는다는 말을 했다. "샹탄湘潭의 옌룽치우晏容秋는 농민들과 각계 민중들이 현장縣長의 동의에 강요를 받아 감옥에서 그를 꺼내어 농민들이 직접 총살한 것이다. 닝샹寧鄉의 류자오劉昭는 농민들이 직접 때려죽인 것이다. 리링醴陵의 펑즈판彭志蕃, 이양益陽의 저우톈줴周天爵과 차오윈曹雲은 '토호와 악덕지주를 심판하는 특별법정'을 통한 처결을 기다리고 있다.", "토호와 악덕지주의 귀한 부녀자들의 침대도 한번 밟아줄 수 있다."[127] 등등이 그러하다.

---

127) 『毛澤東選集』 第1卷, 26쪽, 人民出版社, 1991년.

이러한 아무런 법적절차도 거치지 않고 사형私刑을 가하고 타인의 생명을 박탈하는 민수 폭력은 사회적 퇴보이자 폭력으로 폭력을 바꾸는 악순환만 초래할 뿐이다. 최근 친후이秦暉는 「역사적 깨우침: 러시아의 개혁과 혁명을 다시 논하다歷史的啓迪:再談俄國的改革與革命」에서 "중국의 지주(그중 절대 다수를 구성하는 평민지주를 가리킴)는 천년에 걸친 토지 사유제에 따라 자연적으로 형성된 것이며, 그들의 토지는 기본적으로 상속과 매매에 따라 얻어진 것이다. 공공자산을 강탈한 권력형 지주는 상당히 소수이다."[128]라고 말했다. 이러한 소유권 관계에 대해 살인과 강탈 등 폭력적 방법으로 박탈하거나 무너뜨리고 다시 시작하는 것은 분명 타이완의 20세기 50년대의 토지개혁만큼 합리적이지 못하다. 작가이자 학자인 아청阿城은 『수확收穫』에 실은 글에서 대규모로 지주들을 없애는 것은 농촌엘리트와 농업경제 경영에 능한 기업가들을 소멸하는 것과 같다고 했다. 그리고 아가씨와 며느리들에 대해 말하자면, 만약 '토호열신'들의 딸이 미성년자이거나 범죄사실이 없다면 왜 그들을 밟으려하는가? 이것은 성 학대와 민수주의의 인성 공격의 파괴성을 보여주는 것이다.

20세기 50년대 중후반부터 좌경사상이 고개를 들며 일어섰고 민수주의도 덩달아 팽창했다. 농촌에서 사영경제를 소멸하는 것 외에 도시에서도 점진적으로 사영공업을 없애고 평균 분배방식을 채택하며 시장경쟁을 배제했다. 심지어 농촌에서는 가정의 기능을 줄이고 공중식당을 대규모로 만들었으며, 도시와 농촌에서 무상으로 개인 가정의 재산을 징수하여 강철을 녹인 것은 짙은 민수주의를 보여주는 것이다.

나아가 '문화대혁명'은 민수주의의 대폭발이다. 이른바 '지식이 많을수록 더 반동적이다'란 말은 지식인을 썩어빠진 인간으로 간주하여 모든

---

128) 『社會科學論壇』, 81쪽, 2010년, 第22期.

'학술의 권위'를 타도하고 그들을 농촌으로 추방하여 재교육을 받도록
했다. 근로자와 농민, 군인을 파견하여 전국의 대학교와 중고등학교,
초등학교를 접수하는 반지성주의 행동을 했다. 그리고 전국적으로 '자
본주의와 사회주의'에 대한 대 변론'과 '자본주의 꼬리 자르기' 등을 전
개하여 잔존한 개인 상업을 철저히 소멸하고 농촌의 개인 보유의 토지
를 취소하고, 도시에서 공유-사유 합작운영을 통한 매매정책을 정지하
여 개인 사업자에게 고정이자를 주는 등 극좌적 행동을 보였다. 그리
고 '전국의 홍오류紅五類(빈농 · 노동자 · 혁명군인 · 혁명 간부 · 혁명유
가족)는 행동하자', '자본주의의 길을 가는 권력자들을 타도하자', '공
안 · 검찰 · 법원을 무너뜨리자' 등의 구호와 운동들은 모두 민수주의의
전형적인 양상이다.

3. 현대 중국의 민수주의 사건들

현재 중국이 시장경제체제로 전환하는 과정에서 보여준 횡령과 부
패, 빈부격차, 사법기관의 불공평한 판결, 강제 이주, 관-마피아 결탁
등의 문제는 민수주의가 성장하기에 유리한 토양과 기후를 제공하고
있다. 이에 따라 민수주의가 다시 고개를 들고 있다. 사회적으로 드러
나는 마오쩌둥 열풍과 '문화대혁명' 열풍, '부동산 개발업자들의 집을
몰수하여 가장 집이 필요한 가난한 사람들에게 나누어주자', '무산계급
군중운동 만세', '다시 한 번 문화대혁명을 하여 자본주의자들을 타도
하자'는 외침이 바로 민수주의 재기의 증거이다.

민수주의가 용솟음치고 있는 가운데 2010년 한 유명한 작곡가는 이
런 말을 했다. "'문화대혁명'이 좋다! '문화대혁명'은 사구四舊(구사상 ·
구문화 · 구풍속 · 구습관)를 타파하고 사신四新(신사상 · 신문화 · 신풍
속 · 신습관)을 확립하였으며, 반동적 학술의 권위를 타도하고 자본주

의 길을 가는 권력자들을 타도하였다. 권력과 세력과 돈이 있는 사람
들을 타도하였다. 그들을 타도해야 가난한 사람들이 빛을 볼 수 있다.
그렇지 않으면 가난한 사람들은 영원히 빛을 볼 날이 없을 것이다."

현대 중국의 민수주의 세력은 인터넷의 발전과 밀접한 관련이 있다.

중국인터넷정보센터(CNNIC)가 2011년 7월 19일에 발표한 자료에 의
하면, 2011년 상반기 기준 중국의 네티즌 수는 4억 8천 5백만 명에 달한
다고 한다. 주목할 점은 2011년 상반기 블로그 사용자 수가 6, 311만에
서 1.95억으로 급증했다는 것이다. 반년 내 증가폭이 209%에 달했다.

또한 중국전매대학中國傳媒大學 인터넷여론연구소網絡輿情研究所가 7월
18일 발표한 정보에 의하면, 마이크로 블로그 수가 이미 인터넷 포럼
과 블로그 수를 초과하여 중국 제2의 정보 제공원이 되었다고 한다.
이는 뉴스 미디어의 공개 채널에 버금간다. 과거 주류 이데올로기와
권위적인 미디어가 발언권을 독점했던 상황과 완전히 달라진 것이다.

마이크로 블로그 등 새로운 미디어 플랫폼의 출현으로 인해 공개적
인 뉴스 보도는 발 빠르게 보도한다는 정보원으로서의 우세가 갈수록
약화되고, 마이크로 블로그가 갈수록 메인 정보원이 되고 있다. 중국
전매대학 인터넷여론연구소가 2011년 상반기 인터넷 핫 이슈의 정보원
에 대해 분석한 결과, 18.8%가 마이크로 블로그에서 비롯된 것으로
나타났다.

마이크로 블로그는 140자로 요약 전송되기 때문에 전파 속도가 상당히
빠르다. 버튼 터치 한번으로 어떤 인터넷 관련한 어디로도 전송이
가능하다.

인터넷 포럼과 블로거, 특히 마이크로 블로그는 속도가 빠르고 정보
량이 많으며 연령대가 낮고 상호성·가상성·익명성·비책임성 등의
특징이 있다. 한편 이는 일반인들이 정치에 참여할 수 있는 채널이 되
어 시민권·표현권·참여권·감독권을 촉진시키는 데 엄청난 기여를

한다. 인터넷은 2011년에 발생한 중국적십자회의 기부금 사용의 적절성에 관한 사건과 원저우溫州 '7·23'고속철도 충돌사건의 진상 및 책임에 대한 추궁사건에서 그 위력을 보여주었다. 그리고 인터넷을 통한 악플, 인육수색, 음해, 부실정보전파 등의 문제점들이 적지 않게 발생하고 때때로 언어폭력으로 발전하는 경우도 있다. 또 인터넷 민족주의와 인터넷 민수주의의 결탁이 상당한 주목을 받고 있다.

최근 몇 년간의 상황으로 볼 때 유명한 인터넷 민수주의 사건 중 하나로 2004년 상반기의 '부자 원죄론'을 꼽을 수 있다. 이 해에 인터넷에 민영기업주의 '원죄'에 관한 논쟁이 치열했다. 원죄란 민영기업주들의 '초기자본 축적'에 대한 의혹이다. 인터넷 포럼에서는 민영기업가들의 원죄의 양태들이 다양하게 나타났다. 두 가지 가격체제를 이용해 이익을 챙긴 투기꾼들, 농지 거래를 통해 돈을 벌어들인 유령업자들, 강제철거를 요구하는 악덕업주들, 주식 시장에서 자금을 모아 투자자들에게 손해를 입힌 간교한 무리들, 관료-매체와 결탁한 비양심 업주들, 관-마피아 두 길을 걷는 류용劉涌과 같은 기업주들, 라이창싱賴昌星과 같은 밀수거부들……

이러한 문제들이 당연히 존재하고 있지만 이들이 모든 민영업주들을 대표할 수 있는가? 그리고 20세기 80년대 초 민영경제에 불리한 정책 환경에 대해서도 고려해야 한다.

하지만 어떤 사람은 인터넷에 글을 올려 민영자본을 철저하게 청산하고 다시 한 번 '문화대혁명'을 하여 국문國門을 닫아버리고 공작조를 발동시키고, 20년 전부터 조사하여 민영부분으로 내려간 사람들을 찾아내어 철저하게 조사하여 그들의 재산을 몰수해야 한다고 했다.

이번 논쟁은 허베이성에서 2004년에 원죄 추적을 지지하지 않는다는 문건 '30조'를 내놓고 또 후더핑胡德平 등이 원죄를 찬성하지 않는다는 글을 발표하면서 점차 수그러졌다. 하지만 현대경제사에서 여전히 민수주의가 부자를 증오한다는 흔적을 남겼다.

또 다른 유명한 민수주의 사례로 '마오위스 타도炮打茅於軾' 사건이 있다.

2006-2007년 경제학자 마오위스는 잇따라 「부자가 보호를 받아야 가난한 사람이 부자가 될 수 있다只有富人得到保護, 窮人才可能變富」와 「민영기업의 원죄문제에 관한 대화關於民企原罪問題的對話」 등의 글을 발표하여 '부자들을 대변하고 가난한 사람들을 위해 일한다.'라는 관점을 제시하여 인터넷에서 비판의 홍수가 쏟아졌다. 평론가 샤오수笑蜀는 글을 통해 가난한 사람의 명의로 마오위스를 타도하는 것이 유행이 되었다하였다. 일부 익명의 네티즌들은 '죽을 놈의 늙은이', '정신병', '늙은 개' 등 악랄한 표현으로 마오위스를 비난했다. 그래서 마오위스의 지지자들은 그의 정신적 충격을 덜기 위해 심지어 그에게 인터넷 내용을 보지 말라고 당부했다.

사실 마오위스는 가난한 사람들에 대해 깊은 동정심을 가지고 있으며 몸소 직접 행동에 옮기기도 했다. 그는 '불법모금'이란 죄명을 무릅쓰고 탕민湯敏 등과 함께 산시山西에다 빈민구제 소액대출 실험사업을 벌려 농민들을 돕고 있으며, 베이징에 가사도우미학교富平家政學校를 세워 가난한 농촌여성들에게 기능을 가르쳐 도시에서 가사도우미를 할 수 있도록 활동하고 있다. 사실 마오위스처럼 직접 행동하는 노학자는 정말 드물다. 그럼에도 불구하고 분노한 청년들이 여전히 그의 얼굴에 마구 침을 뱉는 것은 무엇 때문일까? 혹시 마오위스가 부자에게 뇌물을 받아먹고 법을 어긴 자들을 비호해서 그런 것은 아닐까? 하지만 그는 자신의 글에서 언급한 부자들은 횡령과 절도를 일삼거나 권리를 이용하여 사리사욕을 챙기거나 부당한 재산을 추구하는 그런 사람들은 포함하지 않으며, 성실하게 부를 축적하고 특히 기업을 설립하여 부를 축적한 기업가, 창업자들을 가리킨다고 설명했다.

마오위스는 현재 가난한 사람을 대변하는 사람들이 상당히 많다. 하지만 그중 상당수의 중국의 민영기업가들은 경영 상태가 매우 열악하다. 각종 세금의 압박을 받을 뿐만 아니라 국영 기업들의 압박과 관료들의 착취를 받아야 한다. 조금이라도 소홀히 했다가는 그냥 나락으로 떨어지고 만다. 그런데 사람들은 이런 사실을 잘 이해하지 못하고 있다. 그래서 그들을 위해 공정한 대우를 호소하는 것은 당연한 일이라고 생각한다고 한다. 마오위스의 말은 틀리지 않다. 부자와 가난한 사람은 동등한 권리가 있으며 부자라고 해서 그를 위해 발언할 수 없는 것은 아니다. 경제학자 천즈우陳志武 역시 가난한 사람의 권리를 존중하는 것과 같이 부자들의 권리도 존중해야 한다고 한다. 함께 생각해 보자. 만약 지금 장씨가 부자라고 해서 그를 다른 시각으로 본다면, 내일 이씨가 지식인이라고 해서 그를 몹쓸 지식인으로 치부할 수 있는가? 학자 친후이秦暉는 강연에서 마오위스 선생의 생각은 지금 가난한 사람과 부자가 각기 다른 문제에 처해 있는데, 부자(법을 지킨 부자)의 재산이 합법성에 대한 의혹을 받고 있기 때문에 그들의 권리가 침해받지 않기 위해 그들을 위해 변호해야하며, 가난한 사람들은 사회보장문제에 직면해 있기 때문에 그들을 위해 더 많은 실효성이 있는 일을 해야 한다는 뜻이라고 말했다.

물론 이러한 이치를 분명하게 설명했지만 욕설을 퍼붓는 사람들은 여전히 비난을 퍼붓고 있다. 이를 통해 민수주의의 비이성적인 부자에 대한 증오심을 알 수 있다.

'마오위스를 타도하자'는 민수운동은 2011년 여름까지 계속되었다. 차이신망財新網에서는 은 5월 27일 마오쩌둥을 비평하는 마오위스의 글「마오쩌둥을 성인으로 환원하다把毛澤東還原成人」을 올려 구좌파의 신경을 건드렸다. 따라서 우여우즈샹烏有之鄕사이트는 전국의 좌파 역량을 동원하여 '공소단公訴團'을 구성, 전국 각지의 인민대표와 전국인민대표에게 사람을 보내어 마오위스의 '국가 수령에 대한 모독'에 대한 형사적 책임을 물을 것을 요구했다. 구좌파 팬들과 추종자들은 전국 각지에서 일련의 회의를 열어 '마오쩌둥 사상을 반대하는 마오위스의 포악한 죄행을 성토'하고 '마오쩌둥을 반대하는 사람이 있다면 우리가 그를 타도할 것이다!'라고 선포했다. 우여우즈샹사이트에 올라온 회의 장면의 사진을 보면 '문화대혁명'시기의 투쟁 장면을 쉽게 연상시킨다. '28개 성 각계 인사들의 마오위스에 대한 공소'의 촌극은 마오위스를 상대로 한 민수주의 운동의 극치였다. 이로써 알 수 있듯이 구좌파가 사용하는 수단은 민수주의이다.

　2007년에 발생한 또 다른 유명한 사건이 있다. 충칭重慶에서 발생한 '강하게 저항하는 철거민最牛釘子户'의 사례이다. 이 과정에서 당시 법학 자 쟝핑江平이 법원의 판결에 따라야 한다고 주장하자 인터넷에서 호 된 욕설을 받았다. 쟝핑은 2010년 출판한 『흥망성쇠沉浮與枯榮』란 책에 서 자신의 관점을 고수했다. 그는 법원의 판결에 따라야 하며 적어도 현재 체제에서는 다른 방법이 없다고 주장했다. 그는 어떤 사회든 기 본적인 질서가 있어야 하고 이성적인 해결책이 필요한데 이것은 법원 의 최종적인 판결이라고 주장한다. 철거이주민에 대한 보상기준과 철 거이주가 공공이익과 관련이 있는지에 대한 문제에 관해 분쟁을 해결 할 수 없는 상황에서는 법원이 최종적으로 판결해야 한다는 것이다. 철거이주민 우핑吳萍 가족은 정부가 제기한 '철거이주는 공공이익과 관 계있다'는 말이 성립되지 않는다고 주장한다. 그렇다면 우핑이 성립되 지 않는다고 하면 성립되지 않는 것인가? 사회의 공공이익이란 무엇인 가? 이것은 개인이 결정할 수 있는 것이 아니고 법원의 결정에 따라야 한다. 법원이 판결을 내렸으면 그 판결에 따라야 한다. 이것이 최종의 권위이다. 만약 법원의 판결도 효력이 없다면 사회는 혼란에 빠지게 된다는 것이다.

　2008년 양쟈楊佳의 상하이 경찰습격사건에 있어서도 쟝핑은 민수파의 공격을 받았다. 이 해 7월 1일 베이징 청년 양쟈는 칼을 들고 상하이시 공안국 쟈베이閘北분점으로 들어가 무방비상태의 경찰 6명을 죽이고 5명에게 중상을 입혔다. 다음날 2일 인터넷에 대량으로 올라온 글에 의하면 양쟈가 경찰을 습격한 것은 그 전에 상하이 경찰이 그를 구타하여 생식 능력을 잃게 하여 보복한 것이라고 한다.

인터넷 여론은 일시에 양쟈의 편이 되어 그를 '의사', '협사'라고 칭했다. 이렇게 잔인한 고의적인 살인사건에 대해 많은 사람들이 '양쟈의 사형판결에 반대한다.'고 한다. 쟝핑은 관련 증거가 불충분하고 판결과정이 공개되지 않은 등 상하이 사법기관의 양쟈에 대한 판결과정에 많은 문제가 있지만, 양쟈는 많은 사람을 죽였기 때문에 사형에 처하는 데는 문제가 없다고 말한다. 쟝핑은 한 연설에서 상하이 고등법원의 양쟈에 대한 사형판결에 동의한다고 말했다. 강연회에 참석한 한 남자가 일어나 쟝핑에 대해 법학계의 높은 위치에 있는 당신을 존중하고 앞에서 말한 강연 내용에는 찬성을 하지만, 양쟈 사건에 대한 관점에는 동의하지 않는다. 만약 내 손에 계란이 있다면 당신을 향해 던지고 싶다고 말했다.

CCTV진행자 바이옌쑹白岩松은 동년 7월 17일에 TV논평에서 여러분은 각자 삶에서 답답하고 괴로운 일이 있을 것이며, 그래서 이 일을 가지고 스트레스를 푼 것이라는 말을 했다. 우리 사회에는 약자를 동정하는 정서가 줄곧 매우 강하다. 그리고 사람들은 장기간에 걸쳐 관찰한 바에 따라 경찰의 부적절한 행태는 개선할 필요가 있다고 생각한다. 예컨대, 일부 지방 경찰들이 폭력을 남용하는데 대해 사람들은 큰 불만을 갖고 있다. 하지만 그렇다고 해서 그 많은 경찰들을 죽일 수 있는가? 그 6명의 경찰의 목숨은 어떻게 되는가? 왜 6명의 생명 앞에 양쟈에 대한 찬미가 있는가? 우리는 이에 대해 깊이 반성해야 한다. 각자의 마음속에는 생명에 대한 존엄과 생명의식 그리고 생명에 대한 연민이 있어야 한다. 그리고 이는 일정정도의 과정이 필요하다고 했다.

사람들은 2006년 11월 27일 밤을 기억하고 있다. 꾸이저우貴州성 싱런興仁현 현장 원젠강文建剛 가족 6명이 집에서 피살되는 참극이 있었다. 인터넷에는 '관료의 가족을 죽이는 일이라면 어쨌든 두 손 들고 찬성한다!'라는 글이 올라왔다.

2009년 5월 10일 후베이湖北 언스저우恩施州 바둥巴東현 예싼관野三關진鎭 슝펑雄風호텔에서 여종업원 덩위쟈오鄧玉嬌는 자신을 희롱하는 진 정부관원 덩꾸이다鄧貴大를 자기방어차원에서 찔러 죽이고 진 정부 공무원 황더즈黃德智를 찔러 상해를 입혔다. 사건발생 이후 인터넷에서는 덩위쟈오 지지일변도였다. 「덩위쟈오 관리를 찌르다鄧玉嬌刺官」, 「협녀 덩위쟈오俠女鄧玉嬌」, 「딸을 낳으려면 덩위쟈오같은 딸을 나야한다生女當生鄧玉嬌」 등 많은 글들이 전국적으로 퍼져나갔다. 이를테면, '현장에서 관료를 살해하여 국민들의 분노를 바둥에서 풀어주었다.', '관이 압박하면 민은 반발하지 않을 수 없다.' 등과 같은 내용들이었다. 언스저우 공안국에서는 덩위쟈오에 대해 '과잉 방어'로 보고 그녀를 검찰청으로 이송하였다. 이에 대해 전국 네티즌들은 맹렬한 질문을 퍼부었고 덩위쟈오를 지지하는 변호사와 수많은 네티즌들은 바둥으고 건너가 덩위쟈오를 응원했다. 네티즌의 압력에 못 이겨 싱런현 법원은 덩위쟈오에 대한 형사 처벌을 면하였다. 그 후 그녀는 언스恩施TV방송국에서 일하게 되었다. 그리고 황더즈는 당에서 퇴출되었다.

이 사건에 대해 유명한 형법학자 우한武漢대학 교수 마커창馬克昌은 자신이 확보한 증거에 근거하여 덩위쟈오는 성폭행을 당하지 않았기 때문에 과잉방어에 속한다고 말하자, 인터넷에서 강한 비난을 받았다. 인터넷에서는 그를 '늙어서 절개를 지키지 않는다.'라고 비난했다. 변호사 장쓰즈張思之는 마커창이 인터넷에서 욕을 먹었다는 소문을 듣고 상당히 분노했다. 한때 '사인방'의 담당변호사 중의 한 명이자 형법학자인 쑤후이위蘇惠漁는 마커창은 엄격하게 증거에 따라 말하는 사람이라고 말했다. 마커창은 민수의 정서가 일으키는 법에 대한 방해는 심각한 결과를 초래할 것이라고 보고, 일찍이 『남방주말南方周末』 기자에게 만약 법조인이 민심에 영합한다면 법치를 확립할 수 없다고 말했다. 그는 당신이 여론 심판의 승리를 환호할 때 언젠가는 당신도 여론심판의 재앙을 받을 날이 있다는 것을 잊지 말라고 말했다.

위에서 언급한 사례를 통해 풀뿌리와 비이성 및 항쟁은 민수주의의 3대 특징이라는 것을 어렵잖게 확인할 수 있다. 관료·경찰·부자에 대한 증오심이 민수주의의 3대 화산분화구인 것이다.

현재 중국에서 대중의 이익이 자주 관료들의 침해를 받고 민간 활동은 엄격히 제한받으며 법치화에 따른 표현 경로가 막혀있다 보니, 민수주의가 극단적이고 폭력적으로 되어가는 것이다. 이것은 중국의 복음이 아니다.

4. 민수주의는 반 시장 경향을 띠며, 종종 전제주의의 도구가 된다

민수주의는 사회의 불공평과 부패에 대한 항쟁 수단이다. 그 긍정적인 효과는 평민의 참여이자 권위와 엘리트 계층을 감시하는 것이다. 하지만 이는 사회문제를 해결하는데 있어 파괴력이 크고 다수인의 폭력정치가 사회를 퇴보시키는 결과를 초래하며 민중들에게 더 큰 상처를 안겨준다. 학자 우자샹吳稼祥은 민수주의 사조는 사회에 대해 긍정적인 면도 있고 부정적인 면도 있지만, 제도화 수준이 낮고 전환이 철저하지 못한 사회일수록 부정적 작용이 더 크다고 말했다.

민수주의는 흔히 격정적이고 낭만적이다. 하지만 표면적으로는 급진적이나 그 뼛속에는 경쟁을 두려워하는 보수적인 집단이기 때문에 반 시장과 반 현대화 경향이 상당히 강하다. 특히 대중이 매력적인 지도자에 의해 장악, 이용될 때 민수주의 군중운동은 종종 의지통일을 강요하고 개인권리를 통제하는 반민주적 전제수단이 된다. 예컨대, 러시아 민수파 내에는 이러한 명언이 있었다. '우리와 함께하지 않는 자는 우리를 반대하는 자이다, 우리를 반대하는 자는 우리의 적이다, 적에 대해서는 모든 수단을 동원하여 소멸해야 한다.'

민수주의는 핵심적인 가치관도 없고 독립적인 이데올로기도 아니기 때문에 어떤 사람은 민수주의를 속이 빈 정치적 도구라고 말한다. 때론 진보적인 도구인 민수주의는 때론 보수적인 도구가 되며, 민주주의자들의 도구이자 독재자의 도구이며, 좌익세력의 도구이자 우익 세력의 도구이기도 하다. 이 모든 것은 민수주의가 속이 비어 있어 핵심적인 가치관이 없기 때문이다. 민수주의는 각종 정치적 입장에 모두 적용되며 어떠한 이데올로기에도 의존할 수 있다.

민수주의자들은 종종 압제를 반대하고 공정을 요구하는 깃발을 높이 내걸지만 앞의 사례에서 본 바와 같이, 그들이 자신들의 적 또는 상상 속의 '적'들에게 사용한 수단 역시 또 다른 압제와 또 다른 불공평은 아닌가?

이러한 이유로 인해 일부 사람들은 종종 국민투표와 인민입법권 등 민수주의 가치를 강조함으로써 전체 평민들을 장악하여 자신들의 목적을 이루려고 한다. 예를 들어, 아르헨티나의 페론Peron은 대중들의 지지를 받아 감옥에서 나온 후 법치를 무력통치로 바꾸고 민주제도의 근본인 언론·출판·집회와 불법체포, 불법감금을 거부하는 자유를 체계적으로 파괴하고 개인독재를 실시했다.

중국의 민수주의는 왜 '문화대혁명'까지 발전할 수 있었던가? 정야푸鄭也夫가 이에 대해 해석을 내 놓았다. 그는 『지식인 연구知識分子硏究』의 제2장 '지식인과 대중'에서 중국의 지식인들이 평등사상을 받아들인 이후 원죄감이 생겼다고 말한다. 그들은 사회 불평등으로 인해 대중들이 약자 위치에 처하게 되었으므로 자신들이 민중들에게 빚을 지었다고 생각한다. 1949년 이후의 일련의 정치운동에서 지식인들은 자신을 부정하는 동시에 종종 대중을 이상화하여, 대중들이 고상한 도덕을 대표한다고 인식하였다. 그래서 강한 자책 속에서 대중들에게 배울 것을 제안하고 나아가 선각자로서 대중을 계몽하는 사명을 버렸고, 동시에 현존의 교육, 문화를 부정하고 문화의 폐허를 불평등하고 불완전한 현재 문화로 대체하고자 했다. 이러한 원죄의식은 지식인의 연약한 성격을 만들었고 결국 사회적인 민수주의 정서를 키운 것이다.

덩샤오핑이 제창한 일부 사람들이 먼저 부자가 되자는 말은 엘리트주의이다. 중국의 개혁에 있어 가장 큰 변화 중의 하나는 엘리트주의로 민수주의를 대체한 것이다. 그 결과 부가 쏟아져 나오고 경제가 급성장하였다. 하지만 엘리트집단에도 여러 종류의 사람들이 섞여있다. 만약 엘리트들이 손을 잡고 자기의 이익을 보호하기 위해 특권과 부패로 방향을 돌리고 권위주의 통치를 실시한다면, 역시 민수주의를 자극하여 반발을 일으켜 사회에 불행을 가져올 것이다.

사회 변혁에 있어 엘리트들은 종종 온화하고 점진적인 태도를 취하지만, 점진적인 접근방식을 자신의 이익보호를 위해 변혁을 지연시키는 구실로 삼아서는 안 된다. 오랫동안 써먹어왔던 강력한 수단으로 민간의 불만을 억누르는 방법은 더 낮은 수준의 방책이다.

중국의 역사는 우리에게 반복적으로 알려준다. 정치체제의 개혁을 빨리 추진하지 않으면 향후 민수주의에 의한 큰 혼란이 생길 수 있으며 엘리트집단이 큰 상처를 입게 된다. 위에서 언급한 양쟈의 경찰습격사건을 통해 볼 때, 쟝핑도 상하이 고등법원이 재판 관련 증거와 재판 철차를 공개하지 않은 문제점들에 대해 지적했다. 이러한 문제들은 민수주의를 자극하는 도화선이 된다. 따라서 민수주의를 비판하는 동시에 사법체제를 개혁하여 투명하고 공정하게 해야 민수주의 정서를 완화시킬 수 있는 바른 방법이 될 것이다.

제8장

중국 신유가의 정치적 요구

- 신유가 사조

1. 해외 신유가를 폄하하는 이유는 유가정권을 세위기 위함

역시 중국 사람은 대단하다.

천밍陳明은 "장칭蔣慶과 나, 그리고 상하이의 뤄이쥔羅義俊 등은 홍콩과 타이완의 신유학 작품을 읽음으로써 정면으로 전통에 접근할 수 있었으며, 이로써 자신의 느낌과 생각이 생기기 시작했다."[129]라고 말했다. 중국의 신유가는 비록 시작은 늦었지만 시작부터 세차게 금지영역을 향해 직격탄을 날렸다. 중국의 일부 신유가 예컨대 장칭의 입장에서 볼 때, 해외의 신유가는 탕쥔이唐君毅・마오쭝싼牟宗三・쉬푸관徐復觀이나 두웨이밍杜維明・류수셴劉述先・청중잉成中英을 막론하고 이들은 모두 비주류로서 각자 자기말만 하고 자신만 생각하는 사람들일 뿐이라는 것이다.

우선 몇 개의 예를 들어 해외 신유가들이 무슨 말을 하는 지 살펴보자. 탕쥔이는 해외 신유가 1958년 1월「중국문화를 위해 세계 인사들에

---

129) 陳明,『文化儒學: 思辨與論辯』, 131쪽, 四川人民出版社, 2009년.

게 선언하다爲中國文化敬告世界人士宣言」의 기초 작업에 참여했다. 그 가운데 "중국의 학술문화는 심성心性의 학문을 근본으로 해야 한다."[130]라는 말이 있다. 이른바 심성이란 유가의 인仁의 마음을 말한다. 탕쥔이는 중화민족의 염황 자손의 도덕을 완성하기 위해 평생을 바쳐왔다. 그는 인생의 목표는 도덕의 자아를 실현하고 지극한 선을 추구하는 것이며, 과학이든 경제이든 정치이든 간에 인仁한 마음이 주가 되어야 한다고 한다. 그렇지 않으면 과학·경제·정치는 변질하여 허무주의·공리주의·권력숭배로 흐르게 된다는 것이다. 탕쥔이는 유학은 극히 높은 종교 정신을 갖고 있으며 중국인들의 편안하고 안정적인 삶을 살 수 있는 근본이라고 한다. 도덕이 모든 것을 포함해야 하고 "도덕적 자아가 유일한 것이고 근본이며, 모든 문화적 이상을 포함하고 통솔하는 것이다."[131]라고 한다. 하지만 탕쥔이는 세속을 초월하여 생명의 인격의 지극한 선에 이르는 것은 한걸음 한걸음이 어려운 것이며, 반드시 항상 생명의 자연적인 요구와 늘 싸워야한다고 보았다. 말년의 탕쥔이는 때때로 신유가가 제창하는 완전한 선에 이르기 위한 노력의 효과가 미미하다는 것을 느끼게 된다. 그는 타이완 삼민서국에서 출판한 『중화민족의 꽃이 시들다說中華民族之花果凋零』에서 많은 중국인들이 개인의 편리를 위해 중국 국적을 포기하고 외국 국적을 취득하는 것은 조국을 버리고 중국인이 겪고 있는 고난에 대해 무관심한 것이며, 이는 은혜를 저버리는 일이자 개인의 생명의 기반과 뿌리에 대한 인식을 상실한 처사라고 지적했다.

탕쥔이는 민주의 자유를 찬성한다. 그는 공자의 "인을 하는 것은 나로부터 말미암는다爲仁由己"라는 자유의 정의는 중국과 서양의 각종 자

---

130) 景海峰 主編, 『當代新儒學』, 17쪽, 三聯書店, 1989년.
131) 方克立·鄭家棟 主編, 『現代新儒學家人物與著作』, 243쪽, 南開大學出版社, 1995년.

유 관념을 포함할 수 있다고 말한다. 그는 유학 사상의 민주 정신이 도덕영역에만 국한되어 있고, 아직 공민의 인격과 사회조직의 측면까지 발전하지 못했기 때문에 민주적인 정치제도를 건설하지 못한다고 지적했다.

마오쫑싼은 해외 신유학이 공인하는 집대성자이다. 그는 유가삼기설儒家三期說을 논증하면서 유가삼통儒家三統과 자아감함설自我坎陷說을 제기했다.132) 그의 저술의 중심내용은 역시 도덕 문제이다. 유학은 곧 심신성명身心性命의 학문이며 현대 신유학의 사명은 도통을 인정하는 것이다. 이는 도덕과 종교의 가치를 인정하는 것이자 공자와 맹자가 개척한 인생 우주의 본원을 지키는 것이라고 보았다. 마오쫑싼은 인이 도덕의 핵심 관념이고 가치의 근원이며 이상의 원천이라고 생각한다. 그는 『도덕적 이상주의道德的理想主義』의 핵심 관념은 "공·맹의 문화 생명과 덕혜德慧의 생명이 증명한 '측은하게 여기는 마음'"133)이라고 한다.

---

132) 유학삼기설: 마오쫑싼이 유학을 3기로 구분하여 나눈 것이다. 제1기는 공자·맹자·순자의 유학의 주조 시기로서 공자의 도덕적 인격 실천과 천天의 합일을 주요 특징으로 한다. 제2기는 송·명 유학의 절대적 주체를 드러내는 시기이다. 제3기는 현대 신유학이다. 이전의 유학이 순수한 도덕형식의 표현이었다면 제3기에서 국가형식으로 드러나고 있으며, 이전에는 도덕형식이 천하관념의 조화를 추구했다면 제3기는 국가 관념과의 조화를 추구한다. 유가삼통설: 마오쫑싼이 유학삼기설의 기본 특징에 따라 도통道統·학통學統·정통政統으로 나눈 것으로, 중국 유학 내지는 중국문화의 미래 발전을 겨냥하여 제시한 청사진이다. '도통'은 도덕 종교의 가치를 긍정하고, '학통'은 지성의 주체를 학술의 독립성으로까지 승화시키며, '정통'은 정치발전의 인식하에 민주정치에 대한 긍정이 있어야 한다고 강조했다. 자아감함설: '도덕이성적 자아감함설' 또는 '양지良知감함설'이라고도 한다. 유가의 도덕 이상을 가지고 고금중외의 학술을 통섭·융합하려는 것으로 이를테면 '중학'과 '서학'을 결합하려는 것이다. 유가의 도덕 이념은 이러한 '자아감함의 과정을 거쳐 서방의 민주와 과학법치를 받아들여야 중국의 문화 창조를 완성할 수 있다고 보았다. 그러나 시대, 범주, 개념의 차이로 모순을 드러내기도 한다.-역(-역은 옮긴이의 주를 말함)

그는 자신의 유학 정신은 도덕의 형이상학이라고 한다. 도덕의 형이상학이란 도덕의식이 드러낸 도덕의 실체를 가지고 만물의 존재를 설명하는 것이다.

마오쫑싼도 민주와 법치를 찬성한다. 그는 현대 국가 제도의 확립은 서방 문명의 장점을 취하고 중국 문화의 단점을 보완하는 것이라고 한다. 유가의 인을 중심으로 한 내성內聖은 민주와 과학법치의 외왕外王을 벗어날 수 없다.[134] 따라서 유가의 도덕 이념은 반드시 '자아감함(자아부정)의 과정을 거치고 서방의 민주와 과학법치를 받아들여야 중국의 문화 창조를 완성할 수 있다고 보았다. 그의 표현에 의하면, 이전 유가에서 말하는 외왕은 내성으로부터 직접 미루어 나가는 것이며, 지금의 이른바 외왕(민주)은 직접 미루어나가서는 안 되며 반드시 내성이란 과정을 거쳐 지성의 수준으로 끌어 올리고 나서야 민주와 과학을 실현할 수 있다는 것이다.

뚜웨이밍은 해외 신유가의 신예이다. 그 역시 유학이란 위기지학爲己之學이며 심신성명身心性命의 학문이라고 말한다.[135] 그는 유가의 예란 현실을 말하고 인은 이상을 말한다고 한다. 예는 생활 속에서 인간이 되는 표준이고 인은 그에 요구되는 책임을 말한다. 그는 유가 인사들은 일종의 청교도와 같은 자신을 단속하는 정신이 있으며, 개인의

---

133) 方克立·鄭家棟 主編, 『現代新儒學家人物與著作』, 268쪽.

134) 내성외왕內聖外王: 자신을 수양하여 안으로는 성인聖人의 경지에 오르고, 밖으로는 이러한 수신을 바탕으로 임금의 지위에 오른다는 뜻으로, 유교에서는 요임금이나 순임금 같이 내성을 이룬 성인이 외왕인 천자가 되는 것을 이상으로 여겼다.-역

135) 유가에서 말하는 두 가지 공부하는 방법을 말한다. 자신의 인격 수양을 위해 하는 공부를 위기지학이라고 하고, 위인지학은 그 반대로 남을 위하여(남에게 보이기 위하여 또는 자신의 명성을 쌓기 위하여)하는 학문을 말한다. 『논어·헌문論語·憲問』 참고.-역

도덕을 원만하게 실현하는 것이 유학의 주요한 의미라고 보았다. 뚜웨이밍은 과거 일부 통치자들이 유학의 부분 내용을 자신의 특권적 이익을 보호하고 민중들의 정신을 통제하는데 이용하여, 유학에 해가 되어서 퇴보를 초래하였다고 지적한다. 뚜웨이밍의 독특한 점은 유학 연구와 현대화 전환을 결합하여 해외 신유가의 유가 전통의 현대화 전환을 실현하기 위한 탐구와 관심을 드러내었다. 그는 싱가포르가 동아시아 산업의 흥기를 가져온 것은 유가의 특색이 있는 현대화의 길을 열어온 하나의 사례라고 한다. 비록 유가와 현대화는 직접적인 인과 관계는 없지만 유가는 인간관계와 도덕적 책임감 및 교육을 중시하며 정부의 관여와 조정을 중요시하기 때문에, 이러한 요소는 동아시아의 경제 현대화 실현에 유익하다고 보았다.

특히 재삼 강조할 필요가 있는 것은 해외 신유가의 대표 인물 마오쭝싼, 쉬푸관, 장쥔리張君勱, 탕쥔이 네 명은 공동서명으로 1958년 1월 타이완 『민주평론民主評論』과 『재생再生』이란 잡지에 「중국문화를 위해 세계 인사들에게 선언하다」라는 글을 발표하여, 민주 정치 제도의 건설을 적극 주장했다. 이 「선언」에는 다음과 같은 말이 있다.

> 중국의 정치 역사는 일치일난一治一亂의 순환적 국면을 보여 왔다. 이러한 순환을 돌파할 수 있는 유일한 길은 민주 정치제도의 건설에 달려 있다.

> 중국의 정치제도에는 단지 정부 내부의 재상과 어사 등이 군주의 권력을 제한하는 것에서부터 벗어나 정부 외부에 있는 국민들의 권력이 정부 권력에 대해 유효한 정치적 제한을 해야 한다. 단지 군주가 채택하고 최종 결정한 것을 실행하는 정치 제도로부터 반드시 전체 국민이 건설한 정치 제도, 즉 헌법 하의 정치 제도로 바뀌어야 한다. 찬탈과 도적, 전쟁을 통해서만 정권 교체가 가능하던 것으로 부터 반드시 정당 간에 평화로운 정권 교체로 바뀌어야 한다. 이것이 이른바 중국의 군주제도 자체의 발전

이며, 중국 문화의 군주 제도 하의 정치에 대한 반항과 요구이다. 중국 정치는 반드시 군주 제도를 없애고 민주제도의 건설로 나아가야 한다.

과거 유가 사상의 단점은 어떻게 법 제도를 통해 군주 지위의 교체를 이룩하고 국민들의 선호를 반영할 것인 지에 대해 알지 못했다. 군주 개인의 선호에 따라 선양한다면 이 또한 공적인 것이 아니라 사적인 것이다. 하지만 유가의 선양은 이후 찬탈의 빌미가 되었다. 하지만 영원한 혁명은 만세의 태평을 보장할 수 없다. 유가에서 말하는 혁명은 이후 많은 영웅들이 나타나 천하를 쟁탈하는 상황으로 연출되었다.

군주의 가천하家天下는 어쨌거나 천하를 사적으로 접근한 것이다. 한편 국민들은 정치적 지위에서 군주와 평등할 수 없고, 이른바 '신의 죄는 죽어 마땅하고 천자는 밝고 현명하다.'라고 했듯이, 인격과 도덕면에서 군주와 평등할 수 없다. 반대로 만약 도덕과 인격 면에서 군주와 국민이 진정 평등하다면 국민들은 정치적 측면에서 '인민은 밝고 현명하며, 군주의 죄는 죽어 마땅하다.'라고 말할 수 있어야 한다. 이러한 것들이 가능하기 위해서는 반드시 군주 제도를 민주 제도로 전환해야 한다.[136]

상기 해외 신유가의 논점은 중국 신유가 장칭蔣慶의 맹렬한 공격을 받았다.

장칭의 비판은 두 가지로 요약할 수 있다. 첫째, 해외 신유가는 정권과 정치변화의 각도에서 입각하지 않고 단지 송유宋儒를 모방하여 유학을 심성의 학문으로 귀결시키고 도덕의 완벽성을 중요시했다. 이는 "작은 하나의 철학의 유파로 전락하여 학술 내에서 안주하려는 처사이며", "유가의 치국평천하의 정치적 이상을 버리고 국민들로 하여금 현대 유학자들을 단지 개인의 온전함을 추구하는 자기성취자이자 자신의 사상체계를 구축하는 철학자로 간주하게 하여" 유학을 쓸모없는 무용

---

136) 景海峰 主編, 『當代新儒學』, 31~33쪽.

지물로 만든다고 보았다. 둘째, 해외 신유가는 유학을 개조하는 데 열정적이고 자유와 민주 법치를 추구한다. 이는 유가의 취지에 벗어나 "중국을 서방 문화의 식민지로 만들려고 노력하는 것"이자 "분명히 중국의 문화이념 속의 고유한 정치적 형태가 소멸되고 문화가 소멸하게 될 것이다."[137]라고 말했다.

우선 첫째 내용을 보자. 장칭은 2003년에 출판한 『정치유학政治儒學』에서 유학은 탄생한 그날부터 정치 유학이었으며, 정치 유학은 정권과 정치에 착안한 것이라고 했다. 그는 「중국의 유교 재건에 관한 구상關於重建中國儒敎的構想」에서도 유교는 정치권력의 중심에 서야 하며 현대 중국의 정치적 청사진을 다시 그려야 한다고 강조했다. 『정치유학』에서 이는 유가가 가져야 할 포부라고 지적했다. 그가 『춘추春秋』를 쓴 것도 후세의 입법을 위해서였다. 공양公羊학자는 공자의 사상에 근거하여 '거난세據亂世, 승평세升平世, 태평세太平世'로써 각기 다른 정치와 그에 상응한 제도를 구분하였다. 장칭은 정치 유학의 경전은 한나라 금문경학 중의 공양학이며, 공양학이란 바로 공자가 쓴 『춘추』에 대한 해석이라고 했다. 장칭은 정치 제도 문제를 해결해야 심성(도덕) 문제를 해결할 수 있다고 보았다. 정치 유학은 비록 도덕을 말하지만 정치 문제와 심성 문제를 구분했다. 정치의 핵심은 권력과 제도이다. 정치 유학이 확립하고자 하는 정치 제도는 바로 '예'이며 즉 고대의 예제禮制이다. 장칭은 옛 예제를 회복하고 예제를 통해 사회생활의 각 방면을 규범화할 것을 주장한다. 그는 직설적으로 중국은 복고의 변화가 필요하며 중국의 유교를 재건하여 중국을 정교합일政敎合一의 유교 국가로 건설해야 한다고 주장한다.

장칭이 계획하는 정치 청사진 속에서 유교 인물은 정권을 얻어 통치

---

137) 蔣慶, 『政治儒學』, 15, 14, 3, 202~203, 209~212, 348쪽, 三聯書店, 2003년.

자가 된 후에 왕도정치를 행해야 한다. 그는 "이른바 왕도란 고대 성왕의 도이다. 구체적으로 우禹·탕湯·문文·무武·주공周公·공자孔子로 이어지는 치국평천하의 도를 가리킨다.", "왕도 정치란 국민을 위해 왕이 되는 왕도 정치이다. 국민을 위해 왕이 된다는 것은 국민이 주인이 되는 것도 아니고 국민을 근본으로 삼는 것도 아니며, 민중의 이익을 위해 치국평천하하는 것이다."라고 하였다.

장칭은 통치자들이 정치적 권력을 얻은 후에 반드시 왕을 존중해야 한다고 주장한다. 그렇다면 왕은 누구인가? 공자이다. 공자가 육경六經을 만들어 중국 문화의 대표가 되었기 때문이다. 공자를 왕으로 추대하는 것은 중국 문화를 왕으로 모시는 것이다. 장칭은 "중국의 정치 질서란 유가 문화에 따라 통치하는 것은 합법적이며 유학 문화에 따르지 않는 것은 합법적이지 않다.", "육경은 중국 문화의 집합체이다. 공자의 학술, 즉 유가의 학술이며 왕자의 학문이다. 정치 질서는 반드시 이 육예의 공자의 학술로 통합해야 한다. 반드시 이 중국 문화의 문통과 도통으로 통합해야 통치와 규율이 일관되고 법도가 밝아지며 결국 법에 합치될 수 있다."라고 하였다. 다시 말해서 국가 이데올로기는 반드시 육경을 중심 사상으로 해야 하며, 그렇지 않으면 "요순시대부터 공자에 이르기까지 이어온 왕도정치의 문화전통에 위배되고 정치 질서는 반드시 법도에 합치되지 않는다."고 보았다. 칭화대학에서 가르치고 있는 장칭의 지인인 캐나다 한학자 다니엘 벨Daniel A. Bell은 2011년에 출판한 『중국신유가中國新儒家』(上海三聯書店)에서 장칭의 상기 주장에 대해 해석했다. 다니엘 벨은 맑스주의는 외래 이데올로기로서 장기적인 관점에서 볼 때 정치적 정당성의 기초가 되기 어렵다는 것이 장칭이 주장하는 뜻이라고 했다(190쪽).

이것이 장칭의 유학 정치관의 기본 내용이다. 장칭은 반드시 나라 전체를 육경의 궤도로 복귀시켜야 한다고 주장한다. 그래야 정치적 합법성을 확립할 수 있으며 그렇지 않으면 정권의 합법성이 없다는 것이다.

정치운영 측면에서 장칭은 통유원通儒院(유학자들로 구성)과 서민원庶民院(기능에 따라 지역별 선거로 선출), 국체원國體院(종교계와 성현, 명인들의 후예로 구성) 3원제를 통해 국가 정책을 토론, 결정하자고 설계했다. 그중 어느 하나도 다른 두 개의 권력을 초월할 수 없으며, 이는 권력의 대립과 정치적 마비의 위험을 초래할 것이 분명하기 때문이라는 것이다.

유가의 논리대로 장칭은 법에 따른 국가 통치를 찬성하지 않는다. 그는 『정치유학』에서 교화를 통해 민중들의 도덕성을 향상시키고 "사람과 사람 간의 분쟁을 근본적으로 해소하여 최종적으로 소송이 없는 이상적인 사회를 실현한다.", "도덕적 교화를 통해 최종적으로 법률을 없앤다."라고 말했다. 이것이 그의 정치 유학의 법률관이다.

두 번째 내용을 살펴보자. 장칭의 정치 유학은 자유와 평등 · 민주 · 인권을 배척한다.

그는 『정치유학』에서 "자유 · 평등 · 민주 · 인권은 서방문화의 산물이자 특징이다.……이러한 가치는 유가의 가치와 일정한 측면과 그 정도에서 모순이 있다. 예컨대, 유가는 개인이 가족과 나라, 천하에 대한 도덕적 책임을 강조하며 개인의 자유에 대해서는 별로 강조하지 않는다. 즉 도덕적 책임을 행위 가치의 우선순위에 놓고 개인의 자유는 그 다음이다. 유가에서는 형식과 이성적 측면에서 서방의 일률적인 평등 관념에 찬성하지 않고 '예'의 '중화中和'정신에 따라 '차등의 사랑'과 합리적인 등급제도 및 그에 상응하는 각각의 합리적인 등급의 생명 가치와 행위 기준을 강조한다. 유가는 민주에 대해 찬성하지 않는다. 민주의 평면화 · 세속화 · 범인화 그리고 현자와 못난 사람이 각각 한 표씩 행사하는 이른바 평등화라는 것은 도덕과 지혜, 품위와 재능이 뛰어나서 용속하고 우매한 사람들과 함께하기를 싫어하는 사람들로 하여금 정치에 입문하여 정치를 변화시킬 수 없게 하기 때문이다. 유가는 또한 인권에 대해서도 완전하게 인정하지 않는다. 인권은 도덕적 실현이 아닌 인간의 이익에 대한 욕구에서 비롯되기 때문에 압제에 대한 반항이라는 소극적 의미 외에는 더 높은 가치적 목표가 없기 때문이다."라고 말했다.

여기에서 장칭은 등급 제도를 강조하고 자유와 평등, 민주에 대해 찬성하지 않는다는 의사를 분명히 밝혔다. 사실 이것이 바로 유가 사회학설의 정수이다. 이는 유학자 량쑤밍梁漱溟의 '존비를 엄격히 하다嚴尊卑'에 관한 치밀하고 훌륭한 논술을 생각하게 한다.

량쑤밍 선생은 1922년 출판한 『동서 문화와 철학東西文化及其哲學』에서 "수 천 년에 걸쳐 중국 사회가 평안을 유지할 수 있었던 것은 존비대소가 있었기 때문이다. 존비대소(존비귀천)가 없는 사회를 그는(필자의 생각: 중국인) 본 적이 없다. 원래 중국에서는 앞에서 언급한 바와 같이 방법을 제시하고 아이디어를 내는 사람과 따르는 사람은 전혀 다르다. 하지만 서방에서는 방법을 생각하는 사람이 따르는 사람이고 따르는 사람이 아이디어를 내는 사람이다. 그래서 중국에서는 '다스리는 사람'과 '다스림을 받는 사람' 두 계급으로 나누어진다. 그래서 존비귀천이 생긴 것이고, 존비를 엄격하게 구분한 다음에야 앞으로 나갈 수 있는 것이다. 서방에서는 개개인이 모두 '다스리는 자'이기도 하고 '다스림을 받는 자'이기도 하기 때문에 당연히 존비고하가 존재하지 않고 모두 평등하다. 따라서 존비를 엄격히 하는 것과 평등을 존중하는 것이 중서방의 양 날개를 이루는 정신적 차이이다. 존비는 명분이고 권리 불평등이 그 내용이다.……권리의 유무는 다수 간에 서로 비교해보면 평등이나 불평등의 문제가 있으며, 한 개인 자체를 놓고 본다면 자유와 부자유의 문제가 있다. 중국이 걸어온 길을 따르면 결과적으로 모두가 불평등하고 개인도 자유를 얻지 못한다. 그렇게 되면 비록 원래 모두 다 앞을 향해 살아가기 위한 일을 한 사람이 결정하고 한 사람이 판단한다할지라도, 개개인의 사생활에 대해서도 그 한 사람이 결정하게 되므로 사실상 개개인이 자주적인 결정권은 상실하게 된다. 우리는 그에게 위탁한 공적인 일에 대해 참견할 권리가 없을 뿐만 아니라 개인의 말과 행동마저도 자유로울 권리가 없다. 이것을 일러 자유가 없다는 것이다. 실제로 매우 자유롭게 보이지만 그것은 참견을 하지 않은 것이지 자신이 권리가 있다는 말은 아니다. 원래 그 길은 아이디어를 내는 사람이 무제한으로 아이디어를 내고 말을 잘 듣는 사람들이 절대적으로 순종하지 않는다면 그 길은 갈수 없다.……그러므로 주의를 기울여야 할 점은 첫째, 권력이 있는 자와 권력이 없는 자가 두 갈래로 나누어지고 둘째, 권력이 있는 자는 무한한 권력을 갖게 되고 권력이 없는 자는 무한하게 권력이 없게 된다.……중국인들은 자신을 하늘 아래 독립적인 인격으로 보지 않고 황제의 신하와 백성으로 본다. 자신들의 몸조차 자신에게 속하지 않는데 무슨 자유를 논할 것인가? 황제는 생사여탈권이 있으며 황제가 죽으라면 죽지 않을 수 없다. 황제가 그의 모든 것을 요구하면 내놓지 않을 수 없다. 민간의 여성들 중에서 황제는 수백 명 심지어 천명에 달하는 여인들을 골라 궁궐에 가두어 놓기도 한다. 그들은 본래 '사람'이 아니라 황제의 소유물일 뿐이다. 그들에게 자아는 없다."[138]라고 말했다.

　량쑤밍의 중국의 전통 등급제도에 대한 치밀한 논평은 장칭의 정치유학의 진정한 내함을 이해하는데 도움이 된다. 이러한 존비 질서는 전통적인 황권주의의 필연적인 선택이다. 장칭의 생각은 어떨지 모르겠다. 장칭은 유교 부흥의 전략을 상행노선과 하행노선으로 구분할 것을 제시했다. 상행노선은 앞서 언급한 바와 같이 정치권력의 중심에

---

138) 梁漱溟, 『東西文化及其哲學』, 35~37쪽, 商務印書館, 1987년 영인본.

들어가는 것이고 하행노선은 민간사회에서 유교사단법인을 설립하는 것이다. 그는 상행노선이 유교 형성의 정도이기 때문에 반드시 먼저 상행노선을 가야 한다고 주장한다.

2. 유교문화특구설

중국의 신유가 학자 장샹롱張祥龍은 장칭의 상행노선은 지나치게 급진적이라고 말한다. 장샹롱은 장칭의 정치유학과 유교부흥의 생각에는 찬성하지만 그의「유교 재건의 위험과 중행노선重建儒教的危驗必要及其中行路線」이란 글에서 "오늘날의 벼슬길은 오래 전부터 서방에서 들어온 당파 정치와 서양식 대학이 배출한 '관리 인재'들에 의해 장악되어 유가의 가장 중요한 상행노선이 이미 거의 막힌 상태이다.", "때문에 집권자들에게 '이데올로기의 전환'과 유가의 정치권력의 핵심으로의 진입과 심지어 유교를 국교로 만들 것을 바라는 것은 현실과 거리가 너무 멀다.", "우리가 볼 수 있는 한 지금까지 정치경제학적 의미에서 글로벌화 조류를 막을 수 있는 정치적 세력은 아직 없다." 또한 "하행노선을 실행하는 유교가 번창할 것이라는 것을 기대할 이유도 없다." 때문에 "유가 교육이 현대 서양화 교육의 구도에서 비주류와 보조적 위치에 있을 수밖에 없다.", "지금의 전반적인 사회와 경제적 구조는 유교 공동체의 건설과 역할을 허용하지 않는다.", "또한 공묘孔廟와 유교의 민간 종교 기능은 현행 체제에서 다른 종교에 훨씬 못 미치며 특히 이 분야에서 수 천 년의 단련을 거친 전통 종교에 비하면 더욱 그러하다. 예를 들어, 생로병사의 고난으로부터 해탈하는데 있어 유교가 일반 민중들에 대해 제공하는 것이 불교나 기독교, 심지어 도교보다 나은 것이 무엇인가?"139)라고 말했다.

그럼, 어떻게 한단 말인가? 장샹롱은 중행노선을 제시했다. 이른바 중행노선이란 중국에서 여러 유가문화특구를 설치하는 것이다. 이러한 특구에서 "가정과 가족을 기본적인 구조로 하여 농업을 근본으로 하고 사농공상을 두면서 삼교구류三敎九流를 병존하게 하는 것이다."[140] 특구 내에서는 "수공업을 주요 가공 방식으로 삼고, 자연 또는 반半 자연의 중의학 및 전체 치료법을 주요 의료 수단으로 삼는다.……역법은 음력을 사용하고 연대는 간지干支 또는 공자탄신일을 시점으로 한다. 교육은 유기적으로 농사를 지으며 공부하는 전통방식과 과거제도를 부활시킨다. 학습 내용과 과거시험의 내용은 유교 경전을 위주로 하며 동시에 동서양문화(철학 · 문학 · 역사 · 과학기술 · 사회과학 등 포함)를 추가하여 비교할 수 있도록 한다."라고 말했다.

이러한 특구 안에서는 "유교의 인간 생활화와 친자親子 본원의 특성, 수신제가치국의 장점들을 모두 충분하게 발휘할 수 있다." 한편 특구 지도층의 권력 역시 장칭이 말하는 정권삼중합법성政權三重合法性 역시 민의적이고 초월적(신성한)인 문화전승의 합법성을 나타낼 수 있다.[141]

장샹롱은 "이 중행노선은 실행 가능할까? 실행 후, 과연 중대한 유교문화부흥 내지는 전통문화부흥의 효과가 있을까? 답은 긍정적이다. 분명 상행노선에 비해 실현하기가 더 용이하다는 거다. 이를테면, 한 민

---

139) 陳明 主編, 『儒教新論』, 89~90, 92~93쪽, 貴州人民出版社, 2010년.

140) 삼교구류: 삼교는 유교 · 불교 · 도교 등을 가리키고, 구류九流는 원래 유가 · 도가 · 음양가陰陽家 · 법가法家 · 명가名家 · 묵가墨家 · 종횡가縱橫家 · 잡가雜家 · 농가農家 등을 가리킨다.-역

141) 정권삼중합법성은 합법성의 기초가 튼튼한 정권은 이 세 가지 요소를 갖추고 있다는 것이다. 하나는 이데올로기의 합법성이다. 정권이 대표하는 가치 주장은 반드시 사회 성원의 보편적인 인정이 있어야한다. 둘째는 실행 과정의 합법성이다. 정권의 탄생, 경질, 조직 및 운행방식은 선거자의 투표방식으로 검증되어야 한다. 셋째는 치적의 합법성이다. 민중의 지지를 받은 정권은 훌륭한 치적을 거둔다는 것이다.-역

족이나 국가의 생존방식의 전반적인 전환을 의미하지 않으며, 현 집권
당의 특성을 상실하는 것을 의미하지도 않으며, 단지 이미 실현된 '일
국양제'가 문화적 차원으로 확장되거나 혹은 생물보호구역의 사고와
실천의 문화로 전환되는 것을 의미한다. 다시 말해, 유교특구 또는 보
호구를 설치하는 것은 현대화의 주류와 직접적인 대립관계가 아닌 비
주류이기 때문에 실현가능성이 상대적으로 크다."는 것이다.

3. 유사儒士 공동체가 인정仁政을 펴다

중국의 신유가 캉샤오광康曉光은 여러 차례의 강연과 글을 통해 유
교화를 주장하면서 중국에서 유가의 인정을 펼치고 유교를 건설할 것
을 제안했다. 하지만 캉샤오광이 제창하는 유교는 장칭과 장샹룽의 유
교보다 더 개방적이다. 2005년 그의 강연과 글을 합친 『인정仁政』이 싱
가포르 팔방문화창작실八方文化創作室에서 출판되었다.

캉샤오광은 현실의 중국에 대해 강한 비판적인 태도를 보이고 있다.
그는 오늘날 중국은 정치도 선하지 않고 부자도 선하지 않다고 한다.
"왜 2분마다 자살하는 사람이 나오는가? 왜 15초마다 자살미수가 발생
하는가? 이래도 답이 분명하지 않은가? 이 세계는 온정이 없고 도덕이
없고 정의도 없고 오직 적나라한 약육강식만 존재하기 때문이다. '부
귀한 집 문 안에는 술과 고기 썩어나고, 길에는 얼어 죽은 이들의 해골
이 뒹군다朱門酒肉臭, 路有凍死骨'와 '강자는 해골을 깎고 약자는 어육을
만든다强者剝白骨, 弱者爲魚肉'로 오늘날의 중국을 형용해도 조금도 지나
침이 없을 것이다. 중국인들이여, 우리는 생각해보아야합니다. 이러한
사회에 무슨 권력이 존재하는가? 무슨 미련과 동경과 정열을 갖게 하
는가? 그래서 나는 현실의 질서에 대해 '불공정하다' 그것도 '매우 불공
정하다'라고 평가한다."[142]라고 말했다.

하지만 캉샤오광은 자유민주주의로 중국을 구원하는 데는 찬성하지 않는다. 그는 세계은행과 국제투명성기구의 자료에 근거하여, 일부 국가들의 민주화 정도와 경제 성장, 부패지수와의 연관성에 대해 비교통계를 실시하였다. 그 결과 "민주화 정도와 10년 평균 GDP 증가율 간에는 통계상의 상관성이 존재하지 않는다. 다시 말해 '민주화는 경제 성장을 촉진할 수 있다.' 라는 판단은 통계학적 근거가 없다. 그러면 부패 문제를 보자. 그 통계 결과 역시 마찬가지다. 즉 민주화 정도와 부패지수는 통계상 연관성이 없다. 다시 말해 '민주화는 부패를 억제할 수 있다.'라는 판단은 통계적 근거가 없다는 것이다. 지니계수와 민주화 사이에도 연관성이 없다."고 말했다. 그렇다면 부패의 정도를 결정하는 요소는 무엇인가? 캉샤오광은 "민주화 정도가 아니고 경제 발전의 절대적 수준이다.……경제 발전의 절대적 수준이란 변수가 정치 부패 정도를 컨트롤하는 것이다. 마찬가지로 바로 경제 발전의 절대적 수준이 빈곤 발생률을 컨트롤한다. 이는 성공적인 경제 성장은 '자동'적으로 부패와 불평등 문제를 해결할 수 있음을 의미한다."라고 말했다.

또한 캉샤오광은 민주는 평등 문제를 해결할 수 없다고 보았다. "지금까지 인민은 나라의 주인이 된 적은 없다. 과거에도 없었고 지금도 없다. 미국도 그렇지 않고 중국도 그렇다.……미국도 중국과 마찬가지로 강한 집단이 모든 것을 컨트롤한다."라고 했다.

캉샤오광은 만약 중국이 민주 제도를 실시한다면 중국의 문제가 완화되거나 해소되기는커녕 반대로 경제의 번영과 정치적 안정, 국가의 통일, 민족의 단합 등 이미 얻어진 성과도 잃어버릴 수 있다고 인식한다. 그래서 "중국은 민주화를 거부해야 한다. 민주화는 나라에 화를 입히고 백성에게 해를 끼치는 선택으로서 중국은 '유교화'를 선택해야 한

다. 다시 말해서 유교 정신으로 중국 사회를 재건해야 한다.", "현재 상태
가 지속될 수 없고 자유민주주의도 원하지 않는다면 중국의 갈 길은
없는 게 아닌가? 하늘이 무너져도 솟아날 구멍이 있다고 했다. 더 좋은
대안이 있는데 그것은 바로 '인정仁政'이다.……중국이 현실적인 장점
을 보존하고 현재의 약점을 극복할 수 있는 것은 '선정' 밖에 없다."라
고 강조한다.

캉샤오광은 인정은 권위주의 범주에 속하며 일종의 인자한 권위주
의라고 한다. 인정 안에서 누가 권력을 잡을 것인가? 캉샤오광은 그
주체는 바로 유가 공동체라고 한다. 즉 유가 이념을 실천하는 현자들
이다. 이른바 유사儒士란 유가 이념을 가진 지식인을 말한다. 이 집단은
도통·학통·정통 3자를 통일시킬 수 있으며, "선정의 합법성을 확립
하려면 반드시 유가 문화의 패권을 확립해야 한다."는 것이다.

그는 유가는 다수정당제와 국민총선에 반대한다고 말한다. "유가는
실질적인 불평등 원칙을 견지하기 때문이다. 유가는 평등 원칙을 인정
하지만 이것은 단지 일종의 가능성일 뿐이다. '모든 사람이 성현이 될
수 있다'라는 전제 하에서의 모든 사람의 평등이다. 하지만 유가는 현
실 속에서 사람과 사람 사이에는 불평등하며 사람과 사람 사이에 현자
와 비현자의 구분이 있다고 인식한다. 유가는 큰 덕이 작은 덕을 통치
하고 큰 현자가 작은 현자를 통치해야 한다고 생각한다. 다시 말해 현
자만이 통치권에 합당한 것이다."라고 본다. 또한 '백성들도 인하지 않
기' 때문에 유가는 '통치권'이 유사儒士공동체에게만 속해야 한다고 주
장한다. 캉샤오광의 인정은 '국민주권'론을 채택하지 않고 다수정당제
와 국민총선을 거부한다. 그는 최고지도자가 나타나는 구체적인 절차
에 대해서는 언급하지 않고 단지 최고 권력이 어떻게 교체되는가에 대
해서만 언급했다. 그는 최고 권력의 교체 규칙은 우선 유사공동체를
추천하고 다음으로 선양, 그 다음이 혁명이라고 말한다.

캉샤오광은 인정은 3가지 메카니즘이 필요하다고 한다. 첫째, 개방된 대중 매체, 즉 뉴스의 자유이다. 둘째, 행정 결의 자문 메카니즘으로 정치를 행정화하여 행정을 통해 정치를 수용하고 집권자는 각종 의견을 듣고 엘리트를 수용한다. 셋째, 코포러티즘corporativism의 메카니즘이다. 결사의 자유를 실행하여 업종과 직업에 따라 단체를 결성하고 노조와 업종협회 등 각종 기능의 사회단체의 구성을 허용한다. 정부는 단체의 지도자들과 소통하여 공감대를 형성하고 공동 실행한다. 코포러티즘은 노동 자치와 계급 협력의 장을 제공한다.

캉샤오광은 시장경제가 부를 권력의 통제로부터 이탈시키고, 대중들은 단체를 통해 자신의 이익을 보호하며, 언론 자유는 권력을 제약하고, 외부 역량은 국내에서 경쟁의 압력으로 작용한다고 보았다. 따라서 시장, 코포러티즘, 언론자유, 대외개방만 있으면 인정은 황옌페이黃炎培가 말한 역사(흥망) 주기율에서 벗어날 수 있다는 것이다.

상술한 기본원칙에서 볼 때 캉샤오광의 구상은 확실히 장칭과 장샹룽의 구상과 다르다는 것을 알 수 있다. 캉샤오광은 "어떤 것은 중국 본토의 것으로 인정과 유교 등이 있다. 어떤 것은 서방에서 온 것으로 코포러티즘·복지국가·언론자유·결사자유 등은 서방에서 온 것들이다. 따라서 미래 건설을 위해 옛것을 현재에 활용하고 서양의 것을 중국에 응용할 수 있어야 한다. 하지만 반드시 중국의 학문을 본질로 하고 서양의 것을 활용해야 한다. 새로운 청사진의 혼이 서양의 맑스나 자유민주주의가 아닌 우리 중국의 유교 사상이기 때문이다. 그래서 나는 미래에 대한 이러한 전반적인 구상을 '유교국'이라고 칭하며, 이러한 유교국을 건설하는 과정이 '유교화'이다."라고 말했다.

캉샤오광은 "우리의 근본은 중국이지만 이 백 여년에 걸쳐 철저하게 서구화되었다. 정확하게 말해서 맑스와 레닌주의 모델로 완전하게 서구화되었다."고 주장한다. 하지만 투쟁은 아직 끝나지 않았다. 2004년부터 향후 20-50년 동안 두 가지 운명의 쟁탈전이 중국에서 진행될 것이다. 서구 문화가 승리하면 중국의 정치는 민주화로 갈 것이다. 유교 문화가 부흥할 수 있다면 중국의 정치는 인정으로 갈 것이다. 하지만 캉샤오광은 이에 대해 조금 비관적으로 보고 있다. "전체적으로 볼 때 사상 영역에서 자유민주주의가 주류를 이룰 것이고 유교 사상은 비주류의 위치할 것이다.……그리고 국제 환경도 전반적으로 자유민주주의에 유리하다."는 이유에서이다.

그래서 그는 다음과 같이 제의하였다. "우선은 중국 공산당을 유교화하는 것이다. 공·맹의 도를 가지고 맑스 레닌주의를 대체하는 것이다. 당교黨校는 유지하되 교육 내용을 바꿀 필요가 있다. 사서오경을 필수 과목으로 지정하고 승급할 때마다 시험을 통해 합격한 자만 오를 수 있도록 하는 것이다. 공무원 시험은 유학을 추가한다. 유교의 학통과 정통 사이에 제도화된 관계를 구축할 뿐만 아니라 독점적인 관계를 형성한다. 어느 날 유학이 맑스와 레닌주의를 대신하고 공산당이 유사 공동체로 변한다면 인정은 실현할 수 있을 것이다.……무엇보다 가장 핵심적인 것은 유교를 국교로 만드는 것이다."

4. 유교와 헌정의 결탁

중국의 신유가 중에서 천밍陳明의 위치는 상대적으로 특수하다. 그는 "나는 유생이면서도 자유주의자이기도 하다."[143]라고 말한다. 그는 자신의 역할에 대해 기독교의 개신교 혁명가 같이 내부 혁명을 통해(유교로 하여금) 사회의 변화에 적응하게 한다고 설명했다. 다시 말해, 유교 사상과 자유주의를 융합시켜 유교로 하여금 새로운 세계의 흐름에

---

143) 陳明, 『文化儒學: 思辨與論辯』, 149, 28, 35, 119, 128쪽.

적응하도록 하는 것이다. 이러한 기백은 좋으나 둘 다 환영받지 못한
다. 한편 일부에서는 문화보수주의자로 생각하고 다른 한편으로 신유가
내부에서는 배신자로 보기도 한다.

천밍은 『문화 유학: 사변과 변론文化儒学:思辨與辯論』에서 장지동張之洞
이 제시한 중체서용을 원교지주의原教旨主義라고 하고 리쩌허우李澤厚가
제시한 서체중용을 전반서화라고 한다. 천밍은 중간노선이다. 그는
송·명宋·明의 유가사상에 따라 '작용을 통해 실체를 본다即用見體'는
설을 제기했다. 그 의미는 효용(用)의 가치를 통해 중국인의 의지의 필요
(體)를 발견하는 것이다. 천밍은 '即用見體' 중의 '體'는 폐쇄적이고 고착
된 것이 아니라 '영원히 활동하고 있는 것으로……새로운 삶을 실현하
는 구성'이라고 설명했다.

원래 보통 사람들의 생각에서 '體'와 '用'은 대립적이다. 하지만 천밍
은 '即用見體'로 두 가지를 융합, 연결시켰다. '用'은 '體'로 통할 수 있고
'體' 역시 '用'을 나타낼 수 있다고 보았다. 이는 왕양명王陽明의 '체용일
원體用一源'설과 같은 의미이다. 천밍은 '과거의 문화유산을 그대로 받아
들이지 않고 선택적으로 수용·계승하는 방식'인 루쉰鲁迅의 나래주의
拿來主義나 '서양은 중국을 위해 쓰인다'는 마오쩌둥의 양위중용洋爲中用
모두 '即用見體'의 사례라고 말한다.[144] 이는 서구의 '用'이 만약 중국인
의 의지적 수요에 적합하면 '體'의 일부가 될 수 있다는 뜻이다.

이와 같은 이유로 천밍은 개체 생명과 집단 생명의 관계 문제에 있
어서 자유주의와 공동체주의의 결합을 찬성한다. 정치 체제의 구체적
인 형태에 있어 "대의제와 군주입헌제는 모두 선택 가능한 옵션이다."
천밍은 자신이 자유주의자라고 여러 차례 주장했다. 그는 유가는 민의

---

144) 나래주의: 과거의 문화유산을 그대로 받아들이지 않고 선택적으로 수용, 계승하
    는 방식을 말한다.-역

를 강조하기 때문에 헌정주의 사상이 있다고 한다. 헌정 메커니즘은 공민사회를 구축하는 것으로 정부의 권력을 제한하고 공민의 권리와 재산을 보호해야 하므로 유가에서 주장하는 '덕을 숭상하고 백성을 보호한다'는 경덕보민敬德保民과 일치한다는 것이다. 중국의 헌정개혁에 대해 천밍은 헌정주의로 자유주의를 대체하며, 먼저 헌법 원칙을 분명히 한 다음으로 사법심사로 구체화하여 국민들의 기본 권리를 보장하고, 공동체와 개인 생활에 있어서의 공평과 정의의 확대와 향상을 촉진해야 한다고 제안했다. 천밍은 유가 전통이 중국의 헌정 목표에 적극적인 도움이 된다고 한다. 중국의 정치 개혁은 타협을 필요로 하는 등 여러 가지 필요성을 고려해야 한다. 특히 진통을 줄이기 위해 중국 문화와의 결합점을 찾아야 한다. 자연 재해와 돌발 사태에 대응하기 위해 강력한 정부 조직체계가 있어야 한다. 공민의 권익을 지키기 위해 반드시 공과 사를 엄격히 구분하고 국가 권력에 대해 엄격하게 구속해야 한다.

천밍은 장칭의 유학에 대한 견해는 여러 가지 통찰력이 있긴 하지만 원교지주의라고 한다. 천밍은 "한나라가 진나라의 제도를 계승한 것은 기본적인 역사적 사실이다. '유술로써 정사를 장식하는 것'은 바로 한나라 제도의 '밖으로는 도덕윤리의 유술과 안으로는 정치수단의 법'이라는 본질과 유학의 기술적인 채택을 설명하고 있는 것이다. 그러나 장칭은 한나라에서 실시한 제도가 공자가 설계한 것이라고 주장한다. 그렇다면 양한兩漢시대의 외척 환관들이 교대로 해악을 끼쳐 '당고의 화'를 초래한 것에 대해 어떻게 이해해야 하는가? 이는 결국 공자에게 영광을 안겨줄 것인가 아니면 치욕을 안겨줄 것인가? 그리고 후인들은 유가 정치와 철학에 대해 희망을 가질 것인가 절망감을 느낄 것인가?"라고 말했다.

나아가 천밍은 장칭에게 "권력 개념에 기반한 자유와 민주 등 현대적 가치관을 완전히 부정하는 것이 과연 명철한 것인가? 자유란 권리에 대한 존중과 권력의 제도화에 대한 제한을 의미하는 것뿐이고, 민주란 정치 참여도의 확대일 뿐이고, 헌정이란 정의 실현도의 향상일 뿐이다. 이런 것들은 개개인이 일상적인 경험을 통해 내면적으로 필요한 것이라는 것을 느낄 수 있다. 과연 이러한 것들이 없이 이른바 민족 부흥이 또 무슨 의미이겠는가?"라고 의문을 제기하였다.

천밍도 유교를 제창하지만 그가 제창하는 것은 공민 유교이다. 사람은 생과 사가 있기 때문에 신성성이 있고, 국가도 신성성의 서술로 응집력을 강화할 필요가 있기 때문에 공민 종교는 반드시 필요하다는 것이다. 공민 유교는 자유 민주 헌정과 결합하여 도덕과 신앙 두 가지 수요를 모두 충족할 수 있다고 한다. 천밍은 유학은 원래 어느 정도 신비성이 있다. 의식에 있어서는 종묘와 사직의 구도와 천지제사 활동 등 다양하다.

천밍은 현대 중국의 신유가는 하나로 통일된 문화 집단은 아니지만 그들의 기저에 깔린 공통된 기본 심리는 위기감이다. 강력한 서양 문화에 직면한 민족 문화는 어디로 가야하는가? 신유가는 현대 생활 속에서 문화정체성과 정치의 재건 및 안정된 생활 이 3대 문제를 해결하려고 노력한다.

천밍은 무슨 이유에서인지 자신을 문화신유가라고 부르고 장칭을 정치신유가라고 부르며 캉샤오광을 제도신유가라고 부르고 량즈핑梁治平을 법치신유가라고 부르며 성홍盛洪을 경제신유가라고 부른다. 천밍은 자신의 다음 목표는 중국 신유가라고 부를 수 있는 이론학술을 구축하는 것이라고 말한다.

5. 정자둥鄭家棟 사건의 충격

2005년에 발생한 '정자둥 사건'은 중국 신유가들에게 적잖은 충격을 주었다.

1956년에 출생한 정자둥은 중국 신유가의 대표적인 인물 중의 한 사람이다. 매체에서는 그를 '덕망이 높은' '유학의 대가' 라고 칭한다. 그

는 중국사회과학원 철학연구소 중국철학연구실 주임과 국제유학연합
회 이사, 중국현대철학회 상무이사 등을 역임했다.

정자둥은 자주 그럴싸한 말을 늘어놓으며 전통도덕의 전승을 강력
하게 주장했다. 『현대신유학사론現代新儒學史論』, 『현대신유학개론現代
新儒學槪論』, 『학술과 정치 사이: 펑여우란과 중국맑스學術與政治之間:馮友
蘭與中國馬克思主義』, 『본체와 방법: 웅십력에서 마오쭝싼까지本體與方法:
從熊十力到牟宗三』, 『단절 속의 전통斷裂中的傳統』 등을 출판하였다.

하지만 정자둥이 밀입국 알선 브로커가 되어 범죄자가 될 줄 누가
알았겠는가.

국제유학연합회는 2006년 9월 26일 제6기 업무 통지를 통해 「정자둥
이사의 해임에 관한 통보關於鄭家棟理事被除名的通告」라는 공지를 알렸다.
이 공지에는 "국제유학엽합회 제3기 이사 정자둥은 2002년 6월~2005년
4월 동안 학술교류 목적으로 미국 방문 시 배우자 동반이 가능하다는
편의를 이용하여 잇따라 4명의 여성을 자신의 배우자로 속이고 혼인증
을 위조하는 수법으로 미국주중대사관에서 미국 비자를 편취하여 성공적
으로 중국을 떠나게 했다. 정자둥은 상기와 같은 수법으로 17만 위안
을 챙겼다. 그리고 2005년 6월 10일 정자둥은 같은 수법으로 또 한 명
의 여성을 위해 비자를 편취하는 과정에서 베이징 공안국 출입국관리
처에 의해 적발되어 당일 형사구속 되었다. 베이징시 인민법원은 출입
국 증명 사기죄로 정자둥에게 2년의 유기징역을 선고했다. 정자둥의
이전 근무처인 중국사회과학원 철학연구소에서는 그의 공직을 박탈시
켰다. 국제유학연합회집행기구는 2006년 9월 13일 사무회의를 열어 그
사건을 범법행위로 간주하여 그를 국제유학연합회 이사자격을 박탈하
고 제명동의안에 만장일치 찬성하였다. 이에 모든 이사와 단체 회원
단위에 통보하는 바이다."라고 적혀있다.

정자둥은 구치소에서 가진 기자의 인터뷰에서 자신이 이렇게 한 이

유는 그들의 비참한 운명을 변화시키고 미국에 가서 잘 살게 하기 위해서였다고 주장했다.

유학 대가, 여자, 미국 밀입국이라는 요소는 극히 민감한 사항이기 때문에 커다란 파장을 일으켰다. 여러 매체에서 글을 올려 장시간에 걸친 토론이 이어졌다.

2005년 7월 1일 구쓰치顧思齊는 『남방도시보南方都市報』에다 「정자둥 사건: 국학, 감당할 수 없는 무거움鄭家棟事件:國學不能承受之重」이란 글을 발표했다. 내용은 다음과 같다. "신유학 전문가로서 알면서도 행하지 않았고(지식과 실천의 합일), 배우고서도 수치를 몰랐으며, 불법을 행하고 도덕을 상실하였다. 그렇다면 성인의 책은 왜 잃었는가? 정자둥 사건은 지식인의 얼굴과 유교사상의 얼굴에 강하게 날린 따귀이며 국학의 얼굴에 갈긴 따귀와 같다."

2005년 7월 8일 『중국청년보』에는 가오이페이高一飛의 「정자둥 사건: 도덕자율은 믿을 수 없는 것鄭家棟事件:道德自律是靠不住的」이란 글이 실렸다. 내용은 다음과 같다. "유교의 전통적인 교화를 받은 철학 교수가 자신이 주장해온 윤리와 어긋나는 행동을 보였을 때 사람들은 탄식하게 된다. 평소에 그렇게 사람들을 고상하게 가르치던 사람이 뼛속에는 또 다른 더러운 사상이 들어있었다고. 정자둥은 공맹의 도를 연구했고 평소에는 사람들과 인의예지에 대해 논했다. 하지만 유감스럽게도 그의 인생 경험은 지식과 가치, 글과 도덕이 완전히 배치되었음을 생생하게 보여주었다."

『삼련생활주간三联生活周刊』 2005년 25기에는 룽찬龍燦의 「"학자의 괴수"정자둥"學者蛇頭"鄭家棟」이란 글이 실렸다. 이 글에는 정자둥의 글에 많은 표절 내용이 있음을 밝혔고, 또한 쓰촨사회과학원 문학소文學所의 전임소장 천쯔첸陳子謙의 말을 이렇게 인용했다. "정자둥의 법에 대한 무지의 정도가 정말 놀랍다. 여러 사람들이 그로 인해 외국으로 나가 돌아오지 않고 있다. 꼬리가 길면 잡히는 법이다.……법을 무시함으로 인해 학술매매에서 인신매매로 발전한 것이다."

2006년 7월 25일 『남방도시보』에는 허우훙빈侯虹斌의 기사「정자둥의 형벌鄭家棟獲刑」이 실렸다. 이 보도에는 정자둥 사건이 발생한 이후 "유학계는 많은 비판을 받고 있다. 일부 평론가들은 정자둥 사건은 현대 신유가가 직면한 좌절과 현실적 곤경을 여실히 보여주고 있다."고 말했다.

이 글에는 천밍의 입장을 보도했다. 천밍은 "정자둥은 유학 연구자이지 유학 신도는 아니다. 개인 행위와 공적 직무는 구별해야 한다."라고 말했다. 천밍의 견해는 일부의 반박에 부딪혔다. 허우훙빈은 이 보도문에서 "반대자의 목소리가 있지만, 정자둥은 현대 유명한 유학자로서 당연히 신유가 학설의 실천자이기도 하다. 이러한 그의 도덕적 행위와 그의 학술사업 간에는 밀접한 관계가 있다. 모종의 의미에서 그의 행위는 자신의 직업 규범과 연관이 있는데, 어찌하여 정자둥의 실족이 현대 신유학과 무관하다고 할 수 있는가?"라고 말했다.

2011년 7월 26일까지도 톈야커뮤니티天涯社區網의 "꽌톈차서關天茶舍"라는 논단에 '비유자非儒者'라는 이름을 쓴 사람의 「유학대사: 학술을 팔고 사람을 팔고儒學大師:從販賣學術到販賣人口」라는 글이 올라왔다. 이 글에 엄청난 사람들이 댓글을 달았다. 그중 '북극풍설北極風雪'이란 사람의 댓글에는 정자둥 사건의 발생은 도덕 성인에 대한 환멸을 보여준 한 사례라고 말했다. 이 사건은 참으로 사람들을 실망하게 만들며 나아가 도덕이 상실된 이 세상에서 어떤 것을 따라야할지 참으로 막막하게 만든다.

6. 이중톈易中天 · 위안웨스袁偉時와 치우펑秋風

2011년 이중톈 · 위안웨스 · 치우펑의 유가와 헌정문제에 관한 논쟁이 사람들의 주목을 끌었다.

일반적으로 사회 변혁을 놓고 볼 때, 자유주의는 무너진 후 다시 시작하는 극렬한 인위적인 구축방식에 찬성하지 않고, 전통적인 기초 위에서의 점진적인 변화 발전을 주장한다. 그래서 자유주의 입장을 고수해온 치우펑(야오충치우姚中秋)은 최근 방향을 바꾸어 다시 전통을 찾아서 발굴하기 시작했다. 그가 자신에게 부여한 사명은 중국의 전통적인 정치 체제 속에서 자유와 헌정의 흔적을 찾아 향후 헌정 실현을 위한 역사적 근거를 제공하는 것이다. 그는 『저우더웨이, 에크를 논하다周德偉論哈耶克』의 '편집자 서언'에서 만약 우리의 조상들이 예법과 예식의 제도 하에서 군주의 권력으로부터 어느 정도 자유를 누렸다면, 오늘날 우리는 왜 그러한 자유를 누릴 수 없는가라고 말한다. 비록 현대적인 관점에서 볼 때 그것이 그렇게 미약하지만 말이다. 이렇게 과거를 돌이키며 자유 추구에 대한 의문을 제기하는 방식은 영국식 보수주의의 정수이다. 치우펑은 자신은 이미 현대 자유주의 입장에서 헌제혁명의 고전적 헌정주의 입장에만 관심을 갖는 것으로 후퇴했다고 솔직히 말한다.

이런 점에서 어떤 사람은 그를 새로운 자유주의 유가라고 부른다. 하지만 '지나치다'라고 말하는 학자들도 있다. 치우펑은 공자가 최초로 평등의 문을 열고 중국의 첫 공민사회를 건립했다고 말한다. 또한 타이완 학자 저우더웨이周德偉의 판단을 근거로 하여, 진秦나라의 짧은 시기를 제외하고 진나라 이전의 서주西周와 진나라 이후의 한漢무제武帝 시대에서부터 청나라에 이르기까지 모두 헌정이 있었다고 주장한다. 그러나 학계에서는 보편적으로 이에 대해 의문을 표시하고 있다.

2011년 8월 초 치우펑은 시나新浪 웨이보에 장칭은 개혁개방 이래 중국에서 가장 큰 기여를 한 사람이라고 말했다. 계속해서 장칭은 60여년에 걸쳐 중국에서 유일한 사상가이며 다른 인물들은 하나같이 뜬구름과 같을 뿐이며, 장칭이 혼란스러운 사상을 바로잡아 중국의 사상계가 다시 유가의 도통과 학통으로 돌아올 수 있게 좋은 일을 했다는 것이다. 이에 대해 평론가 슝페이윈熊培雲은 8월 8일 시나 웨이보에 "나는 10여 년 동안 줄곧 한 가지 기이한 현상을 발견했다. 일부 학자들은 일단 유교를 위한 변호를 시작하면 제대로 말을 하는 법이 없다. 누가 그런 나쁜 성격을 주었는가?"라는 비판의 글을 올렸다.

2011년 3월 10일 『남방주말南方周末』 31면에 샤먼厦門대학 교수 이중톈易中天의 글 「이러한 공자가 이상하지 않은가: 치우펑 선생과의 토론這樣的孔子不離奇嗎:與秋風先生商権」이 실렸다.

이중톈은 2011년 1월 24일 『남방인물주간南方人物周刊』에서 발표한 치우펑의 「아마 당신이 모르는 공자你可能不認識的孔子」 등의 글을 읽고 훌륭한 관점도 있지만 잘못된 점도 많다고 하였다. 예를 들어, 치우펑이 말하는 봉건시대 서주시기에 군주와 신하의 관계가 자유인 간의 계약 관계라고 주장하는 것은 상당히 부적절하다. 공자가 노공魯公을 군주로 선택할 수도 있고 다른 제후를 선택할 수도 있다는 것은 사실이다. 하지만 제후위에는 임금이 있다. 주천자周天子의 천하는 가장 큰 나라이다. 따라서 공자는 노나라의 신하를 선택하지 않아도 되지만 반드시 주왕周王의 신하가 되어야 한다. 공자가 과연 주왕의 신하를 선택하지 않아도 될까? 백이伯夷와 숙제叔齊가 주周의 신하를 선택하지 않았기 때문에 수양산首陽山에서 굶어 죽지 않았는가? 사실 봉건시대 서주의 군신 관계는 현실적으로 선택의 여지가 없다. 군신 관계의 기초가 부자 관계이기 때문에 군주를 군부君父라고 칭하고 신하를 신자臣子라고 칭한다. 부자 관계는 선택의 여지가 없다. 주周 천자는 천하를 평정한 이후 각 제후들과 동맹 조약을 맺고 영토를 나누어 나라를 건설하기는 했지만 이는 결코 자유 선택의 결과가 아니고 정치적 타협의 산물인 것이다. 주왕紂王 토벌 전쟁에 참여한 각 파들은 모두 승리의 과실을 나누어 가질 것을 요구했다. 주周 무왕武王의 실력은 혼자서 천하를 평정할 정도는 아니었으며, 그는 단지 자리를 배열하고 땅으로 평화를 맞바꾼 것뿐이다. 이는 검은 조직에서 나눠가지는 것과 다를 바 없으며 법치사회의 계약과는 근본적으로 다르다.

이중톈은 치우펑이 말하는 예치禮治는 자유의 보장이며 예는 군주와 신하가 행사하는 권력을 경계 짓는 한계선이며, 결국 신하에게 속하는 자유공간이 주어졌다는 뜻이라고 한다. 치우펑의 이 결론은 토론의 여지가 많다. 봉건이든 예치이든 '자유 공간이 주어졌다'는 의미이든 간에 모두 타협의 결과이다. 주 무왕이 그만한 실력이 없었기 때문에 이익을 균등하게 나누고 존귀비천의 순서를 구분하는 방안을 만든 것이다. 이것이 서주가 종법·봉건·예악 3대 제도를 만들게 된 계기의 비밀이다. 예치는 위에서 아래로 통치의 질서를 유지하는 것이고 법치는 아래에서 위로 공민의 권리를 보호하는 것이다. 법치는 개인 영역에 개입하지 않고 정부의 권력만 제한한다. 법치 하의 공민의 자유 정도는 정부보다 크지만 예치에는 이러한 정신이 없다. 주공과 공자 모두 신하와 백성이 군주보다 더 큰 자유를 주장할 수 없다고 말한다. 따라서 치우펑이 말하는 예치는 인류가 상상할 수 있는 가장 좋은 통치규칙이라는 말은 성립되지 않는다는 것이다.

이중톈은 예치가 등급 제도를 유지한다고 말한다. 공자가 인을 말하는 것은 사람을 사람으로 보는 것이지만 그가 등급 제도를 반대한다는 뜻은 조금도 없다. 모든 사람이 사람이란 것을 인정하고 한편으로 친소와 귀천을 구별하는 것이 유가의 인이다. 유가는 의상을 입고 모자를 쓰고 노래 부르고 춤을 추는 일에도 등급을 주장한다. 유가의 사랑은 등급과 차별이 있는 것이다. 차별과 등급이 없는 사랑을 주장하는 쪽은 묵가이다. 만약 치우펑의 말처럼 유가의 인이 '모든 사람은 서로 평등한 것'이라면 묵가가 왜 유가를 반대했겠는가? 평등의 문을 연 쪽은 유가가 아닌 묵가와 도가였다. 공자는 이 대문의 앞에서 배회하고 우유부단하며 결단을 내리지 못했다. 공자도 평등의 중요성에 대해 잘 알고 있지만, 한편으로 그는 반드시 봉건 예치를 수호하고 등급 제도를 옹호해야 한다고 강조했다. 이것이 공자의 모순이다.

2011년 6월 23일 『남방주말』 제31면에 중산中山대학 교수 위안웨이스의 「유가는 헌정주의인가?: 치우펑의 공자관에 대해 평하다儒家是憲政主義嗎:简評秋風的孔子觀」는 글이 실렸다. 위안웨이스의 글은 모두 10개의 절로 나누었다. 각 절마다 먼저 치우펑의 말을 열거하고 다음으로 이에 대한 평을 추가하였고, 독자들에게 이 둘을 대조하면서 판단하도록 하였다. 다음은 주요 내용을 뽑아서 제공하고자 한다. 인용문은 모두 이 글에서 인용한 것이다.

위안웨이스는 먼저 이렇게 밝혔다. "학자로서 역사적 인물을 재해석하려면 반드시 공인된 학술규범을 엄격하게 준수해야 한다. 자신의 필요에 따라 역사를 임의로 왜곡해서는 안 된다. 그렇지 않으면 오히려 공자를 능욕하는 꼴이 된다."

치우펑은 「유가헌정민생주의儒家憲政民生主義」란 글에서 "중국인은 반드시 유가로 돌아가야 한다.……유가로 돌아가지 않으면 중국은 자아가 없다."라고 말했다.

위안웨이스는 사람마다 각자 선호하는 것이 다르며 유가로 돌아가기 싫어하는 중국인이 수없이 많은데도 '반드시'를 운운하는 것은 법적인 강제나 이데올로기적 강요에 속한다고 말한다. 현대 공민들은 자유로운 사상과 독립적인 정신을 가진 영혼들이며 각자의 문화적 경향도 다르기 때문에 타인의 간섭을 수용하지 않는다고 보았다.

치우펑은 「아마 당신이 모르는 공자」에서 사람들이 자주 『논어』의 "백성을 따라오게 할 수는 있어도 그 이유를 알게 하기는 어렵다民可使由之, 不可使知之"란 말을 인용하는 것은 유가에서 등급 제도를 견지하고 우민정책을 고취한다는 것을 증명하고 있다고 강조했다. 사실 이 말의 표점은 "백성이 괜찮다고 생각하면 따르게 하고, 괜찮지 않다고 생각하면 알게 해야 한다民可, 使由之; 不可, 使知之."로 찍어야한다.

위안웨이스는 이는 선인들이 오래전에 써먹었던 표점 방식이라고 한다. 하지만 역사적 사실의 검증을 거치지는 못했다. 공자는 "오직 가장 지혜로운 사람과 가장 어리석은 사람이 바꾸지 않는다唯上智與下愚不移."라고 했는데, 그렇다면 알 필요가 뭐가 있는가? 공자는 또 "소인이 도를 배우면 부리가 가 쉽다小人學道則易使也."라고 했는데, 이는 '알게 하다知之'와 '알게 하지 못하다不可使知之'와 같이 비천한 사람은 존비상하의 등급 제도를 범하지 말라는 말이다. 『좌전左傳』에 진晉나라에는 '형벌을 정에 기록하다鑄刑鼎'는 기록이 있는데 공자는 이를 반대하였다. 이유는 법을 공개해서는 안 된다는 것이다. 백성들이 법을 알게 되면 빈틈을 타게 되므로 항상 법을 신비스럽게 유지하는 것이 더 나으며, 그렇게 하면 백성들이 두려워한다는 것이다. 공자가 우민술을 제창한 것은 언행이 일치한다고 할 수 있다.

치우펑은 「유가헌정민생주의」란 글에서 중국 역사상 두 번째 헌정주의 시대는 동중서董仲舒-한무제 시대라고 한다(1차 헌정주의는 서주 시대 주공의 제례制禮). 동중서는 천도 헌정주의를 제안하여 사대부와 황권의 공동 통치체제를 구축하자고 제안했다(사대부가 황권을 제약할 수 있다는 뜻)

위안웨이스는 유교에 끼친 동중서의 공헌은 삼강三綱을 확립한 것인데 동중서는 이것이 거역할 수 없는 하늘의 뜻이라고 했다고 한다. 따라서 평등, 공동 통치란 말은 모두 헛소리이라는 것이다. 헌정의 핵심은 사람의 자유를 보호하는 것이고 그 수단은 분권·민주·법치이며 이는 동서고금을 막론하고 빼놓을 수 없는 것이다. 중국은 고대에서부터 19세기에 이르기까지 행정권과 사법권이 모두 통일되어 있었다. 한무제의 말 한마디가 동중서를 감옥에 보내어 목숨을 잃게 할 뻔했는데, 헌정이 어디에 있단 말인가라고 강조한다.

치우펑은 「아마 당신이 모르는 공자」에서 "예치는 자유의 보장이다."라고 했다.

위안웨이스는 문헌의 기록에 따라 이렇게 말했다. 『사기·공자세가史記·孔子世家』의 기록에 따르면, 노魯나라 정공定公 10년(기원전 500년) 노나라 정공과 제齊나라 경공景公이 협곡夾谷에서 만날 때, 공자는 노나라의 대사구大司寇(최고 사법, 법집행관)로 있었다. 흥을 돋우기 위해 제나라 사람이 통속 음악을 연주했다. 공자가 이를 보고 매우 언짢아하며 그러한 장소에서 저속한 음악을 연주하는 것이 부적절하다고 생각하여 그 연주자의 손과 발을 자르도록 명했다. 공자는 예치를 지켜야 하기 때문에 잘못이 없다. 하지만 이는 자유와 무관하다. 또『사기·공자세가』의 기록에 의하면, 노나라 정공 14년(기원전 496년)에 공자가 56세의 나이로 재상대리로 승격하였을 때, 노나라 대부 소정묘少正卯를 언론 죄로 죽였다고 한다.[145]

치우펑은 「유가 전통에서 헌정의 자원을 발굴하다在儒家傳統中發掘憲政資源」란 글에서 진秦나라 때는 매 한사람까지 관할하였지만 한 무제 이후에는 황권이 현縣아래까지 내려가지 않았기 때문에 중국은 이미 어느 정도 헌정주의 체제, 즉 사대부와 황권의 공동 통치체제인 이원체제를 갖추었다고 한다.

위안웨이스는 중국 역사상 황권이 현까지 내려가지 않은 것이 결코 헌정은 아니라는 것이다. 청나라에 이르기까지 현 이하는 종족 통치였다고 한다. 취푸曲阜의 『공씨족규孔氏族規』에는 "부모를 거역하고 어른

---

145) 묘卯는 이름이고 소정少正은 관직명이다. 춘추시대 말기 노나라의 대부이다. 공자는 노나라 정공 14년 당시 대사구大司寇(최고 법집행관)로 있을 때, 정치를 문란시켰다는 이유로 소정묘를 죽여 그 시체를 3일간 궁정에 내걸었다고 한다.-역

을 능멸하며 처첩을 멋대로 버려두고 조부모와 부모를 욕되게 하
고……(그러면) 곤장 30대이다.……매우 도리에 어긋나면 사형에 처
하며 관의 우두머리가 될 수 없다."는 기록이 있다. 또한 "소송금지"라
는 규정도 있다. 종족 통치는 유가 삼강에 의존한 전제정치의 연속이
다. 공민의 자유를 보호한다는 것은 단지 치우펑의 상상일 뿐이라고
했다.

치우펑은 「유가 전통에서 헌정의 자원을 발굴하다」에서 "공자가 만
든 학술과 교육이 있는 중국은 다른 사회의 모습이 나타나는데, 그것은
유자와 선비들로 구성된 사회이다. 그 후 2천년의 역사 속에서……그
들은 헌정주의 역량을 형성하였다."고 말했다.

이에 대해 위안웨이스는 노자는 공자가 존경하는 스승이며, 이는『
노자老子』가 중국 사상의 중요한 근원이기 때문이다. 따라서 학술은
공자 한 사람이 '만든 것'이 아니라고 말한다. 그리고 정鄭나라 자산子
産이 공자보다 몇 십 년 전의 사람이고 그가 정권을 잡았을 당시 이미
학교가 있었다. 따라서 중국의 학술과 교육은 공자가 '만든 것'이라고
할 수 없다. 중국에는 예로부터 강직하고 호연지기를 계승한 인물들이
있었지만, 그들은 황권을 제약할 수 있는 강한 역량은 못되었으며 황
제와의 공동 통치는 더욱 불가능했다. 재상의 권력도 황제가 준 것이
며 그 권력은 언제든지 회수할 수 있고 재상을 죽이는 일도 적지 않았
다. 민간 공동체의 사 계층도 유학의 영향을 받아 공손한 성격을 가지
고 있다. 헌정주의 역량을 운운하는 것은 그 근거가 어디에 있는지 정
말 알 수 없다고 말한다.

치우펑은 「공자를 존중해야 현대화가 비로소 의미가 있다尊重孔子,
現代化才有意義」란 글에서 동중서와 캉유웨이康有爲는 중국 역사상 가장
위대한 인물이며 진정한 유가라고 한다. 캉유웨이는 최초로 현대적 건
국 방안을 체계적으로 형성했다고 한다.

하지만 위안웨이스는 캉유웨이보다 오래 전의 정관응鄭觀應의『성세위언盛世危言』이 완전한 현대 건국 방안이므로 캉유웨이가 최초가 아니라고 한다. 캉유웨이의 경솔과 미숙함이 무술변법戊戌變法 실패 이유 중 하나라는 보았다. 캉유웨이의 공차상서公車上書는 가짜라고 밝혀졌고 뿐만 아니라 그는 줄곧 가짜를 만들고 언행이 일치하지 않았으며, 심지어 사람을 시켜 자신에게 자금을 제공하지 않으려는 광동의 기업가 류스지劉士驥를 암살하기도 했다.

치우펑은「유가 전통에서 헌정의 자원을 발굴하다」에서 타이완에는 계몽운동이 없었다고 한다. 장蔣씨 부자가 집권할 당시 전통문화를 최대한 보호하려고 했지만 헌정을 실시했다. 일본과 한국도 그렇게 했다.

위안웨이스는 타이완의 헌정은 장씨 부자가 유가나 경전에서 얻은 것이 아니라고 말한다. 후스胡適, 푸쓰녠傅斯年, 인하이광殷海光, 레이전雷震 등의 저작은 모두 계몽 작품이다. 장씨 부자가 타이완에서 실시한 선진 사상에 대한 진압은 매우 비참할 지경이었다. 이는 사상변혁이 있은 뒤에야 타이완의 제도전환이 있었다는 것이다. 일본은 1945년에 미국에 점령된 이후에야 헌법이 있고 헌정이 없는 역사를 마치고 진정한 헌정을 실현하였다.

2011년 6월 30일『남방주말』31면에 위안웨이스의 글에 대한 치우펑의 답변의 글「유가는 줄곧 절대 권력을 제한하였다: 위안웨이스 선생에게 답함儒家一直都想限制絶對權力:敬答袁偉時老師」이 실렸다. 이 글은 주로 치우펑이 자신의 관점을 밝히고 있고, 위안웨이스의 일부 비판에 대한 답변도 포함되었다.

치우펑은 주나라 제도와 진나라 제도는 서로 다른 전통이라고 한다. "주나라 제도의 전통은 자유와 헌정의 전통을 대표하고 유가는 이러한 전통을 고수한다."고 말했다. 요순에서부터 춘추까지 정치구조는 봉건제도였으며, "유가의 헌정주의는 바로 봉건제도의 헌정주의에 대한 기억과 반복에서 온 것"이라고 한다. 주공이 관숙管叔과 채숙蔡叔이 책동한 은殷나라 유민 반란을 평정한 후 예를 제정하고 법을 고쳐, 군왕을 혈육 관계의 구속에서 벗어나 '가까운 친척을 친히 여기는(친친親親)'에서 '높은 이를 존중하는(존존尊尊)'으로 변화시키고, 군신 관계로 혈연의 형제, 숙질 관계를 대체하였다. 이로부터 주나라 사람들은 혈연관계를 깨뜨리고 계약의 군신관계를 기초로 한 이성적인 치리治理구조를 구축하였으니, 중국 문명의 도약이었다. 결국 서주 시대의 '종법'의 요지가 바로 여기에 있다고 보았다.

치우핑은『상서尚書』의「미자의 명微子之命」,「채중의 명蔡仲之命」등의 문서가 서주의 군신 사이에 체결한 계약 문서이며, "주나라 제도의 봉건 군신 관계는 일종의 계약 관계이다."라고 했다. 군신 간의 권력과 의무는 상호적이다.『좌전·소공12년左傳·昭公十二年』에 기록한 '한 명의 신하에 두 임금臣一主二'이란 속담은 신하가 군주와의 계약을 해지하고 다른 사람과 군신 계약을 체결할 수 있음을 보여준 것이다.

봉건 체제에서 치리의 규칙 체계는 '예'였다. 사람의 모든 활동은 '예'의 구속 하에 있으며, '예'의 규칙은 모든 사람을 구속하였고 여기에는 군신에 대한 평등한 구속도 포함된다. 따라서 예치 하에서 사람들은 평등한 것이다. 봉건 시대의 사람들은 자유로웠다. 이러한 자유가 있었기에 이후 백가쟁명의 국면이 나타난 것이다. 전국 시대에는 봉건 제도가 붕괴되고 왕권 제도가 나탔지만 봉건 전통의 뿌리는 여전히 깊었다. 그리고 새로운 형태의 왕권은 사람들의 사상 참여에 대한 통제 기술을 장악하지 못했다. 때문에 전국 시대의 사람들이 향유한 자유는 봉건적인 자유인 것이다. 당시 중국은 유럽의 17, 18세기의 개명전제開明專制와 유사했다.

치우핑은 또 공자가 봉건제를 가지고 군주전제에 대항할 것을 주장했으며, 공자의 핵심적인 정치 주장은 '예로 돌아가는 것復禮'이라고 한다. 당시 공자는 봉건제가 느슨해지고 군신 관계가 명령과 복종 관계로 변하기 시작하는 것을 보고 이에 불만을 품고 '복례'를 제시하여 군신 간에 권력과 의무의 상호 관계를 회복할 것을 요구했다. 군주는 권력만 있고 의무는 없으며 신은 의무만 있고 권력이 없어서는 안 된다고 주장했다. 그리고 공자는 예에 불평등 요소가 있다는 것을 알고서 '인'을 제기했다. '인'의 의미는 사람이 서로 평등하게 대하는 것이다. "이렇게 공자를 통해 중국 역사상 모든 사람이 평등해야한다면서 자유와 평등이란 현대적 개념을 향유하는 관념이 나타났다." 그리고 공자가 소정묘를 죽였다는 말은 순자荀子가 꾸며낸 이야기이며, 공자는 자신과 뜻이 같지 않은 사람을 토벌할 마음이 결코 없었다고 하였다.

치우평은 공자가 공민사회를 개척했다고 말한다. 공자와 그의 제자들로 구성된 집단(社團)은 중국 역사상 첫 번째 민간 커뮤니티이다. 공자 시대에 정부는 단지 추형雛形에 불과하며 전국 이후에서야 비로소 정부가 형성되었다. 공자 이후 유생들로 구성된 공민 사단은 정부 권력을 제한하는 단체가 되어 제도 변화를 추진하는 주요 역량이 되었다고 한다.

치우평은 진나라 이후의 역사는 봉건 제도를 회복할 이상을 품은 유생들이 진나라 제도를 반대하던 역사라고 한다. 제도 면에서는 사대부와 황권의 공동 치리체제를 구축하는 것으로 나타났다. 동중서가 책동한 한 무제 시대와 그 후의 '복고개제'가 바로 '헌정주의 혁명'이며, 그 결과 공동 치리체제를 구축했다고 한다. 동중서-한 무제 시기에서부터 청나라 후반에 이르기까지 정상 상태하의 치리구조는 모두 '공동 치리체제'였다. 중간에 일부 우여곡절이 있긴 했다. 사대부로 구성된 선비 정부와 황권 사이에 분화가 생겼다. 사대부들은 계속해서 황권에 대한 통제와 구속을 시도함으로써 양자 간에 자주 충돌이 생겼다. 진나라의 절대적인 황권 전제에 비해 공동 치리제도는 어느 정도 헌정의 특성이 있다. 이것이 진정한 중국 전통이고 중국 정신이라고 했다.

2011년 8월 11일『남방주말』제31면에 이중톈의「유가의 헌정은 헛수고일 뿐: 치우펑 선생과의 재토론儒家的憲政只能是徒勞:再與秋風先生商権」란 글이 실렸다. 치우펑의 유가 헌정설을 비판한 것이다.

이중톈은 치우펑이 좋게 본 한 무제가 바로 황권주의자라고 말한다. 한 무제는 황제에게 권력을 집중시키기 위해 수많은 조치를 취했다. 예를 들어, 궁궐에 별도로 내조內朝라는 정부를 설치하여 권력을 집중시킨 것 외에도 외조(정부)의 실권을 없애고 독재적으로 권력을 행사했다. 후세의 집권·전제·독재가 이로부터 시작된 것이다. 이러한 사람이 어떻게 헌정을 할 수 있겠는가? 동중서는 중앙 집권과 여론을 일원화하여 '사벽한 언론'을 깨끗이 소멸하고 국가 이데올로기로 천하를 통일시킬 것을 주장했다. 때문에 다른 사상을 모두 제거하고 유교만을 세우자 문자옥이 생긴 것이다. 이것이 헌정인가 독재인가? 한 무제와 동중서는 '진나라 제도에 대해 근본적인 변화를 시작했다'고 할 수 없다. 하지만 한 나라가 진 나라의 제도를 인습했다는 것은 역사적으로 공인된 사실이다. 하늘의 뜻이란 것은 황제가 원하는 것이면 하늘의 뜻이라고 말하고 그가 원치 않는 것은 요사스러운 말이며 대중을 미혹한다고 말한다.

이중톈은 군신 관계로 볼 때, 춘추 시대의 대부와 군주 간의 관계는 친척이 아니면 친구로서 도움을 주는 관계였다고 한다. 진한秦漢 이후의 관원과 황제의 관계는 노복 관계로서 일을 하는 관계였다. 치우펑의 이른바 '군신간의 공통 치리'는 혼자만의 상상일 뿐이다. 군현제의 핵심은 중앙집권으로 황제가 절대적인 통치권을 가지는 것이다. 하지만 황제 혼자서 모든 일을 관리할 수 없기 때문에 사람을 고용하게 되고 이로써 각 계급의 관원이 생긴 것이다. 청나라 조정의 만족 관리들이 황제를 보면 자신을 노비라고 칭한 것과 같이, 군신 관계는 주인과 노복의 관계이다. 이러한 상황에서 유교의 헌정의 가능성이 얼마나 될

까? 군신 관계를 주인과 하인의 관계로 만든 사람은 누구인가? 바로 동중서이다. 그가 삼강오상을 제안했기 때문이다. '군은 신하의 벼리이다君爲臣綱'는 것이 나오면서 유생들이 황제에 맞설 가능성을 근본적으로 차단했다. 그물의 구멍이 그물의 실에 대항하는 법이 있는가? 그래서 복종하고 순종한 것이다. 동중서가 유생들의 정신과 혼을 파괴시킨 것이다. 하지만 관원들이 기득 이익 집단을 형성하여 황권을 자신의 목숨으로 생각한 것은 당연하다. 황권이 가죽이라면 관원들은 털에 해당한다. 황권이 없으면 어떻게 돈을 모을 수 있는가? 그래서 황권을 유지하는 것이 관원들의 가장 중요한 일인 것이다.

이중톈의 결론은 황권 제한이란 황제가 스스로 인지할 것을 희망하는 한쪽의 기대일 뿐이다. 절조와 기개로 강권에 맞서는 것은 득보다 손실이 더 많다. 충성으로 헌정을 바꾸는 것은 생각과 실제가 다른 것이다. 충성할수록 순종해야 하고 순종할수록 황권을 조장하게 된다. 결과는 '풍파정風波亭'이거나 '원숭환袁崇煥'인 것이다.[146] 유가가 한 치 나아가면 황권은 한 자 나아간다. 그래서 모든 노력은 허사로 돌아가는 것이다.

이중톈은 중국 역사상 점점 심해진 독재에 대해 유가는 '어느 정도 저지하는' 역할을 하였지만 그것을 '돕기도' 했다고 한다. 공과功過가 반반이다. 그래서 유교만 세우는 것보다 여러 학파들을 채택하는 것이 더 낫다. 도가는 유가에 비해 자유를 더 많이 말하고 묵가는 유가에 비해 평등을 더 많이 말하고 맹자는 공자에 비해 존엄을 더 철저하게 해석한다. 나뭇잎 하나로 눈을 가리지 말고, 한 그루의 나무 밑에서만

---

146) 풍파정은 금나라에 대항한 남송의 명장 악비 살해된 곳이다. 원숭환은 명나라 말기 장군으로 후금後金의 침략에 맞서 요동遼東 방어에 공을 세웠지만 모반謀反의 누명을 쓰고 처형되었다. -역

토끼를 기다려서는 안 된다. 중화전통 전체를 바라보며 '존엄과 자유'의 자원을 발굴해야 한다고 강조한다.

2011년 8월 11일 『남방주말』 제28면에 칭화淸華대학 교수 친후이秦暉의 「"조대를 바꾸다"와 군주평화입헌의 가능성"改朝換代"與君主和平立憲的可能」이란 글이 실렸다. 이 글에서 치우펑의 유가헌정론은 근거가 없다고 비판했다. 친후이는 "치우펑 선생은 최근 유가가 '봉건'을 주장하며 '봉건'에는 '헌정'이 포함되어 있다고 말한다. 그리고 중국의 전통은 유가를 존숭하기 때문에 진시황 시대의 짧은 기간을 제외하고, 진나라 이전과 한 무제 이후에는 줄곧 '헌정'이 있었던 같다고 한다. 그의 이러한 일련의 논증 가운데 고유古儒(한 무제 이후의 법유法儒가 아님)가 주장하는 '봉건'과 대체적으로 일치하지만 다른 몇 개의 부분은 신뢰할 수 없다. 설사 영국에서도 '봉건' 자체는 역시 헌정이 아니다(앙주Anjou 왕조시대의 대헌장은 현재 신비롭게 묘사하고 있지만, 사실 이는 근대 헌정과 아무런 논리적 관계도 없다). 그렇지 않으면 튜더 왕권과 영국혁명, 명예혁명을 이해할 수 없다. 그리고 '한나라가 진나라의 제도를 계승'한 이후의 중국 역시 실제로 고유古儒가 주장한 것이 아니었다. '봉건'이 아니고 '헌정'은 더더욱 아니었다. 하지만 치우펑 선생의 뜻이 장기적인 '봉건' 전통 하에서 헌정으로의 평화로운 과도가 가능하다는 것이라면 그것은 사실이다. 하지만 유감스럽게도 중국은 그러한 조건을 갖추고 있지 못하다."라고 말했다.

제2부

주제 토론

허디何迪 　　우리가 마리청馬立誠의 글에 주목한지 2년 정도
되었다. 그는 연속하여 중국의 당대사회사조와 관련된 일
련의 글을 발표하여 현재의 사조에 대해 비교적 상세하게
소개하여 우리를 일깨웠다. 나는 그의 글이 모두를 위해
사고하고 토론할 기초를 제공했다고 생각한다. 그러므로
보위안博源기금회가 마리청과 의논해서 이러한 글을 출
판하지 않을 수 없었고 다시 가공을 거쳐 작은 책으로 나
오게 되었다. 오늘날 우리 모두는 확실히 마리청의 연구
에 대해 평론을 하고 탁월한 견해를 제시해 주기를 희망한
다. 오늘 회의에는 마리청, 레이이, 리둔李楯, 친샤오秦曉,
루리링魯利玲, 가오취안시高全喜, 쉬장룬許章潤, 정예푸鄭
也夫, 주리자竹立家, 장리판章立凡, 양지성楊繼繩, 탕신唐
欣이 참가하였다.
우선 마리청이 중국 당대 사회사조에 대한 총체적인 소개
를 하고 모두 다른 견해와 다른 의견을 발표해 주길 바랍
니다. 우리의 목적은 이러한 방면의 문제에 관한 연구자
에게 더욱 넓은 시각을 제공하여 현재 문제에 대해 더욱
전면적인 인식을 할 수 있도록 하는데 있습니다.

8대 사회사조의 기본맥락

마리청馬立誠

　이러한 기회에 친구들과 모여 연구한 것을 모두에게 보고하게 되어 매우 기쁘며 벗들의 질정을 환영한다. 오늘 지금 미국에서 월가 점령 운동이 일어나 전 세계의 좌익사상이 제고되고 있으며 반 년전 내가 싱가폴 국립대학을 방문했을 때 동아연구소 소장 정융녠 역시 나에게 중국좌익의 역량이 상승할 것이라고 말했었다. 지금 우리는 이러한 시기에 놓여있다.

　오늘 시간이 별로 없고 현대 중국 8종 사회사조를 짧은 시간에 강연을 마쳐야 해서 각종 사조에 대해서 6-7분 안에 강의해야 하는 것이 관건이다. 현 중국의 8종 사회사조는 중국특색사회주의 사상 즉 덩샤오핑 사상, 구좌파 사조, 신좌파 사조, 자유주의 사조, 민주사회주의 사조, 민족주의 사조, 신유가주의와 민수주의 사조이다.

　총체적으로 보면 현재 중국 사회의 이러한 사조는 두 가지 특징이 있다. 첫째 모두 농후한 문제의식을 지니는데 이는 친샤오秦曉가 제기한 것으로 확실히 이와 같다. 중국사회는 이 30여년의 전환으로 한편으로는 눈부신 성과를 얻었지만 다른 한편으로는 많은 문제도 발생했다. 이 8종 사조의 등장은 모두 병증에 대한 처방이며 중국의 이러한 문제를 해결하기 위한 것으로 이 때문에 그것의 문제의식은 매우 강하다. 둘째 8종 사조와 서구사조는 비교적 긴밀한 관련이 있다. 자유주의사조가 백년동안 기복이 있었던 것은 말할 것도 없다. 사회주의사조는 중국으로 전해져 4가지로 나뉘었는데 스탈린모델에서 변화한 마오쩌둥 모델의 사회주의, 덩샤오핑 사회주의 시장경제, 민주사회주의 사조와 다른 하나는 신좌파의 사회주의 사조이다. 민족주의와 민중주의의 이론틀 역시 서구에서 온 것이다. 보수주의를 보아도 나는 보수주의는 민족의 우수한 문화전통을 보존하려는 것과 현대정신으로 민족문화의 정수를 해석하자는 주장이라고 본다. 신유가도 비교적 보수주의에 가깝다. 보수주의는 자유와 민주를 거부하지 않는다. 현재 어떤 사람들은 구좌파도 보수주의라고 하는데 나는 개인적으로 그렇지 않다고 보며 구좌파가 보수적인 것은 마오쩌둥의 계급투쟁을 강령으로 하기 때문이며 공자를 비판하고 있어서 구좌파와 중화민족의 우수한 전통문화와는 서로 대척적이다. 또 점진을 주장하면 보수주의인가? 꼭 그런 것은 아니니 예를 들어 중국관원의 대부분은 점진을 주장하므로 그들을 보수적이라고 할 수는 있지만 관료가 보수주의자라고 하는 것은 정확하지 않다. 나는 보수주의자는 중국의 윤리, 도덕, 심미, 언어의 보수를 매우 중시해야 하며 황권제도, 태감太監제도, 능지처참제도, 전족풍속을 보수하는 것이 아니라고 본다. 이러한 점에서 보면 해외 신유가와 국내 신유가는 더욱 보수주의에 가까워지고 있는데 이 때문에 신유가는 자유와 민주를 찬성한다. 이것이 8종사조의 특징이다.

이하에서는 8종 사조를 소개하겠다.

첫째 중국특색사회주의 사상인 덩샤오핑 사상은 중국의 주도적 사상이다. 덩샤오핑 사상은 세 개의 관건성이 있다. 첫째는 사회주의 시장

경제이다. 하이에크가 1980년 최후의 저작인『불행한 관념: 사회주의
오류』를 발표했다. 당시 중국은 이미 개혁이 시작되었다. 하이에크는
이 책에서 사회주의는 계획경제이며 중앙에서 경제를 지령한다고 했
다. 덩샤오핑은 1979년 사회주의가 시장경제를 제고할 것이라고 했다.
단순히 이점만 말하면 덩샤오핑은 하이에크를 초월한 것이며 기타 헌
정사상을 들어도 말할 필요가 없다. 그러나 덩샤오핑은 1979년 강연에
서 공개적인 전달은 하지 않았다. 1992년 남순강화에 가서야 완전히
공개했으며 거대한 영향을 끼쳤다. 덩샤오핑은 사회주의가 시장경제
를 제고할 수 있으며 체제상 중국을 다시 조성할 수 있다고 하였다.
우리의 오늘날 생활은 덩샤오핑 사상의 연장선상에 있다. 2010년 중국
경제의 성과가 일본을 넘어섰으며 이는 덩샤오핑 사상의 성과이다. 둘째
덩샤오핑의 1980년 '8.18강화講話'이다. 이 강화는 지금까지 중공 영도
인이 발표한 정치체제개혁에 관한 가장 첨예한 논술이었다. 덩샤오핑
은 제도개혁을 제기하였다. 과거에 우리의 제도는 좋은 것이며 단지 몇
명의 나쁜 사람이 있을 뿐이라고 말했다. 그러나 덩샤오핑은 이 강화에
서 우리의 제도는 좋지 못하다고 주장했다. 제도가 좋지 않아 좋은 사
람도 어쩔 수 없이 일을 할 수 없었고 마오쩌둥에게도 비극이 나타났
다. 덩샤오핑은 이러한 제도를 개혁하자고 제기한 것이다. 덩샤오핑은
5개의 제도상의 폐단을 제출하였는데 즉 관료주의, 권력의 과도한 집
중, 가부장제, 특권현상, 간부직무종신제였다. 이외 덩샤오핑은 이 강화
에서 서구의 정치제도를 공공연히 긍정하였다. 그는 스탈린이 법제를
파괴한 일을 말하면서 영국과 프랑스 미국과 같은 국가에서는 발생할
수 없는 일이라고 하였다. 이러한 태도는 덩샤오핑이 내심 세계 각국의
정치체제에 대해 깊은 사고를 했다는 것을 우리에게 보여준다.

  셋째 경제체제개혁은 대담하게 돌파했지만 정치체제개혁은 여러 방
면으로 한계를 두었다는 것이다. 1986년 덩샤오핑은 다시 정치체제개

혁을 제기했을 때 제도개혁을 제기하지 않았고 오히려 노동자 농민의 적극성을 제기하였고 효율의 제고를 요구하였다. 이것은 왜 그런 것인가? 원인은 덩샤오핑의 8월 18일 강화 후 머지않아 폴란드에서 노동운동이 폭발했기 때문이다. 노동운동은 급속하게 발전하여 10년간의 정권을 무너뜨렸다. 덩샤오핑이 8월 18일 강화후 오래지 않아 사람들이 덩샤오핑과 후야오방에게 중국도 노동운동이 발생할 수 있다고 하자 불만을 품은 지식인과 노동자가 함께 우리의 정권을 전복시킬 수 있다고 생각하게 되었다. 이는 중국지도자를 긴장하게 했다. 정권의 보호와 정치개혁의 양자 선택에서 덩샤오핑은 정권수호를 선택하였다. 노동자조직의 단결이 강렬해질수록 정치체제 개혁의 발걸음은 더욱 느려지고 수축되었다. 당연히 1987년 중공 13대에서 정치체제개혁의 조짐이 있었다. 13대보고의 전문 1장에서 정치체제 개혁에 관해 7가지의 조치가 나왔다. 당시 주로 진전을 보인 것은 덩샤오핑이 제출한 당정분리였다. 8.9풍파 이후 덩샤오핑이 제출하여 전국인민대표대회와 정협회의가 원점으로 되돌려졌고 오늘날까지 정치체제개혁은 다시 늦춰졌으며 사회모순도 계속 더해졌는데 이것 역시 덩샤오핑이 우리에게 물려준 유산이다. 나는 왜 1장에서 신권위주의의 논쟁을 소개했는가? 원인은 올해 법률法律출판사가 출판한 『헌정을 향해서』라는 책에 우자샹吳稼祥의 한편의 글이 실렸기 때문이다. 이글에서 1989년 3월 당시의 중공중앙 담당자가 덩샤오핑에게 당시 사회상 신권위주의의 논쟁에 대해 보고를 했다. 덩샤오핑은 '내가 바로 이 주장이다.'라고 말했다. 이 책은 덩샤오핑이 확실히 신권위주의를 찬성했다는 것을 공포했고 나는 신권위주의논쟁을 소개해서 독자들에게 덩샤오핑 사상의 이해에 참고를 하게 한 것이다. 당시 신권위주의를 제창한 사람은 북쪽에는 장빙쥬張炳九, 우자샹, 남쪽에는 샤오궁친蕭功奏였다. 신권위주의의 주요 관점은 경제개혁이 정치개혁에 우선한다는 것이다. 권위적 주도하에 시장경제개혁을 하고 공민사회발전을 배양한다는 것이다. 당시 시장경제개혁과 공민사회발전은 일정정도 이후 도달할 수 있다고 여겼으며 이 권위가 퇴출되어야 다시 민주화를 실현할 수 있었다. 1986년부터 1989년까지 이 논쟁은 비교적 컸다. 신권위주의의 의견은 대부분의 반대에 부딪쳤고 내가 보기에는 당시의 정융녠, 쑨리핑孫立平, 황완성黃萬盛, 친샤오잉秦曉鷹, 왕이저우王逸舟등의 글이 모두 신권위주의를 반박하는 것이고 정치개혁을 요구하는 것이었다. 당연히 이러한 의견은 80년대 중후기를 대표하는 특징이다.

둘째 구좌파 사조. 구좌파는 마오쩌둥 만년 사상의 보위자이다. 모두 과거의 사람들로 구좌파의 사조는 익숙한 것이다. 나는 그것을 4개의 단계로 나누어 4개의 문제를 가지고 전개하였다. 제1단계는 '양개범시'를 둘러싼 투쟁이다. 제 2단계는 1989년에서 1991년 좌파가 사회주의인지 자본주의인지를 묻는 논쟁을 유발했을 때이다. 제3단계는 1995년에서 1997년 덩샤오핑 사망 전의 4번의 만언서로 당시 사람들에게 알려진 것이다.

제4단계는 2002년부터 오늘까지로 좌파가 다시 제 1차의 문혁을 요구하였다. '양개범시' 논쟁에 관해서 새로운 사료에 근거하여 화궈펑이 덩샤오핑이 제기한 공작에 찬성하였고 화궈펑은 '양개범시'적 태도가 이후에 약화되었고 가장 강경했던 사람은 왕둥싱汪東興이었다고 밝혔다. 그러므로 제 1차 파동에서 왕둥싱이 대표적 인물이고 화궈펑은 책임을 져야했다. 현재 우리가 알고 있는 것은 화궈펑의 당시 사상체계는 '양개범시'라는 것이다. 당연히 그가 '사인방' 분쇄 투쟁에서 공을 세웠고 겸허하고 관용적이며 성실한 것은 그의 성취요 장점이었다. 둘째 셋째 파동을 대표하는 인물은 덩리췬이다. 나는 당시 덩리췬이『인민일보』에 발표한 글을 보고 그가 계급투쟁을 제창한다고 보았다. 제 3파동 이후 덩리췬은 행하지 못하였고 제 4파동 때 대표인물은 마빈과 장홍량張宏良이었다. 현재 이 4단계 풍파가 매우 강경하고 그의 주요 진지는 유토피아烏有之鄉, 마오쩌뚱 기치의 사이트 등의 사이트로 스스로 주장을 하기를 '사인방'의 복권을 요구하고 다시 문혁을 하여 문혁의 방법으로 중국의 현재 당면 문제를 해결할 수 있다고 한다. 장홍량은 매우 급진적인데 그는 '문혁'의 홍위병은 매우 좋은 것이며 중국의 최악은 모두 광둥廣東에서 나온 것으로 광둥의 길은 바로 30여 년 착오의 연장선이다라고 하였다. 그는 또 1981년 중공중앙의 건국 이래 약간의 역사문제에 대한 결의를 비판하였는데 이러한 결의는 '문혁'을 부정하기 때문이라고 하였다. 장홍량은 이 결의를 발표한 이후로부터 전국의 인민이 방향을 상실했고 사람들을 암흑에 빠졌다고 말한다. 장홍량은 현재 이미 유토피아의 발언인이 되었다. 당연히 유토피아에서도 장홍량의 좌가 충분하지 않다고 의심하는 사람도 있다.

최근 구좌파 위안서우화袁庶華도 주목을 끌고 있다. 그는 원래 정저우鄭州 도살장의 노동자였다. 문혁시기 조반이 일어나 허난河南 조반파의 영수가 되어 '27꼼윤公社'의 영도인이되었다. 그는 문혁문제로 세 차례 감옥에 들어갔다. 출옥 후 그는 대학에서 강연을 하고 심지어 러시아 과학원에서 강연을 하였다. 그는 '문혁'은 마오쩌둥의 위대한 창조라고 하였다. 대명, 대방, 대자보, 대변론을 역사책에 기록해야 한다고 말했다. 금후 중국문제의 해결은 이 네 가지에 의거해 돌파할 수 있다면서 그는 중국인민의 오늘날의 주요한 적은 바로 관료 자산계급이라고 하였다. 관료자산계급은 개혁개방의 최대 수혜자로 심각한 문제를 조성했다는 것이다. 자산계급은 공산당내에 있다. 그는 서구의 순차적 민주는 괜찮으나 선거때만 사용될 뿐 평상시에는 제한이 너무 많아서 4대처럼 통쾌하지 못하고 직접적이고 강렬하지 못하다라고 하였다. 그러므로 순차적 민주를 대민주에 더하는 것이 이후 중국문제를 해결하는 방식이라고 하였다. 그는 중국좌익은 덩샤오핑의 개혁개방에 부정적 태도를 지니고 있다고 했다. 그의 주장은 '234'와 '두 개의 4'이다. '234'는 무엇인가? 2는 순차민주를 대민주에 더하는 것이다. 3은 3종의 정치적 박해를 받는 사람을 석방하는 것이다. 4는 4개의 사회보장인 의료, 교육, 양로와 기본거주이다. 그는 또 '두개의 4'를 제출했다. 앞의 4는 바로 4대인 대명, 대방, 대자보, 대변론이다. 두 번째 4는 4개의 사회보장이다. 그는 중국사회의 모순이 점점 첨예해져 이미 폭발 전야라고 한다. 진정으로 문제를 해결할 수 있는 것은 자유주의 지식인이 아니고 마오식의 대중운동인 4대에 의지해야만 최후로 관료 자산계급의 통치를 깰 수 있다고 했다. 위안서우화는 '대약진'은 중국 인민의 풍채를 드러냈다고 했다. 그는 1959년 여산회의는 펑더화이와 소련 수정주의 외부가 결합하여 정변을 일으켜 마오를 분쇄하고자 한 것이라고 말했다. 위안서우화의 전체 사상은 구좌파의 사상이지만 그는 형식민주를 첨가한 변화가 있었다.

셋째 신좌파의 사조. 신좌파의 새로움은 어디에 있는가? 두 가지가 있다. 하나는 사상자원이 다른 것이다. 구좌파 궁셴톈巩獻田은 「물권법」을 반대하고 「물권법」은 소비에트 입법원칙을 배반하였다고 했다. 그의 핵심관점은 스탈린주의이다. 신좌파는 이렇지 않다. 신좌파의 사상 자원은 서구의 좌파, 신맑스주의이다. 프랑크푸르트학파, 영미신좌파 촘스키Noam Chomsky, 1928-, 제임슨Fredric Jameson, 1934 및 제 3세계 신좌파 아민Samir Amin, 사이드Edward Said, 1935-2003등이 있다. 둘째 표현방식이 다르다. 구좌파는 대자보 방식으로 정서가 격렬하고 성토를 하며 감정적이어서 설득력에 비교적 떨어진다. 신좌파의 문장은 서구화 되어 있고 증명하며 형식논리에 치중하고 비교적 시사적이다. 이 중톈易中天은 신좌파의 이러한 방식을 구좌파는 따라할 수 없다고 하였다. 신좌파는 세계화를 반대하고 자본을 비판하고 자본주의를 비판하고 시장경제를 반대하며 중국이 세계무역기구에 가입하는 것을 반대한다. 그들은 중국의 부패는 초국적기업이 조성한 것이라고 한다. 그들은 덩샤오핑을 편파적이고 평면적인 발전주의라고 한다. 덩샤오핑의 남순강화가 시장경제의 문을 열었지만 부패와 빈부격차의 조건을 만들었다. 이것이 그들의 핵심적 주장이다.

근래 신좌파 인물은 민주의 주장에서 바뀌어 민주를 부정하고 비판한다. 예를 들어 왕사오광王紹光은 격렬하게 선거를 좋지 않은 것으로 말하며 각종 민주형식에서 선거를 가장 좋지 않은 것이라고 한다. 왜 그런가? 왕사오광은 방향식민주를 제기한다. 바로 대중이 요구하며 정부가 이 의견을 흡수하고 이에 따라야 하는 것이 방향식 민주라는 것이다. 왕사오광은 나아가 이는 사실 마오쩌둥의 대중노선이라는 것이다. 방향식민주는 권력주체가 어떻게 생산되는지의 문제를 해결할 수 없는 것이라 그것은 실제는 유가적 민본정치인 것이다. 자오팅양趙汀陽은 두 권『개인의 정치』와『천하체계』가 있다. 그는 민주는 가치가 없고 민주와 전제는 마찬가지로 그것은 사람들에게 상해를 입힌다. 예를 들어 민주는 다수를 이용해서 사람들을 해치는 것이고 전제도 사람을 해치는 것이어서 전제의 박해를 받는 사람들이 많아진다는 것은 이야기에 불과하다. 자오팅양은 중국고대의 천하관은 전체세계를 시야에 넣은 일종의 소프트한 문화로 예악이라고 하였다. 중국의 천하관은 현재 세계문제를 충분히 해결할 수 있으며 서구의 인권, 자유, 민주로는 현재세계의 문제를 해결할 수 없다. 단 중국의 천하관념이 어떻게 세계의 문제를 해결할 수 있는지는 상세하지 언급하지 않았다. 자오팅양은 인권은 세계적 의의를 지니지 않았고 세계 각국의 공인을 받지 않았다고 하였다. 사실 인권은 세계 각국의 공인을 얻었다.

창스궁强世功은 슈미트 이론을 찬성해서 정치의 가장 주요한 문제는 적과 아의 문제이며 정치는 복종과 불복종의 문제로 네가 나에게 복종하지 않으면 너를 진압할 것이라고 하였다. 우크라이나에서 색깔혁명이 발생하여 원래 정권을 탈취하였으나 정치적 본질문제인 적과 아의 문제가 명확하지 않았기 때문에 강력한 진압수단을 쓸 수 없었으므로 이러한 교훈을 받아들여야 한다고 말했다. 판웨이潘維는 서구는 권력 의식과 권력본위이고 중국은 책임의식과 책임본위라고 한다. 무엇이 책임본위인가? 바로 국민을 위해 일하는 것이다. 판웨이 역시 권력을 어떻게 부여할 것인지에 대해서는 말하지 않았다. 쉬지린은 최근 신좌파가 국가주의로 바뀌었다고 하였다. 이 배경은 2008년 중국모델이 출현했을 때 이야기로 신좌파는 자주 중국경험을 총결해왔다. 왕후이는 당국黨國체제가 중국의 성공을 보증했다고 주장했다. 왕사오광, 한위하이韓毓海도 또한 국가능력을 오백년래의 역사에서 볼 때 가장 초점이 된 문제는 국가능력의 문제였다라고 말하였다. 신좌파는 과거 시장경제를 비판하고 덩샤오핑의 '발전주의'를 반대하고 중국의 세계무역기구 가입을 반대하였는데 현재 어떻게 변화하여 개혁개방을 찬미할 수 있는 것인가? 돌연 신좌파는 중국모델의 해석자가 되어 마치 과거 30여년 지나온 길을 신자파가 부르짖고 지지한 것처럼 한다. 사실 신좌파의 핵심은 서구에 반대하는 것이다. 현재 어떤 이는 중국이 서구의 보편가치를 거부하고 서구의 발전경로를 거부하는 것이 성공적이었다고 한다. 신좌파는 중국모델을 선택하여 서구의 합리성을 거부하는 논증을 하였다. 이것은 반서구의 목적에서 나온 것이다. 서구에 반대하는 것이 목적이고 기타는 수단이었다. 결과는 중국의 경제발전에 가장 중대한 공헌을 한 자유주의를 오히려 주변화 시킨 것이었다.

신좌파와 자유주의의 논쟁은 몇 가지 문제를 둘러싸고 전개되었다. 하나는 세계화이다. 세계화를 어떻게 평가할 것인가와 중국은 세계화에 진입해야 하는가에 대한 것이었다. 신좌파는 세계화에 대해 부정적 태도를 취했다. 자유주의는 중국의 세계화 진입을 지지하였다. 둘째 중국 국정의 위상정립이다. 신좌파 일부는 중국은 이미 자본주의 사회로 변화되었다고 간주했다. 자유주의자는 중국은 포스트공산주의사회나 권위주의적 사회라고 보았다. 셋째 부패의 원인이다. 자유주의는 악성부패의 원인은 체제존재의 매우 큰 문제로 권력은 제약을 받지 않는다고 간주했다. 그러나 신좌파는 부패는 국제자본이 중국에 들어오면서 야기된 것이라고 보았다. 넷째 문혁에 대한 평가이다. 신좌파는 문혁으로 돌아갔다. 듀크 대학의 제임슨은 문혁을 칭송하고 문혁은 정신원자탄을 해방시킨 것으로 덩샤오핑이 문혁을 부정하여 자본주의 복벽을 한 것이라고 말했다. 왕후이의 글은 제임슨의 말과 대체로 일치한다. 추이즈위안은 장문을 써서 마오쩌둥 문혁이론의 득과 실을 논술했다. 그는 문혁의 대민주는 창조적이며 대민주가 제도화 되지 못한 것을 애석해 했다. 다섯째는 보편가치를 둘러싼 논쟁으로 어떻게 자유, 법치, 민주, 인권을 볼 것인가이다. 신좌파는 보편가치를 반대하는데 이는 매우 분명하다. 자유주의는 보편가치를 지지한다.

제 4는 민주사회주의 사조이다. 민주사회주의는 중국에서 침체를 맞았다. 첫 번째는 1960년대로 중국에서 '9평'이 발표되어 소련수정주의의 뿌리를 파헤치고 베른슈타인, 카우츠키를 발본한다는 광풍이 불었다. 두번째는 1990년대 소련과 동구의 격변 후 민주사회주의는 소련 동구의 대두로 스스로 긴장을 하게 되었으며 민주사회주의를 비판하는 책이 십여권이나 출판되었다.

민주사회주의는 폭력혁명을 거치지 않고 사유제를 전복하지 않고 개혁과 민주 확대의 경로로 사회주의를 추진하고 실현하려는 것이다. 예를 들어 노동시간을 축소한다든지, 임금을 높이고 부녀의 권리를 보장하며 선거권을 확대하는 등이 수단이다. 국제 노동운동에서 이러한 주장은 계속되어 폭력혁명파와 논쟁을 일으켰다. 제 2인터내셔널 중후기에 엥겔스는 사망 몇 개월 전『프랑스계급투쟁서언』을 써서 선거권을 이용하여 노동자계급의 승리를 이끌고 폭력적 기의의 방식은 시대착오라고 하였다. 개혁파는 바람을 타게 되었다. 베른슈타인의 많은 논문이 이러한 엥겔스의 관점을 빌어 전개되면서 제 2인터내셔널의 중후기의 지도사상이 되었다. 유럽 각국의 사회당은 이러한 노선을 계승하고 사회당인터내셔널을 건립했다. 폭력혁명을 주장한 파는 단독으로 코민테른을 결성했다. 1997년 사회당인터내셔널의 주석이 중국을 방문해서 중공과 사회당 인터내셔널은 정상적인 관계를 수립했다. 사회당은 30여 국가에서 정권을 잡았고 150개 국가가 조직을 이루었으며 코민테른은 해산되었다. 민주사회주의는 주로 민주적 수단을 이용하여 사회주의로 진입하며 사회주의 실천 중 민주를 강조하는데 이것이 민주사회주의의 주요한 특색이다. 당연히 민주사회주의의 이론의 기원은 매우 많은데 맑스주의와 계몽사상, 인도주의사상, 기독교 사상이 있다. 그것은 정치다원화를 주장하고 혼합경제를 주장하며 사회정책은 특히 사람들에게 칭찬을 받는 것이지만 현재는 복지의 보장이라는 문제에 직면해 있다.

우리 주변에도 민주사회주의를 주장하는 사람들이 있다. 1970년대 말 개혁개방이 시작될 때 리훙린李洪林이 글을 써서 이러한 문제를 제출하여 우리가 어떻게 사회주의를 건설할 것인가?를 제기했다. 그는 두 가지를 말하였다. 하나는 경제를 발전시키고 생산력을 발전시켜하며 생산력 발전에 장애를 일으키는 것은 잘못된 것이라고 하였다. 둘째 민주를 실현하고 선거를 확대하자고 했다. 이어 왕뤄수이는 인도주의적 사회주의를 제기하였으며 또한 한걸음 나아가 소외화의 반대를 제기하였다.

이후 후성胡繩이 마오쩌둥의 사회주의 모델을 비판하였는데 자본주의의 꼬리를 자른다 같은 것이었다. 리루이李銳 또한 마오쩌둥의 방식의 사회주의를 비판했고 이는 대중들도 다 아는 사실이다. 또한 주허우쩌朱厚澤, 가오팡高放은 스탈린 모델과 마오쩌둥 모델을 모두 비판했다.

좀 젊은이로는 왕잔양王占陽과 후싱더우胡星斗를 들 수 있다. 왕잔양은 사회주의는 보편적인 행복이라고 하였다. 무엇이 보편적 행복인가? 왕잔양은 공평, 공정, 자유, 인권, 민주 등이 행복의 요소라고 하고 사회주의는 보편행복주의라고 하였다. 후싱더우의「헌정사회주의」는 법치가 민주에 우선한다고 하고 헌정은 자본주의의 성격이냐 사회주의의 성격이냐로 구분할 수 없으며 단 발전하려면 민주를 이루어야 한다고 하였다. 셰타오謝韜는 민주사회주의가 중국을 구할 것이라고 했고 이러한 것은 모두가 아는 바이니 상세하게 말하지 않을 것이다.

나는 특별히 이하에서는 화빙샤오華炳嘯를 논하려 하는데 그는 시베이西北대학 정치전파 연구소의 소장으로『초월 자유주의- 헌정사회주의언설』56만자를 출판했고 쓰는 데만 10년이 걸렸다. 그는 자유주의는 강자와 부자에 유리하고 빈자에게 불리하다고 하였다. 그는 자유주의에 찬성하지 않는다. 그는 4항기본 원칙을 유지하려고 공산당 일당 지도를 유지하며 다당제를 반대한다. 동시에 그는 헌정을 사회주의성격이냐 자본주의성격이냐로 나누지 않고 진정한 사회주의는 전민민주라고 하고 경제발전을 성공으로만 간주하는 것이 통치의 지위를 영원히 보존하게 하는 자기기만이며 사람을 속이는 것이라고 한다. 그는 10개의 정치개혁조치를 제기했는데 하나는 전당 최고의 권위기구는 전국당원대표대회라는 것이다. 전국당원 대표대회는 두 개의 기구를 선출하는데 즉 중앙위원회와 중앙기율검사위원회로 이 두 개의 기구는 서로 예속되지 않고 평행으로 간다. 둘째는 전국당대표대회가 중앙당서기후보 두 명을 선출하는 것이다. 총서기와 국가주석으로 국가주석은 전국인민대회에서 확정하는데 이로 인해 두 총서기 후보를 전국인민대표대회에서 먼저 경선을 하고 투표를 해서 가장 많이 획득한 자가 국가주석이 되며 동시에 자동적으로 중공중앙총서기와 중앙군사위원회 주석이 된다. 총리 역시 전국 당대회에서 두명의 후보를 선출해

서 전국인민대표대회에서 경선을 하여 우승자 한명이 선출된다 등등
이다. 그가 제출한 방안은 현재 국정과 비교적 긴밀하다. 이상의 상황
으로 보면 민주사회주의의 옹호자는 기본적으로 체제의 이면에 있고
공산당 내에 있다.

　제5는 자유주의 사조이다. 자유주의 사조는 먼저 1970년대 말에 일어
났다. 당시 덩샤오핑사상과 자유주의는 서로 밀월기였고 이는 사상의
속박을 깨고 경직화를 타파하고 정신의 봉쇄를 깨고 사상해방을 주장
한 것이었다. 자유주의는 사상해방을 지지하고 농촌의 개혁을 지지하
며 개인사영경제를 지지하고 개혁개방을 지지했다. 그러나 당시 문화
의 속박이 너무 오래되고 쇄국이 오래 지속되면서 관련 저작이 매우
적어 자유주의는 이론의 자각을 결여했다. 다시 80년대 두 차례 자산
계급자유화 반대 운동이 더해져 80년대에는 자유주의의 기치를 내건
사람이 없었다. 89풍파 후 자유주의는 저락에 빠졌다. 1989년부터 1991
년까지 좌파는 개혁개방을 성토하고 자유주의를 비판했다. 1992년 덩
샤오핑이 남순강화를 발표하고 사상해방운동이 거듭 일어나자 자유주
의가 재차 일어났다. 이러한 흥기로 우선 경제자유주의 기치가 선명해
졌다. 당시 많은 노경제학자 우징롄吳敬璉, 리이닝勵以寧, 둥푸렁董輔礽
등이 자유주의 경제개혁의 경향을 추동하는데 큰 작용을 하였다. 중국
은 시장경제를 경제개혁 목표로 확립한 이후 학계가 시장경제와 국가
체제와의 관계, 시장경제와 경제체제와의 관계 및 법치의 관계를 깊게
검토하면서 법치국가, 소정부 대사회, 헌정추동과 같은 일련의 자유주
의적 컨센서스가 형성되었다. 이 시기 자유주의의 이론적 자각이 부단
히 증강되었는데 80년대의 번역풍조를 거쳤기 때문에 지식계가 재차
세계사상의 자원을 흡수할 수 있었기 때문이었다. 당시 구좌파는 사영
경제의 발전을 반대했고 시장에 대해서도 반대의 입장을 취해 집정자
들에게 큰 압력이 되었다. 집정자들은 자유주의에 힘입어 당시 좌파의

정치역량을 균형있게 하려했다. 자유주의는 다시 생기를 얻었다. 90년대 중후기 자유주의는 학리의 형식으로 무대에 공개적으로 등장했다. 리선즈李愼之를 시작으로 쉬여우위, 류쥔잉, 주쉐친, 친후이 등 학자들이 차례로 글을 발표하여 자유주의를 주장했다. 당연히 어떤 사람들은 친후이는 민주사회주의라고 하고 어떤 이는 그가 자유주의적 좌익이라고 한다. 당대 중국의 자유주의적 주장은 계속 나오고 있는데 기본개념은 헌정민주, 개인재산보호, 개인권리와 개인자유의 보호이다.

자유주의는 이러한 단계에서 성과를 얻었다. 예를 들면 15대는 사영경제는 사회주의 시장경제의 중요한 조성부분이라고 하고 법치사회건설을 제기했다. 이밖에 소정부 대사회의 관념도 사회공식이 되었다. 이후 헌법수정으로 인권의 보장도 헌법에 들어갔다. 이러한 것은 모두 자유주의가 적극 주장한 것이었다. 당시 경제자유주의의 지도적 인물이 정책결정의 중심에 들어갔고 당시 시장경제발전에 크게 작용했다.

그러나 이후 자유주의는 새로운 곤란에 직면했다. 우선 1998년부터 2002년까지 국유기업의 직원 3500만명이 해고되어 많은 사람들이 약세군체가 되었고 해고자가 법치와 민주가 결핍된 시장경제생산에 반감을 가지게 되면서 반시장 반경쟁의 정서가 생겨났다. 국유기업은 매각과정에서 많은 '블랙박스'가 존재했으며 사사로이 접수하게 되면서 약세군체의 시장에 대한 불만을 더욱 강화시켰다. 다시 자유주의 지식인의 내부분화가 이루어졌고 조성된 살상은 큰 것이었다. 세 번째는 2008년 미국 금융위기에서 현재까지로 서구의 경제가 곤란에 처하자 신자유주의이론이 공격을 받고 국제 좌익의 역량이 상승하였다. 당연히 근본적인 것은 자유주의가 중국의 공간에서 계속 압박을 받았다는 것이며 이는 총체적인 대환경이었다. 당신이 강조하는 헌정과 법치는 권력자의 권력을 축소시킬 수 있지만 이것은 당연히 권력자의 반감

을 불러 일으킨다. 이러한 요소로 자유주의는 다시 곤경에 처하게
되었다.

자유주의의 뿌리 깊은 근성은 다시 잠복의 상태에서 일어났다. 자유
주의와 신좌파의 논쟁에 대해 일반인은 1997년 왕후이가 발표한 현대
성문제의 장편논문에서 시작된 것으로 알고 있지만 사실 1995년 류둥
과 레이이가 『21세기』에 추이즈위안과 간양의 문장을 싣게 되면서 시작
된 것이다. 이 책에서 이 논쟁을 소개했고 역사적 고증을 할 수 있다.

제 6은 민족주의 사조이다. 민족주의는 혈연을 기초로 정감과 의식
을 유지하는 것이다. 그것은 비이성적이며 가치의 내용이 결여되어
어떠한 세력도 민족주의를 이용할 수 있다. 민족주의에는 개인의 자유
와 권리를 억압하는 집단적 성격과 전제적 성격이 있다. 민족주의는
양날의 검이다. 예를 들어 민족주의는 정치상 하나의 민족에 하나의
국가를 주장하는데 바로 국가의 변경과 민족의 변경이 합쳐지게 된다.
그러므로 민족주의를 주창할수록 문제가 발생한다. 영국의 사상가
이사야 벌린Isaiah Berlin, 1909-1997은 압박받는 민족의 민족주의는 마치
휘어진 뿌리가 과도한 탄성을 지니게 되는 것처럼 힘이 너무 클 것이
라고 했다.

국내의 민족주의를 보면 상층 지식인들의 소범주의 토론은 1990년
중기 시작되었다. 『전략과 관리戰略與管理』에서 민족주의에 대한 두 차
례의 토론이 있었다. 허신何新이 처음으로 애국주의교육의 진행으로
서구를 제약하자고 주장했다. 또한 지셴린季羨林은 30여년 허둥河東 30
여년 허시河西를 주장하여 전 세계가 동방문화에 의지해 문제를 해결
해야 한다고 말했다. 다시 대중민족주의가 흥기해서 1996년부터 『중국
은 노NO라고 말할 수 있다.』가 출판되었다. 이 책은 3백만 부가 팔려
큰 반향을 일으켰다. 많은 책이 나와 민족주의를 선동했다.

현재 민족주의는 3가지의 내용이 있다. 하나는 서방을 미워하는 것

이다. 예를 들어『중국은 노NO라고 말할 수 있다』,『중국을 요괴화하
는 배후』,『중국이여 일어나라』,『중국은 불쾌하다』등의 저작은 분로
로 가득차서 미국매체의 중국에 대한 보도를 중국을 요괴화하는 것이
라고 말하고 서구는 세계의 병균이라고 말했다. 서방은 침략과 약탈,
노예화, 요언과 불평등을 대표한다. 5·4운동을 비판하고 차이위안페
이, 천두슈, 루쉰, 후스를 비판하고 그들이 서구화를 주장하였다고 그
들의 머리에 매국노의 모자를 씌우는 등 전반적으로 감정적이다. 둘째
세계화에 반대한다. 중국의 WTO가입에 반대하고 중국경제의 영광스
런 고립을 주장했다.『세계화 그림자 하의 중국의 길』,『중국을 위협
하는 은폐전쟁』,『충돌』등의 저작은 작가들이 말하듯이 만약 세계무
역기구에 가입하면 중국의 경제는 완전히 무너지고 공장도 도태되고
농업도 경쟁에 사로잡힌다고 했다. 중국은 매우 크므로 영광스런 고립
이 가능하다고 했다. 셋째는 군사모험이다. 예를 들어『중국몽』,『C형
포위망』등의 저작은 전쟁굴기론을 제창하여 전쟁 역시 중국의 기회가
되며 전쟁을 하려면 미국과 중국의 전쟁으로 세계의 최고를 차지해야
한다는 것이다.

어떤 학자는 현재 민족주의는 광기로 흐르며 그것의 배후에는 종족
주의나 심지어 파시스트주의가 있다고 한다. 현재 민족주의는 이미 국
가주의가 발현된 것으로 민족주의보다 더 정치화되어 있다.

제 7은 민수주의 사조이다. 민수주의는 반영웅적이며 가난한자의 옳
고 그름이 옳고 그름이 되는 극단적 평민화인데 예를 들면 '비천한 자
가 가장 총명하며 고귀한 자는 우매하다'고 한다. 민수주의는 질서 있
는 민주에 반대하고 의회제 민주를 반대하고 직접 민주를 주장한다.
민수주의는 경제상 균분을 주장하고 결과적 평등을 요구한다. 민수주
의는 시장에 반대하고 경쟁을 해롭게 여긴다. 전형적인 주장은 "너도
사람이고 나도 사람인데 왜 너는 그렇게 돈이 있는 것인가?" 그는 "너

도 사람이고 나도 사람인데 나는 왜 마이크로소프트 윈도우를 발명하지 못하는가?"라고 묻지 않는다. 또 민수주의는 혁명도덕지상을 주장하나 혁명도덕을 법률보다 높게 하고 단지 혁명행동이라는 것만으로 살인과 방화도 허용한다. 민수주의는 가두운동을 중시하고 폭력을 중시하고 '대변화'를 중시하며 개혁을 인내하지 못한다. 민수주의는 매력적인 지도자를 숭배해서 쉽게 이용을 당한다. 민수주의는 마음이 비어 있어 어떠한 이데올로기도 적용할 수 있다. 러시아의 민수파는 우리에게 반대하는 누구나 우리의 적이라고 한다. 이렇게 보면 민수주의는 전제적이고 폭력적이다. 당연히 민수주의는 전제에 대한 항쟁의 수단이며 사회의 불공정 문제의 해결을 요구하지만 이러한 해결방법은 파괴적이고 우리 중국역사상에서의 교훈도 많다.

나는 몇 가지의 예를 들었다. 예를 들면 몇 년 전 인터넷상에서 '부자富者원죄론'이 뜨거웠고 또 2007년 충칭重慶의 토지수용 불복세대인 딩쯔후釘子戶의 법률판결의 거부를 들 수 있다. 또한 양자楊佳가 6명의 경찰을 죽였으나 많은 사람들이 그의 폭력수단을 찬동하고 사형에 동의하지 않았다. 또 호북의 어린 아가씨 덩위자오鄧玉嬌 사건에서 우리는 당연히 그녀를 동정하게 되며 그 두 명의 그녀를 괴롭게 한 관료에게 통한을 품게 된다. 그러나 그녀가 사람을 죽인 것은 확실하고 정당방위의 문제가 존재한다. 그러나 네티즌 대부분이 후베이湖北로 가서 덩위자오를 응원하고 관련 방면에서 정당방위를 추구하지 못하게 하였으며 그녀의 발톱을 손질하는 직장이 텔레비전에 나오게 하였는데 이는 민의로 사법의 존엄을 무시하려는 처사였다. 당연히 관료의 사법에 대한 관여의 문제는 더욱 많다. 총체적으로 말하면 대중의 부패, 빈부의 분화에서 민수주의가 흥기한 것이다.

제 8은 신유가사조이다. 해외 신유가인 머우쭝싼牟宗三, 탕쥔이唐君毅, 쉬푸관徐復觀, 장쥔리張君勱 등이 있고 1958년 「중국문화를 위해 세계인사에게 고함」을 썼다. 이 글에는 두가지 주요한 내용이 있다. 하나는 심성제창의 학문을 제창하여 덕을 이루는 것이며 둘째는 민주자유를 제기하는 것이었다. 국내 신유가 장칭蔣慶은 해외 신유가와 완전히 다른 주장을 했다. 장칭은 유가는 자유와 민주와 인권에 찬성하지 않는다는 것이다. 유가는 등급제를 말하는데 어찌 자유민주를 제창할 수 있는가? 공자와 좀도둑은 가중치가 너무 다르지만 한사람이 한 표를 행사한다는 이러한 것은 불합리한 제도로서 민주선거는 불가능하다고 말했다 . 장칭은 가장 중요한 문제는 국가정권문제이며 유가사상으로 중국을 통치하는 것은 불법정권이 아니고 유가사상으로 중국을 통치하는 것이 합법정권이라고 하였다. 장샹룽張祥龍은 장칭의 이러한 주장은 타당하지 않고 정권을 어떻게 당신에게 줄 수 있다는 것인가? 한보 후퇴해서 우리는 작은 유가적 특구 건립을 요구한다고 했다. 특구는 농경사회로 농력, 중국의술, 독경, 과거제 시행을 한다고 말했다. 캉샤오광康曉光을 다시 보면 그는 현실에 대한 불만이 앉아 있는 여러분 보다 훨씬 많은 것 같다. 그는 중국이 부패했고 이러한 중국이 어떻게 사람들을 사랑할 수 있는가? 어떻게 중국문제를 해결할 수 있는가? 민주에 의지할 수 없는데 민주는 경제성장의 문제를 해결할 수 없고 부패문제도 해결할 수 없다고 하였다. 그는 유가지식인이 정권을 장악하여 유교를 건립하고 인정정치를 시행할 것을 요구했다. 다른 신유가 천밍陳明은 장칭蔣慶은 교조주의자라고 하면서 자유민주와 인권은 개인의 심중에서 자연스럽게 나오는 것으로 우리 신유가가 만약 이러한 점을 볼 수 없다면 어떻게 중국을 부흥시키겠는가?라고 말했다. 천밍은 헌정을 찬성하는 동시에 유교건립을 요구하나 결국 둘은 서로 맞지 않는다. 이러한 점에서 그는 진정한 유가가 아니며 진정한 자유파도 아니다. 또한 정자둥鄭家棟은 원래 중국사회과학원 철학연구소 중국철학사주임으로 대개 유가 저작을 출판하며 장강이북의 인물로 해외신유가와 겨룰만했다. 2002년에서 2005년까지 그는 여러차례 미국을 방문할 기회가 있었고 네 명의 젊은 여성과 부부로 위장하여 미국으로 건너갔다. 왜 이렇게 했는가? 정자동은 이 여성들이 미국에서 잘 지내게 하기 위한 것이었다고 하였다. 결국 정자동은 범죄를 저지른 것으로 인터넷상에서 비난이 일어났고 대륙 신유가는 큰 타격을 받았다. 이외 학자 치우펑秋風은 근래 발표한 글에서 중국고대사회는 헌정을 했다고 주장했다. 그는 진시황의 앞뒤로 헌정이 시행되어 공자가 공민사회를 건립하고 유가지식인은 헌정의 힘을 형성했다고 하였다. 많은 학자들이 치우펑의 의견에 의문을 제기했고 이중톈, 위안웨스袁偉時 두 사람이 『남방주말南方週末』에 치우펑을 비평하는 글을 싣고 논쟁을 일으켰다. 치우펑은 또 장칭은 30여년 간의 유일한 사상가이며 다른 사람들은 주변적일 뿐이다라고 말했다. 평론가 슝페이윈熊培雲은 얼마나 많은 사람들이 유가를 어떻게 연구하는지 말할 수 없는가? 라고 하였다. 이는 이는 치우펑을 겨냥한 말이었다. 이상은 지금 중국의 8종 사회사조를 소개한 것이며 상세한 내용은 본서에서 읽어주길 바란다.

현대 사회사조의 몇 가지 관점

양지성楊繼繩

마리청은 발언에서 주도적 지위에 놓인 덩샤오핑 사상의 소개 외에 구좌파 사조, 자유주의 사조, 신좌파 사조, 민주사회주의 사조, 민족주의 사조, 신유가 사조, 민수주의 사조를 소개하였다. 나는 이러한 사조는 존재하고 있다고 본다.

사회사조는 학술사상과는 다르다. 그러나 일종의 사회사조는 모종의 학술사상에서 사상의 자원을 찾을 수 있고 일종의 학술사상 역시 사회사조에서 양분을 취할 수 있다. 사회사조는 두 가지 특징이 있는데 하나는 유행성이며 일시에 유행하기 때문에 수시로 변동된다. 둘째는 민간성이지 관방적이지 않다. 단 주류이데올로기의 영향을 받아 사회의 주류이데올로기에 영향을 줄 수 있다.

나는 2001년 발표한 「과도세기의 논쟁」이란 글에서 "지금 중국의 이데올로기 형태의 두측이 있고 두 종류의 사상파별이 격렬한 논전을 진행하고 있다. 우측은 자유주의요 좌측은 신좌파이다. 이러한 논전은 이미 2-3년간 진행되고 있으며 현재 점차 더 격렬해지는 추세이다."라고 하였다. 이 글은 10여년 이전의 상황을 반영하는 것이다, 이러한 경과를 거쳐 최근 10년 동안 사회사조에는 어떠한 변화가 발생한 것인가? 첫째 공개적으로 헌정민주를 말할 수 있게 되었다. 10년 전 나는 「과도세기의 논쟁」을 리선즈李慎之에게 보여 주었는데 그는 2001년 1월 13일 나에게 2천여 자나 되는 편지를 보냈다. 그는 서신의 마지막에 "자유주의자와 신좌파는 차이가 있는데 전자는 제도의 창신을 주장하는데 실상은 서구에 이미 있는 '민주헌정'인 것으로 감히 말을 꺼내지 못하고 있다. 후자는 근본적으로 강령이 없는데 혹자는 그 강령을 격렬한 자유주의 비판이라고 한다."라고 하였다. 당시 리선즈는 "'민주헌정'을 말할 수 없었다"고 했는데 왜 말할 수 없었는가? 당시 정치조건이 허락하지 않았다. 오래지 않아 광둥의 좌파 한명이 나에게 이 글과 뒷면에 붙인 리선즈의 편지를 가져 왔는데 그는 "중요한 범죄의 증거"인양 꽉 쥐고서 "좋은 물건이네, 좋은 물건이야"라고 여러 차례 소리쳤다. 그는 "자유주의자가 말을 할 수 없던 때 우리가 감히 말을 하지 않았다면 오랜 시간이 걸리지 않고 그들이 말을 할 수 있었을 것이다!"라고 하였다. 그는 공산당원이 '민주헌정'을 비판한 것이 자유주의자가 말을 하지 못하게 한 것이었다고 하였다. 2006년 허웨이팡賀衛方이 싱린산장杏林山莊의 회의에서 진실로 '말을 하였다'. 당시 회의장에서 그는 박수를 받았다. 회의 후 또한 '서산회의西山會議'에 대한 공격이 한바탕 일어났다. 오늘날에는 회의 상에서 '헌정민주'를 말할 수 있을 뿐 아니라 글을 쓸 수 있게 되었는데 이러한 변화는 사회상황 변화의 결과이며 10년 동안 사회상황이 변화된 것을 반영하는 것이다.

　둘째 돌연 공개적으로 '문혁'을 긍정하였다. 10년 전 구좌파는 문혁을 부정했지만 1950년대는 긍정했다. 신좌파는 마오의 시대를 겪지 않았기 때문에 마오시대 중국인의 생존상황을 알지 못하며 단지 모호하게 '마오의 추상을 일종의 사회 공정함의 부호로 만들었고" 그들은 이러한 의의에서 마오를 긍정하고 마오를 숭배하지만 마오시대로 돌아가자고 한 사람은 없었다. 오늘날 문혁의 고통이 이미 치유된 것 같아 마오시대로 돌아가려 하거나 50년대로 돌아가자고 하거나 심지어 제 2차 문혁을 하자는 말도 공개적으로 소리 높여 나오고 있으며 또한 공개적으로 '사인방'을 복권시키자는 말도 나왔다.

셋째 각파가 모두 분화되었다는 것이다. 어떤 자유주의자는 좌파로 돌아섰고 어떤 좌파는 자유주의자로 전향했지만 자유주의의 분화는 거의 심각한 것 같다. 이는 10년간 정치체제개혁의 정체를 반영하는 것으로 자유주의는 매우 열악한 상황에 처해있다. 동시에 자유주의와 좌파의 상호비판 역시 10년 전과 달리 많은 사람들의 관심을 받았는데 사회문제의 초점이 변했기 때문이다.

넷째 사회사조 역시 더욱 다원화되었다. 10년 전 신좌파(구좌파를 포괄)와 자유주의의 두 집단의 대비에서 오늘날의 사회사조는 8종보다 더 많아졌고 더 많을 수 있게 되었다. 예를들어 국가주의, 국가사회주의(나치) 역시 존재한다. 이것은 근 10년 동안 이익의 다원화, 사회기능의 다원화가 사회사조 중에 반영된 것이다.

정치제도의 입장에서 보면 8대사조는 양대 사상체계로 귀결이 될 수 있다. 상술한 여러 사조는 가치측면, 문화측면, 사회의 비판 측면을 표현하지만 정치체제의 건립의 각도에서 보거나 인류의 사회실천의 측면에서 보면 하나의 사회사조가 하나의 제도만을 추구하는 것이라고 할 수 없다. 나는 제도건설이라는 각도에서는 단지 두 가지 사상체계만을 말 할 수 있다고 보는데 개인주의와 집체주의이다. 일단 제도의 층면에 들어가면 기타 여러 사회사조는 모두 이 두 대사상체계의 주변에 모이게 된다.

여기서 말하는 개인주의는 이기주의, 자신의 이익을 추구하는 이념이 아니고 그것은 집체주의와 상대되는 개념이다. 개인주의와 집체주의는 대응하고 이기주의와 이타주의도 대응한다. 개인주의와 이타주의가 결합한 것이 바로 서구문명의 근본이며 기독교의 핵심교의이며 서구문명을 생산하고 촉진한 발전의 원동력이었다. 포퍼Karl Raimund Popper, 1902-1994는 "인류도덕의 발전과정에서 아직 이와 같은 유력한 사상은 아직 없었다"고 하였다. 개인주의의 근본적인인 특징은 타인을 존중하는 것이며 바로 자신의 범주 내에서 타인의 관점과 취미를 인정하는 지고한 것이다. 비록 이 범위가 협소할지라도 사람들은 스스로의 천부와 애호를 발전시켜야 한다고 믿게 된다." 개인주의자는 다른 사람을 이유 없이 압박하는 어떤 것도 잘못된 것이라고 생각한다. 기독교도는 그 잘못은 하나님의 인간에 대한 설계에 위배된다고 말한다. 인류의 천부적 재능을 자유롭게 운용할 장애를 제거하기만 하면 사람들은 매우 빨리 부단히 욕망을 확대해 나가게 될 것이다. 개인 활력이 크게 해방이 되면 결과적으로 생산력이 발전 될 것이다.

여기서 집체주의는 분산주의의 상대적 개념이 아니다. 집체주의는 인간간의 상호사랑을 완전히 부인하지 않지만 개인자유에 대한 제한을 주장하고 이익의 박탈, 존엄의 침해를 제기한다. 소련과 동구와 개혁이전의 중국은 바로 집체주의 사상의 틀인 제도체계였다. 우리는 몇 십년간 집체주의 제도를 경험하였고 각 개개인 모두 친히 체험을 하였으므로 나는 많이 말하지는 않겠다. 우리의 개혁은 바로 이러한 제도에서 벗어나기 위한 것이었다.

사람은 반은 천사이고 반은 악마이다. 만약 엄청나게 많은 숫자의 창조성을 갖추기도 하고 악마성을 갖추기도 한 사람들을 조직하여 조화롭게 거처하게 하려면 어떻게 사회생활을 조직해야 할 것인가? 조직생활은 권위가 필요하며 권위가 사람을 압박하는 것으로 나가지 않도록 어떻게 방지할 것인가? 이것인 인류사회의 수천년 간의 풀지 못한 난제이다. 2-3백년전 공상업문명이 발전함에 따라 두 가지 다른 사상체계가 출현했는데 량치차오는 민감하게 이점을 알았다. 그는 헐버트

Herbert Spencer, 1820- 1903(영국철학자 허버트로 저서는 『사회진화론』이 있다)의 말을 인용해서 "오늘의 독일에는 두 가지 사상이 우세를 점하고 있다. 하나는 맑스麥喀士(맑스 초기 한어번역 명)의 사회주의, 둘째는 니체尼志埃(니체의 초기 한어 번역명)의 개인주의이다. 맑스는 오늘 사회의 폐단의 대부분은 다수의 약자가 소수의 강자에게 압박을 받는 것에 있다고 했다. 니체는 오늘 사회의 폐단은 소수의 우수자가 다수의 열등한 자의 통제를 받기 때문이라고 하였다. 두 가지 모두 이치가 있었다. 이러한 '이유로 이론을 형성한' 두 종류의 이론은 인류로 하여금 수천년 간의 난제를 탐색하는데 두 가지의 다른 이론과 실천의 경로를 출현시켰다. 첫 노선은 집체주의- 행정의 결합- 공유제-계획경제- 전제정치-폐쇄사회이며 두 번째 노선은 개인주의- 계약결합-사유제-시장경제-민주정치- 개방사회이다. 이것이 인류문명발전의 두 가지 평행선이다. 이 두 평행선은 교차할 수 없고 합쳐질 수 없으며 오히려 서로 감응하며 감응하는 과정에서 일정정도 상대편의 적극적인 요소를 흡수해야 한다. 이러한 두 평행선 사이에는 전제의 정도(자유의 정도)의 차이로 인해 넓은 과도적인 지대가 있다. 이 두 평행선의 극단에는 서로 양립할 수 없는 차이로 공격을 가하고 두 극단은 중간지대를 끊임없이 쟁탈하려 한다. 수백년 동안 이 두 개의 선은 부단하게 마찰과 충돌, 상호 보충, 융합을 이루어왔다. 그러나 총체적으로 보면 사회의 발전에 따라 개인의 개성이 부단히 해방되어 왔고 자유주의도 부단히 넓혀졌으며 개인의 존엄은 점차 존중될 수 있었다.

만약 이 양대 사상의 체계에서 선택을 해야 한다면 우리는 제도를 건립할 때 어떠한 사상체계를 선택해야 할 것인가? 우리가 서슴없이 말할 수 있는 것은 개인주의를 선택하는 사상체계는 역시 '사람을 사람으로 보는' 사상체계라는 것이다.

나는 사회에서 유행하는 각종 사회사조는 공식을 찾을 필요가 없다는 것에 대해 공식을 찾을 수가 없다고 생각한다. 어떤 이는 정치개혁은 '정한 다음 움직이는 것'이 필요한데 공식이 없으면 어떻게 도모할 것을 정할 수 있는가라고 한다. 각종 사조의 공통된 인식과 정치체제 개혁의 공통된 인식을 구하는 것은 별개의 일이다. 정치체제 개혁은 공통된 인식이 필요하니 이러한 공식은 이미 대체적으로 상달되었다. 우리는 집체주의사상체계가 형성한 체제에서 달려나왔다는 것이 이러한 공식의 존재로 증명된다. 당신은 소련의 제도를 선택할 것인가 아니면 민주헌정을 선택할 것인가? 나는 백년 동안의 사회실천을 거쳐 집체주의 체제에서 몇 십년의 체험을 경과하면서 이러한 공식은 갖게 되었다고 생각한다.

사회사조의 활약은 사회 활력의 표현이며 당연히 좋은 일이다. 각종 사조가 타협과 포용이 필요하다는 것에 대해 최대공약을 통해 타협을 하고 최소공배수로 포용을 한다. 문화와 가치의 층면에서 사회의 요구상에서 각종 사조는 평등하고 모두 스스로 존재할 합법적 공간을 지니고 있다. 당연히 다른 사조 간에는 논쟁이 있을 수 있지만 논쟁은 상대를 존중해야 하고 법률을 준수할 필요가 있으니 욕을 하거나 겁을 주어서는 안된다.

우리는 이러한 기도를 해서는 안된다. 즉 여러 사조를 통일해서 행정권력으로 확정된 '핵심가치'를 하나의 지존으로 정하는 것이다. 만약 이렇게 한다면 개인의 자유나 개인의 이익과 개인의 존엄은 손상될 것이다. 백화제방, 백가쟁명이 있어야 사상문화가 번영할 수 있다. 최근 중국공산당 17기 6중 전회는 '문화강국' 건설 전략을 제기하였는데 문화를 발전시키고 번영시킨다면 이것은 전략적이고 혜안 있는 좋은 것이다. 어떻게 문화를 번영하고 발전시킬 것인가? 중국의 역사로 보면 하나의 지존을 정하는 때 문화가 쇠락했다. 중앙정권이 관여할 힘이 없을 때 문화는 오히려 번영했다. 춘추전국이 건설한 문화는 이천년 후 사방에 영광을 떨쳤다. 민국초기 역시 작은 사상문화의 번영시기였다. 알다시피 문화번영의 가장 중요한 조건은 자유이며 특히 사상자유와 사상의 자유로운 표현이다. 만약 '핵심가치'를 세우기 위해 '보편가치普世價値'와 기타 여러 사조를 배척하고 탄압한다면 이것이 '문화안전'을 보호하는 것이라고 간주한다면 그것은 매우 위험한 것이다. 이러한 관점과 실천에 따르면 반드시 문화가 파괴될 것이며 중공의 17기 6중전회가 제기한 목표에 위배될 것이다.

(『염황춘추炎黃春秋』잡지사 부총편집)

현대 중국사회의 맥락에 부합하다

레이이雷頤

리청 형의 "당대중국사회 8종사조"는 오늘의 각종 사회사조에 대해 자세하게 자료를 모으고 정리하고 분석한 것으로 매우 의의가 있고 깊이 사고하도록 이끌었다. 나는 이러한 사조가 어떻게 다르고 서로 대응하고 반대되는지를 알았다. '학풍'으로 말한다면 이러한 분기를 만드는 가장 중요한 점은 바로 당대 중국사회의 '담론'이 중국사회 맥락에 부합한다는 것일 것이다.

대학 때 '중국고대사상사'는 나의 전공과목의 하나였다. 당시 명말청초의 학풍의 변화를 읽었는데 황쭝시黃宗羲를 조종으로 하는 절동浙東학파는 '천명性命을 말하려면 반드시 역사를 연구해야 한다'고 견결히 주장했고 첸다신錢大昕은 역사를 읽고 치세를 구하는 것을 강조하는 당시 학풍의 폐단을 말하며 오랫동안 '경經'과 '사史'로 양분한 것에 대해 강렬하게 불만을 품었으며, 장쉐청章學誠은 나아가 '육경은 모두 역사이니 옛사람은 책을 쓴 것이 아니고 옛사람은 사실을 떠나 이치를 말하려 하지 않았으니 천지에 꽉찬 저술의 숲은 모두 역사학이며 공자 같은 성현도 말로 천행교화를 할 때 빈 말을 취하지 않았는데 하물며 다른 사람은 어떠하겠는가? 천과 인과 성명을 잘 말하려면 사회의 현실과 부합하지 않으면 안된다. 송명리학자들이 경서를 말하면서 사람의 일 밖에 별도의 의리가 있는 것처럼 하였다 등의 논술을 읽으면서 나는 아직 그 깊은 뜻을 이해하지 못했고 오히려 가볍게 나열해 버렸었다.

　세월이 지나서야 깊이 이해를 할 수 있다. 요 몇 년 나는 '오직 텍스트만을 믿는다'는 위험하고 황당한 생각이 점차 강해지는 것에 대해 텍스트만을 중시하는 이러한 것이 현재 중시되어야 할 것이 경시되고 있는 학풍의 하나라고 생각되었다. 이러한 순수한 텍스트만 해석하는 것은 역사에 부합되지 않으며 가장 최신의 유행하는 학술담론이 역사를 왜곡하여 이론에 부합시키는 것이라고 할 수 있다. 이러한 새로움을 추구하며 달려 나가는 청년학자들은 의외로 쉽게 소리치고 미혹되어 부지불식간에 일종의 색안경을 끼고 역사와 현실을 바라보게 된다. 이 때문에 나는 항상 번거로움을 싫어하지 않고 중복해서 문장을 쓰는 것을 기피하지 않고 텍스트를 투과하여 텍스트 뒤의 역사적 실재를 보려하며 순수한 텍스트 해석이 매우 심각한 결과를 초래할 수 있다고 제기했다. 지금 30년 전 읽었던 당시에는 이해하지 못하고 거의 잊혀진 절동학파가 돌연 등장하게 되면서 그들이 '사람의 일을 단절시키지 않고' '사를 떠나 이를 말하지 않는 것'에 대해 이러한 나열해 놓은 학술비평과 역사에 대한 강조가 사실은 한 왕조가 전복된 이후 살아 남은 자들의 마음의 피 흘리는 고통을 내포하고 있었다는 것을 진정으로 깨닫게 되었다.

　예를 들어 오늘 중국의 여러 문화현상 가운데 사람들의 이목을 끄는 독특한 것은 '유행문화' 혹 '대중문화'의 출현인데 문화는 기술을 혹은 '문화공업'을 통해 대량 복제가 되고 팔리는 상품이 되었다. 이러한 '문화'나 '문화현상'은 의심할 바 없이 용인하기 어려운 결점을 지니고 있다. 전후 미국에서 형성된 프랑크푸르트 학파는 '유행/ 대중문화'가 가장 발달한 미국을 모델로 '유행/ 대중문화'의 사회적 의의에 대해 날카로운 분석과 비평을 하여 왜곡된 것을 확실하게 드러내고 검토한 의의가 있다. 이렇게 오늘날 중국의 '문화비평'가들은 자연히 순리적으로 프랑크푸르트 학파의 문화비평이론을 인용하였다. 상세히 들을 필요 없이 독자들은 번역된 관련문장을 보면 거의 대개 프랑크푸르트학파를 그대로 인용한 것들을 발견할 수 있을 것이다. 그러나 이러한 '발달한 자본주의 사회'에서 생산된 것, '발달한 자본주의'에서 진행된 것을 비평한 이론을 무조건적으로 수용해 가는 것은 깊이 사고해 보아야 할 문제이다. 혹자는 이것이 사실 프랑크푸르트 학파의 비판정신의 실질과 부합하지 않는다고 말했다.

1930년대 초 프랑크푸르트 학파는 독일의 프랑크푸르트에서 형성되고 머지 않아 파시스트 정권의 통치의 위협과 박해에 직면했다. 이 때문에 그의 비판은 우선 파시스트주의와 권위주의를 겨냥했다. 파시스트주의를 강하게 비판했고 스탈린의 소련에 대해서는 다르기는 하였어도 상당히 엄격한 비판과 부정을 하였다. 그 말년의 주요 대표인물의 한명인 하버마스Jürgen Habermas, 1929- 또한 '좌파 파시스트주의'를 제기했는데 이는 강렬한 논쟁을 불러 일으켰고 심지어 비평을 받은 개념이 되었다. 이러한 비판에 대해 사람들은 종종 여러 원인을 들어 찬동하거나 반대하지만 인정해야 할 것은 그것은 우선 일종의 심각한 정치적 비판이며 전제정치나 권위적 이론에 대해 반대하였다는 것이다. 다행히 그것은 자유주의에 대해서도 엄격하게 비판했지만 자유주의의 자유에 대한 요구와 견지가 불철저하였고(그는 이렇다고 여겼다) 이러한 각도에서 비판을 진행하였다. 그러나 자유 자체에 대해서는 부정하지 않았다. 그들은 미국이나 자유자본주의 제도에 대해서 매우 엄격한 비판을 했고 심지어 파시스트 독재에 대해 함께 논하였다. 그러나 음미해야 하는 것은 (혹은 풍자의 의미로 말한)파시스트의 박해로

부득이 타향으로 유망할 때 사회주의 소련과 자유주의 미국사이에서 그들은 최종적으로 미국을 선택했다는 것이다. 또한 일단 '자유'가 파시스트주의로 위협을 받게 되자 그들은 확실히 의식적으로 현실적 자유와 파시스트의 본질을 구별하면서 적지 않은 성원들이 심지어 용감하게 나아가 직접 자유를 위해 싸웠으니 저명한 마르쿠제Herbert Marcuse, 1898-1979는 2차 대전 당시 미국의 전략복무처에서 근무했다. '순수학술', '순이론'과 현실 간 차이의 중요성에 대한 이러한 자각적인 인식은 매우 귀중한 것이다. 이러한 것은 매우 중요하여 소홀히 할 수 없는 것이지만 중국의 일련의 학자들은 무의식적으로 혹은 의식적으로 소홀히 한다.

전후 프랑크푸르트 학파는 미국에서 오랫동안 거처했다. 대면한 정치가 비록 민주, 자유였고, 정치비판을 거의 할 수 있었지만 정치통치의 실제가 매우 안정된 사회였기 때문에 프랑크푸르트 학파는 이러한 담론을 자연히 정치비판에서 사회비판으로 향해 나갔다. 사실 그들은 정치비판의 초보적 임무를 이미 완성하였다. 이렇게 그들은 주로 미국의 사회와 문화관계의 분석을 통해 '문화공업'의 개념을 제출했고 대중문화를 과학기술의 체재로 인식하였으며 각종 전파매체를 통해 '문화'가 일종의 '표준화'된 공업생산의 상품이 되었다고 간주하였다. 이러한 상품판매가 목적이 된 유행문화의 대량생산은 이미 어느 곳에나 파고들어 사람들의 취향과 정서와 습성을 제조하고 좌우하며 사람들이 일종의 사고능력을 갖지 못하게 하여 '평면적'이고 '단향적인 인간'으로 만들어 버렸다. 복잡한 경제, 사회와 심리적 의미를 내포하고 있어서 그들은 나아가 민주, 자유의 사회체제에서 대중문화는 사회가치와 의식형태의 주도자이며 주재자라고 제출했다. 이 때문에 그들은 대중문화에 대해 격렬하고 심각한 비판을 했던 것이다. 당연히 이러한 격렬한 비판이론은 미국사회를 드러낼 수 있었고 그 자체가 모종의 역설이 되었다.

우리 사회가 '계획'에서 '시장'으로 갔을 때 반드시 이러한 문화는 시장으로 나아가고 유행문화와 부가적 현상을 생산하고 출현시켰다. 그러나 이 또한 기계적으로 '비판이론'에 의거해야 할 이유는 없다. 이러한 '발달자본주의'에 부합하는 이론과 막 사회에서 시작된 '전형'의 사회는 매우 부합하지 않으며 '대중문화'의 의의는 우리의 현재 환경과 미국사회에서의 의의와도 매우 다르기 때문이다. 사실 우리의 구체적인 역사담론 중에는 정보의 일방향에 대해 문혁기간 혁명극을 강제적으로 보게 하여 사람들을 단순하고 빈핍하며 기계적이고 비어 있게 하여 단순해서 사고능력이 편향적인 사람이 되게 한 예가 있다. 오늘날 화랑, 음반과 영상회사 등 '문화상업'기제의 출현으로 당연히 우수한 예술가는 돈을 벌게 되는 국면의 영향으로 사실 다른 종류의 예술의 존재가 새로운 공간을 제공하였다. 이러한 기제가 일방향적인 것을 타파했고 다양화의 가능성을 제공하였다. 확실히 대중문화는 전형적인 사회와 고도의 발달된 사회에서의 뜻과는 상당히 다르다. 전환기 사회에서 첫째의 임무는 사실 멀고 또한 완성되지 못하였다. 어떤 논자는 스스로 미국의 경험으로 마르쿠제의『단향적 인간』이 미국사회에 대해 비판한 것을 감탄하며 글자 하나하나 일컬으며 예리하게 분석해 들어간다. 나는 이러한『단향적 인간』에 대한 설명은 그 특정사회의 문제를 집중해서 설명한 것이라고 보고 단 이처럼 기타 사회와 거리를 두는 것이 클수록 그것의 한계도 커질 것이라고 생각한다. 그러므로 다른 사회의 다른 인용으로 비판을 해야 할 때는 신중해야 하며 '규모는 적지 않고' 심지어 '뼈와 근육을 가공하고 개조해야만' 비로소 그 정수를 취득할 수 있다고 생각한다. 이외 프랑크푸르트학파의 성원이 강조하는 것은 그들이 대중문화에 대해 진행한 것은 '급진적이고 보수적이지 않은 공격'이었다는 것이고 이러한 입장은 매우 중시하고 생각해 볼 만한 것이다.

프랑크푸르트학파의 계몽과 이성적인 비판은 일련의 중국학자들도 추구해야 하며 따라야할 바이다. 중국의 배경이 프랑크푸르트 학파가 비판한 배경과 같이 계몽은 이미 완성되었는데 현재 계몽, 이성과 인도주의의 병폐의 때를 비판하고 정리해야 한다. 이러한 점에서 중국학자는 "후구조주의 사상가의 계몽운동 이래 서방에서 유통된 중요한 이념 즉 문명, 진보, 이성, 과학, 기술, 민주, 인도 등의 이념에 대해 비판적인 재사고를 진행하여야 한다" 또한 사실 프랑크푸르트 학파의 관점은 "인도주의와 이념 중에 반인도주의적 요소가 포함되어 있으며 그것과 종족주의와 사회다원주의로 묶여왔다. 학리의 층면에서 또한 실천의 측면에서 유럽의 인도주의는 모두 강렬한 공격성과 배타성을 드러냈다. 독일 파시스트가 유대민족에게 시행한 악행이나 계몽담론 논리발전의 필연은 인도주의 신념 속에 반인도주의를 포함하고 식민지에서 유럽의 실천을 되돌렸다."라고 하였다. "중국의 오사문화운동은 대체적으로 유럽 계몽가의 담론이 중국에 횡적으로 이식된 것"이라고 인정된다. 이로 인해 '5·4당시의 학자들이 서방의 식민담론에 완전히 마음을 쏟아 많은 사람들이 계몽담론을 수용함과 동시에 식민담론을 접수하게 되었고 이 때문에 스스로 문화전통을 조잡하고 불공정하게 간단히 취급하고 부정하는 태도를 취하게 되었다고 비판을 받는다. 이러한 이론과 역사의 단계에서 충분히 잘못된 문자의 분석을 하는 것은 나의 임무는 아니지만 이러한 문자를 설명하려는 것은 어떠한 중국학자가 중국의 역사와 현실의 배경을 돌아보지 않고 기계적으로 바라보게 하지 않기 위함이다. 거의 중국의 현재 주요한 문제와 계몽은 조기에 완성된 발달된 사회처럼 문명, 진보, 이성, 과학, 기술, 민주, 인도 등의 관념을 비판적으로 정리해야 할 것 같다. 계몽의 철저한 부정도 현대성의 문제와 상당히 긴밀하다. 이 역시 그들이 일련의 장기적인 역사경험의 지지, 문제의 증명이 비록 많지만 실제 더욱 좋은 관념과 체제로 비교할 수 없다면 완전히 새롭게 전체적인 이론상의 완전무결한 관념과 체제를 다시 설계해야 한다. 프랑크푸르트의 비판적 실제효과는 단지 계몽운동 이래 생산된 현대성의 여러 병폐를 바로잡을 뿐이며 근본적인 폐지는 할 수 없다. 반대로 이러한 이론이 중국에 횡적이식이 된 결과 만들어지기 어려운 '현대성'이 더욱 만들어지기 어렵게 되었다.

　이는 같은 종류의 이론은 '순수학원' 배경에서와 '정치결핍'의 배경에서의 효과가 매우 다르다는 것을 설명한다. 지식사회학의 각도에서 말하면 학자는 일종의 '지식'이 생산하는 사회효과에 더욱 주의를 기울여야 한다. 일종의 학설, 이념이 어떻게 일종의 이데올로기가 되고 매우 중요한 역사와 현실의 문제가 되는가하는 것이다. 이러한 문제의 일단에서 우리는 순수학술적 이론이 내재한 총체성에서 나와 학리와 관념이 특수한 역사적 맥락 속의 정치, 사회, 경제 등의 방면에서 어떻게 운영되는가 하는 이러한 층차를 제기해야 한다. 이렇게 우리는 필연적으로 순수한 학술이론과 순수한 관념의 영역을 분리해야 한다. 이 때문에 지금 우리가 중시하고 추구해야 하는 것은 텍스트text중의 관념의 보편적 의의가 아니라 이러한 관념이 당사자가 처한 특정한 맥락context 가운데서 어떻게 드러 나는가 그러한 특수함이 지닌 의의를 말할 수 있어야 하며 일종의 사회화된 지식이 환원되고 추상화된 이후 지니는 보편성과 그러나 동시에 지니는 위험성을 말 할 수 있어야 한다. 보편성의 정도가 높을수록 위험성도 강해지므로 이러한 '사회지식'의 소개는 더욱 신중해야 하고 어떻게 특정사회의 맥락과 접목이 되었는가 또한 앞에서 말한 근육과 뼈로 되는 가공의 개조는 더욱 복잡하고 지난한 문제가 되어야 하는 것이다.

　프랑크푸르트학파의　지도적　인물　호르크하이머Max Horkheimer, 1895-1973는 "일부 저작이 위대해지려면 구체적인 역사환경에 더욱 뿌

리를 두어야 한다"라고 하였다. 프랑크푸르트학파가 오랜 세월 새롭게
변화하고 몇 십년 간 번성하고 쇠퇴하지 않은 것은 그것이 '구체적 역
사환경'의 변화를 따라 변화하고 시종 '이러한' 사회의 주요한 문제를
제기했기 때문이다. 이렇게 진정 예봉을 유지할 수 있어야 한다. 그리
고 현재 어떤 중국학자의 병증은 구체적 역사환경을 이탈하는 것으로
그들의 수중의 검이 예리하게 보이지만 사실은 오히려 플라스틱적이
고 예봉이 스승과는 상반되는 것을 향한다. 양을 채우는 것은 단지 이
론 적자이며 이론적자로 물건을 구매하는 이론 쾌감은 일시적이며 최
종적으로는 배상을 더해야 하고 심지어 파산하게 된다. 총결하면 중국
의 모종의 학자들이 대면한 실질은 중국의 주요한 문제가 아니며 다른
사회의 문제인 것이다. 이러한 설명은 이러한 이론자체가 가치 있고
의의 있는 것이라도 거짓사색이다. 서양을 소화하지 못하면 안되고
인도자의 입장에서 자신의 담론에 대해 심각하게 이해하여 이러한 이
론을 진정하게 사고하고 진정하게 서양을 소화한 이후에야 구체적 환
경에서 유기적으로 결합될 수 있고 그래야만 진정한 '해부도解剖刀'가
될 수 있다. 그렇지 않으면 이것은 단지 일종의 무거움을 피해 가볍게
유행하게 드러내 보이는 것일 뿐이며 심지어 말이 반대가 되어 더욱
무익하고 오히려 해가 될 수 있을 것이다.

(중국사회과학원 근대사연구소연구원)

사회 사조를 귀납하려면 계보를 세워야 한다

가오취안시高全喜

마리청의 이러한 연구보고를 매우 흥미롭게 들었다. 나는 그의 보고는 전문적인 학술적 연구에 속하는 것은 아니고 일종의 관찰 보고라고 생각한다. 이러한 민감하고 심각한 사회정치평론가가 될 수 있는 것은 마리청이 현재 중국의 여러 사회사조를 파악하고 분석하고 평론하는 데 있어 선명한 시대성과 비판성을 지니고 있고 스스로의 사고와 고민을 지니고 있기 때문이다. 나는 전형기 사회인 현재의 중국이 각종 사회사조가 분분한 중에 마리청의 이러한 첨예하고 예리하고 풍부한 통찰과 비판력 있는 보고는 매우 시기 적절한 것이며 우리에게는 이러한 간결하고 유력한 노선도 분석이 필요했다고 본다. 그것은 심각한 사상의 거짓상을 드러내고 사회의 진실한 면을 드러내어 일련의 사람들이 언어로 포장한 것을 드러내 주었다. 이 보고는 마리청의 기존 글의 풍격을 일관되게 계승했고 입장을 견지했으며 시야가 날카로와 사회관찰가로서의 사상의 침투력을 풍부하게 지니고 있다. 현재 사회상황의 복잡함에 비추어 위에서부터 아래까지 결론을 내리지 못하고 있는데 이 때문에 우리는 이러한 사회에서 이러한 글이 매우 필요했다. 칭찬의 말은 너무 많이 하지 않고 이하에서 몇 가지 개선할 점에 대해 이야기하고자 한다.

첫째 사회과학은 절대적으로 객관적이라 할 수 없다. 나는 마리청은 의도치 않게 객관적인 정량, 정성분석을 했고 그의 보고는 반드시 본인의 가치의 입장을 포함하고 있다고 생각한다. 그러나 우리는 그의 보고에서 단지 일종의 평행나열식의 8종 사회사조에 관한 분석과 해석을 볼 수 있어서 명확하고 확실한 것으로 보이지만 규명을 해가면서 오히려 모종의 혼란이 내포하게 되었다고 본다. 내가 묻고 싶은 것은 이러한 보고는 어떠한 이론의 근거와 표준에 기반하고 있는 것이고 중국사회의 각종 사조의 분석과 귀납을 8종으로 한 것인지 7종이나 9종은 안 되는 것인가? 하는 것이다. 또 마리청이 서론에서 설명이나 논술을 하고 심지어 하나의 표준계통이 필요하다고 했는데 왜 중국의 현재 각종 사회사조가 8종인지 이러한 이론적인 이유를 알려주기를 바란다. 나아가 나는 건의를 하고 싶은데 8종사조의 나열식에 대해 찬동하지 않는다는 것이다. 나는 중국의 각종 사회사조는 비록 혼란하지만 숨은 계보가 포함되어 있다고 본다. 또한 다른 층차의 계보가 있을 수 있어서 현재 8종 사조의 분석은 단지 일종의 평면적 분석이고 종적이고 심화된 분석이 결여되어 있다고 할 수 있다. 소위 종적 심화적인 분석은 입체적인 사조분류의 계보도표가 필요하고 가장 중요한 두 개 혹은 세 개사조가 있어야 하며 기타의 것은 모두 부수적으로 나오고 마지막으로 당신이 분류한 8종사조가 나와야 하는 것이다. 만약 단지 이러한 사조의 생산된 시간의 각도와 앞뒤 순서로만 배열한다면 확실히 간단하게 되지 못할 것이다.

둘째 이러한 사조의 구체적 관점에 관해 내가 총체적으로 느끼는 것은 마리청의 논술은 분명히 분석적이고 적절한 것이지만 개별사조에 대해 나는 좀 더 나아가 강하게 서술할 필요가 있다고 생각한다. 예를 들어 자유주의 사조에 관해 나는 논술이 비교적 약하다고 느꼈고 심지어 비관주의적 색채도 띠고 있다. 나는 현재 작자의 중국자유주의 사조의 기본적 위상에 동의하지 않으며 표면적인 현상만 중시한다고 본다. 확실히 이데올로기의 주도적 작용으로 주류 매체에서는 자유주의 사조는 압박을 받고 험악한 지경에 처에 있으며 사상과 이론의 발달에서 현저히 열세에 처해 있다. 일련의 저명한 대학의 강의에서도 다른 좌우파 이론가들의 중상모략을 받고 있다. 그러나 우리가 보아야 하는 것은 중국사회의 요근래 발전과 변화가 많은 방면이 자유주의 사상관념의 전파에 유익하다는 점이다. 중국개혁개방의 일련의 성취는 이미 기성의 경제, 행정과 사회의 제도를 바꾸어 놓았고 자유주의의 배양을 유익하게 하였다. 모종의 의의는 오늘날의 중국은 절대적으로 대부분의 중국인의 권리의식, 공민의식, 법치의식과 시장경제의식의 형성이 자유주의 사조로 이루어졌다는 것이다. 나는 현대 중국의 바탕색은 자유주의여야 한다고 본다. 전통의 사회주의는 단지 특색에 불과할 뿐이지만 여론의 유지와 선전의 기제로 특색을 독특성으로 억지로 말하면서 중국모델이라고 하고 있다. 보편가치의 논쟁과 관련하여 우리는 사상논쟁 중의 패러독스를 발견할 수 있다. 그러므로 나는 자유주의 사조에 관해 이중적 시각을 지녀야 한다고 보는데 하나는 관방적 시각이고 다른 하나는 민간의 시각이다. 자유주의사조는 궁극적으로 어떠한 상태에 처해있느냐에 따라 두 개의 시각으로 볼 수 있다. 자유주의 사조는 중국에서 당연히 거침없이 행해질 수는 없는데 왜냐하면 우리에게 언론자유의 제도가 없기 때문이다. 그러나 우리는 그간 30년 동안 자유주의가 퍼뜨린 일련의 관념과 가치가 이미 사람들의 심중에 깊이 들어가서 대다수 중국인의 요구를 바꾸었다는 것을 안다. 정부관원이든 보통민중이든 만약 그들의 내심을 살펴본다면 모두 독립적 권리의식을 지니고 있으며 모두 민주적 사회에 찬동하며 부패와 관료지

배에 대한 절실한 통한을 지니고 있으며 모두 법치와 인권을 희망하고 있는데 이것은 이미 실재 사회생활 자체가 바뀌었다는 것이다. 당신이 그것을 자유주의 사조라고 말하면 그것이 바로 사조이다. 당신이 그것이 유권운동이라고 하면 그것이 바로 유권운동이다. 당신이 그것이 개혁개방이라 하면 그것이 바로 개혁개방이다. 나는 이러한 것이 모두 자유주의의 성쇠와 긴밀한 관련이 있다고 생각한다. 그러므로 우리가 자유주의는 중국에 시장이 없다고 말할 수는 없다. 30년 전 20년 전 심지어 10년 전 중국인의 권리의식, 개혁사상 및 유권운동은 어디에서 온 것인가? 점차 무의식중에 감화된 자유주의 사조의 배양과정은 아니었던가? 이 때문에 자유주의는 열세에 처해있다고 말할 수 없다. 나는 자유주의가 표면적으로는 열세에 있지만 자유주의의 관념 자체는 중국사회의 생명력에서 열세가 아니며 민간사회에서는 주류인 것이다. 나는 이러한 방면에서 이론가, 작가의 언사의 표현방식이 중요한 것이 아니고 중요한 것은 수 억만명의 중국인이 30년의 변혁 중 청년에서 중년에서 노년까지 거의 전부 자각하지 못하고 자유주의의 사조의 세례를 받았다는 것이며 이러한 것을 받아들였고 자기의 주장과 신념을 변화시켰다고 본다. 더욱이 인터넷의 출현과 현대의 정보와 공공전파기술의 신속한 발전으로 새로운 시대가 이미 도래했다. 비록 인터넷이 양날의 검이라고 하지만 인터넷상의 주류는 자유 관념의 전파에 유익하고 더욱이 중국에서는 그러하다. 나는 "인터넷이 중국의 정치체제개혁을 앞당길 것이다"라는 언설에 찬동한다. 이에 대해 나는 마리청이 자유주의 사조의 배후에 권리의식, 공민의식의 관련을 언급하고 정부의 제한에 대해, 시장경제의 규칙의식, 법치관념, 민주헌정 등등을 관련짓기를 희망한다.

셋째 나는 마리청의 민족주의 사조의 논술이 비교적 간단하고 심지어 평면적이라고 생각한다. 우리는 민족주의 역시 양날의 검이라는 것을 안다. 더욱이 후발국가라면 민족의 독립, 국가의 발전, 일개 민족의 정치공동체의 건립이 있고 이러한 요구는 일정한 정당성과 합리성을 지니고 있으므로 민족주의에 대해 무조건 공격 할 수는 없다. 당연히 극단적 민족주의는 두려워해야 한다. 역사상 이러한 민족주의의 떠들썩함이 많은 정치상 문화상의 재난을 만들었다. 그러므로 마리청의 중국의 현재 민족주의의 문제를 지적한 것에 대해서 나는 찬성한다. 또한 중국의 현재 이러한 극단적 민족주의의 언사에 대해서는 매우 부정한다. 나는 그들은 대중에 영합하는 것에 불과하며 추악한 민족주의에 속한다고 본다. 그러나 내가 지적하고 싶은 것은 민족주의가 합리적 내용을 지니는 것은 '자유적 민족주의'라고 불릴만하다는 것이다. 혹자는 만약 현재 세계에서 철저히 민족주의를 소멸시킬 수 없다면 가장 효과적인 것은 자유주의로 민족주의를 순화시켜 민족주의의 극단적 색채를 극복하여 일종의 자유로운 이성적 민족주의를 건립해야한다고 말했다. 사실 현재 서구에서 자유주의 역시 하나의 보편적 이론이나 가치이다. 각 국가의 내정 외교의 기본정책에서 진정하게 중요하게 작용하는 것은 자유적 민족주의이거나 내정상의 자유주의, 외교상의 민족주의이다. 이에 대해 우리는 일종의 이성적 인식을 해야 한다. 만약 중국 민족주의 사조를 잘 분석하면 나는 이러한 일종의 좌표계가 있어야 한다고 보는데 민족주의가 외적 비판뿐 아니라 내부의 통합도 가능하게 할 것이라 생각한다. 명백한 것은 자유주의로 민족주의를 통괄해야 한다는 것이다. 중국의 현재 소위 민족주의라는 것은 진정한 민족주의라고 할 것이 없다. 그들이 국가주의로 전향하여 중국모델론을 포용하는 등 심혈을 기울이는 것은 말로다 할 수 없다. 그러므로 나는 중요한 이론작업에는 분석이 필요하다고 본다. 즉 무엇이 중화민족인가? 무엇이 이민족이 부흥할 수 있도록 진정한 우량한 정치체제제도와 문화정신을 지탱해줄 것인가? 무엇이 중국의 근본적인 국가이익인가?

이러한 것에서 자유주의의 이념, 가치와 제도는 우선적으로 이루어야
할 사항이며 민족주의와 결합하여야 우선적으로 부상할 수 있을 것이
다. 나 개인은 자유주의가 민족주의에 더해지거나 자유적 민족주의가
중국미래정치의 하나의 기본 방향이 될 것이라고 보고 있다.

(베이징 항공항천대학 법학원 교수 北京航空航天大學法學院敎授)

중국 현대사상사의 세 가지 차원

리둔李楯

사상사에 대해 나는 문외한이지만 지금껏 관심을 가져 왔다. 그러므로 마리청의 이 책을 빨리 볼 수 있기를 매우 바랐다. 작자는 매체인의 경력을 지니고 있는 동시에 또한 중국 30년 사상교체를 친히 경험하였고 특정한 표현 방식을 지니고 있어서 학술연구의 표본을 요구할 필요는 없다.

사회사조는 그것과 병존하는 사회의 제도화 구조 - 우리가 늘상 제기하는 제도 규제는 바로 일종의 가장 외화된 제도화 구조와 관련이 있고 또한 이러한 제도화 구조 중의 다른 집단과 대응하게 된다. 일종의 사조에 대해 사회구조 중 어떠한 종류의 위치에 처한 사람들이 그것에 대해 인정하고 찬동하고 반대하며, 또한 이러한 사조가 그러한 사람들에게 영향을 끼쳤고 그러한 사람들이 행동 중에 이러한 사조를 선택하거나 호응했는가?라고도 말할 수 있다. 여기에 일종의 동태적이고 복잡한 착종관계가 있어서 주목할 필요가 있다.

어떻게 중국현대 사상사를 서술할 수 있을까? 1980년대 나와 장셴양張顯揚은 중국 현대 사상사는 세 차원으로 볼 수 있을 것이라고 말한

적이 있다. 하나는 '지도사상변천사'라고 부를 수 있다. 중국에서 지도
사상은 외부 다른 나라의 '사회주류'의 '주도'와는 다르다. 현대 중국의
독특한 제도 중 집정당의 지도사상과 일반사회사조는 다른 것이지만
다른 곳의 사회사조는 일종의 중요한 관련이 있다. 중국공산당의 지도
사상은 현재 계급투쟁, 폭력혁명에서부터 국민당과 천하를 다투었던데
까지, 소련(제3코민테른)의 세계혁명이 조성한 부분에서 자신의 노선
으로 나온 데까지, 1940년대 후기의 '연합정부'구상에서 '부단혁명',
'무산계급 집정하의 계속혁명'까지, 문혁의 결속에서 당의 공작중점의
현대화 건설로의 전이까지, 4개견지의 제기에서 시장경제, 법치국가
확립의 국가 발전 방향까지, 3개 대표의 제기, 국제인권공약, 인권입헌
의 서명, 세계무역기구의 가입에서 '과학발전관'과 '안정유지'의 제기
등등이 있다. 이러한 지도사상의 변천은 정확한 분석이 필요하다.

　　제 2 차원은 '사상개조사'이다. 1949년 전후의 대학과 지식인의 사상
개조운동에서 전국은 보편적으로 "량화이싼차兩懷三査"(계급의 고통을
품고, 민족의 고통을 품고, 입장의 조사, 투쟁의지의 조사, 공작의
조사)운동을 추진하는데 해결해야 하는 것은 사상문제였고 그리고 또
한 사상상 정리하고 없애거나 최소한 다른 사조를 부정해야 했다.
지식인사상개조운동이 당시 지식인에게 존재하던 친미, 숭미, 반소, 공
산당의심의 사상을 겨냥한 것이며 "량화이싼차" 운동은 계급의 각오를
제고하여 공산당과 긴밀하게 나아가게 하려는 것이었다. 이틀 전 나는
『펑유란학술자전馮友蘭學術自傳』을 감명 깊게 보았다. 펑은 토지개혁의
참가를 통해 철저하게 지주가 농민을 먹여 살리는 것인지 농민이 지주
를 먹여 살리는 것인지의 문제를 명확히 알았고 기존의 지주와 전농이
'호혜관계'라는 잘못된 사상을 바꾸었으며 지주는 착취를 한다는 것을
인식하였다. 펑유란의 이러한 인식과정은 오늘에 와서 보면 매우 새겨
볼만한 가치가 있다. 1957년 반우파운동에서 사상개조의 한 방면 그리고

"더우쓰피슈斗私批修(사심과 투쟁하고 수정주의를 비판하자)", 사상의 독재, 당의 영도를 옹호하는 것을 공민의 '의무'로 하는 개조를 실현한 다른 한 방면이었다.

셋째 차원은 '사상해방사'로서 문혁을 부정하는데서, 실천이 진리를 검증하는 표준이라는 것의 토론, 맑스주의, 사회주의의 해석권의 논쟁 등등이 있다. 사상해방은 마치 미완성의 악장과 같이 끊임이 없는데 왜 그런가? 역시 사고해볼 만하다.

이상 3가지 차원에서 독특한 당대 중국제도문명의 상태 하에서 총체적인 사회의 각종 사회사조가 일련의 맥락으로 연계되어 있는 것이 보이는데 한편으로는 당정이 '핵심가치체계' 건립을 강조하기 때문이고 다른 한편으로는 각종 사조의 용솟음침으로 인한 것이다. 다른 사조가 다원 병존하지 못하고 '너는 죽고 나는 살자'라고 하면서 병립이 불가능했다. 왜 그런가? 매우 깊은 분석이 필요하다.

마리청이 제기한 8종사조에는 서로 간 부분적으로 주장이 중첩되어 있다. 즉 사회의 다른 사람들은 이러한 사조와 복잡한 착종관계를 형성하여 간단하게 확실히 대립관계라고 할 수 없다. 사람과 사회, 민족, 국가의 이러한 주제 하에서 자유주의, 사회주의, 민족주의, 국가주의는 민국시기의 '국(가)-사(회)본위'로 거슬러 올라갈 수 있고 또한 오늘날의 '사람을 근본으로 여기는' 것과 연결할 수 있다. 다른 사람 다른 입장 하에서 다른 해석과 서술이 나올 수 있다. 애국주의, 민족주의, 국가주의와 반세계화는 모종의 환경 하에서 역시 연결이 될 수 있다. 문화 단절이후 '유가'를 이어가는 것은 현재 '예의 붕궤와 악의 훼손'에 대한 처방이 될 수 있고 반서구, 반서방으로 사용될 수도 있다.

사회주의는 사조가 되던 제도가 되던 모두 다양한 것이며 심지어 서로 용납이 안 될 수도 있다. '사회주의' 4글자는 당정인의 지도사상이 될 수 있고 계급분석, 폭력혁명, 무산계급독재하의 계속혁명의 이론이 될 수 있고 형형색색의 신좌사조가 될 수 있고, 민주사회주의가 될 수 있고 국가사회주의가 될 수 있다. 또한 기타 여러 제도, 사조와 서로 연계될 수 있다. 또한 민수주의, 민족주의가 오늘 중국에서 표현되고 또 당초 역사에 대해 "대강은 맞고 너무 세심하게 하지 않는다宜粗不宜細"고 결론을 내렸으며 정보는 공개하지 않고 사실의 진상은 대다수인들에게 알려지지 않는 것과 또한 교육문제 등과도 관련이 있다. 현재 40여세, 30여세, 20여세의 사람들과 신좌파의 주장을 포괄하는 사람들은 문혁에 대해 기본적 지식이 거의 없고 심각한 고통도 없다. 또한 저층에서는 많은 농촌인과 노동자들의 눈에 보이는 새로운 문제, 새로운 불공정이 너무 많기에 현실의 생존압력이 너무 크게 느껴졌다. 사람들은 인민공사시기의 빈곤에 대해 1960년대 초의 아사자에 대해 정치운동이 사람들에게 가한 학대를 이미 잊었다. 한편 미국에서 유학한 일련의 박사들이 미국의 비판정신인 '미국에서 미국을 비판한다'는 것으로 '중국을 돌아보고 미국을 비판하게 되어' 되었다. 다른 한편으로 개혁의 정체, 빈부의 분화는 '권력을 강화하고 시장을 약화하고 사회가 없어지는' 상황을 조성하였다. 저층이 너무 크며 농촌에서 생활하는 사람, 농촌에서 도시로 생계를 도모하는 사람, 도시 실업인은 이러한 약세집단을 만들었고 민수주의, 민족주의, 신좌파, 심지어 국가주의와 모종의 호응을 하였다. 부자를 미워하고 외국을 배척하고 폭력을 숭상하고 움직이든 안 움직이든 때릴 준비가 되어 있고 집정당이 '화평, 발전, 합작이 시대적 조류'라고 하는 판단을 완전히 무시하고 자명함을 증명하지 못한다는 주장을 믿으면서 대화, 변론이 통하지 않는다. 사실의 진상을 안 연후에나 스스로 이성적 판단을 할 수 있는 것이다. 이 때문에 오늘날 우리가 일종의 사회사조를 말할 때 그것과 관련된 사회의 다른 사람들을 고려하고 발전가능성에 대한 영향을 고려해야 한다.

우리가 처한 시대는 위에서 아래로 지속적으로 개방되어 왔다. 많은 일이 우리들이 모두 친히 경험한 것인데 어떠한 말이라도 어떠한 자리의 연령의 사람이라도 말을 할 수 없어서 이후 더욱 말이 불분명해졌다. 나는 우리는 기본적으로 역사무대에서 퇴장한 사람이라고 생각한다. 그러나 우리가 이러한 일의 진상을 명확히 이야기 할 책임이 있고 더욱이 젊은이들이 사고하고 판단하여 그들이 가고자 하는 길을 선택할 수 있게 해야 한다.

그밖에 작자가 말한 사조는 단지 8종이고 모두 다루지 않았다. 작자가 언급하지 않은 것은 연구자가 논한 정치상의 냉소주의, 인생관상의 물욕주의와 도덕상의 허무주의로 이 역시 주목해보아야 한다.

최후로 내가 말하고자 하는 것은 우리는 특별히 오늘의 세계에 어떠한 변화가 발생되고 있는지에 주목해야 한다는 것이다. 월가점령, 워싱턴 점령과 같은 이러한 행동방식의 영향은 영국, 한국에도 영향을 미쳤다. 또한 유럽 채무위기에서 가두행위가 다른 문제들 북아프리카, 중동의 일련의 사건들과 연계되어 있기에 우리는 이러한 세계가 변화를 발생시킬 수 있을지 여부에 대해서도 주목해야 한다. 중국의 사회사조는 시종 '전체세계整體世界'혹 세계화의 담론 하에 놓여 있다.

여기서 한 가지 문제는 중국은 단지 개방으로 나아가고 있다고 하는데 좀 더 솔직하게 말하자면 '반만 개방한 사회'라 할 수 있다. 이 때문에 이 30년의 봉쇄에서 독특한 제도문명태도의 중국대륙을 형성했고 외부인들에게 진정으로 깊게 들어오기 어렵게 했을 뿐 아니라 그들의 문화 배경의 영향도 불분명하였다. 또한 내부인도 스스로 환경의 영향을 받아 이러한 문제에 대해 종종 몸은 있지만 잘 보지 못하고 분명하지도 않았다. 바로 이러한 상황 하에서 일종의 사조, 주장을 제기하게 되면 서로 간 상대방에 대한 오독과 잘못된 상황에 처하게 한다. 사람들은 종종 자신이 처한 사회의 문제로 상대방을 바라보고 유사한 '감정전이'를 만들어낸다. 가장 명확한 것이 바로 '좌파', '우파'의 말로 중국대륙과 국외의 지향, 내함은 크게 다르다. 우리는 미국에서는 '좌파대학', '우파정부'가 있다고 말한다. 미국대학의 대부분의 사람들은 맑스주의를 말하면서 그들이 스스로 처한 사회를 비판하는 태도에 대해 일종의 희망을 찾으려 하고 일종의 '비판적 무기'를 찾으려고 한다. 사실 이러한 상황은 우리에게도 있을 수 있다. 우리가 중국의 현존 문제에 대하여 비판적 태도를 취할 때도 외부에서 찾기 좋은 사례나 배울만한 것을 찾는다, 각국, 각종제도 모두 스스로의 문제를 지니고 있다. 그러나 인류문명의 축적이나 인류발전의 공통 혹 국제사회의 주류적, 세계공민사회가 공유하는 가치이념, 기초규제는 모두 존재하는 것이다. 바로 '반만 개방'함으로 인해 오독과 오도가 출현하였다. 국외의 좌파는 중국의 신좌파를 지지하므로 잘못하여 '좌'는 일정한 압력을 받는다고 인식하게 되었고 그들은 중국의 신좌파가 단지 시장을 반대하고, 세계화를 반대하는 것을 명확하게 하지 않지만 오히려 정부와의 관계도 일반적이지 않은데 이것이 국외와는 완전히 다른 점이다. 이 때문에 사조를 말할 때에는 세계화의 담론환경 하에서 중국이 이러한 큰 배경을 변화시키는가를 고려해야 하고 내외의 상호영향을 고려해야 하고 중국발전이라는 이 특정한 단계를 고려해야 할 것이다.

(칭화淸華대학 당대중국연구중심 교수)

6

민간종교도 사상사 연구의 시야에 넣어야 한다

정예푸鄭也夫

　내가 8개 장절의 제목을 보니 대개는 분명한 것이었다. 신권위는 글자상 크게 분석하지 않은 것 같았으나 모두가 아는 무엇이었고 필경 그 가운데 내용은 비교적 단일했다. 그러나 제 3장의 소위 '신좌'는 가장 모호했는데 이 표제는 너무 크고 표제 속의 것도 너무 많았다. 이러한 관건사가 다른 7개 관건사와 함께 모두 명확한 분석과는 거리가 있다. '신좌'라는 이 집단에는 사람들의 주장이 불일치하여 명확히 어디로 가는지 찾을 수 없다. 이미 이러한 표제에 놓인 것은 너무 많아 왜 그것을 정리하지 못하는가? 그 이면에는 두가지 큰 내용과 3가지 큰 내용이 이어서 바로 두 개 제목이나 세 개의 제목으로 바꿀 수 있다. 8개 바구니는 대소가 일치하지 않으니 이 역시 자연적인 것이나 이러한 사정을 정확히 보아야 할 것이다. 그러나 서로 간에 너무 거리가 있고 일련의 바구니도 별로 명확한 것 같지는 않다.

　민수주의를 예로 들면 이러한 사조 자체의 이념은 그다지 높은 수준이 아니다. 오랫동안 그것은 특히 억세고 실종된 도덕의 강도로 인해 러시아에서 온 것으로 귀족 가운데 반역자가 거기에서 나왔으며 강하고 반란의 심리적 경향을 띠고 있어 이 사조의 역량을 증가시켰지만 그 사상의 함량으로 인한 것이 아니다. 그러나 구체적으로 이 사조의 사상을 살펴보면 크게 말할 것이 없고 굳이 노력을 하면 장싼張三, 리쓰李四의 언론에서 몇 마디 말이 제기되었을 뿐 반나절의 편폭보다 적을 것이다. 그 사상의 함량이 적어 확대할 수 없고 이야기로도 보충할 수 없을 것이다. 만약 이야기 중 행위가 민수주의에 속한다면 당신의 이해가 개입된 것이지 민수주의 사조자체를 서술한 것이 아니다. 이 건설적인 의견은 이 장의 이 사조에 대한 비판에서 더 큰 편폭으로 접할 수 있을 것이다. 이 장에서는 간단히 민수주의 사조를 서술하지 않고 그 중 상당부분은 민수주의 사조 비평이 한 장을 차지하였다. 같은 이유로 민족주의도 이렇게 처리되었다. 이러한 주의 하에서 얼마나 많은 내용이 있을까? 아마도 너무 많이 나오지 못할 것이다. 반대로 내가 읽은 리쩌허우李澤厚 류짜이푸劉再復가 민족주의에 관한 대화를 포괄한 것은 나는 매우 독특하다고 여겼고 흥미롭다고 여겼다. 당연히 어떻게 전체적으로 쓰여진 요점과 일치하지 않은 것은 당신이 말한 것이 사조이기 때문인데, 어떤 장절에서는 이 사조에 대해 주요한 편폭을 논쟁이나 초점을 다루었어야 하지 않았을까?

나는 마리청에게 사조에 대해 너무 많은 평가를 하라고 건의하는 것은 아니다. 나는 가장 주요한 가치는 현재의 사회사조의 망라, 분석, 개괄, 드러냄 등이고 이것이 가장 좋다고 본다. 예를 들면 자유주의 학문이 좋지 않다고 말하고 좋지 않게 평가를 하는데 다른 학문은 좋다고 할 수 있는가? 사실 상세하게 말하면 자유주의는 전체 서방의 최대 도통이며 사람들이 이러한 사상에 대해 거의 명확히 연구를 다하였다. 일이백년동안 이 사조하의 학자들 대다수가 지은 것이 전파되었는데 전파자가 어떻게 원작자의 매력을 갖출 수 있을까? 내가 언론의 자유를 말하면서 제임스 James Mill, 1773－1836의 매력을 갖추기는 어렵다.

당연히 자유주의사상의 전파는 중국의 문제와 연계가 되어야 하며 이 때문에 매력을 지니게 되는 것이다. 올해 후핑胡平의 언론자유는 중국 사회의 현대에 할 만한 강한 소리이기에 소문이 널리 퍼져나갔다. 대조적으로 신좌파는 지표와 연결이 크게 되지 못하였는데 그들이 대면한 것은 중국사회의 문제가 아니고 서양학자들의 안목이었다. 그들이 나의 논문을 보고서도 나를 그들의 회의에 참여시켜 주었을까? 이렇게 해서 어떻게 학문을 잘 할 수 있는가. 마지막으로 내가 말하고 싶은 것은 마리청의 책에서 하나의 사조를 더 소개하기를 바라는 것으로 그것은 민간종교이다. 반년 전 나는 우연히 타이완 학자 궁펑청龔鵬程의 강연을 들었다. 타이완 60년 사조였다. 생각지도 못하게 내가 얻었던 최대의 수확은 타이완 민간종교의 발전을 이해하게 된 것이며 그 번영은 내게는 예상치 못한 것이었다. 나는 원래 중화민족은 철두철미하게 무신론의 민족이라고 여겼지만 민간종교는 타이완에서 당금이 해제된 이후 폭발적으로 발전해 가기 시작했다. 만약 민간종교의 역량이 없다면 나는 실재로 우리 민족의 도덕이 어떻게 제고되어야 할지 모를 것 같다. 사실 이러한 방면에서도 언론과 논조가 있어야 한다. 나의 오랜 동학 허광후何光滬는 1994년 발표한 한편의 글『중국종교개혁논강』에서 결론을 "중국종교가 만약 개혁을 진행하여 정신을 발양하지 않는다면 앞날은 없을 것이다. 중국사회문화가 개혁을 진행하여 진정한 종교의 정신을 받아들이지 않는다면 역시 앞날은 없다"고 하였다. 현재 이러한 사조는 미약하지만 사상사가들의 시야에 들어가야만 할 것이다.

(베이징대학 사회학과 교수)

개혁과 이데올로기

주리자竹立家

　나는 마리청의 많은 논문을 읽었는데 그는 우리나라의 저명한 정치이론가이다. 전체적 인상은 그는 중국사회에 대해 예민하게 관찰하고 깊고도 적절한 분석을 했다는 것이다. 그의 8대사조에 관한 논술에 대해 나는 기본적으로는 찬성한다. 이미 말한 '사조'는 바로 이 기간 '유행한 사상관념'을 말한 것으로 그 특징은 '이데올로기'의 성격을 지니고 있다. 이러한 점에 관해 나는 스스로 거친 관점을 가지고 말하려하니 여러분의 비평을 바란다.

　우리의 이 시대에서 하나의 분명한 특징은 기술정보혁명이 추동한 '세계화'로 전체 세계가 하나의 '지구촌'으로 바뀌었다는 것이다. 기술발전과 문명의 상호관계로 보면 제 1차 수렵혁명으로부터 제 2차 농업혁명으로 제 3차 공업혁명까지 매 한차례의 기술혁명은 모두 문명의 변천에 큰 영향을 끼쳤다. 1970년대 이래 우리는 제 4차 기술혁명의 충격 즉 정보기술혁명에 놓였는데 이는 인류문명의 형태에 심각한 변화를 가져왔다. 인류문명의 이 거대한 배는 바로 미지의 해양으로 나아가고 있고 문명의 대선박이 앞으로 전지하게 하려면 우리는 심도 있게 거듭 '항해도'를 그려가야 할 것이다. 바꿔 말해 기술정보혁명의 충격파에 따라 우리는 심각하고도 내재 일치적인 사상관념 혁명을 진향해야 할 필요가 있다는 것이다. '이데올로기'의 높은 각도에서 인류문명 발전의 앞을 바라보고 개혁과 발전의 경로를 규획하며 개혁과 발전의 기본동력을 추동해 나가야 한다.

1796년부터 프랑스 철학자 트라시Destutt de Tracy가 처음 사용한 '이데올로기'라는 이 개념은 이백여년의 시간을 거쳐 1989년 미국의 정치철학자 후쿠야마가 『역사의 종말?』에서 이데올로기의 종언이 제기되기까지 사상이론영역 논쟁의 가장 격렬하고 사용빈도률이 가장 높은 단어의 하나가 되었다. 이데올로기는 현대 '민족국가'구분의 주요한 표준의 하나로 '국가이성' 혹은 '국가신앙'을 핵심으로 이데올로기의 차이에 따라 세계는 자본주의국가와 사회주의 국가의 양대 주요 진영으로 점차 형성되어 갔다.

트라시는 이데올로기를 과거 '전통사상관념'의 자산계급의 '신사상관념'과 구별해서 보았으며 자연과학과 같은 '과학지위'를 향유해야 한다고 보았지만 이데올로기라는 말에 대해서 지속적 함의를 부여한 사람은 맑스였다. 맑스는 이데올로기는 사회상 통치지위를 점하는 '통치계급'의 사상이라고 보았다. 근대민족국가의 형성과 발전과정에서 볼 때 이러한 함의는 시종 변함이 없다. 그러나 19세기 맑스가 처한 시대는 자산계급의식형태는 당시 조기 자본주의사회의 유일한 통치지위를 점하는 의식형태였고 과학사회주의 이데올로기는 형성과정에 있었다. 그러므로 맑스는 이데올로기라는 이러한 개념에 대해서 부정적 태도를 지녔다. 맑스가 말하는 이데올로기는 실제 '이데올로기비판'을 지칭한다. 그는 이데올로기는 현실에 대한 왜곡, 엄폐와 전도라 여겼고 엥겔스는 이데올로기를 '허위의식'이라고 했다. 세계범위에서 사회주의운동이 발전하자 사회주의국가는 소련과 동구에서 점차 건립되었고 무산계급은 스스로를 위한 조직을 갖는 정치행동에 필요한 이론적 기초를 제공받아 사회주의 이데올로기가 그 책임을 계승하게 되었다. 이 때문에 레닌시대에 이데올로기는 과학성, 진보성을 갖추었고 이러한 개념은 '중성'적 함의를 지니게 되었으며 내재적으로 일치성을 갖춘 사상관념체계로 표시되었는데 이러한 사상관념체계가 현실사회질서를 유지하기 위한 권력관계에 반대를 하던 지지를 하던 상관이 없게 되었다.

당연히 레닌 이후 특히 20세기 이래 민족국가의 빠른 흥기로 사회주의 국가는 세계범위에서 점차 건립이 되고 자본주의 이데올로기와 사회주의 이데올로기가 동시에 '국가정치조직형식'의 기초가 되고 한 국가의 '통치지위'를 점하게 되고 통치계급의 사상이 되었다. 민족국가 변경의 '현대 인류문명형태'는 제도상에서 두 종류의 근본적으로 다른 '경로선택'을 형성했으며 이데올로기를 기초로 하는 '사회주의 길'과 '자본주의 길'의 전면경쟁이 20세기 근 백년 동안 '양종문명충돌'의 주선률이 되었다.

자본주의국가 내부에 1920년대부터 1970년대까지 일련의 맑스주의자가 통치지위를 점하자 '자본주의 이데올로기'에 대해 지속적으로 비판하였다. 루카치Lukács, György, 1885-1971가 강조한 '혁명적 계급의식'은 이데올로기는 무산계급의 혁명무기라고 간주하고 자본주의 사회에서 무산계급이 자산계급통치를 근본적으로 전복시킬 수단이라고 여겼다. 그람시Antonio Gramsci, 1891-1937는 『옥중수고』에서 자산계급 이데올로기 '패권'을 비판했다. 특히 하버마스Jurgen Habermas, 1929- 는 후기 자본주의 이데올로기를 비판하고 정확하게 후기 자본주의의 주요한 특징을 과학 역시 이데올로기로 변화한 것이라고 하였다. 이데올로기의 '가치이상'이 소멸하고 과학으로 자본주의의 합리성을 증명하여 정치를 '비정치화'시켰으며 자산계급국가의 일체의 정치문제를 '기술문제'로 처리하자 인민대중의 정치참여의 길은 점차 약화되었고 인민대중정치참여의 능력이 약화되어 자본주의 사회는 하나의 '신권위주의적 사회'가 되어 갔다고 정확하게 지적했다.

　소련을 수뇌로 하는 사회주의국가 내부에서 무산계급은 정권을 탈취하여 통치계급으로 상승했으며 이전에는 '사회계급획분'의 이데올로기의 핵심가치와 원칙에 주목했지만 사회주의 사회 건립 이후에는 계속하여 사회주의 국가의 '이데올로기의 핵심가치와 원칙'으로 이어졌다. 계급착취와 압박에 반대하는 '무산계급혁명 시기'의 이데올로기 핵심가치를 '사회주의건설 시기'로 연속해서 이어가면서 이 때문에 국가내부의 장기적인 통치불안정, 경제발전의 완만, 인민의 생활개선이 현저하게 좋아지지 못했다. 최종적으로 '계급투쟁'의 명목 하에서 통치계급 내부의 일련의 사람들을 배척하고 부패와 특권부패가 생겨났다. 당내 민주와 사회민주라는 이러한 사회주의 민주정치건설의 근본 원칙은 사회주의의 장기실천 과정에서 체현되지 못하였다. 권력이 유효한 제약을 받지 못하여 인민대중의 기본권리는 충분히 체현되지 못하였고 결과적으로 소련과 동구의 격변에 이르고 사회주의 운동은 저조하게 되었다. 이러한 상황 하에서 일련의 서방학자들은 '이데올로기의 종언'을 선포했고 이데올로기형태의 '논쟁'의 종언을 의미하며 자산계급이데올로기의 승리는 인류문명 미래 발전의 유일한 선택사항이 되었다.

　그러나 사회주의는 중국에서 성공적으로 실천되어 '이데올로기의 종언'론은 종결되었다. 중국은 사회주의 대국이며 최근 30여년의 사회주의 개혁과 발전 중 덩샤오핑을 대표로 하는 일련의 맑스주의자는 열심히 무산계급의 국가정권의 탈취, 사회주의 건설 진입 이후, 사회주의 이데올로기의 핵심가치와 원칙을 고민했다. 무산계급혁명시기를 계급투쟁을 이데올로기의 핵심가치로 하던 것을 타파하고 사회주의 건설시기의 '이데올로기 교착국면'으로 이어갔다. 사회주의 이데올로기 내함을 더욱 풍부하게 하고 시대의 요구에 적응하면서 봉쇄에서 개방으로 나아갔다.

　덩샤오핑이 제기한 '과학기술은 제 1 생산력', 공동부유, 빈곤은 사회주의가 아니며 사회주의에도 시장이 있다는 등의 이데올로기 성질을 갖춘 관념이 제기되었고 우리가 개혁개방의 과정에서 제기했던 '사람을 근본으로 여긴다 以人爲本', '조화사회和諧社會'등 관념은 사회주의국가건설시기 이데올로기 형태에 새로운 내적 함의를 제공하였으며 사회주의 이데올로기 형태를 하나의 개방적 체제로 바꾸었다. 사회주의국가 내부의 계급대립을 해소시키고 일치단결하여 발전하도록 했다. 또한 사회성격이 다르게 형성된 '민족국가' 간의 대립을 해소하였다. 현대인류문명 발전의 장기간 내에 자본주의적 사회제도와 사회주의적 사회제도는 '서로 교대관계'는 아니며 상호 경쟁관계이다. 이러한 경쟁은 '이데올로기를 핵심가치'로 하는 경쟁이며 민족문화전통이나 다르게 형성된 '다종문명간의 충돌'이 아니다. 말할 필요도 없이 이데올로기는 '국가신앙' 혹 '국가이성'이 되고 국가발전의 '이상관념'이 되고 매우 복잡한 구조체계를 지니고 있다. 정보기술혁명시대에 이데올로기는 개방성, 다양성, 중첩성, 교융성 등 특징을 갖추고 있다. 개방성은 어떠한 이데올로기든 상관없이 사상관념체계가 모두 자아봉쇄, 불변하는 것은 아니고 문명의 진보, 시대의 발전과 변화에 따라 부단히 현실 가운데 자신의 실천 가운데에서 영양을 흡수한 것이다. 다양성, 중첩성과 교융성은 다른 이데올로기 체계의 그 내함상 중첩교융의 특징으로 한다. 현대문명이 직면한 사회문제는 많고 적은 상동성과 유사성을 지니고 있어서 사회모순과 문제를 해결할 때 제출한 '가치지도원칙'역시 상동성과 유사성을 지니고 있다.

그러나 이데올로기 가치를 제출한 것은 일회성이고 이러한 가치원칙이 사회제도에 딱 맞는 것은 다른 일이다. 예를 들어 자본주의 이데올로기의 '가치 배열' 중 자유는 가장 주요한 원칙과 가치이고 자본주의는 '자유자본주의'로 불린다. 그러나 맑스 베버는 자본주의의 심각한 분석을 거쳐 현대자본주의 사회의 주요 특징을 '자유상실'과 '의의상실'의 관점을 제출하였다. 존 롤스John Rawls, 1921-2002의 저명한『정의론』

에서 비록 '자유우선'의 자본주의 교조를 견지하였지만 명확하게 '정의
는 사회제도의 주요가치'임을 강조했고 '자유'의 이름 하에서 '사회정의'
가 사라지는 것에 대해 어렴풋하게 우울하게 표현했다. 이러할 뿐 아
니라 현대세계에서 자본주의국가는 '독단적으로' 자본주의 '자유민주'
는 인류문명발전에 적합한 유일하고 정확한 이데올로기 형태 핵심가
치라고 보고 소위 '인권이 주권보다 높다'는 논조를 제기하여, 현세계
의 '민족국가'경계를 파괴하고자 하고 전 세계에 자본주의 이데올로기
와 가치를 유통시켜 대해 다른 나라의 '자유'를 간섭하고 세계질서를
혼란시키고 국가이익을 도모하고자 했다.

　　사회주의 이데올로기의 '가치 배열'중 그 핵심가치와 원칙은 '공정'과
'공동부유'이다. 중국 30여년의 사회주의 개혁과 발전 및 사회주의 대국
의 신속한 굴기는 중국인민의 곤란을 거쳐 증명된 이론의 창신과 탁월한
사회개혁 실천이며 사회주의 이데올로기는 우리가 미래 이상사회와 문명
형태를 추구하는데 있어서의 기본적 가치 원칙이다. '사회주의길'이 인류
사회진보의 중요한 추세가 되기 위해서는 인류문명 미래가 나아갈 중요
한 선택사항이 되어야 하며 중국은 하나의 사회주의 대국으로 사회주의
발전의 미래운명을 어깨에 짊어질 중대한 역사적 책임을 지니고 있다.
미래의 사회주의 개혁은 반드시 사회주의 이데올로기의 핵심가치를 지도
로 사회주의 사회 건설을 공정한 사회, 민주적 사회, 민생의 사회, 조화
의 사회를 건설하여 인류문명의 발전에 중요한 공헌을 해야 한다.

　　결론적으로 '국가신앙'의 이데올로기는 한 국가발전의 지도원칙일
뿐 아니라 한 국가, 민족 '자주성'의 근본적 체현이다. 중국은 현대세계
문명 중에서 지위를 확립하고 근본적 특징을 우리 사회주의 이데올로
기의 명확성에 두어야 한다.

(국가행정학원교수)

제3부

연관 주제

1

문화사, 학술사에서 사상사까지:
근 30년 중국 학술계 변화의 한 측면

거자오광葛兆光

서문: 사상사 연구는 왜 2000년 이후 중국에서 주목을 받았는가?

2000년 중국의 문화계와 학술계에는 그리 크진 않지만 작지도 않은 풍파가 일었다. 이 풍파의 기인은 삼련서점三聯書店 『독서讀書』 잡지가 개최한 '장강독서상長江讀書獎'의 수상자 선정에서 비롯되었다. 심사에서 지셴린季羨林『문화교류의 궤적: 중화사탕수수사文化交流的軌迹:中華蔗糖史』, 자오위안趙園 『명·청시기 사대부 연구明淸之際士大夫研究』, 왕후이汪暉 『왕후이자선집汪暉自選集』, 옌부커閻步克『사대부 정치 변천사士大夫政治演生史稿』, 거자오광葛兆光『7세기 전 중국의 지식·사상 그리고 신앙세계七世紀前中國的知識·思想與信仰世界』 4편은 이른바 중국 '민간의', '제1의', '학술적인' 상을 수상하였다. 리쟈청李嘉誠기금회의 지원을 받아 상금이 비교적 컸기 때문에 '장강독서상'은 더욱 커다란 논쟁을 불러 일으켰다.[147] 논쟁의 이유는 상당히 많고 그 배경 또한 복잡하다.

---

147) 中華讀書網 編, 『學術權力與民主:長江讀書獎論爭備忘』, 鷺江出版社, 2000년.

260

그 안에는 정치 분야의 문제도 있고 학술 분야의 쟁점들도 있다. 어떤 사람은 심지어 이를 계기로 중국 사상계의 자유주의와 사회주의, 좌와 우의 분기가 '수면위로 올라와' '지식계의 대 분화'를 일으킨 사건이라고 한다. 여기서는 정치사상과 관련한 배경에 대해서는 잠시 차치하기로 한다. 학술적인 측면에서 의문을 제기하는 것 중의 하나는 5편 수상작품 중 4편이 왜 기본적으로 사상사 저작이냐는 점이다. 이유는 무엇인가? 2000년 전후로 중국 학술계에서 사상사가 특별히 주목을 받았기 때문일까?[148]

그럴 수도 있다. 근래 중국의 학술계에 나타난 특별한 현상은 서구 학계의 사상사 연구 분야가 점점 쇠퇴하고 있는 반면 중국 학계의 사상사 연구는 갈수록 열기를 띠고 있다는 점이다.[149] 본래 문학 연구자

---

148) 중국에는 원래부터 중국 사상사를 연구하는 기관들이 상당히 많다. 중국사회과학원 역사연구소 중국사상사연구실(경학사상사를 중심으로 함)과 근대역사연구소 근대사상사연구실(근대 엘리트 사상에 대한 연구를 위주로 함), 시베이西北대학 중국사상사연구소(허우와이루侯外廬, 장카이즈張凱之 체제), 난징대학 중국사상가연구중심(쾅야밍匡亞明이 창설한 사상가 전기傳記 출판을 위주로 함), 난카이南開대학 역사학과(리우쩌화劉澤華 등의 정치사상사 연구) 등이 있다. 중국에서 출판된 사상사 관련 주요 저작으로는 侯外廬 等, 『中國思想史通史』(人民出版社, 1956년), 何兆武, 『中國思想發展史』(中國靑年出版社, 1983년), 張凱之, 『中國思想史』(西北大學出版社, 1990년) 등이 있다. 하지만 이들 기구와 저작들은 사상사를 인문 학술 분야를 변화시킬 수 있는 화제를 만들진 못했다. 그중 단지 근대사 학계에 대한 변화, 이를테면 근대사 연구의 중심 전환이 이러한 추세를 조금 드러내고 있다. 예컨대, 뤄즈톈羅志田, 쌍빙桑兵 등의 학술사와 사상사를 결합한 논술과 羅志田, 『權勢轉移:近代中國的思想社會與學術』(湖北人民出版社, 1999년), 『國家與學術:淸季民初關於"國學"的思想論爭』(三聯書店, 2003년), 『國學與漢學:近代中外學界交往錄』(浙江人民出版社, 1999년), 『淸末新知識界的社團與活動』(三聯書店, 1995년) 등이 그러하다.

149) 羅志田, 「事不孤起必有其隣:蒙文通先生與思想史的社會視角」, 『四川書報』, 2005年, 第4期, 101쪽.

였던 사람들도 잇따라 사상사 연구에 뛰어 들자, 일부 학자들은 지금 문학 영역에서의 '사상사 열기'가 '학술 구도의 균형 상실'을 초래하고 있다고 주장하기도 한다.[150] 그렇다면 사상사 연구가 왜 2000년 이후 이렇게 중국에서 주목을 받았는가? 이러한 현상에 대해 역사적 추적을 하고자 한다. 역사적 추적을 하기 전에 먼저 다음의 세 가지 사항을 분명히 할 필요가 있다.

첫째, 나의 개인적인 시각에서 관찰하고 평론한다. 1978년-2008년의 30년은 역법상의 한 시간에 불과하지만, 정확히 말하면 중화인민공화국의 60년 역사의 딱 절반이고 또한 개혁개방 이후 중국 사상계에 있어 하나의 완전한 역사적 과정이기도 하다. 사상사와 학술사를 몸소 연구해온 경험자로서 나는 역사 연구자의 각도에서 이 30년 동안 중국 학계의 초점과 문제점의 변화를 토론하고, 이를 기초로 중국 사상사 연구가 왜 이렇게 주목을 받게 되었는지 그 원인을 탐구하고자 한다.

둘째, 독자들에게 특별히 환기시키고자 하는 것은 이 30년간 특히 1989년 이후 중국은 필경 구미와 일본 등 서방 민주 국가, 그리고 소련과 동구 사회주의 국가들과도 달랐다는 점이다. 정치상의 커다란 변화는 중국의 국가 특성과 정치 구조에 변화를 가져오지 않았기 때문에 정치적 이데올로기는 시종일관 강했고 국가(정부) 권력의 통제와 그늘이 항상 존재했다. 때문에 사상계가 '좌'로 향하든 '우'로 향하든 경제계가 '자본 시장'으로 향하든 '국가의 통제와 조정'으로 향하든 그리고 학술계가 '정치를 논하든' '학술을 논하든' 이 모든 것은 주로 정치 환경에 대한 반응이었다. 따라서 80년대의 '문학사 열기'와 90년대의 '학술

---

150) 溫儒敏,「思想是能否取代文學史」,『中華讀書報』, 2001年, 10月31日; 林崗,「思想史與文學史」, 桃新勇,「由文學史到思想史:原因‧張力與困惑」, 모두『天津社会科學』, 2006年. 第1期; 溫儒敏,「談談困擾現代文學研究的幾個問題」,『文學評論』, 2007年, 2期.

사 열기', 그리고 그 후 '사상사 열기'는 모두 이러한 전제 조건 하에서 관찰해야 한다. 또한 학술과 사상, 문화는 이러한 배경 하에서 '연장'된 것이지 '단절'된 것이 아니라는 점을 인지해야 한다.

셋째, 중국 문화는 본디 반드시 구체적인 문제를 근본 도리로 올려놓아야 그 유효성이 드러난다는 전통이 있기 때문에 본말本末, 도기道器, 체용體用의 관계를 항상 언급한다. 예를 들면, '거마, 희생, 복식 등의 색깔을 바꾸는 것易服色'은 왕조의 기치를 바꾸는 것이고 '새로운 정권 설립 후 해의 처음을 정하는 것改正朔'은 하늘과 땅이 바뀌는 것이며, '선왕을 본받는 것法先王'과 '후왕을 본받는 것法後王'151)에 따라 근본적인 정치노선이 달라진다. 따라서 풍속과 교육, 제도, 예법의 어떠한 변화도 학술과 사상의 범주에서 정치적인 해석을 하게 되며, 어떠한 학술과 사상의 변천도 반드시 정치적으로 사회 변화를 추동하는 것으로 이해되는 것이다. 이른바 '하늘이 변하지 않으면 도 또한 변하지 않는다天不變, 道亦不變' 또는 반대로 '하늘이 변하면 도 역시 변해야 한다天若變, 道亦需變'라는 말이 바로 이런 뜻이다.152) 이것이 량치차오梁啓超가 말하는 절반은 '학술 사상은 항상 정치에 따라 변화한다.'153)와 다른 절반은

---

151) '법선왕'은 선진의 유가가 대표하는 '법고法古'의 정치관으로, 고대 성왕 요·순·우·탕·문·무의 언행과 제도를 말하며, 맹자가 주장하는 인정과 왕도정치의 근간을 이룬다. '법후왕'은 선진의 순자, 한비자를 대표로 하는 '법금法今'의 정치관으로, 당대의 성왕 명군의 언행과 제도를 본받는 것을 말한다.-역

152) 최근 리쩌허우는 『兩千年來的最大變局』에서 이 점에 대해 언급하였다. 그는 "몇몇 철학사 혹은 사상사(후스, 펑여우란馮友蘭, 허우와이루侯外廬 및 마오쫑싼毛宗三)는 문화학술계의 지위와 영향 면에서 기타 문학사, 문화사, 경제사, 정치사의 영역을 초과하였고, 이는 또한 중국이 '경학'을 중시하고 '사상'을 중시하는 문화전통과 밀접한 연관이 있다."라고 말했다. 「思想史的意義」, 『讀書』, 2004年, 第5期, 50-58쪽.

153) 梁啓超, 「論中國學術思想變遷大勢」, 『飮冰室合集·文集(七)』, 中華書局, 1989년, 38쪽.

풍속과 정치의 변화는 '반드시 학술 사상을 모체로 해야 한다.'[154]라는 것이다. 국가 제도와 정치 상황이 철저히 변하지 않은 상황에서 린위성林毓生의 이른바 '사상 문화를 빌어 문제를 해결하는 방법'은 항상 지식계의 습관이다.[155] 이러한 점에서 볼 때, 중국에서의 '학술'은 '전문'적이며 '지식'의 영역일 뿐만 아니라 항상 정치 비판과 제도 표현이라는 것을 알 수 있다. '문화', '학술' 및 '사상'의 연구 영역 역시 그러하다.

중국 사상사 연구의 시작과 열기 또한 이러한 배경에서 관찰해야 한다.

1. 1980년대를 돌아보며: '문화열' 속의 문화사 연구

이러한 학술사 내지 사상사의 현상을 이해하려면 1980년대의 '문화열'부터 이야기를 시작해야 한다. '문화열'을 논하기 전에 먼저 과거 이야기 하나를 하자. 1993년 4년간 나라를 떠났던 리쩌허우李澤厚가 처음으로 귀국했다. 그는 국내의 문화 현상에 대해 이해할 수 없었다. 특히 왕궈웨이王國維, 천인커陳寅恪 등 학계의 인물들이 갑자기 '문화 우상'이 되고, 문화인들에게 순수 학문가를 숭배하는 풍조가 일고 있는 것에 놀라워했다. 그는 이런 현상이 이해가 가지 않자 한 잡지에다 훗날 유명해진 "사상가는 약해지고 학문가는 조명을 받는다."[156]라는 말을 남겼다. '학문가가 조명을 받는다.'는 것은 이해할 수 있으나 '사상가가 약

---

154) 梁啓超, 「新民說」, 『飮冰室合集·專集(四)』, 50쪽.

155) 林毓生, 「五四時代激烈的反傳統思想與中國自由主義的前途」, 『中國傳統的創造性轉化』, 三聯書店, 1988년, 169-174쪽.

156) 그 잡지는 『원도原道』이다. 그 후 1994년에 그는 또 홍콩중문대학의 『21세기二十一世紀』에 "90년대 중국 학술이 추구하는 것 중의 하나는 사상가가 약해지고 학문가가 조명을 받고 있다는 것이다. 왕궈웨이, 천인커는 이미 하늘로 올라갔고, 천두슈, 후스, 루쉰은 '2선으로 물러났다.'"라고 서신을 보냈다. 『二十一世紀』, 1994年 6月號 참고.

해지는 것'은 무엇 때문일까? 이유는 리쩌허우의 마음속에 80년대는 '사상가의 시대'이고 이른바 '사상가의 시대'란 정치 문제에 대해 비판의 목소리를 내는 '공공 지식인'과 현실 사회 정치와 문화를 뒤덮은 거시적 사고가 유행했던 시대이기 때문이다.

하지만 우리가 80년대로 돌아와서 살펴본다면 그 시대가 과연 사상가의 시대였던가? 왜 그 후의 역사학자들은 이것을 '사상열'의 시대가 아니고 '문화열'의 시대라고 했을까?

1976년 10년이란 긴 세월의 '문화대혁명'이 끝나고 1978년에서 1989년 10년간 개혁개방으로 인해 다시 '부강을 추구한다.' '현대화'의 길에 들어선 중국의[157] 사상계는 마치 만청과 5·4 시기의 '특기'에서 '제도'로, '제도'에서 '문화'로의 변화를 추구하는 역사적 연장선상으로 돌아온 것 같았다. 또한 관념적으로 전통과 현대 간의 관계에 대한 반성을 다시 시작하면서 후에 '신계몽'이란 사상의 조류를 일으켰다. 이 조류 속에서 당시 정치와 전통 사상의 연원을 정리하고 정치적 이데올로기에 대한 비판을 우회적으로 표현하기 위해 문화계와 학술계는 중국의 전통과 역사에 대해 '회고' 및 '검토와 반성'을 하였다. 이렇게 80년대 '문화열'이 나타난 것이다. 하지만 주목해야 할 점은 이러한 '문화열' 과정의 모든 것은 모순 속에서 전개된 것 같다는 점이다. 왜 '모순' 속에서 전개된 것이라고 하는가? 이 사조에는 서로 상반되거나 보완적인 두 가지 문화경향이 존재하였고, 이는 이후 중국에 여러 가지 파급된 사상적 자원을 제공했기 때문이다.

한편, 중국이 '현대'로 진입하고 '글로벌'에 합류할 수 있는 길을 전면

---

157) '부강을 추구한다.'는 미국 학자 벤자민 슈와르츠Benjiamin I. Schwartz가 옌푸嚴復의 저작 『尋求富强』을 논술한 중국어 표현이다. 만청 이래로 중국 사상문화계가 '민부국강民富國强'을 추구하던 커다란 추세를 잘 개괄한 것이다. 『尋求富强:嚴復與西方』, 葉風美 譯, 江蘇人民出版社, 1995년.

적으로 추동하고 있었다. 당시 사람들은 이성적인 면에서 모두 '현대 화'를 동경했다. 이는 현실적인 면에서 슬픔이 가라앉은 다음 고통을 돌아본 후에 가졌던 10년 '문화대혁명' 역사에 대한 반성의 결과였다. 뿐만 아니라 정서적인 면에서도 '낙후하면 얻어맞아야 한다.' 심지어 '이 세상에서 생존할 자격이 박탈당한다.'는 것을 뼛속깊이 느꼈기 때 문이다.[158] 따라서 사상사의 문제는 기본적으로 여전히 20년대의 '과 학과 현학논쟁'이나 5·4 시기의 '반 전통' 심지어 만청 시기의 '중체서 용' 또는 '서체중용' 논쟁의 역사적 연장선에 놓인 것이다. 슈와르츠가 말하는 '부강 추구'의 정서 속에서 과학·민주·자유 등 서구에서 들어 온 이른바 '보편적 가치'는 여전히 사람들이 추구하는 이상과 목표였 다. 사람들은 당시 관방에서 제창하는 '현대화'의 구호와 '과학'의 기치

---

158) '낙후하면 얻어맞아야 한다.', '이 세상에서 퇴출 된다.'는 말은 모두 마오쩌둥이 한 말이다. 이 말은 집권 정당과 국가가 왜 '문혁'이후에 4개현대화를 제창하는 지를 이해하는 핵심 열쇠이다. 정통파와 계몽파는 현대화 추구에 있어 표면적으 로 일치하는 부분이 있다. 하지만 일단 현대화를 정치 분야까지 추진한다면 심 각한 분기와 의견 차이가 발생한다. 따라서 1988년 초『세계경제도보世界經濟導 報』에서 전개된 '구적球籍'에 관한 대 토론에서 지식계의 목소리는 갈수록 중국 의 전면적인 개혁, 특히 정치 개혁을 요구하는 쪽으로 기울었다. 그렇지 않으면 '이 지구상에 생존할 자격球籍'을 박탈당할 것이며, 이는 당연히 국가의 의지에 부합되지 않는다고 강조했다. 후에 이 신문은 폐쇄되었다. 하지만 왕후이汪暉는 「현대 중국 사상의 상황과 현대성 문제當代中國的思想狀況與現代性問題」에서 중국에서의 "신 계몽사상의 기본적인 입장과 역사적 의미는 바로 국가의 전면적 개혁과 실천을 위해 이데올로기적 기반을 제공하는데 있다." 그리고 "신 계몽 지 식인과 정통파 간의 대결은 민간 지식인과 국가 간의 대결로 간단하게 해석할 수는 없다. 오히려 반대로 전체적으로 볼 때 그들의 사상적 노력과 국가의 목표 는 대체적으로 일치한다."고 보았다. 그러나 이 주장은 복잡한 중국 사회와 정치 적 의견 차이를 '현대화'의 목표 또는 '개혁'이라는 개념으로 간단하게 추상화하 고 중첩시켰을 뿐만 아니라, 계몽 지식인과 정통파 국가 관료들 간에 겉으로는 유사해 보이는 '현대화' 목표가 경제 분야에서 정치 분야로 확대될 때는 거대한 차이를 보인다는 점을 간과했다. 『天涯』, 1997년, 제5기.

를 받아들이면서 과학을 고취하고 이성을 창도하는 한편, 관방의 '문혁'에 대한 비판도 받아들고 계속해서 5·4 이래의 민주의 구호를 높이 외쳤다. 이로 인해 5·4이래 루쉰魯迅 등의 '국민성 비판'은 여전히 문화의 주선율이 되었고 전통문화에 대한 비판의 목소리도 여전히 높았다. 특히 중국의 현실에 대해서 조금이라도 아는 사람은 이해할 수 있다. 정치, 정당, 정부의 책임을 직접적으로 비판할 수 없기 때문에 어쩔 수 없이 문화와 전통으로 하여금 우리를 대신하여 '빚을 갚게'한 것이다. 그러므로 '오자서가 시체를 채찍질하다伍子胥鞭尸'의 이야기와 같이159) "정치라는 여울을 비껴서 안전하게 조상들을 채찍질하는 것이다."160) 하지만 이는 또한 역사, 문화의 연구 사업과 이 사업에 종사하는 학자들로 하여금 그 10년의 '전위대'와 '스타'가 되게 하였다. 당시 사상의 주류는 전통 문화 속에서 오늘날 중국의 폐쇄, 낙후, 우매를 초래한 역사적 요소들을 발굴하는 것이기 때문에 유가, 불교, 도교를 모두 뒤집어서 스포트라이트로 비추어 보는 것이었다. '문화열' 중에서는 문화사 연구가 핵심 영역이다. 리쩌허우의 3부 사상사는 당시에 엄청난 영향력을 안겨주었다. 특히 『미의 역정美的歷程』과 같이 통속문화사에 예술사를 더한 저작물이 한때 열풍을 일으켰다.161) 위잉스余英时

---

159) 초나라에서 오나라로 망명한 오자서는 아버지를 죽인 초나라 평왕平王에게 복수하려했다, 그런데 그가 죽었다는 말을 듣고 평왕의 묘에서 그 시체에 파내어 채찍질을 하여 복수했다는 이야기이다. '굴묘편시堀墓鞭尸(묘를 파헤쳐 채찍으로 시체를 때리다)'라는 성어로 쓰인다.-역

160) 林同奇, 「文化熱的歷史及含義及其多元思想流向」(上), 『當代』, 第86輯, 1993年 6月, 66쪽.

161) 80년대 문화열 관련의 학술, 사상 및 문화적 맥락을 이해하려면 리쩌허우의 3부작 『中國近代思想史論』(人民出版社, 1979년), 『中國古代思想史論』(人民出版社, 1985년), 『美的歷程』(文物出版社, 1981년)이 가장 주목할 만하다. 그 중 3개 개념 즉 '문화심리구조', '축적積澱', '공자와 안연의 즐거움孔顔樂處'은 리쩌허우 및 당시 학계의 전통 문화의 키워드였다. 여기에는 '현대'(부강 추구)와 '전통'(문화 보

『사와 중국문화士與中國文化』는 많은 학자들이 읽는 주요 저서였다. 이유는 전통적인 지식인(사士) 정신에 대한 반성이 커다란 영향을 미쳤기 때문이다. 당시 문화와 역사 비판은 상당한 힘을 가지고 있었고 문화사 영역은 정치문화의 스포트라이트를 받고 있었음을 알 수 있다.

하지만 다른 한편으론, 일반적으로 믿음을 상실했을 때 어떻게 정체성을 찾을 것인가란 문제이다. 대다수의 중국인들에게 있어 부강을 추구한다는 의미는 여전히 '중국을 재건'한다는 뜻이기 때문이다. 필경 다들 중국인이고 특히 중국의 문화인이기 때문에 전통 역사에 대해 어느 정도 공통된 습관과 연연해하는 마음이 있으며, 뿐만 아니라 전통 한족 중국인의 '천하대국'의 정서를 갖고, '천하를 마음에 품고 있는' 중국인들이 '솟아오르는 서양의 파도'를 직면했을 때 그리 달갑지 않을 것이다. 그렇다고 해서 일본의 후쿠자와 유키치福澤諭吉의 말처럼 완전히 '아시아를 탈피하여' '유럽으로 들어갈 수'도 없고[162] 서양으로 완전히 몸을 돌려 중화문명을 버릴 수도 없는 일이다. 사람들은 언제나 전통 중국 문화 속에는 현대에 적합한 자원이 들어있으며, 설사 서방 문명이 중국에 충격을 가하지 않았다 할지라도 현대성(자본주의)이 나타날 수 있다고 생각한다. 때문에 그들은 유가의 학설, 불교의 정신, 도교의 상상 등 특히 자유로운 사상, 반항적 행위, 특이한 일들에 대해 흥미를 보인다. 그래서 비판과 동시에 약간의 정을 남겨 두고 그에 대한 호감이 마음속에서 나갔다가 다시 들어오는 것이다. 예를 들어, 거

전), '미래'적 지향과 '역사'에 대한 미련 간의 조화와 충돌이 잘 나타나 있다. 이러한 내적 충돌은 그가 출국한 이후까지 지속되었다. 그래서 후에 그는 류짜푸劉再復와 『고별혁명告別革命』에서 표현한 '개량주의'로의 전환을 보였다.

162) 물론 후쿠자와 유키치 본인이 직접 '유럽으로 들어간다.'는 말을 하진 않았다. 반대로 그 역시 중국인과 마찬가지로 유럽에 대항할 수 있는 연대적 아시아가 있기를 기대한다.

자오광은 『선종과 중국문화禪宗與中國文化』에서 선종이 사대부의 심리에 내향적이고 폐쇄적인 경향을 초래하였다고 언급할 때에는 현실에 대한 비판적 분위기가 강했지만, 선종의 문인에 대한 '고요하고 맑고 깊은幽深清遠' 심미적 정취에 대한 영향을 언급할 때에는 칭찬을 하기도 했다. 따라서 '전통을 완전히 거부한다는 것'은 불가능하다. 뿐만 아니라 역사와 전통은 중국 정체성의 기저이다. 부강 추구와 세계로의 합류는 강대한 중국을 재건하기 위한 것이며 전통을 연속하는 자체도 전통을 비판하기 위한 목적이다.

이러한 내적 모순은 문학에서 특히 뚜렷하게 나타난다. 중국문학사를 잘 안다면 '문혁'을 직접 비판한 '상흔傷痕소설'이 나온 이후 1980년대에 바로 '심근尋根소설'이 나타났다는 것을 잘 알 것이다. 그들은 5·4정신을 이어서 각종 해외자원(서양의 현대소설과 연극이론 및 가르시아 마르케스의 『백 년 동안의 고독』 등과 같은 라틴아메리카의 소설을 포함)을 도입하여 '국민성'의 무감각과 미련함을 캐낸 것 외에도, 또한 전통 속에서 새로운 내적 자원을 찾아 전통 속에서 전통을 돌파하려는 시도를 했음을 알 수 있다. 그래서 그들은 때로는 정통 유가는 보수적이고 관방의 이데올로기는 재미없으며, 중원 즉 한족의 질서 및 도덕 등 강한 문화는 무미건조하다고 느낀다. 당시 어떤 사람은 중국에는 '주신酒神' 정신이 적고 '일신日神' 정신이 많아서 '이성'이 강하고 '충동'이 적다. 때문에 중국 문화는 자유로움과 분방함, 호매함이 부족하고 지나치게 온정적이고 온화하다. 중국의 지식인은 지나치게 공리적이고 현실적인 것을 꺼려하여 개성과 자유로운 초월을 보여주지 못하기 때문에 사상의 정통, 낙후, 보수를 초래했다고 말한다. 따라서 사람들은 한편으론 전통이 초래한 제도, 사고의 경직, 과학 기술의 정체 및 보수적이고 낙후한 풍기를 비판하면서도 다른 한편으론 종종 전통 속의 특이하고 반항적이며 비주류의 내용들을 발굴하기도 한다. 따라서 불교 선종과 도가 사상, 무당 이야기 그리고 남서 및 북서 변방 지역의 소수민족들의 것들에 눈을 두는 것이다. 예를 들어, 한샤오궁韓少功 『빠빠빠爸爸爸』, 왕안이王安憶 『바오씨 마을小鮑莊』, 쟈핑아오賈平凹 『납월정월臘月正月』 등은 적잖이 이러한 경향 또는 색채를 띠고 있다. 심지어 2000년 노벨상 문학상 수상자 가오싱젠高行健의 작품도 예외는 아니다. 그의 수상작 『영혼의 산靈山』에는 중원(한족)과 유가의 주류 문화와는 다른 꾸이저우貴州(한족이 아닌)와 불교, 도교의 요소들을 많이 등장한다. 이는 1989년 이후 중국을 떠난 그의 중국 문화에 관한 자원 역시 10년간의 '문화열'에서 온 것임을 보여주고 있다.

표면적으로 볼 때, 당시 사상의 구도가 조금 혼란스럽긴 하지만 전통 황권이 '도'(신앙), '학'(지식), '정'(권력)의 합법성과 합리성을 통합시킨 전통이 여전히 지속되고, 정치권력과 이데올로기가 늘 독점적으로 주도하였기 때문에 중국에서 나타난 그 어떤 학술 현상은 '반정치적 정치'일 수 있다. 따라서 80년대 과학과 민주를 구호로 내세우든(예: 『미래를 향한 총서走向未來叢書』 편집위원회), 전통 문화를 상징으로 하든(예: 중국문화서원中國文化書院), 서방 자원을 기치로 삼든(예: 『문화: 중국어 세계文化:中國語世界』 편집위원회) 사실 이 모든 것들은 모순으로 가득 찬 사고 속에서 동일한 비판성을 가지고 있다. 이러한 '모순 속의 동일성'은 중국 문화계와 사상계로 하여금 종종 전통을 비판하는 전통의 고수와 현대를 비판하는 현대의 추구 현상을 드러내게 하였다. 각기 다른 기치가 같은 입장일 수 있고 각기 다른 입장이 동일한 기치를 내걸을 수 있다는 것이다. 하지만 바로 이러한 '서방을 통한 중국 관찰', '문화를 차용한 정치 비판', '역사 인용을 통한 현실 해석'의 방식이 이 시대의 문학, 사학계로 하여금 문화 비판의 중심이 된 것처럼 보이게 했다. 학계의 한 가지 뚜렷한 변화는 문화사가 정치사를 점진적으로 대체하여 널리 주목을 받는 중심이 되고 있다는 것이다. 당시 두 차례 회의와 두 세트의 총서는 학술계 조류를 잘 대표하고 있다. 한 회의는 1982년 청두成都에서 개최된 '중국 근대 과학의 낙후 원인中國近代科學落後原因'이라는 세미나이다. 이 회의에서 전통 문화, 특히 유교 문화의 특질을 돌이켜보면서 전통 문화에 대해 맹렬한 비판을 가하였다. 이 회의는 서방의 민주와 과학으로부터 중국을 개조하는데 필요한 자원을 흡수한 경향이 있다. 다른 한 회의는 1982년 상하이에서 개최한 '문화사 연구 학자의 좌담회文化史硏究學者座談會'이다. 전통적으로 정치와 경제, 사회를 중심으로 역사를 연구하는 사고방식에 대한 반감을 나타내었고, 정치 이데올로기의 구속에서 벗어난 문화사 연구를 제창하고, 전통문화자원 속에서 참고할 가치가 있는 역사적 자원을 발견하는 게 취지였다. 두 세트의 총서 중의 하나는 바오쥔신包遵信과 진관타오金觀濤 등이 주편한 『미래를 향한 총서走向未來叢書』이다. 대부분 서양 책들을 번역한 것으로 당시 중국의 '현대화' 또는 '서구화'의 방향을 드러내었다.163) 다른 하나는 저우구청周谷城이 주편한 『중국문화사총서中國文化史叢書』이다. 앞에서 언급한 위잉스余英時의 『사와 중국문화』도 포함되었다.164) 한편으론 현대화이고 다른 한편으론 전통 문화라는 것을 알 수 있다. 하지만 어떤 측면에서 보더라도 당시 상황은 앞에서 언급한 바와 같이 '서방을 통한 중국 관찰', '문화를 차용한 정치 비판',

---

163) 그 중 Blake, 『現代化的動力』, Alex Inkeles, 『人的現代化』, Robert Merton, 『十七世紀英國的科學·技術與社會』, 모리시마 미치오森嶋通夫, 『日本爲什麼成功』, 楊百揆, 『西方文官系統』, Geert Hofstede, 『GEB:一條永恒的金帶』, FritjofCapra, 『現代物理學與東方神秘主義』 등 모두 74종이다. 四川人民出版社에서 1983년 이후 계속해서 출판하였다.

164) 余英時, 『士與中國文化』; 周振鶴·游汝杰, 『方言與中國文化』; 葛兆光, 『禪宗與中國文化』·『道敎與中國文化』; 王毅, 『園林與中國文化』; 鄭爲, 『中國彩陶藝術』; 孫昌武, 『佛敎與中國文學』; 沈福偉, 『中西文化交流史』; 張正明, 『楚文化史』 등 근 30종이다. 上海人民出版社에서 1985년 이후 계속해서 출판하였다.

'역사 인용을 통한 현실 해석'이었다.

　문화를 통해 정치를 비판하고 역사를 통해 현실을 해석하는 물결 속에서 1988년 6월 TV 프로그램『황하의 죽음河殤』이 등장했다. 당시 많은 사람들은 이 TV프로를 본 후 전통문화에 대한 비판을 통해 현실의 정치 풍조를 비판하는데 엄청난 영향을 발휘한 최고의 극치를 보여주었다고 했다. 현대출판사에서 출판한『황하의 죽음』겉표지에는 '비극적인 민족 심리를 드러내다揭示悲劇性民族性心理'와 '고대 중화 문명의 운명을 돌아보다反思古華夏文明命運'라는 두 마디가 적혀있다. 역사와 문화에 대한 학술적 연구 방향은 서방을 배워 현대화를 추구하려는 정서와 사회적으로 정치제도, 이데올로기에 대한 불만의 조류가 점점 결합되면서 급기야 1989년 정치 풍파를 초래하였고 결국 전체 80년대는 그렇게 끝나고 '문화열'도 끝이 났다.165)

2. 1990년대 정치 비판과 학술근원 통합의 학술사 연구

　나의 시각에서 볼 때, 상징적인 시기로서 중국의 1989년은 1895년과 같이 중요하다. 전 세계의 형세가 달라졌다. 구소련과 동유럽이 점점 해체된 이후 두 진영의 대치 국면에 급격한 변화가 일었으며, 과거 세계 구도와 시비 논쟁에 대한 각자의 확고한 입장과 원칙이 갑자기 효력을 상실하게 되었다. 또한 자본주의냐 사회주의냐 집단 우선이냐 개인 신성이냐는 등의 과거 관념들에 대한 재인식이 필요해지면서 과거의 이치들도 재확립해야 할 것으로 보였다. 점점 와해되고 있는 소련

165) 문화열에 관해 지금까지 분명하게 잘 연구한 글은 林同奇,「文化熱的歷史及含義及其多元思想流向」이다. 臺北,『當代』, 第86·87輯, 1993年, 6-7月에 실렸다. 또한 陳奎德 編,『中國大陸當代文化變遷』, 臺北, 桂冠讀書公司, 1994년을 참고.

과 동유럽 진영에서 낡은 이치들을 버려야 한다고 인식하게 되었다. 승리자인 것만 같은 서방 세계도 '적이 있는 듯 없는 듯 해졌고' 과거에 확고하게 고수해오던 '중요한 신념과 도리'들이 쓸모가 없는 것처럼 변해버렸다. 그래서 『문명의 충돌文明的沖突』의 저자 샤무엘 헌팅턴 Samuel P. Huntington은 이데올로기의 충돌이 끝나고 문명의 충돌이 시작되었다고 말한다. 과거의 벗과 적은 다 옳지 않다. 다시 관찰하고 분석해야 한다. 『역사의 종언과 최후의 인간歷史終結與最後的人』을 쓴 후쿠야마F. Fukuyama의 견해는 헌팅턴과 첨예하게 대립하지만, 자유민주주의가 결정적인 승리를 거두었고 헤겔의 역사 발전 논리가 정점에 이르렀기 때문에 '역사가 종결되었다'고 말한다. 아마도 많은 학자들이 이러한 견해를 받아들일 것이다. 하지만 여러분에게 환기시키고자 하는 것은, 중국에서는 소련과 같이 정치 체제와 이데올로기가 그렇게 급변하지 않았고, 민주·자유·이성도 여전히 사상계가 고민해야할 문제이며, 모든 경제·사회 변화는 중국에서는 여전히 정치 역량이 주도하고 있기 때문에 역사는 중국에서 아직 '종결'되지 않았다는 점이다.166) 비록 중국의 상황이 크게 변하기는 했지만 80년대 비판이 90년대에 형식만 바꾼 채 연속되고 있으며, 단지 80년대의 각종 자원 중에서 각기 다른 방향과 추세가 점점 뻗어나가 표면적인 '전환'과 '분화'를 일으키고 있을 뿐이다.

　　현대 역사를 조금 돌이켜보면 알 수 있듯이 50, 60년대에서 70년대

---

166) 왕후이는 「당대 중국의 사상 상황과 현대성 문제當代中國的思想狀況與現代性問題」에서 90년대 이후 신계몽은 "빠르게 변화하는 역사적 환경에서……애매하고 불분명한 상태에 처해 있으며, 현대 중국의 사회 문제를 비판하고 진단하는 능력을 점점 상실했다."라고 말했다(『天涯』, 1997년, 제5기). 이러한 의견은 역사의 단절에 대해서만 강조했지 역사의 연속성에 대해서는 주목하지 않았다. 사실 1989년 이후 중국의 정치체제가 아직 본질적인 변화를 가져오지 못한 상황에서 신 계몽사조는 여전히 비판적 의미가 있다는 점을 보아야 한다.

에 이르기까지 중국은 통일된 정치 이데올로기의 지도 아래에 있었고 그 속에서의 사상 학설은 매우 간단하고도 명료했다. 그때는 정말 말하지 않아도 분명한 시대였다. 모두 '마음은 한 곳을 생각하고 힘은 한 곳에다 쏟으며', '적이 반대하는 것은 지지하고 적이 지지하는 것은 반대 한다'라고 생각했다. 이렇게 간단명료했다. 80년대 개혁개방의 시대가 도래 하고 비판의 '문화열'을 맞이하면서 사람들은 그 경직된 정치 이데올로기의 병폐를 인식하기 시작했다. 사람들은 그 경직된 정치 이데올로기 통제 하의 정서에 반항했지만 동일한 관념을 유지하고 있었다. 사람들은 같은 비판의 대상이 있었다. 모두가 '보충 수업'과 '계몽'을 주장했다. 자유 · 민주 · 과학 · 이성은 여전히 보편적인 가치이며 이러한 가치가 상실된 사상의 전제와 중국의 낙후를 초래한 정치의 전제는 여전히 지식인들의 마음속의 동일한 비판의 표적이었다. 하지만 1989년을 겪은 지식인들은 모두 상당한 무력감에 빠져 있었다. 정치에 대한 공개적인 토론이 불가능하고 경제가 전 국민의 목표가 된 마당에 문화는 더 이상 사람의 관심 대상이 아니었다. 이상주의는 웃음꺼리가 되었고 저속한 풍습이 유행하면서 정당성을 얻었다.[167] 인문 지식 또한 더 이상 80년대와 같은 동원력이 없어졌다. 바로 이러한 배경에서 천쓰허陳思和 · 왕샤오밍王曉明 · 주쉐친朱學勤 · 장루룬張汝倫 등이 『독서讀書』 잡지에 그들의 좌담회 기록을 발표하였다.[168] '인문정신'과 '상실'에 대해 토론했다. 그 후 어떤 사람은 이를 '후견지명hindsight'이라며 비판하기도 했다. 즉 잃어버린 인문정신을 찾으면서 문제의 원인을 도덕과 인문으로 돌렸기 때문에 전 세계의 자본 배경과 사회 경제 관계에

---

167) 하나의 상징적인 현상이 바로 왕숴王朔 소설의 유행이다. 그의 소설은 한편으론 위선적인 숭고를 와해하고 다른 한편으론 사상의 평범화를 가져왔으므로 사실은 양날의 검과도 같다.

168) 이에 대한 토론은 『讀書』의 1994년 앞 몇 호에 실렸다.

대해서 정확한 진단을 내리지 못했다고 비판했다. 하지만 이러한 비판은 당시 역사적 환경과 사상적 상황을 등한시한 듯하다. 사실 지금의 '후견지명'으로 볼 때, 이 토론은 80년에 엄청난 영향력을 행사한 인문학자들이 새로운 사회 상황 속 무력함에 대한 불만이 갈수록 사려져가는 인문학술에 대한 비애를 표현한 것이다. 하지만 재미있는 것은 일부 학자들은 빠른 속도로 학술사 영역에서 다시 새로운 자원을 찾아내어 표면적으로는 '과거'를 그리워하면서도 '새로운 것'을 폄하하였고, 정치에 대한 냉담함으로 정치 비판에 대한 열정을 표현하면서 학술을 통해 정치를 표현했다는 점이다. 그래서 왕궈웨이 · 천인커 · 후스 · 푸쓰녠傅斯年과 같은 학문과 수양이 깊은 민국 학자들 심지어는 선쩡즈沈曾植 등도 최고의 권위자로 초대되었다. 이로써 앞에서 언급한 리쩌허우의 '사상가는 점차 사라지고 학문가가 조명을 받는다'라는 말이 생기게 된 것이다.

겉으로 보기에 뚜렷한 특징 중 하나는 사람들은 더 이상 직접적으로 사상을 논하지 않고 학술에 더 열중하였고, 더 이상 격렬하게 비판적 어조나 전통 문화를 통해 현실 정치를 토론하지도 않았다. 구시대 일부 학문가들이 주장하는 현실 사회의 체제, 풍습, 사상에 대한 비판을 함으로써 겉으로는 '문화열'이 끝난 것 같지 보였지만 문화를 통해 정치를 비판하는 사조는 여전히 지속되었다. 리쩌허우가 말하는 '학문가' 중 대표적인 인물은 왕궈웨이와 천인커를 가리킨다. 그때는 왕궈웨이의 전문적인 학문 수준은 많은 존경을 받았으며 심지어 그가 호수에 투신자살한 일도 '자유로운 사상, 독립적인 정신'의 상징으로 보았다. 천인커의 정치와 권력에 대한 냉담함과 반항은 거자오광이 『독서』에 발표한 「자유를 외치지만 가장 자유롭지 못한 문인最是文人不自由」과 루젠둥陸鍵東의 『천인커, 최후의 20년陳寅恪最後的二十年』이란 책을 통해 거의 정치적 신화가 되었다. 이들 학자가 90년대에 다시 언급된 것은 사실상 하나의 상징적인 것이다. 정치를 멀리하는 냉담함과 학술 배후의 정치는 사실 80년대와 마찬가지로 여전히 지식인의 비판을 표현하였다. 리쩌허우는 아마도 이 점을 제대로 파악하지 못했기 때문에 이 점을 이해할 수 없었던 것 같다. 이러한 상황에서 학술사도 거의 당대의 학문이 되었던 것이다. 상징적인 사건이 바로 1990년 『학인學人』이 창간되기 전에 진행되었던 학술사에 관한 토론이다.[169] 이는 학술사 열기의 서막을 열었다. 이는 90년대 선쩡즈沈曾植 · 장타이옌章太炎 · 후스 · 푸쓰녠 · 왕귀웨이 · 천인커의 재발견을 의미한다. 이는 '학술'을 기치로 내세운 '정치' 토론이며 진정한 학술사의 '학술'에 대해서는 사실 깊이 연구하지 않았다.

돌이켜보면 1990년대 학술사 연구가 열풍을 가져온 직접적인 원인은 위에서 언급한 정치적인 의미뿐만 아니라 구체적인 학술의 배경도 한 몫을 하였다. 알다시피 80년대 이래 사람들은 '(역사)다시쓰기'란 구호를 제기했다.[170] 하지만 이 구호를 제기한 주요 목적은 1949년 이후 학술 연구 속의 정치적 이데올로기를 비판하고 약화시키는 것이었다. 하지만 구호란 종종 정서와 관념에 대한 간단한 표현에 불과할 때가 있다. 실은 진정한 '다시 쓰기'의 학술적 기초가 부족하였다. 1990년대의 학술사 연구는 학술의 축적 과정에 대한 역추적을 통해 다시 쓰기의 첫발을 내딛었다. 학술사 연구는 주로 주류 위치에 있는 '역사'가 어떻게 발생하였고 어떻게 정치적 권위가 되었는지에 대한 반성이다. 때문에 학술사에 대한 토론은 한쪽으로는 정리를 하면서 다른 한쪽으론 다시

---

169) 『學人』, 第1輯, 江蘇文藝出版社, 1991년 참고. 참가자는 친핑위안陳平原 · 왕서우창王守常 · 쳰원중錢文忠 · 진다청靳大成 · 량즈핑梁治平 · 류둥劉東 · 레이이雷頤 · 거자오광 등이다.

170) 1988년 천쓰허와 왕샤오밍은 『上海文學』에 '문학사 다시쓰기重寫文學史'라는 칼럼을 만들어 이 문제에 대해 본격적으로 토론을 한다. 그리고 1999년 천스허는 정말 다시쓰기를 실천한 『中國當代文學史教程』(復旦大學出版社, 1999년)을 출판하였다.

쌓아놓는 것이다. 많은 학자들은 만청에서부터 1990년대의 학술사를 반성하는 것이 정치적 이데올로기의 통일화, 학술과 교육의 소련 모델 및 현실의 대학 체제, 학술 방법, 경직된 평가기준에 대한 비판의 의미가 있을 뿐만 아니라 20-30년대 중국의 학술, 특히 전통 맑스주의를 넘어 장타이옌·량치차오·왕궈웨이·천인커·후스·푸쓰녠을 위시한 학술의 맥락과 다시 연결하려는 의미가 있다는 것을 알았다.[171]

1990년대는 '세기말'이 가까워지고 있던 시기였다. 비록 세기말은 역법에서의 한 시간에 불과하고 그 자체가 문화사에 특별한 의미를 주는 것은 아니다. 하지만 세기말의 도래로 중국은 역사 비판으로 인해 '회고' 심지어 '노스탤지어'의 조류가 생겨났다. 학술계뿐만 아니라 출판계도 참여하면서 이러한 세기말 '회고'는 점차 유행이 되었고 학술사도 함께 학술계의 유행이 되었다. 하지만 학술사 연구는 필경 소수인의 전문이고 주로 학계의 이슈들을 다루기 때문에 대중 영역의 관심사가 되긴 어렵다. 새로운 문제와 이슈가 빠르게 등장하기 때문에 이 페이지도 빠르게 역사 속으로 사라질 것이다.[172]

3. 1990년대 중반 이후: 사상계의 동질성 상실과 학계의 새로운 변화

1992년 이후 중국은 또 다시 개방의 길을 걷기 시작했다. 그리고 80년대의 추세를 계속 이러 '글로벌화'로 진입하였다.[173] 1990년대 중반

---

171) 최근 들어 이 분야의 연구가 점점 심도 있게 학술사 관련 전파(서적 출판과 신문 매체 포함)와 교육 (교과서, 대학 전통 및 교육제도) 부분으로 들어가고 있다. 이유는 이 두 분야는 학술사와 밀접한 관련이 있다. 학술 연구의 전통이 어떻게 형성·변화했는지, 또한 학술 연구의 분위기가 어떻게 형성되고 변화할 것 인지와도 관련이 있기 때문이다.
172) 그 중심이 이후 점차 '학술 규범화'로 전환되었다. 이는 매우 이상한 일이다.
173) 이는 덩샤오핑의 1992년 남순강화 영향의 결과이다. 사후의 기억과 평가는 『南

중국의 사회 · 정치 · 경제 변화에 따라 국제 자본과 서구적 사조가 점차 깊이 들어왔고 정치 이데올로기는 '몸을 감추고' 있었다. 그리고 중국의 지식층과 학술계에 나타난 보다 깊이 있고 뚜렷한 현상은 '분화'였다. 사상의 자원이 달라지고 사상의 경향도 차이가 나고 사상의 진영도 분화했다. 사람에게 주는 인상은 주류도 없고 방향도 없는 듯했다. 80년대 이래 원래 사상계에 숨어 있던 각종 경향과 자원이 점점 발효하면서 차이를 드러냈고, 정리와 통합이 되지 않은 상황에서 모더니즘과 포스트모더니즘, 보편주의와 민족주의, 좌와 우, 그리고 서구의 유행이 한꺼번에 들어왔다. 전통도 새롭게 부활했다. 예전에 유명했던 연극 『거리에 빨간 치마가 유행하다街上流行紅裙子』가 있었다. 유행할 수 있고 유행이 된다는 것은 그래도 주류와 방향이 있음을 의미한다. 하지만 20세기 90년대 중반 이후 중국의 사상계는 펑크, 히피, 이피yippie와 복고패션, 최신 유행패션, 민족 전통복장, 우주복 등이 동시에 거리에 나타난 것과 같이 공통된 표준이나 패션이 없었다. 따라서 과거에 사회와 대중들을 위해 해석하던 사상 세계에 혼란이 생겼다.

그러나 1990년대 이래의 시장과 상품 경제는 전통 사회주의의 금욕주의와 평균주의를 와해시켰지만, 국가주의와 정치권력에 대해서는 실질적인 와해를 가져오지 못했다. 따라서 여전히 전통적인 중국의 정치 이데올로기의 새로운 변환과 변형이라 할 수 있다.[174] 하지만 이러한

風窗』, 2002年, 12期『十三年大脈絡』의 세 번째 「1992春:鄧旋風」, 21-22쪽 참고.
174) 어떤 학자는 한편으론 "중국의 현대 시장사회의 형성은 자생적이거나 자발적인 질서가 아니고 국가의 관여와 강요의 결과이다."라고 인식하여 '국가'는 사회문제 발생의 원인이라고 생각한다. 다른 한편으론 "중국의 현대 정치가 부패하게 된 원동력 중 하나는 바로 국제자본이 중국에서 활동되는 것과 관련이 있다."라고 강조한다. 후자의 말이 도리가 없는 것은 아니지만 그것을 강조한다고 해서 전자의 부패 근원을 덮을 수는 없다. 즉 '국가'의 정치권력이 지나치게 집중되어 있기 때문에 금권 거래가 있을 수 있는 것이다. 왕후이汪暉, 「新自由主義的歷史

변환은 지식인 집단에게 새로운 문제와 도전을 제시했다. 한편으론 비록 정치 이데올로기가 과거와 같이 정당과 정부의 권력을 통해 사상과 문화에 직접적인 간섭을 행하진 않지만, 여전히 매체를 통해 음성적으로 각종 이데올로기의 산물을 생산하고, 교육을 통해 우회적으로 정치적 의도를 복제하며, 민간의 전통 문화를 통해 정치적 공감을 형성하며, 대중오락의 형태를 통해 국가가 동원하는 정서와 격동을 전파하였다. 이는 과거에 문화와 학술을 통한 정치 비판으로 하여금 여전히 의미를 갖게 한다. 다른 한편으론 새로운 시대에 나타난 글로벌 자본의 역량과 서방 문화 사상이 동시에 중국의 사상 세계로 들어오면서 다른 일종의 비판도 동시에 필요하게 하였다. 그것은 사상 측면에서 '글로벌화'와 '현대화'에 대한 경계와 새로운 권력과 부의 결합으로 초래된 사회문제의 비판이다. 하지만 정치 이데올로기 형태의 변화는 지식계로 하여금 돌연히 '명확한 노선을 상실한 상태'로 떨어지게 하였고, 현재 정치와 사회에 대한 판단의 분화는 학술과 사상계의 분화를 낳았다.175) 왜 분화가 일어났는가? 다음과 같은 몇 가지 원인이 있다고 생각한다.

첫째, 중국을 해석, 분석하는 자원이 각각 다르다. 80년대 이래의 지식의 전통과 사상적 취향을 인습한 학자들은 여전히 현대 서방의 민주

根源及其批判」, 『臺灣社会研究季刊』, 第42輯, 2001年, 6月, 20쪽. 왕후이, 「當代中國的思想狀況與現代性問題」, 『文藝爭鳴』, 1998年, 6期.
175) 샤오궁친蕭功秦은 일관된 입장에서 이 같은 현상에 대해 다른 해석을 제시했다. 그는 자유주의 지식인의 온건화와 또 보수주의와의 합류는 사상계의 분화를 초래하여 다음 3가지 입장이 나타났다고 생각한다. (1) 질서 가치를 강조하는 신권위주의자, 현 체제의 이익기득권자의 수호자 그리고 자유파 우익이다. (2) 민주화에 의한 정치개혁을 강조하고 민주제로 부패를 제약하는 자유주의 중간파이다. (3) 서방 좌익 사회주의 이론을 기초로 하고 평등과 공평을 핵심 가치로 하며 현재의 문제를 자본주의 탓으로 돌리며 심지어 '문혁'의 가치를 재발견한 신좌파이다. 「新左派以及中國思想界的分化」, 『當代中國研究』, 2002年, 第1期.

와 자유, 과학적 이성과 역사적 진보의 관념으로 중국을 바라보고, 여전히 현대화 방향을 따라 중국의 정치와 사상을 비판한다. 그리고 해외에서 들어온 서방의 새로운 이론을 받아들인 학자들은 포스트 식민 이론, 포스트모더니즘 이론과 '현대성 비판'을 가지고 80년대 이래의 중국 정치와 사회 변화를 바라본다. 또한 전통 중국 자원에 익숙한 학자들은 문화보수주의를 자처하면서 빠르게 변화하는 중국 사회를 비판한다. 이 외에도 맑스주의의 노선을 가고 있는 학자들은 점점 서방으로 향하는 중국에 대해 의문을 던진다. 각자가 의존하는 사상의 자원과 지식의 자원이 다르기 때문에 중국 문제에 대한 판단과 현실 사회에 대한 진단에 있어 큰 차이를 보이는 것이다.

둘째, 이익 분배의 차이가 계층을 다르게 하였다. 갈수록 분화되고 있는 서로 다른 사회계층의 서로 다른 느낌과 입장으로 이 사회와 정치를 평가하므로 그 판단과 결과도 달라진다. 특히 각 부류의 학자들은 종종 어떤 계층의 이익을 대표한다고 자처한다. 부자(신흥 부자)를 대변하든 아니면 중산층을 대변하든, 시종 사회 하층에 있는 빈민층을 대변하든 아니면 기득권을 대변하든 간에 모두 각자가 내건 '기치'이지만 표현하는 느낌은 확실히 다른 경우가 많다.

셋째, 학과가 다르면 중국을 관찰하는 입장도 다르다. 인문학과, 사회과학, 자연과학 등 각기 다른 학과에서 출발하여 현실에 대응하는 전략을 설계하면 그 전략도 달라진다. 예를 들어, 인문학과가 위축하면 인문학과 사람들은 인문 정신에 대한 토론을 중요시할 것이다. 하지만 경제학자는 아마 그렇게 생각하지 않고 실용과 효율 앞에서 인문학자들이 공리공담을 하면서 그림의 떡으로 굶주림을 달랜다고 말할 것이며, 법학자는 정신과 경제를 논하는 것은 법제도를 보완하는 것보다 못하다고 말할 것이며, 사회학자는 현재 사회 계층과 사회의 흐름을 더 중요시하면서 이것이야말로 현재 중국에 있어 중요한 문제라고

말할 것이다. 따라서 때론 학과 배경이 초점과 정견政見에 상당한 영향을 미친다.[176]

넷째, 사회 문제에 대한 분석의 전제 조건이 다르다. 본토의 역사적 연속성의 각도와 글로벌 경제의 관계성의 각도에서 출발하는 것은 당연히 다르다. 본토의 정치와 사회 역사의 연속성에서 출발하면 지속적인 계몽과 비판이 여전히 필요하며, 민주 제도와 자유정신을 대대적으로 선양해야 한다고 생각할 것이다. 글로벌화의 관점에서 출발한다면 글로벌 자본의 압박과 서방 세계의 담론의 영향을 보게 되고 계몽 담론에 대한 경계가 필요하다고 생각할 것이다. 특히 해외에서 돌아온 사람들과 해외 학술 경험이 많은 학자들은 해외 입장에서 중국을 멀리 바라보면서 해외의 우려와 생각들을 본토 문제에 도입하여 논술할 것이다. 본토 학자들은 중국 만청 이래의 역사에 대한 관찰과 자신이 경험한 역사 경험에 더 무게를 두면서 중국 문제를 진단할 것이다.

이상과 같은 차이점들로 인해 지식층과 문화계, 사상계 사이에 분화가 생긴 것이다. 이러한 변화는 사상과 학술 분야에 커다란 영향을 미치며 중국 학술계의 연구의 사고와 방식에도 커다란 변화를 가져온다. 이러한 차이점들이 결국 지식층과 문화계, 사상계의 분화를 초래하는 것이다.

첫째, 지식인들이 처한 상황의 변화가 사상의 곤경을 초래한다. 관방의 정치 이데올로기가 점점 감추어지고 있는 상황에서 비판은 '타자' 또는 '대상'이 없는 것으로 보인다. 90년대 이래 지식인들이 점점 분화

---

[176] 예를 들어, 경제학자들은 시장과 공평에 관심을 둘 것이고 사회학자들은 사회구조의 변화를 통해 사회를 바라볼 것이며, 문학가들은 개인의 정감과 삶의 흐름을 통해 시대의 조류를 관찰할 것이며, 역사학자들은 역사적인 관점에서 중국 사회의 문제점의 근원을 토론하면서 특히 역사의 잔존과 연속성 문제에 주의를 기울일 것이다.

한 것도(일부는 거부나 스타 등 상층이 되어 기득 세력이 되었고, 일부는 관원이나 온건한 비평가 심지어 적극적인 제안자가 되었고, 일부는 교수가 진로를 바꾸어 전문 분야의 학자나 기술전문가가 되어 사회비판에서 멀어졌다) 비판의 진정한 동력을 잃게 한 것이다.[177] 둘째, 지식인은 부득이하게 루쉰魯迅이 말하는 '여러 면을 모두 고려하는橫站'방식을 취해야 한다. 즉 양쪽에서 오는 압력에 직면하여 양쪽으로 비판해야 한다. 한편으론 정치 이데올로기의 통제에 대응하고 다른 한편으론 시장 이데올로기에 따른 세속적인 유혹에 대항해야 한다. 이는 80년대 심지어 90년대 초보다도 어렵다. 셋째, '글로벌화'가 갈수록 사실화되면서 문제를 생각하는 시야가 넓어져야 한다. 현대성에 대한 경계를 이론적으로 표현하면서 개별성을 강조하는 민족주의, 사회주의 경향과 국가주의 정치 이데올로기의 통제에 대한 반항으로 일어난 보편성을 강조하는 자유주의 경향이 서로 대립하고 논쟁함으로써 '선택의 어려움'을 초래한다.

많은 변화가 일어나는 이 시대에 문학과 역사학계에도 새로운 문제들이 많이 나타났다. 이러한 문제들은 사람들을 곤혹스럽게 만들며 이 중 대부분은 문학과 역사학자들이 고민해야할 사항들이다. 예컨대 (1) 고대 중국 문명에 대한 전반적인 평가와 느낌이다. 이에 대해 사람들은 과거의 문관 제도의 도입과 사회 흐름의 추동을 강조하거나 혹은 제도의 결핍과 전제 집권을 강조한다. 하지만 지금 유럽 역사 배경에

---

177) Geremie R. Barme는 『*In the Red: On Contemporary Chinese Culture*』(Columbia University Press, 1999)란 책에서 1990년대 중국에 대한 관찰을 헝가리 작가 미클로스 하라츠티Miklos Haraszti는 동유럽에 대한 분석을 빌어 '안락한 새장'이라고 칭했다. 이는 나의 주장과 근접하지만 그의 '안락한 새장'에 처해 있는 지식인들에 대한 과격한 비판에 대해서는 동의하지 않는다. 그들의 어쩔 수 없는 상황에 대한 동정과 이해가 필요하다.

대한 경계와 이른바 포스트모더니즘, 포스트 식민주의 이론이 있기 때문에 원래 간단했던 평가가 지금은 적절하지 않은 것으로 보인다. (2) 고대 중국의 전통 윤리와 도덕, 예컨대 예악제도와 가족 관습의 특징을 강조하면서 내적 초월의 추구와 도덕 이성에 대한 존중을 중시한다. 5·4 전후로 이러한 특징에 대한 비판과 평가는 대부분 부정적이었으며, 과학 기술과 과학적 이성의 결여 그리고 명·청 시대 이래로 중국 경제와 사회가 점점 낙후해진 점에 대해서 과거에는 반성을 했지만 지금은 다르다. 이를테면, 서방의 '현대성'에 대한 자아 반성과 포스트모더니즘 이론의 와해에 따라 서방의 새로운 사조를 추종하는 사람들이 중국 전통은 서방 문화의 '해독제'가 될 수 있으며, 명·청 시대에 제국주의의 약탈이 없었더라면 중국은 '세계적인 동방의 등불'이자 '세계 경제의 중심'이 될 수 있었을 거라고 생각한다. 이로써 원래 아주 명백했던 역사가 불명확해졌고, 역사에 대한 추적과 현재에 대한 사고가 이로부터 연결되는 것이다. (3) 왕조 국가의 정확성과 정당성에도 문제가 있다. 예를 들어, 역사 연구에서 '중국'을 당연한 지역으로 간주하지만 민족국가와 지역을 초월하는 연구의 조류에서 있어서 이것은 문제가 있다. (4) 그리고 많은 불변의 진리로 여겼던 전제와 가설 등도 지금은 의문이 되고 있다. 예컨대, 현대화를 향한 역사적인 방향, 5개 사회 단계론과 역사 분기론, 중국과 서방의 '충동-대응 모델' 및 신민주주의론 중의 반제국주의, 반봉건에 대한 논제 등 이 모든 것들은 지금의 이론 조류 속에서 기본적으로 선형 역사관에 따른 산물로 간주되며, 현재 이에 대한 의문을 제기하는 사람들이 있다.

　이러한 의문은 상당히 많고도 엄혹하다. 기존의 사상과 가치를 와해시키고 정치의 합리성과 제도의 합법성에도 도전한다. 하지만 중국에서는 정치성에 대한 논제는 공개적인 논단에서 언급하기 어려우며 제도성 문제는 주로 관원들의 독점 권한에 속한다. 만청에서 5·4 시기,

그리고 80년대 문화열에 이르기까지 지식계의 관습적인 방법은 여전히 린위성林毓生이 말한 '사상 문화를 빌어 문제를 해결하는 방법'이었다. 이것이 지식계가 선택할 수 있는 가장 쉬운 선택이자 그들이 가장 잘 하는 방법이기도 하다. 따라서 이러한 복잡한 문제에 직면한 일부 학자들은 역사 속에서 그 근원과 경향을 찾아서 현재 이러한 새로운 상황에 대해 역사적인 해석을 하고자 한다. 그러므로 학술계에서 문화, 학술에서부터 사상으로 변하는 현상이 나타난 것이다. 또는 서방 학계와 상당히 다른 경향을 보인다고 할 수 있다. 처음에 언급한 바와 같이 중국의 학자들이 계속 모방해온 서방 역사학계가 점진적으로 사상사에서 사회사 또는 신 문화사로 바뀌었다면, 1990년대 중반의 중국에는 매우 강렬하고 지금까지 지속되는 '사상사 열기'가 나타났다.

4. 사상사의 성립과 변화

최근 10년간 중국의 사상사는 이러한 배경에서 점차 화제의 중심에 선 분야가 되었다.

이는 최근 100년 특히 최근 30년간 중국에서 나타난 이례적이면서도 도리에 맞는 일이다. '이례적'이라고 하는 것은 최근 100년간 10여 년간의 특수한 정치 시대를 제외하고 중국 학계는 시종 긴박하게 서양과 동양을 따라왔으며, 종종 서양과 동양의 협공 속에서 급히 허겁지겁 모방하고 학습해 왔다. 그래서 사상사 분야의 굴곡은 이변이 아니라고 할 수 없다. '도리에 맞다'고 하는 것은 상술한 사상적 곤경에 대응하려고 시도했을 뿐만 아니라 근래 중국의 사상과 학술의 특수한 상황 배경을 드러내보였기 때문이다. 이러한 특수한 배경은 무엇인가? 3가지로 요약한다.

첫째, 비록 30년에 걸쳐 서방 학술에 대한 모방과 추종이 있어왔지만 중국의 사상사 연구자와 저술자들은 눈부신 서방학문 양식은 사실 재정리와 개조를 해야 한다고 의식하기 시작하였다. 이에 따라 사상사 영역은 새로운 방법을 실천할 수 있게 되었고 그것이 바로 '사상이 중국어를 말하게 하는' 조류이다.

둘째, 비록 30년의 급변을 거쳤지만 중국에서 정치 제도와 사회생활 및 사상 세계는 여전히 '사상 문화'를 통해 최종적으로 문제를 해결하려 한다. 마치 고대 중국인들이 '도道'를 통해 '기器'를 파악하고 '본本'을 통해 '말末'을 해결했던 것과 같다. 특히 '모더니즘'와 '포스트모더니즘', '글로벌화'와 '민족주의', '정치 이데올로기'와 '실제 생활 세계' 사이 시종 어려움이 존재하고 있는 현재 중국에서, 과거 사상사를 돌아보고 동시에 여전히 사상사의 연장선상에 있는지 확인하는 것은 매우 필요하다고 본다.

셋째, 1970년대 이래 해외에서 끊임없이 나타난 새로운 이론과 국내의 새로운 자료들은 중국의 사상사 연구자들이 제기한 문제에 응답하기 위해, 과거 철학사 또는 사상사의 기존 맥락과 고정된 결론을 변화시키지 않으면 안 된다고 요구하였다. 그리고 사상사를 다시 쓸 때에도 번거로운 것은 이러한 사상사와 관련된 사고이며, 어떤 때는 수 십 년의 학술사를 뛰어 넘어 반복적으로 다시 시작하는 상태에 놓이기도 한다.

하지만 과거 중국의 사상사 연구는 이러한 문제들의 근원 추적과 해석을 감당할 수 없다. 과거의 사상사는 유가의 '도통' 서술이나 일본과 서양의 근대 철학사 서술, 그리고 맑스주의 역사 서술의 결합이었다.[178] 현대 중국에는 주로 다음 두 가지 서술방식이 형성되었다. 하나는 중국 철학사 서술 방식이다. 셰우량謝無量, 중타이鍾泰, 후스에서

178) 葛兆光, 「道统·系譜與历史:中國思想史叙述脈絡的形成」, 『文史哲』, 2006年, 第3期.

부터 펑여우란馮友蘭에 이르기까지 서양의 틀에 따라 중국의 자료를 해석하는 모델이 형성되었다. 1949년 이후 특히 유물론적 철학사 방식의 영향이 상당히 컸으며 그 기원과 형성 과정은 더 이른 1949년 이전이다. 예컨대, 후한민胡漢民 『중국철학사의 유물 연구中國哲學史之唯物的研究』(1918년), 취치우바이瞿秋白 『사회학개론社會科學概論』(1924년), 어거스트 탈하이머August Thalheimer의 『변증법 유물론 입문辨證法的唯物論入門』(1927년, 리다李達 역, 1934년), 셰칭葉青 『후스 비판胡適批判』(1933년, 1934년)에서부터 후에 런지위任繼愈 『중국철학발전사中國哲學發展史』로 발전하기 까지, 이들은 줄곧 대학의 철학 영역에서 지배하는 철학사 서술방식을 형성하였다. 다른 하나는 중국 사상사의 서술 방식이다. 창나이더常乃德 『중국사상소사中國思想小史』에서 차이상쓰蔡尚思 『중국사상사연구법中國思想史研究法』 등에 이르기까지 1949년 이전까지는 여러 종류의 사상사 서술 방식이 있었다. 그러나 지배적인 것은 허우와이루侯外廬의 『중국사상통사中國思想通史』 밖에 없다. 이 책은 역사 자료가 풍부하고 내용이 방대하여 영향력과 수용 범위가 지금까지 매우 크다. 장치즈張豈之의 말에 따르면 이 책의 기본 방법은 '사회사와 사상사의 결합'에 있다고 한다. 하지만 보다 정확하게 말해자면, 역사 서술에서 사회의 성질과 사상이 잘 결합한 계급 분석과 역사 서술에 치중했다는 점이다.

  하지만 이러한 방식에 따른 사상사 연구는 주로 '계보를 확립하고(정당성 사상의 맥락)', '도통을 드러내는(정통 사상을 나타냄)' 것이지만, 역사를 회복할 수 없고 현재를 진단할 수도 없다. 따라서 이러한 중국의 사상사 서술방식은 반드시 고쳐야 하고 정치 이데올로기의 울타리 안에서도 벗어나야 한다. 필자의 『중국사상사』(2권)는 바로 이러한 배경에서 쓴 것이다. 나는 이 시험적 저서가 이러한 중국의 사상사 연구의 열풍을 일으키고 또한 학술계의 각종 논쟁을 일으킬 줄 몰

랐다. 그 다양한 논쟁을 정리해보면 대체로 다음 여섯 가지로 요약할
수 있다. 첫째, 중국에서 사상사가 철학사를 대체하여 고대 중국의 지
식 · 사상 · 신앙 세계를 묘사해야 하는가? 둘째, 필자가 말하는 이른바
'일반 지식 · 사상 · 신앙의 세계'를 사상사 저서에 기록해야 하는가? 이는
사상사의 자료 범위를 확대해야 하는지, 사상사의 배경을 재구축해야
하는지, 사상사가 사상의 제도화 · 상식화 · 풍속화 등의 문제도 서술해야
하는지 등의 문제와 관련이 있다. 다시 말해서 과거에 문화사 내용으
로 간주되던 것들을 사상사에 포함시킬 것인가의 문제이다. 셋째, 지
식사와 사상사의 관계를 어떻게 처리할 것인가? 만약 사상사 저작에
서 사상의 지식 기반을 토론한다면 반드시 원래의 수술數術(천문 · 역법 ·
오행五行 · 점복占卜 · 상술相術 등), 방기方技(약의藥醫 · 방중房中 · 연단煉丹 등)와
같은 전통 지식, 즉 오늘날의 과학사 · 기술사 · 학술사 심지어 교육사의
내용을 사상사 안으로 끌어 들여야 할 텐데, 사상사에 과연 이러한 것
들을 포함시켜야 하는지? 넷째, 사상사의 '가감법' 문제이다. 사상사에
서 시간의 흐름에 따라 사람들에게 점차 잊어져가는 내용도 토론해야
하는가? 사라져간 내용들을 다시 역사로 되돌린다면 당시의 진실한
문화 환경을 더 사실적으로 반영할 수 있는가? 만약 이러한 내용들을
발굴하지 않는다면 우리가 계속해서 매번 '후견지명'으로 과거를 잘못
이해하는 것은 아닌지? 다섯째, '사람'이나 '책'을 장절이나 단원으로
하지 않는 사상사 기술방법이 역사의 연속성과 맥락을 더 잘 표현하는
것인가? 그리고 이러한 체례가 과거 장절 형식의 사상사에 익숙한 독
자들에게 곤혹감을 주는 것은 아닌지? 여섯째, 사상사의 시대를 어떻
게 구분할 것인가? 7세기 초(당나라 초기)와 1895년이 왜 사상사 시
대 구분의 기준이 되는지? 과거와 다른 이러한 시대 구분법은 특별한
정치적 의미를 암시하는 것은 아닌지?

여하튼 근 10년 가운데 사상사 연구 특히 중국 사상사 연구는 중국

학계에서 이미 커다란 진전을 보였다. 이는 '학계의 핫이슈'로 불리는 '중국 철학의 합법성' 문제에 관한 토론을 도출했을 뿐만 아니라 철학사와 사상사 연구의 변화를 촉진하였고, 심지어 문학사와 예술사 등의 영역에게도 자기반성을 이끌어냈다. 사상사 영역 내부에서도 여러 측면의 성과를 거두었다. 이를테면, 새로운 문헌과 새로운 역사 자료의 충분한 활용과 '시야를 아래로 향하는' 연구 방향이다. 그리고 연구 범위를 이른바 '서역'과 '동해'로 확장하여 사상사 연구자들로 하여금 민족 국가를 초월하는 것과 민족 국가를 고수하는 두 가지 난제를 '현대성 비판'을 기본적인 틀로 하는 현대 사상사 연구를 추동케 하였다. 나아가 사상사 연구 영역에서 정치사·사회사·지식사의 융합을 더욱 촉진하였다.

5. 현재 중국 사상의 상황과 사상사의 의미

30년간 특히 최근 10년간은 한마디로 말해 중국 사상계와 문화계에서는 4가지 사조가 서로 얽히며 격동하였다.

첫째는 사회 전체로 퍼졌고 또한 광범위한 호응을 얻은 '전통 발굴'과 '문화 발양'을 기치로 내세운 민족주의 문화 조류이다.[179] 특히 최

---

179) 1991년 9월 9일 『중국청년보中國靑年報』에 「소련 붕괴 후 중국의 현실적 대응과 전략의 선택蘇聯政變後中國現實應對與戰略選擇」이란 글이 발표되었다. 이 글은 '애국주의'가 새로운 응집력이라고 강조하면서 "우리는 반드시 현실적으로 과거 이데올로기가 일부 군중들 사이에서 이미 호소력을 거의 상실하였음을 인정해야 한다. 구식 이데올로기 교육을 강화하는 것은 종종 역 반응적 심리를 초래한다."고 하였다. 또 어떤 사람은 최근 30년간 민족주의가 '애국주의'라는 명목으로 관방의 자발적인 지지를 받은 것은 1989년 이후의 일이라고 지적한다. 1990년 12월 11일 『인민일보人民日報』는 전대미문으로 「세계경제의 형세와 중국 경제의 문제: 허신과 일본경제학자 S와의 담화록世界經濟形勢與中國經濟問題:何新與日本經濟學者敎授S的談話錄」을 발표함과 동시에 편집부 명의로 '애국주의 입장'의 시작이라고 칭찬하였다. 黃煜·李金銓, 「'90年代中國大陸民族主義

근 중국 학계에 이른바 '국학열'이 눈에 띄는 문화 현상이 나타났다. '경전 읽기 운동讀經運動'과 같은 운동을 포함하여 중국인민대학국학원 中國人民大學國學院의 설립과 CCTV '백가강단百家講壇'의 열띤 방송, 부유층 사이에서의 각종 전통 중국문화 전수를 위한 '국학반'의 유행, 해외에서 100 곳에 달하는 공자학원의 잇단 설립 등이 그러하다. 특히 이러한 '전통의 선양'과 '패권에 대한 반항' 등 민족주의로 포장된 사조는 'NO라고 말할 수 있는 중국中國可以說不', '중국을 요망하게 만드는 것을 반대하다反對妖魔化中國', '중국은 불쾌하다中國不高興' 등 과장된 가설과 위협적인 정서적 충동은 적개심을 불태우기 십상이다. 한편 2008년 올림픽게임 개막식에서 많은 칭찬을 받은 '중국 문화 요소'도 부지불식간에 이러한 민족적 자부심과 전통 정신의 열정을 불러 일으켰다. 학술계와 문화계뿐만 아니라 정치계까지 휩쓴 이러한 풍조는 2004년 몇 몇 문화인이 발표한 『갑신문화선언甲申文化宣言』이 대표적인 상징이다.[180] 이는 각기 다른 영역의 학자들이 참여하여 이러한 가치를 절대적이고 극단적인 정도까지 끌어 올린 것 외에도[181] 다년간 일부 관방 혹은 반半관방의 조치의 지지를 받기도 했다. 예를 들어, (1) 정부가 지원한 염

的媒體建構」, 50기, 2003년 6월, 57쪽 참조.

180) 2004년 쉬쟈루許嘉璐 · 지셴린季羨林 · 런지위任繼愈 · 왕멍王蒙 · 양전닝楊振寧 등이 발표한 「갑신문화선언」은 "중국 문화는 인격을 중시하고 윤리를 중시하며 이타를 중시하고 조화로운 동방의 품격을 중시한다. 평화의 소식을 전하는 인문정신을 중요시 하며 현재 전 세계적으로 확산되고 있는 개인 지상주의 · 물질 만능주의 · 악성 경쟁 · 약탈적 개발 및 각종 우려스러운 현상에 대해 고민 · 해결하며, 인류의 평화와 행복의 추구를 위해 반드시 중요한 정신적 계시를 제공할 것이다."라고 강조했다. 2004년 9월 5일, 『中國靑年報』에서 발췌함.

181) 예를 들어 장칭蔣慶 · 성훙盛洪 · 천밍陳明 · 캉샤오광康曉光 등이 있다. 이 가운데 어떤 이는 '제도화 유학'을 제창하는 가하면, 어떤 이는 유교 사상은 '만세토록 태평을 열 것이다.'라고 말하며, 심지어 '유학'을 중국의 종교로 만들어야 한다는 사람도 있다.

제·황제·공자의 제사 활동은 민족 국가의 정체성에 대한 장려를 암시하고 있다. (2) 민간에서 자발적으로 이루어진 한복漢服 운동과 투호投壺 게임은 전통 회귀의 풍조를 보여주었다. (3) 유교 경전의 정리와 청나라 역사 재 편찬에 대한 정부의 경비지원 하에 중국 전통문화 연구를 직업으로 하는 학자들은 자신들의 입장을 '문화보수주의'의 방향으로 전환한다고 공언하였다. (4) 정부가 추진하는 중국 경전 낭송을 중심으로 하는 것과 이를 교육 제도에 포함시킨 각종 '과목'은 점차 경제, 정치와 서로 호응하는 문화 조류를 형성하였다.

둘째는 정계와 학계의 전통 좌파 정치 사조가 다시 부활하고 있다. 개혁개방 이후 점진적인 시장화로 인해 글로벌 자본의 중국에 대한 영향력은 날로 커가고 있다. 중국을 글로벌화와 현대성에 포함시킨 현상과 10여년에 걸친 중국공산당의 장쩌민江澤民·주룽지朱鎔基 시대에 제기했던 '3개 대표'사상 및 후진타오胡錦濤·원자바오溫家寶 시대의 '과학적 발전'과 '조화로운 사회' 구호의 정치적 전환은 당 내외 구좌파의 격렬한 반응과 항의를 일으켰다. 공정하게 말하면, '과학적 발전'은 시장과 계획 사이에서 취한 경제발전 전략의 중간 선택이며, '조화로운 사회'론은 전통적인 유교 윤리로 맑스 레닌주의의 계급투쟁 학설을 수정한 것이다. 그렇지만 중국의 국정 상황은 커다란 변화를 가져오지는 않았고 그 실효성 여부는 일정한 시간을 통한 증명이 필요하다. 하지만 17대 전국대표대회 전에 100여명의 부장급 간부와 교수들의 격렬한 상서上書가 있었고, [182] 상서를 통해 전통 좌익에서 비롯된 초조함과

---

182) 이 상서에서는 중국이 매우 위급한 시기에 처했다고 하면서 "한 시기에 걸쳐 많은 '엘리트 학자'들이 주로 서방의 신자유주의를 선양해 왔다. 이러한 사조는 '삼개대표' 사상을 실천하고 '사유화'를 추진하는 유력한 조수 역할을 하였다. 하지만 사유화와 빈부격차, 양극화 현상이 두드러짐에 따라 이러한 적나라한 자본주의 사상은 갈수록 강한 반대에 부딪히게 되었다."라고 말했다.

우려를 드러냈다. 이러한 초조와 우려는 비록 구좌파에서 비롯되었지
만, 일종의 사회적 정서를 전달했다는 점은 주목을 끈다. 예컨대,
CCTV의 '장정의 길을 다시 걷다重走長征路'와 각 TV방송국의 '홍색 경전
의 재제작紅色經典重拍'등의 프로그램은 한편으론 혁명 전통의 상실에
대한 정치권력의 우려를 나타내었고, 다른 한편으론 일반적인 사회 경
험에서 온 것, 민중들의 양극화 현상에 대한 반감 등을 표현하였다. 마
오 시대에 대한 민중들의 추억을 쉽게 환기시켰다.[183]

　셋째, 학술계와 문화계에서 유행하는 것으로서 서방의 새로운 이론
의 도입으로 드러난 새로운 조류이다. 몇 십 년 동안 서방 이론계에서
진행해온 서방의 현대성, 낙관적 발전관, 보편적 가치 이성에 대한 비
판과 의문은 서방 선진국들의 일부 문제점들을 확실하게 보여주고 있
다. 그리고 국제 사회에 나타나고 있는 각종 악랄한 골칫거리 문제들
이른바 테러리즘, 민족주의, 패권주의 등도 '현대의 곤경'을 극명하게
반영하고 있다. 근래에 발생한 코소보 전쟁과 이라크 전쟁 역시 중국
학계에 상당히 복잡한 자극과 계시를 주고 있다. 하지만 일부 학자들
이 지나치게 현대 서방 세계 특히 미국 대학의 좌익 이론을 추종하고
현대 서방의 비판 이론으로 옮아가고 있다 보니, 중국에서도 이른바
'서구화'와 '현대성' 확대에 대한 의문이 생겨났다.[184] 이러한 열정과

---

183) 전형적인 사례 중의 하나가 허신何新이다. 그는 이미 상급에 보고한 2006년 보고서
　　에서 "자유주의 엘리트들이 현재 극력 선양하는 일부 '심화개혁조치' 즉 토지
　　사유화, 국영기업 전면사유화, 철저한 당정 분리, 당국의 국민경제관리 퇴출
　　등은 결국 중국을 전반적으로 불안한 국면으로 이끄는 가장 좋은 단계이다."라
　　고 기록했다.「關於當代中國社會結構及利益集團分析」참조. 興華論壇: http://
　　bbs.1911.cn
184) 왕후이汪暉는「현대 중국의 사상 경향과 현대성 문제當代中國的思想狀況與現代
　　性問題」에서 1989년 이전 중국 학계의 각종 사조에 대해 모두 비판하였다. 유일
　　하게 비판하지 않고 칭찬한 사람은 구미 유학 학자 추이즈위안崔之元 등이다.

상상이 충만한 이론은 학자들 특히 문학가들의 공감을 쉽게 샀으며, 아울러 시장·민주·자유 가치에 대한 비판을 포함하여 도덕감과 정의감이 넘치는 토론이 생겨났다.[185] 그들은 충분히 발전한 자본주의 국가에서 비롯된 이러한 보편적 가치가 중국에는 적합하지 않다고 생각하기 때문에 이러한 현대화 또는 '미국화'라는 겉치레하의 글로벌화에 대해 경계해야 한다고 보았다. 이는 비록 일정정도 이치는 있지만 그들은 '중국의 특수론'으로 '서방의 보편론'을 비판하고, 아직 충분하게 성장하지 않은 시장 환경에서 시장을 비판하고, 아직 민주제도가 정착되지 않은 상황에서 민주를 비판하고, 국민들이 진정한 자유를 누려보지 못한 국가에서 자유를 비판하고 있다. 특히 서방의 '포스트식민주의' 또는 '동방주의' 이론의 영향을 받아서 한편으론 자본주의를 비판하고 서방에 반항하는 것을 '올바른 정치'로 간주하며, 서방의 선진이론을 바싹 뒤따르는 것을 가치 있는 선진적인 것으로 보며, 또 중국의 89년 6·4민주운동을 '반 글로벌화'의 틀로 해석하며, 나아가 세련된 사회주의와 신 맑스주의 이론을 가지고 이러한 해석을 포장한다면, 이는 참으로 난감한 일이 아닐 수 없다.[186] 그러나 이러한 체 게바라식의 급진과 환상을 모방한다면 쉽게 젊은이들의 관심을 끌 수 있고 또

왕후이는 '그들의 문제는 현실적으로 예리한 면이 있다.'고 하면서 그들의 '신진화론', '분석적 맑스주의', '비판법학' 등을 인용·서술했다.

185) 南帆, 「全球化與想象的可能」, 『文學評論』, 2000년, 2기, 92-102쪽 참조. 이 글에서 "20세기 역사상 마지막 한 막을 장식한 글로벌화는 결국 현실이 되었다. 심지어 거역할 수 없는 현실이다."라고 말했다. 이러한 우려는 당연히 의미가 있다. 하지만 이는 전체의 역사적 사실은 분명 아니다. 글로벌화가 중국에 끼친 영향을 지나치게 과장했기 때문이다. 중국의 사회문제는 완전히 글로벌화의 문제만은 아니며, 역사와 전통이 남긴 비 시장, 비 글로벌, 비 현대적 문제 등도 있다.

186) 汪暉, 「新自由主義的歷史根源及其批判:再論當代中國的思想狀況與現代性問題」, 『臺灣社會研究季刊』, 第42輯, 2001년, 6月. 任不寐, 「新左派是以後現代的面目對毛澤東思想的文學還原」 참조. 이글은 출처불명으로 여기서는 인터넷 자료를 인용했음.

'계몽'을 초월하는 요구이기 때문에, 한편으론 앞에서 언급한 전통 좌파
사조로 인해 발생하는 기괴한 호응을 쉽게 이끌어 낼 수 있고 다른 한편
으론 '서방'에 대한 비판으로 민족주의를 부각시키는 사조와 모종의
재미있는 결합을 형성할 수 있을 것이다.[187]

  넷째, 80년대에서 90년에 이르기까지 지속되고 있는 계몽과 신 계몽
사조이다. 이러한 고전 자유주의 이념에 기반 한 사조는 80년대에 문화
를 통한 정치 비판과 90년대에 학술을 통한 정치 비판 형태를 지금
까지 이어오고 있으며, 여전히 보편적인 정치에 대한 냉담과 경제적
취향 속에서 자신의 반항을 견지하고자 한다. 그들의 구호는 민주와
자유라는 보편적인 가치를 견지하고 시장경제 하의 자유와 공평 경쟁
의 제도적 환경을 강조한다. 현재 중국의 불공평 현상은 정상적인 시장
경제의 결과가 아니라 집권자가 권력을 통해 부당한 이익을 취하기
때문에 초래된 것이라고 본다. 따라서 중국의 시장경제를 보다 자유롭고
보다 공정하게 하여 모든 사람들이 시장을 통해 공평한 기회를 얻을
수 있게 하려면 반드시 민주화를 추진하여 현재의 정치 체제를 바꾸어
야 한다는 것이다. 하지만 문제는 그들은 실행 과정을 통해서 '시장'
이란 '보이지 않는 손'이 중국이라는 특수한 환경에서 확실히 과도한
빈부격차를 방지하여 '공정'과 '합리'에 이룰 수 있는지에 대해 증명할
수 없다. 또한 이론적으로도 서방 국가들이 우세를 선점함으로 인해
초래한 국제시장의 불평등 속에서 공평한 무역제도와 이익분배가 있을
수 있는지에 대해서도 설명하지 못한다. 그리고 실제로 정부로 하여금

---

187) 王小東, 『中國的民族主義和中國的未來』 참고. 출처 불명으로 여기서는 인터넷
    자료를 인용함. 또 특히 주목할 점은 최근 간양甘陽의 '通三統'론이다. 그는 공
    자, 마오쩌둥, 덩샤오핑의 전통을 아우르려고 한다. 이는 그가 전통문화와 사회
    주의, 자본주의에서 모두 취하고 있음을 보여준다. 甘陽, 『通三统』, 三聯書店,
    2007년 참조.

시장제도의 보장과 민주자유를 실현할 수 있도록 추동할 방법도 없다. 하지만 특히 (1) 서방의 '현대성 비판'이라는 새로운 이론의 충격 하에서 (2) 현재 국제 금융위기 상황에서 각국이 대부분 '좌향으로 가는' 충격 하에서 (3) 민족주의 사조가 보편적으로 정서적 지지를 받고 있는 상황 하에서 (4) 기존의 정치 이데올로기를 지킬 것을 요구하는 정부의 압박 하에서 어떻게 계속해서 존재할 수 있으며, 나아가 극단으로 치닫지 않으면서 비판성을 유지할 것인지에 대해서는 여전이 토론의 여지가 있지 않는가?[188]

이 네 가지 사조가 상호 통합되어 향후 중국의 주류가 될 수 있는지에 대해서는 지금은 알 수 없다. 하지만 근래 중국의 사상계에 적지 않은 분쟁이 생기고 있다. 민족주의와 세계주의 사이, 자유주의와 집단주의 사이, 좌파와 우파 사이에서 때론 불일치한 격변도 발생하고 때론 첨예한 충돌도 생긴다. 사람들을 점점 분노와 감정 속으로 몰고 가서 결국엔 학문의 본질이 도리어 매몰되기도 한다. 사실 논쟁의 표면적인 면을 보자면, 이는 여러 인문학과 학자들이 문자 측면에서 근래 중국의 역사와 사회에 관한 논쟁이며 단지 와각지쟁蝸角之爭에 불과한 것이다. 즉 찻잔 속의 풍파와 같이 의기와 감정의 성분이 들어있기 때문이다. 다시 말해, 수많은 이론적 기호에 따른 신구 논쟁이며 누가 선도적인 사상을 대표하는 것인가의 문제이다. 그리고 권력과 이익의 분쟁이기도하다. 이론상의 논쟁은 정치·경제·사회와 관련이 있으므로 논쟁자는 자각적으로든 비자각적으로든 항상 긍정과 응답을 받기를 바라기 때문에(어쨌거나 중국 사상과 이론의 가치는 정치와 제도로 실현·적용되어야 한다) 논쟁은 종종 누가 가장 유력한 지지를 받는가의 문제

---

188) 이러한 파의 주장에 대해서는 劉軍寧, 「自由主義與公正:對若干詰難的回答」, 『當代中國研究』, 2000년, 4期 참고. 여기서는 인터넷 자료를 인용했음.

이기도하다. 대다수의 사람들이 잘 알지 못하는 배경으로 인해, 항상 보기에 광명정대한 것 같은 기치 아래 묻히기 때문에 이러한 문제를 토론할 때는 특별한 경계심이 필요하다. 하지만 이러한 충돌과 논쟁은 사상사 연구자들에게 많은 새로운 문제들을 제기하면서 이에 대한 사상사의 응답을 요구한다. 여하튼 중국은 풍부한 역사적 자료가 있고 역사 속에서 답을 찾는 습관이 있는 나라이자 중국의 현대사상 역시 과거 사상사 속에서 합법성과 합리적인 근원을 찾는 전통이 있다. 때문에 사상사 연구는 향후 여전히 일정 기간 동안 학계의 시야 속에 머물면서 활력을 유지할 것이다.[189]

> 2008년 12월 18일 상하이에서 초고 완성, 2009년 4월 17일
> 상하이에서 수정.
> (거자오광, 푸단復旦대학 문사연구원文史研究院 교수)

---

[189] 사상사를 연구하는 한 사람으로서 나는 다음과 같은 입장을 표명하고자 한다. 첫째, 이론과 관념은 패션과 같이 새것일수록 좋은 것은 아니다. 이론상 유행을 추종하는 것은 종종 인기에 영합하는 것이다. 구풍을 지키는 것도 어떤 때는 역시 보여주기 위한 것이다. 마치 앞선 의상이나 구식 의상을 입는 것 모두가 '튀기' 위한 것과 같다. 사상사 연구는 첫째 역사이다. 이론이나 사상의 각주가 아닌 증거가 있는 역사이다. 둘째, 중국 사상의 역사와 현실은 상당히 복잡하다. 모든 뚜렷한 사상의 입장과 이론적 경계는 사실 주관적인 정리의 결과일 뿐이다. 라벨을 붙인 모든 사상은 사실 자신들이 본 한 면을 강조하는 것이다. 마치 소경이 코끼리를 더듬으면서 논쟁하는 것과 같다. 루쉰魯迅이 말한 '여러 가지를 모두 고려하는橫站'방식은 좌우를 초월한 것이며, 극단적인 사상의 입장에 집착하면서 현재 사상의 상황을 평가하지 않았다. 그리고 한 가지 가치 기준을 고집하면서 역사적인 사상 유산을 평가하지도 않았다. 셋째, 만약 사상이 현실적 정치와의 관련성을 의미한다면, 사상사 연구에서 가능한 전문 학술을 사용하고 현실 정치와 분리하는 것이 좋다. 그러나 사상이 없는 순수 학술을 하라는 뜻이 아니며 학술이 없는 텅 빈 사상을 하라는 것도 아니다.

2

현대 중국의 6대 사회사조의
역사와 미래

샤오궁친蕭功秦

머리말

어떤 사람이 사상에 대해 이렇게 형상적인 비유를 하였다. "사상은 물살이 급한 삶의 흐름 속에서 문제라는 암초에 부딪혀 일어나는 지혜의 물보라와 같다." 사람들은 생활 속에서 모순이나 곤경 그리고 어려운 문제에 봉착하면 생각, 지혜, 이성의 능력을 동원하여 어떤 관념이나 이론 혹은 주의主義를 제시하고 운용함으로써 그 모순을 생각하고 판단하면서 해결책을 찾곤 한다. 이러한 관념 또는 이론은 옳을 수도 있고 틀릴 수도 있으나 이는 모두 인류가 곤경에 처했을 때 보이는 문화적 반응이자, 주체가 곤경에 직면하여 생각해낸 '거시적 방법'이기도하다. 현재 중국의 지식인들에게 나타난 각종 사조도 이러한 시각으로 이해할 수 있을 것이다.

사회사조는 일종의 특별한 사상 현상으로 이해할 수 있다. 서로 일면식이 없는 사람일지라도 사회적인 난제와 모순에 직면했을 경우, 그들은 피차간에 이익도 비슷하고 경험과 가치취향도 유사하기 때문에 모종의 사회적 현상에 대해 왕왕 약속이나 한 듯이 유사한 반응을 보인다. 그래서 그들은 끼리끼리 어울리고 유유상종하면서 일종의 사상의 조류를 형성한다. 이러한 의미에서 모든 사회 사조는 공통적으로 4가지 특징을 지닌다. 집단성·민간성·공공성·자주성이다.

신 중국이 성립되기 30년 전에 비하면, 이후 30년은 건국 이래로 민간사조의 형성과 발전이 가장 활발한 시기였다. 사회경제의 전환이라는 역사적 대변화 속에서 이전에는 볼 수 없었던 각종 새로운 모순과 새로운 문제, 새로운 곤경들이 나타났다. 이러한 곤경과 도전에 직면하자 적지 않은 사람들 특히 사상 연구를 하는 지식인들은 항상 자신의 이론적 해석과 판단, 정의를 제시하고 아울러 자신이 옳다고 생각하는 해결책을 제시한다. 이리하여 각기 다른 사조와 유파가 형성되고 서로 대치하며 논쟁을 벌인다. 이 글에서 말하는 현대 중국의 사회사조는 개혁개방 이래 중국의 민간에서 자발적으로 형성한 것으로 각기 다른 가치관을 가지고 있으며, 서로 다른 이론적 자원을 운용하여 중국의 현대화 과정속의 문제점과 모순, 곤경에 대응하는 사상이 각기 다른 파를 형성한 것을 말한다.

현대 중국의 사회사조가 풍부하고 활발한 데는 무엇보다 중요한 사회적 이유가 있다. 사회변화의 시각에서 말하자면, 개혁개방의 상황 하에서 시장경제의 도입은 사회 분화와 이익의 다원화를 초래하였고 서로 다른 이익집단과 사회계층을 형성하였다. 기업가와 국영기업 경영 엘리트, 지식인, 기술관료, 화이트칼라 중산층, 퇴직 간부에서부터 하층 민중에 이르기까지 그들은 해당 계층의 실제적 이익에 따라 자신의 가치관에 의거하여 어떤 특정한 사상관념과 가치에 대해 자연스런 친화감을 보이거나 배타성을 보이기도 한다. 이렇듯 각기 다른 사회사조는 각기 다른 사회계층에서 추종자를 만나거나 반대자를 만나기도 한다. 한편 미디어와 인터넷의 급속한 보급에 따라 상대적으로 느슨한 문화적 분위기가 형성되어 자신의 사상을 공공적으로 표현하는 공공 공간도 과거에 비해 훨씬 넓어졌다. 이는 각기 다른 사조의 형성과 전파

교류 및 상호 충돌을 위해 전에 없던 유리한 조건을 제공하고 있다.

　사회계층의 다원화와 서로 다른 계층의 이익의 다원화는 통일적인 사상의 동질화 상태를 더 이상 지속할 수 없게 하였다. 집정자는 당연히 다원적인 이데올로기에 동의하지 않겠지만, 그들이 직면한 것은 객관적으로 존재하는 전에 없던 사회사조의 다원화라는 새로운 국면이다.

　이 글에서는 개혁개방 이래 중국 민간의 6가지 대표적이고 영향력 있는 사회사조에 대해 고찰하고자 한다. 사회에서 형성되고 영향을 미친 시간 순서에 따라 분류하면 다음과 같다. 1980년대 중반에 나타난 자유주의 계몽사조, 1980년대 후반에 나타난 신권위주의, 1990년 중반에 나타난 신좌파, 1990년 후반에 발전한 민족주의, 21세기 초에 나타난 문화보수주의, 최근 몇 년 사이 나타난 민주사회주의이다. 이 6가지 사조가 형성된 사회적 배경과 주요 내용, 중대 정치 문제에 대한 가치 취향과 태도, 각자 의거하고 있는 이론적 자원 및 이러한 사조의 역사적 변화와 발전 가능한 방향에 대해 고찰한다. 하지만 현실 생활 속에서 민간의 사회사조는 이들만 있는 것은 아니다. 이 6가지 사조는 또 작은 유형으로 세분할 수 있다. 중국의 민간 사상과 문화생활은 갈수록 풍부한 단계와 다양한 스펙트럼을 보이기 때문이다.

　이 6가지 사조는 향후 상당히 긴 시간 동안 사라지지 않을 것이며 국민들의 정치와 정신생활에 지속적으로 영향을 미칠 것이다. 집정자 역시 다양한 사상유파의 사람들과 교류하는 방법을 배울 수 있을 것이다.

1. 자유주의 사조

개혁 초기의 급진적 자유주의 사조

　자유주의는 개혁개방이래 중국 민간에서 가장 중요하면서도 가장 일찍 형성된 사조이다. 중국 지식계의 극좌 시대의 문화전제주의에 대한 비판, 반성과 함께 나타났으며, 중국의 사상 해방운동과 동시에 나타났다고 할 수 있다. 1980년대 개혁개방이래 지식계와 학생 집단은 보편적으로 사상계몽을 강조하고 인간의 권리의식과 민주법치 정신을 제창하며 문화전제주의를 비판하였다. 그 중 자유파 지식인들이 적극적인 추진 역할을 했다. 그들은 서방자유주의 이론으로부터 사상적 자원을 얻어 가장 먼저 인간의 존엄과 가치, 자유, 계몽 및 사상해방을 외쳤다.

상술한 관념의식은 1980년대 대다수 중국 지식인이 공감하고 있는 것이다. 하지만 자유파의 경우 보통 사람들과 다른 점은 그들은 한결같이 인류의 자유와 인권의 가치에 대한 보편적인 적합성을 주장하였고, 이러한 가치를 제공하고 있는 서방의 다원정치체제가 모든 사회에 보편적으로 적합한 우수한 제도라고 생각하였다. 그럼에도 서방의 다당민주제가 유효하게 작용하는데 필요한 문화와 사회, 경제 수준에 대해서는 무시하였다. 자유파들이 볼 때, 보편성을 지니고 있다고 보는 서방의 다원정치제도를 확립하기만 하면 전제로 인한 재난, 경제적 정체 및 사회문명의 결여 등 사회적 모순은 순리적으로 해결된다고 인식하였다. 마치 보편성이 있는 비옷을 서양 사람들이 입었을 때 비를 피할 수 있는 것처럼 중국인이 입어도 마찬가지로 비를 피할 수 있는 것과 같다는 것이다. 우리는 유효한 운영을 위한 사회적 지지 조건을 고려하지 않은 '제도의 보편 적용성'을 '제도결정론'이라고 한다. 20세기 초이래 중국에는 이러한 생각을 가진 사람들이 상당히 많았다. 쑨중산도일찍이 이러한 간단한 관념을 가졌었다.

사실상 신해혁명 이후 다당제의 건립 노력은 실패로 돌아갔다. 그 원인은 여러 가지가 있겠지만 정치사회학적 각도에서 볼 때, 가장 근본적인 문제는 커다란 전통 농업사회 시스템에 고도의 서구화된 산업문명 사회에서 직접 이식해온 정치체제를 설치하다보니, 본토의 정치

생태 조건은 서구제도에 대한 배척 반응을 보였고, 급기야 중국으로 하여금 '귤이 회수를 건너면 탱자가 되는' 지경에 빠지게 했기 때문이다.

'다원민주제도의 보편적합성'과 관련이 있는 것은 자유파들이 보편적으로 가지고 있는 범도덕주의적 정치 사유이다. 이른바 범도덕주의란 원래 간단히 도덕의 표준으로 판단할 수 없는 사물을 도덕적 표준으로 평가하는 사고방식과 태도를 말한다. 1980년대 후반 상당히 많은 자유파 지식인들은 다원민주정치가 보편적으로 적용되는 우수한 제도인데 집권자들이 왜 이 좋은 민주제도를 채택하지 않는가라고 생각했다. 그리고 이는 집권자의 사심으로부터 나온 것이라고 해석했다. 자유파가 보기에 어디에 놓아도 우수한 제도를 거부하는 것은 불순한 동기에서 비롯된 것이거나 권력자들이 기득권을 포기하지 않으려는 것이며, 인류가 공동적으로 아름다운 가치와 제도를 공유하는 것을 거부하는 태도라고 생각했다. 이는 도덕적 측면의 옳고 그름의 문제이며, 부도덕한 힘에 대해서는 투쟁을 통해서만 민주의 승리를 얻을 수 있다고 보는 견해이다. 여기에는 사실 도덕 우월감을 기반으로 한 '옳지 않으면 악한 것이다'라는 비타협적인 급진주의가 내포되어 있다.

'가격규제 타파'의 실패와 '관료 브로커'로 인한 사회적 불만이 심해지면서 범도덕주의 사고방식 또한 자유파 지식인들의 우려를 한층 높였고, 민간 자유주의 사조도 날로 급진적으로 변해갔다. 당시 어떤 한 대자보에 '이번이 마지막 투쟁이다! 성공하면 위대한 미합중국의 아름다운 비전이 눈앞에 있을 것이고, 실패하면 우리는 인디언의 제4세계의 영원히 돌아올 수 없는 구덩이로 빠지게 될 것이다.'

하지만 이러한 자유주의 사조의 영향을 받은 사람들이 다 이러한 서구화의 교조주의와 급진주의 관점을 가진 것은 아니다. 하지만 이러한 사상이 나타낸 사고방식은 전형적인 '백이 아니면 흑이다', '옳은 게 아니면 악한 것이다.'라는 간단하고도 단선적인 사유를 보여준다. 급진적

인 서구화의 자유파는 일종의 낭만적인 격정과 이상을 품고서 자신들
이 볼 때 쉽게 건설할 수 있는 좋은 민주제도의 실현을 요구한다. 하
지만 일단 실패하면 그들은 슬퍼하고 격분할 것이다. 8·9운동의 원인
은 여러 가지가 있겠지만 사회사조 각도에서 볼 때, 민간의 급진적인
자유주의 사조가 슬픈 정서로 빠졌고 또한 권위적인 정치와의 극한 충
돌을 나았던 것과도 관계가 있다.

1990년대 자유주의의 온건화

1990년대 중반 중국의 자유파 지식인 내부에 분화가 생겼다. 그 주
류는 이성적이고 실질적이며 온건한 방향으로 나갔다. 이러한 추세가
나타난 이유는 다음의 몇 가지로 요약할 수 있다.

첫째, 쑤둥蘇東사건(전, 동관東莞시 난청南城구 공안분국장이자 현, 동
관시 난청구위원회 부서기인 쑤둥이 수년간 공안국 여경을 성추행한
사건-역)이후, 구사회주의 국가들의 급진적인 자유파가 진행한 정치
민주화와 경제 분야의 '쇼크 요법'이 예상만큼 성공을 거두지 못했고,
또 소련과 동유럽의 경제 하락과 심각한 사회 질서의 혼란으로 인해,
중국의 지식계에서는 급진적인 자유 이념에 대한 재반성이 일었다. 사
람들도 점차 체제 내에서의 점진적인 변혁의 필요성과 가능성, 합리성
등에 대해 인식하게 되었다.

둘째, 1992년 덩샤오핑의 남순강화 이후 집권당의 시장경제 방향의
개혁은 멈추지 않았을 뿐만 아니라 더 큰 보폭을 내딛었다. 1989년 이
후 지식인들이 가장 걱정했던 미래 즉 개혁을 반대하는 근본주의 정치
부활이 중국에서 나타나지 않았고, 덩샤오핑이 남순강화에서 강조한
'반좌우선론反左優先論'은 집권당 이데올로기의 핵심이 되었다. 시장경
제가 안정적으로 진행됨에 따라 자유파 지식인들의 현재 권위 정부에

대한 태도는 반대와 소원함에서 인정으로 돌아서기 시작하였다. 더 이상 과거와 같은 강한 의혹과 우려 및 대립적 정서는 없어졌고 집정자의 경제 분야에서의 진일보한 개혁개방에 공감했다. 이러한 변화는 민간과 정부 간의 새로운 협력의 비전을 제공했다.

셋째, 1990년대 중반 이익 분화 과정에서 지식인들도 이익을 얻은 계층이었다. 자유파 지식인 가운데 가장 활약했던 사람들은 비정치 민간 부분에서 전에 없던 경제적 이익을 얻고 자기 가치를 실현할 수 있는 새로운 기회를 발견했다. 어떤 자유파 인사는 중국은 현재 발전 추세가 매우 좋고 미국도 중국에 대해 지나치게 압박할 것 없으니, 중국의 경제가 이렇게 발전함에 따라 민주와 자유도 서서히 발전할 것이라고 말하기도 한다. 그리고 1990년대 이후 중국의 자유파 지식인도 하이에크Hayeck의 비교적 온건한 보수적 자유주의 이론을 접하기 시작했다. 덩샤오핑의 남순강화 이후 대외 개방의 큰 흐름이 나타났고 1980년대 지식인이 추종했던 루소의 '자유롭지 못한 것은 차라리 죽는 것만 못하다.'라는 급진적인 관점을 점차 버려가면서, 1980년대 중반 들어 자유파 지식인과 집권자 간의 긴장한 관계도 완화되었다.

현재 중국 자유주의 사조의 사회적 역할

1990년대 이후의 자유파는 1989년 거리의 급진적 자유파에 비해 상당히 다르다는 것을 알 수 있다. 물론 그 가운데 비교적 급진적인 자유파 인사들은 때로는 급진적인 남다른 관점을 표출하는 경우도 있다.[190] 하지만 온건한 이성적인 자유주의를 주장하는 인사들이 자유파

---

190) 예를 들어, 2006년 '서산회의西山會議'에서 한 자유파 청년 법학자가 중국공산당은 '등록하지 않은' 정당으로서 합법적인 당이 아니라고 지적했다. 이는 설득력

안에서 점점 다수를 차지하게 되었다. 그들은 중국이 세계로 합류하기를 적극 추진하며 경제 글로벌화를 지지하고 인권과 민주, 자유를 강조하며 정부의 개혁개방을 지지한다. 이들은 때론 정부에 대해 비판적인 태도를 보이기도 하지만 기본적으로 법이 허용하는 범위 내에서 자신의 목소리를 낸다.

1990년대 이전의 중국 민간사상계가 대부분 동일한 자유주의 사조 혹은 경향을 띠었다면 21세기 중국의 자유주의 사조는 민간의 여러 가지 목소리 중의 하나에 불과하며, 극단적이고 급진적인 소수파들은 다른 사조의 힘에 제약과 조정을 받았다. 집권자는 이러한 목소리들의 존재에 습관이 되어야 하며 '포스트 전체주의'시대에서 새로운 다원적인 사상의 분위기에 적응해야 하며 이에 대한 과도한 반응을 보일 필요가 없다.

민간의 자유사조는 앞으로도 상당히 긴 시간동안 적극적으로 건설적인 역할을 할 수 있을 것이다. 첫째, 이는 신구 좌파 인사들의 개혁개방에 대한 부정적인 사조에 대해 긍정적인 제어 작용을 할 수 있다. 자유주의자 역시 권력 부패와 사회 양극화, 불균등 분배 등 불공평한 현상에 대한 비판이 상당히 강하지만, 이들은 지속적인 개혁개방을 통해 이러한 문제들을 해결할 수 있다는 입장을 견지한다. 이와 관련하여 아주 재미있는 사례가 있다. 어떤 자유파 인사가 모 대학에서 강연을 하던 중에 청중 가운데 한 신좌파가 그의 말을 끊고 '마오 주석이 없으면 당신도 없다!'라는 말을 했다. 그러자 그 자유파는 '덩샤오핑이

없는 무모한 법학의 교조주의이다. 서방의 헌정을 어디에나 적용되는 '제1원리'로 생각하는 것이며, 이를 후 개발도상국 비 서방사회에 적용하려 한다. 사실 중국공산당은 다당 선거제도를 통해 집권한 당이 아니다. 중국공산당의 집권 지위는 천하를 차지하는 혁명을 통해 형성한 것이다. '등록'을 해야 한다면 홍색혁명이 가장 유력한 '등록'이다. 중국의 정치적 변혁은 반드시 중국의 경험에 따른 이해가 필요하다. 이처럼 '각주구검'식으로 적용해서는 안 된다.

없으면 당신도 없다!'라고 답했다.

둘째, 자유파는 급진적인 반 서방 민족주의의 열기를 식히는 작용을 할 수 있다. 급진적 민족주의가 일단 주류를 형성하면 사회통제가 불가능해지지만, 자유파는 글로벌화의 역사적 추세의 의미를 강조하고 국제사회 합류의 필요성과 역사의 합리성을 강조하기 때문이다.

셋째, 자유파는 정치개혁에 대해 환기를 일으키는 작용을 할 수 있다. 이들은 집권자들에게 정치개혁을 심화할 필요성을 끊임없이 외치고 일깨워준다. 특히 언급하고자 하는 점은, 많은 민간 자유주의 지식인들이 여러 해를 걸쳐 지속적으로 저변의 공민사회의 건설을 위해 노력하고 사회의 민주 실천에 힘을 쏟으며, 사회의 공익과 자선단체의 건설과 발전을 적극적으로 추동하였다. 이처럼 그들이 중국의 민주발전에 기여한 공로는 쉽게 간과할 수 없을 것이다. 그래서 민간 사회사조의 스펙트럼 안에서 자유파가 항상 중요한 위치를 차지하는 것이다.

2. 신권위주의 사조

신권위주의의 급진자유주의에 대한 반대 운동

1980년대 후반에 들어 급진적 자유주의에 의혹을 제기한 민간 사조가 나타나기 시작했다. 신권위주의이다. 신권위주의는 점진적이고 온건적이면서도 진보적인 권위를 지렛대로 삼는 사회질서를 주요 가치로 생각한다. 그들은 개명전제開明專制 하의 사회 진보만이 최종적으로 민주화와 현대화를 실현할 수 있는 조건이라고 주장한다.

급진적 자유주의에 대한 반대 운동으로서의 그들의 논리는 이러하다. 후개발도상국은 개명 권위정치와 국가가 이끄는 경제발전을 통해야만 시장경제를 효과적으로 발전시킬 수 있다. 시장경제만이 사회의 이익 다원화와 중산층의 성장을 가져올 수 있다. 이익 주체의 다원화, 중산층의 성숙, 계층다원화에 상응하는 타협·관용·계약존중 등 법치적 정치문화의 발전만이 민주정치의 기반이 된다. 이를 제외한 민주는 민주가 필요로 하는 사회 조건의 지지가 부족하여 신기루와 같은 환상이 아니면 비현실적이고 불안정한 민수주의의 무질서한 상태가 될 것이라고 보았다. 신권위주의자들은 역사가 증명하듯이 경제발전 과정이 없이 다원민주 정치를 성공적으로 실행한 후개발도상국은 없다고 말한다. 이러한 의미에서 신권위주의 체제는 향후 민주를 위해 길을 닦아놓는 과도기적 정치수단으로 간주된다. 개명 권위정치라는 '보이는 손'으로 민주정치라는 '보이지 않는 손'을 창조함으로써 체제 전환의 통제 가능성을 보장하는 것은, 컵에 담긴 물을 안정적으로 접시에 붓는 것과 같아서 전 과정에 걸쳐 시종 균형을 유지해야 한다. 균형적인 지렛대로서의 신권위정치가 전환 과정속의 통제 가능성을 실현하는 것은 후개발도상국이 성공적으로 민주로의 전환을 가져올 수 있는 열쇄가 된다.

신권위주의와 자유주의 논쟁

어떤 사회가 어떤 권위체제가 만들어 놓은 위해危害로부터 막 벗어나왔을 때, 사람들은 당연히 그 권위정치에 대해 우려와 의문을 갖는다. 신권위주의와 대립적인 위치에 있는 자유파는 아직 전제주의의 독을 충분히 청산하지 않은 상황에서 신권위주의가 출현하는 것은 '나쁜 사람을 위해 앞잡이'가 되는 격이며 중국을 '후퇴시킬' 위험이 있다고 생각한다. 그리고 사람들이 전제적 권위의 고통을 받고 있는 이상, 또 무슨 이유로 자신의 운명을 전제 권위 통치자에게 맡기겠는가라고 말한다. 구속을 받지 않는 권위는 위험하며 민주파의 압력을 받지 않는 권위는 부패를 피할 수 없다고 한다. 반면, 이에 대해 신권위주의 측은 시장경제에 따라 형성된 다원화된 사회적 역량은 권위정치에 대한 제약적 요소로 작용하며, 이러한 역량은 사회의 현대화와 법치에 따라 지속적으로 성장한다고 답한다. 하지만 이러한 답은 자유파를 만족시키지 못한다. 1980년대 말에서 1990년대 초에 이르기까지 중국의 자유파와 신권위주의의 논쟁은 해외로 확대되었으며, 이러한 권위와 자유에 대한 논쟁은 지식계에서 가장 먼저 논의해왔던 사상논쟁이다.

그렇다면 이 사상 논쟁을 어떻게 이해해야 하는가? 사실 이는 20세기 초 자유 민주파와 개명 전제파 간의 논쟁의 역사적 연장선상에 있는 것이라 할 수 있다. 이 두 사상의 충돌의 최종 목표는 중국이 마땅히 자유민주주의를 실현해야하는지 아닌지에 있었던 게 아니라, 어떠한 방법과 경로를 통해야 중국의 민주를 실현할 것인가에 있었다.

분명히 지적할 점은 역사적 사실로 볼 때 전 세계의 모든 신권위주의 체제가 다 성공적으로 민주체제로 이행되었던 것은 결코 아니다. 필리핀의 마르코스 정권과 라틴아메리카의 군사 정권 등은 붕당 형태의 '수단식' 정권을 초래할 수밖에 없었다. 권위정치가 성공적인 민주화로 가기 위해서는 신권위주의 정권에 융통성·개방성·진보성이 있어야 하며 또한 시행착오 속에서도 제도 혁신을 허용하는 유연성도 있어야 한다.

신권위주의 발전관은 권위 체제 하의 발전 속의 문제에 대해 시행착오를 거쳐 점진적인 제도혁신 방법을 사용할 수밖에 없다는 입장이다. 점진적인 방식을 통해 중산층의 발전에 따라 실제 정치 생활에서의 권위 정치의 비중을 점차 줄여가야 하며, 또한 개방적인 자세로 다양한 시행착오를 통해 점진적으로 민주정치의 목표에 접근해야 한다는 것이다. 이렇게 하면 권위주의에서부터 '후 권위주의'와 '전 민주정치' 과정을 거쳐 최종적으로 민주정치를 향해 나아갈 수 있을 것이며, 이것이 바로 중국 정치 발전의 바른 길이라고 한다. 이런 면에서 중국의 성패

관건은 제도혁신 속도와 경로의존의 발전 속도 중 어느 것이 더 빠른
가에 달려있다. 그러나 효과적인 제도 혁신을 실현하기 위해서는 필요
한 활동적 자유공간이 적어서는 안 된다. 수준 높은 개명권위주의는
점진적인 시행착오를 통해 권위주의에서 탈피한 권위주의인 것이다.

21세기 신권위주의 전망

신권위주의는 1980년대 후반부터 급부상하기 시작했다. 급진적 자
유주의에 대한 반대 운동이자 비판의 사조로서 1990년대 전반에 중국
지식계에서 보편적으로 주목을 받았던 중심화제 중의 하나이며, 해외
국제사회의 중국학 분야에서도 광범위한 주목을 받았다. 하지만 21세
기 들어 이러한 사조는 지식계와 공공매체의 관심으로부터 점점 멀어
져갔다. 현재 중국의 사상계는 자유파와 신좌파 양자 구도의 시대이
며, 신권위주의 사조는 희미해진 채 비주류가 되었다. 이러한 현상을
초래한 원인은 여러 가지가 있다.

첫째, 급진적 자유주의 사조 즉 다원민주정치를 직접 실행하자고 주
장하는 사상주장은 1990년대 이후 사회적 활약도가 크게 떨어졌다. 따
라서 급진적 자유주의에 대한 비판을 사명으로 여겼던 신권위주의는
더 이상 비판과 견제의 기능을 발휘할 기회를 잃었다.

둘째, 덩샤오핑 남순강화 이후 중국은 사실상 이미 신권위주의 시대
로 접어들었다. 기정사실이 된 이상 지식계와 학계에서는 더 이상 이
러한 체제에 대해 계속 변호할 필요성이 없어졌다. 한편 당국의 권위
체제는 비록 경제 발전에서 괄목한만한 성과를 거두긴 했지만, 권위
정치의 폐단 역시 분명하게 드러났다. 이를 테면 사회가 보편적으로
주목하는 난제, 모순은 더 이상 권위가 급진적 사조의 충격을 받아서
해체되거나 혹은 이로 인해 무정부 상태나 무질서의 위기상태가 되는

것이 아니라, 오히려 권위 정치 하의 부패, 양극화 및 권위제의 소극성 등으로 나타났다. 이런 상황에서 신권위주의 담론 체계는 세인들이 관심을 가지고 있는 이러한 핵심 문제를 분석할 충분한 자원이 부족했고, 신권위주의는 상기와 같은 시대의 난제를 해결하기 위한 설득력 있는 이론·개념·방법을 제공하지 못했다.

따라서 신권위주의가 생명력을 유지하기 위해서는 시대 변화에 적응하고 자신의 해석 능력을 발전시켜야 한다. 특히 신권위주의 이론을 신정치경제학·발전사회학·신제도주의·정치사회학 등 교차 학문 영역과 결합함으로써 권위주의 체제 하의 종합적인 발전에 대한 해석을 도출해야 한다. 신권위주의는 상대적으로 이데올로기 경향이 지나치게 강한 신좌파와 자유주의에 비해 중간적인 이성적 특성을 지니고 있다. 신권위주의가 기능적인 새로운 이론과 결합하여 실행 가능성과 해석능력이 강한 새로운 이론을 형성하는 것이 바로 사회적 영향력을 유지할 수 있는 핵심이자 장점일 될 것이다.

신권위주의는 정치사회학과의 방법, 시각과 연관성이 있다. 따라서 이러한 시도는 변화 속에 있는 중국 정치구조에 대한 이해와 해석, 중국이 민주화의 길을 걷기 위해 필요한 사회 조건에 대한 인식의 심화, 전환기 중국 정치의 각종 운영 메커니즘에 대한 고찰, 자유주의와 신좌파 속의 급진주의와 낭만주의 사조를 견제하는 데 여전히 자신만의 성과를 도출할 수 있을 것이다.

따라서 필자는 1980년대의 신권위주의자의 한 명으로서 최근에는 신권위주의 사고와 관점을 운용하여 현대 중국의 권위 정치에 대한 정치사회학적 시각으로 현재 중국의 권위 체제의 구조적 특징을 분석하였다. 이는 일종의 특수한 형태이다. 즉 전체주의 체제에서 환골탈태한 신권위주의로서 '초강대국'과 '초약세국'이 결합한 권위 정치이자 인류 사회의 체제전환 모식 가운데 매우 드문 사례이다. 바로 '중국·베트남모델'이라고 말할 수 있다.[191] 즉 강대국 특유의 행정적 우세는 '보이지 않는 손'을 창조하는 '보이는 손'이 되어, 중국 경제 체제의 전환과 경제 발전에 커다란 공을 세웠다. 다른 한편으론 사회적 제약 정도가 매우 낮은 '초강세 정부형'의 권위정치 역시 심각한 문제를 가져왔다. '초 강세 국가―초 약세 사회'의 환경에서 강력한 통제 방법은 사회의 효과적인 반향과 제약을 일으키지 않으므로 국가가 이끄는 방식의 체제 전환과 발전을 실현하기란 매우 순조롭고 용이해 보인다. 그래서 부단히 이 체제를 강화하여 결과적으로 경로의존의 악순환에 빠져 초 약세 사회를 '초초약세 사회'로 만들어 버린다. 이러한 경로가 차단된 막다른 골목은 결과적으로 제도혁신을 통해 모순을 해결하는 미래발전을 상실하게 되는 것이다.

3. 신좌파 사조

신좌파의 핵심 관념

신좌파는 1990년대 중반에 나타난 사회사조 가운데 하나이다. 신권위주의가 '우파'적 권위주의 입장에서 자유주의를 비판한다면 신좌파는 '좌파'적 평등주의 입장에서 자유주의를 공격한다. 신좌파는 개혁개방 과정에서 발생한 빈부격차와 경제발전 과정에서 나타난 불공평 현상은 자본주의 사유체제가 반드시 수반하는 악성 결과로 인식한다. 그리하여 좌파적 이데올로기와 서방 신좌익 이론(예: 종속적 발전론, 로마 클럽, 프랑크푸르트학파의 이론 등)으로부터 개혁 과정에서 드러난

---

191) 蕭功秦, 『中國的大轉型』, 新星出版社, 2008년.

모순과 문제점의 해결책을 찾고자하며, 이를 통해 개혁개방을 비판하는 사조를 형성하였다.

오래 전 1994년 필자는 미국에서 유학 마친 후 귀국하여 베이징에서 일하는 경제학 박사 한 분을 만난 적이 있다. 그는 이러한 분명한 관점을 제기했다. '개혁이란 자본가에게 착취를 받는 것이며 개방이란 제국주의 식민주의로부터 착취를 받는 것이다.' 비록 지나치게 간단하고 극단적인 면이 있지만 신좌파의 가치 취향을 상당히 선명하게 표현하였다. 1990년대 중반 이래 신좌파의 발전 추세가 날로 빨라졌다. 이들의 기본 관점을 요약하면 다음과 같다.

(1) 중국은 현재 실제로 이미 '자본주의사회'로 진입하였다. 관료 부패와 사회 불공평의 근원은 '중국 내의 국제 자본주의의 확장' 때문이다.

(2) 신좌파는 평균주의로 다시 돌아가 '사회 공정' 문제를 해결하자고 주장한다. 그들은 인간의 욕망과 부정부패의 성행은 '사유제'와 관련한 필연적 산물이라고 본다. 평균 사회주의의 공평한 분배를 실행하고 공유제의 전제 하에서 참여식 민주관리를 발전시켜나가자고 주장한다.

(3) 그들은 자신들이 마오쩌둥이 말년에 일으킨 '문화대혁명'의 의미와 가치를 '재발견'하였다고 한다. 그들은 마오쩌둥이 당시 '문화대혁명'을 일으킨 것은 바로 아래로부터 위로의 대 민족과 큰 비판을 통해 그리고 '무산계급 독재정치 하의 지속적 혁명'을 통해 자산계급을 비판하여, 중국에서 자본주의가 나타나는 것을 해결·방지하기 위한 것이었다고 한다. 그들은 현재 개혁개방을 추진하는 집권 중심을 '자본주의 세력'으로 보고 개혁과 헌정 민주를 지지하는 자유 지식계를 '우익 주류'로 본다. 그리고 그들은 '문화대혁명'과 유사한 군중운동을 통해 계획경제의 사회주의 회복을 외친다.

이런 면에서 신좌파와 구좌파는 합류하는 경향을 보인다. 그 중에 보다 급진적인 사람들은 집권자가 맑스주의와 마오쩌둥 사상을 배반했다고 지적하며, 심지어 중국은 지금 1949년 이전의 반봉건 반식민지 사회로 돌아갈 위험에 직면했다고 말하기도 한다. 또 어떤 사람은 인터넷에다 중국에서 '혁명의 폭풍'을 준비하고 있다고 선동하고 있다. 심지어 '제2차 문화대혁명'을 일으킬 투쟁 목표를 제기하는 사람도 있다. 이를테면, '도시에서는 개혁개방 기간 중에 사유화한 모든 공유재산을 전부 회수하여 사회주의 전 인민소유제로 만들고, 농촌에서는 토지 국유화, 노동 집단화, 생활 공동화의 3농 정책을 실시한다.'는 것이다.

신좌파에 대해 간략히 정의하면 다음과 같다. 신좌파 사조는 '문혁' 이론 또는 서방 좌익사회주의 사상이론을 기초로 하며 평등과 공평을 핵심가치로 삼는다. 시장경제로의 전환 과정에서 생긴 사회계층화, 사회 규범상실 및 사회문제를 자본주의 사회모순의 체현이라고 보며, 평등주의를 이러한 중국 문제를 해결할 수 있는 기본적인 선택이라고 보는 사회사조이다.

신좌파의 잘못된 사유

사실상 신좌파의 사유 경로는 '문혁' 사고방식의 일종의 복제판이다. 신좌파는 개혁개방 과정에서 발생한 모순들(원래는 발전정치학 또는 발전사회학으로 해석해야 하는 현상과 문제들) 예컨대 제도적 제약이 결여된 상황에서 간부들의 부패, 시장경제 속에서 형성된 계층의 다원화 현상을 일률적으로 '계급투쟁론'으로 해석한다. 이러한 문제, 모순의 발생 원인에 대한 그들의 인식은 특수한 경로와 심리 상태가 결합된 인식 메커니즘에 의해 형성된 것이다.

다음은 인터넷에서 다운로드한 한 청년의 사상변화 과정이다. 신좌파가 어떻게 해서 이러한 사유의 함정에 빠졌는지 전형적으로 잘 보여주는 예이다. "80, 90년대에 나 역시 '문혁'에 대한 반감이 있었다. 하지만 졸업 후 몇 년 사이 나는 주변에서 나타나고 있는 자본주의화를 실감했고 계급투쟁이 바로 내 주변에 있음을 느꼈다. 자본주의 노선이 한창 진행되고 있는 이 시점에서 나는 다시 마오쩌둥이 떠올랐다. 나는 마오 주석이 관료주의와 계급투쟁에 관해 논한 것을 읽을 때 얼마나 감동했는지 모른다. 그분은 내 마음속에 오랫동안 품고 있었던 의혹을 말해 주었다. 그것도 몇 십 년 전에. 누가 마오쩌둥의 큰 지혜를 따라갈 수 있을까? 쥐가 많으면 자연이 고양이를 생각하게 된다. 이것은 농민들의 말이다. 매우 간단하고도 실질적인 말이다. 비록 '고양이'는 지금 세상에 살고 있지 않지만 그의 사상과 투쟁 예술은 여전히 남아서 우리로 하여금 학습하게 한다. 그의 이름은 지금까지도 압박받는 사람들에게 기쁨을 주고 압박을 가하는 자들에게는 두려움을 주고 있다."

위의 글을 통해 알 수 있듯이 이 네티즌은 '문혁'의 극좌 이데올로기의 '계급투쟁', '자본주의 경쟁', '수정주의 노선', '자본주의 노선을 걷는 집권자' 등 거대한 개념들을 사용하여 부패한 자들을 '자본주의 길을 가는 집권자', '자본주의 노선을 여전히 걸어가는 사람'들로 정의하고 있다. 민족 고유에 있어 왔던 교조주의 사고방식이 이러한 해석 과정에서 다시 활성화되었고, '생각할수록 잘 통하게 되었으며' 심지어 문득 크게 깨닫게 하였다. 신좌파의 함정은 바로 '문혁'이란 이데올로기가 이미 중국의 민족심리와 잠재의식 속에서 일종의 정치 문화적 성향과 민족심리의 축적을 형성하였다는 것이다. 일단 이러한 생각이 활성화되면 여러 가지 것들이 서로 연결된다. 이러한 상호 의존적 개념의 일정한 방향성이 암시하는 작용에 따라 상호 연결되고 엮어진다. 신좌파는 상당한 수의 청년들에게 매력적이다. 이는 청년들이 낭만적이고 열정적이며 '문혁'의 고난을 겪지 못했기 때문이다. 어떤 연구생이 필자에게 말한 것과 같이, 그들이 초등학교 때부터 받은 정치교육은 '무산계급을 발전시키고 자본주의를 멸하자'는 정통적인 교육과정이었고,

대학에서는 초등학교 교과서에서 가르친 내용들을 토대로 현실의 불공평성을 평가하는 것이라고 한다. 신좌파 사상은 바로 사회적 교육에서의 '좌'의 이론적 요소의 활성화를 통해 청년들에게 영향을 미치고 있는 것이다.

왜 이렇게 '문혁'의 사고방식에 의존하는 것인가? 먼저 이론적 측면에서 보면, 이론적 자원이 부족하기 때문에 발전 사회학이론을 통해 개혁개방 속에서 나타난 '개혁의 종합 현상'을 해석할 수 없는 것이다. 예를 들어, 발전 과정에서 발현한 질서의 혼란(충분한 제도적 장치를 마련하여 통제하지 못해서 초래한 질서의 혼란)은 본래 효과적인 제도적 혁신을 통해 해결해야 한다. 구체적으로 말하면, 일부 집권자들이 '승인 절차'를 통해 뇌물 제공자와 결탁하여 권력과 금전의 교역이 이루어지는 것은 제도적 제약이 충분하지 않기 때문이다. 그러므로 부당한 이익을 챙기는 과정에서의 위험은 미미하고 실보다 득이 더 많기 때문에 정상인이 범죄자가 되는 것이다. 반대로 제도적 통제를 통해 권력과 금전 교역의 위험이 득보다 실이 더 많다면 '자본주의 길을 가는' '계급의 적'들은 이성적인 경쟁자로서 규칙과 문명의 질서를 지킬 수밖에 없고, 이런 '계급의 적'들은 결국 공민이 될 것이다. 이 안에는 어떤 계급투쟁 이론도 필요하지 않다. 상식이기 때문이다. 하지만 '좌'의 이데올로기의 틀로 일반적인 도리를 대체하여 해석한다면 '문혁'을 하게 될 것이다. 신좌파가 중국에서 발전하게 된 원인에 대한 해석은 사실상 그리 어렵지 않다. '좌'의 혁명문화 사유가 사망하기 전의 '가사假死 상태에 있어서 일단 기회만 생기면 다시 일어나기 때문이다. 다음으로, 현재 중국의 개혁에 관한 학술이론이 초창기 단계에 처해있기 때문에 발전과정에서 나타나는 문제를 해석할 수 있는 학술적 이론이 상당히 부족하다. 그런데 '이데올로기적 사유' 혹은 '이데올로기 같은 사유' 및 그에 상응하는 '좌향' 정치문화는 전체주의 시대에 보편적인 선전교육과 사회화를 통해 사람들의 마음속에 깊이 뿌리내리고 있다. 이들은 언제나 '죽은 것이 살아있는 것을 잡는' 방식으로 일부 사람들의 몸을 통해 자신도 모르는 사이에 나타난다.

일단 계급투쟁의 사유가 발동하면 혁명자들의 도덕적 우월감과 투쟁철학은 저절로 생겨난다. 분명 효과적인 제도 개혁을 통해 통제해야 할 부패와 양극화 문제는 신좌파에게 모두 자산계급의 부활과 독점재단의 노동자에 대한 압박 등으로 해석된다. 이는 왜 신좌파가 '좌향' 이데올로기 사상에 입각하여 강력한 투쟁적 도덕 열정을 가지는지 잘 이해할 수 있다.

신좌파와 문화낭만주의

『안데르센동화』속의 이야기를 가지고 문화낭만주의를 설명하는 것보다 더 형상적인 없을 것이다. 동화 속의 주인공은 자신이 살고 있는 환경에 불만을 느껴 항상 전원적 시의詩意와 목가적 분위기가 나는 중세 시대를 그리워했다. 그 후 그는 뜻하지 않게 마술 신발을 신고 정말 중세기의 작은 성읍으로 돌아갔다. 하지만 그곳에는 가로등도 없고 온통 진창뿐이고 곳곳마다 사형, 납치, 공포, 흑사병으로 가득 차 있었다. 그제야 그는 이런 중세기야 말로 정말 받아들일 수 없는 세계임을 깨닫고, 다시는 중세로 돌아가고 싶어 하지 않았다. 이것은 일찍이 맑스가 비판했던 중세기 '낭만적 사회주의' 이다.

'문혁'을 시화詩化, 미화시키는 목적은 사실상 심리상의 감정 이입과 의탁의 필요를 충족하기 위한 것이다.

구체적으로 말하면, 낭만주의자는 종종 주체가 되어 자신의 열정, 이상, 기대를 자신도 모르게 다른 사물에 투사하지만, 객체 자체의 속성에 대해서는 관심을 갖지 않는다. 그들은 이러한 투사를 통해 장기간에 걸쳐 형성된 현실적인 억압감과 심층기대를 발설·토로함으로써 심미적 의미의 승화를 이룬다. 사실 각기 다른 민족, 국가, 문화지식인 사이에는 이국적 분위기와 낭만적 정서가 나타날 수 있으며 이로 인해 문화낭만주의가 쉽게 나타날 수 있다.

비판을 받는 문화에 속한 사람들이 왜 자신들이 잘 알지 못하는 문화에 대해 미화하여 이해하는가? 왜 이러한 '문화에 대한 잘못된 이해'가 나타나는가? 사실 이러한 '문화에 대한 잘못된 이해'는 인류사상사에서 자주 보이는 현상이다. 이유는 사람들이 이러한 이질적 문화에 대해 당연한 찬미를 하는 것은 사실 자신도 모르는 사이에 자신의 욕구와 기대가 투사되었기 때문이다. 이러한 투사는 해당 문화에 대한 객관적 속성을 이해하기 위한 것이 아니라 주체의 주관적인 수요를 위해, 자신의 견고한 입장을 더 강력하게 표현하기 위해, 그리고 자신의 심리적 토로와 위안, 균형을 위해서이다.

신좌파 사조의 미래

일부 급진적인 신좌파와 개혁에 반대하는 구좌파의 복구 세력이 결합하여 개혁을 반대하고 '문혁'을 찬송하는 사상의 조류가 인터넷에서 적지 않은 분노한 청년들의 지지를 받고 있다. 신좌파는 인터넷 세계에서 확실하게 표현의 공간을 확보하고 있다. 하지만 전체 지식계에서 이들이 차지하는 비중은 소수이며, 중국의 개혁개방의 큰 흐름을 지배할 역량이 못된다.

그렇다고 신좌파의 일부 관념과 비판이 전혀 참고할만한 가치가 없다는 것은 아니다. 다원적인 견제와 균형이라는 측면에서 볼 때, 신좌파 사조는 개혁개방의 커다란 방향의 사상·언론에 대한 반성과 비판 심지어 도전을 하며, 이는 개혁의 결정권자에 대한 경고와 참고의 작용을 일으킬 수 있다. 또한 하층의 이익에 대한 관심과 공평·평등 가치에 대한 호소 역시 민주사회에서 소중히 여기는 가치이다. 그리고 다원화적 사상문화 환경 속에서 신좌파 사조는 당연히 자유파, 문화보수주의, 신권위주의로부터 다원적인 제약을 받을 것이며, 다원 시대에 생존하는 사상조류로서 법이 허용하는 범위에서 활동하고 존재할 권리도 있다. 법치시대에는 사회의 정상적인 발전에 따라 급진적인 추세는 점차 약화된다. 신좌파 사조는 1년 심지어 20년 이상의 문화수련기간을 거쳐야 성장기에서 피할 수 없는 유치함과 미숙함을 피할 수 있을 것이다. 이론적인 환골탈태와 가치전환을 거쳐야 미래 중국의 다원사상문화 환경에서 자신의 위치를 찾을 수 있을 것이다.

4. 신민족주의 사조

민족주의의 이중성

민족주의는 세계에서 가장 강렬하고 가장 감정적 역량이 풍부한 사상 의식이다. 한 가족이라는 울타리 안에서 가족 구성원 간에 존재하는 자연적인 친화력처럼 사람들에게 가장 직접적이고 자발적이자 혈연관계에 따른 본능적인 호소력을 가지고 있다. 이 세계에 민족, 국가, 그리고 외부 세력이 한 민족의 이익에 대한 도전, 압력, 위협을 가지고 있을 때, 민족주의는 사람들에게 민족이익보호를 위한 열정과 책임감, 사명감을 불러일으킨다. 그러므로 통치자들에 있어 민족주의는 활용할 수 있는 자연적인 정치적 자원이다. 특히 개혁 이전의 이데올로기가 민중에 대한 호소력이 약화된 이후, 민족주의는 정치의 응집력 자원으로서 집권자에 있어 더할 나위없는 소중한 자원이다.

하지만 민족주의는 양날의 검과 같다. 강한 비이성적인 감정이 뒤섞

여있는 감정적 힘이고 이는 정서가 이성보다 강하며 비이성적인 충동 심지어 이기적인 동기를 숭고한 이유 속에 포장하여 선동할 수 있는 힘이 있다. 그리고 일종의 숭고함과 인성의 어두운 면이 교차하고 심지어 피동원자 자신도 이해할 수 없는 복잡한 격정이 표출된다. 급진적 민족주의가 담론의 패권이 된 상황에서 일단 실용중심의 정부가 민족의 장기적인 이익에서 출발하여 온건, 양보, 이성적 타협을 주장하면 민족주의는 도덕주의의 담론의 이점을 이용하여 유리한 고지에서서 정부의 권위에 도전하며 정부의 '매국 투항'을 질책한다. 특히 집단적으로 모여 있는 환경에서 민족주의 분위기는 광장廣場 효과의 영향으로 서로 모르는 사람들끼리도 공동의 적에 대해 적개심을 불태우고, 법이 군중을 어찌할 수 없다는 심리가 팽배해진다. 결과적으로 어떠한 집권자도 원치 않는 결과가 나타날 수 있다.

민족주의의 부흥에서 급진으로

현대 중국의 민족주의 사조의 발전 과정을 대략 3개 단계로 구분할 수 있다. 첫째 단계는 민족주의 부흥단계이다. 둘째 단계는 1990년대 중반에 중국의 민간 민족주의가 상당히 활발했던 시기로 접어들면서 동시에 급진적 경향을 보이기 시작한 단계이다. 셋째 단계는 현재부터 이후 수십 년간 상당 기간 동안 중국의 민족주의가 안정적인 시기로 접어들면서 동시에 온건화로 갈 수 있는 단계이다. 장기적인 관점에서 볼 때, 사회의 건강한 발전에 따라 이러한 사상은 긴 기간의 '탈급진화' 시기를 거친다. 그러나 이러한 정의는 대략적인 경향을 말한 것뿐이다.

개혁개방 이래 중국 민간의 민족주의는 1990년대 이후 굴기하였다. 100년이란 세월 속의 굴욕감이 만들어 낸 억압감은 국력의 상승과 함께 해소의 기회를 얻게 되었다. 오랜 시간 억압에 놓였던 사람들은 마침내 기를 펼 수 있게 되었다고 생각하였고, 이에 따라 민족적 자부심과 자신감도 증강되었다. 민족주의 부흥 시기가 이로부터 시작되었음을 의미한다. 이러한 심리상태는 과거에 낙후했던 민족이 갑자기 발전할 때 나타나는 증상이다. 지금 인도를 포함한 많은 민족에서 나타났다.

1990년 중후반은 민족주의 급진화 추세가 나타난 시기이다. 후 냉전시대에 중국과 서방 국가들은 글로벌화와 경제 교류의 발전에 따라 상호 접촉의 기회가 많아졌다. 개혁시대에 접어든 중국은 서방국가들과 정치와 역사, 문화 측면에서 커다란 차이가 있기 때문에 새로운 이익 경쟁규칙이 확립되지 않은 상태였다. 일단 이익 경쟁과 이익 충돌 단계로 들어가면 양측 모두 냉전 시대의 사고방식이 다시 살아날 것이며, 이는 역사적 피해자라는 중국인의 민감한 신경을 자극하기 쉽고, 급기야 중국의 민족주의 정서가 폭발하는 중요한 원인이 될 수 있다. '은하호 사건', '유고슬라비아 폭파사건', '항공기 폭파사건', 올림픽 신청 과정에서 발생한 사건 등은 중국 민중의 민족이익을 보호하려는 정서를 불러 일으켜 서방 세계와의 대치 국면을 초래했던 사례들이다. 1999년 미국 항공기의 중국 유고슬라비아 주재 대사관 폭파 사건이 급진적인 민족주의의 시발점이 되었다. 이어 강하게 분노한 급진적 민족주의 사조가 신속하게 고개를 들기 시작했다.

신민족주의의 급진화 원인

개혁개방 시대의 민족주의는 왜 급진적인 특징을 보이는가? 첫째, 민족 심리의 시각에서 볼 때, 근대 중국의 민족위기는 중국인들에게 깊은 '피해 의식'을 남겨주었다. 중국은 100년 동안 열강의 침략을 받은 민족이다. 역사상 최고의 영광을 누려왔던 민족이 특히 예로부터 전통의 초강대국이었던 중국이 좌절과 능욕을 겪은 후, 피해자로서의 받은 민감함은 이러한 정서를 발설하려는 강렬한 충동을 낳았다. 나아가 국력의 증강과 함께 생긴 자신감은 이러한 가능성을 더욱 열어주었다. 한편 정보의 비대칭성으로 인해 국내에서 정부가 발표한 관련 정보에 대한 고도의 동질성을 갖게 되었고, 사건의 전 과정에 대한 단편적인 이해만을 할뿐이었다. 이는 100년 동안 쌓아온 중국인들의 슬픈 기억을 이끌어내어 강대한 민족주의 조류를 형성할 수 있었다.

둘째, 중국의 민족주의는 종종 중국 정치문화의 특유한 범 도덕주의와 결합하여 급진화된 추세를 형성한다. 피해자로서의 역사 기억이 만들어낸 고도의 민감한 심리가 일단 자극을 받으면, 범도덕주의는 현실의 모든 온건하고 냉정한 태도와 언론을 '대외적으로 약하다'라고 해석하고, 보신하려는 유연한 태도의 '유화정책appeasement policy'으로 해석한다. 급진적 민족주의는 집권자에 대한 도덕적 압력을 형성하고 치욕적인 100년 역사 기억을 불러 일으켜 모든 것을 압도하는 발언권을 가질 수 있다고 생각한다. 이러한 우세한 발언권이 민중, 지식인, 관료 사이에서 주류를 형성하면 집권자로 하여금 극단적 민족주의의 판도라 상자에서 나온 '민심'에 '순응'하도록 강요하고, '강력 대항'을 복잡한 국제적 관계를 해결하기 위한 기본적으로 선택으로 삼는다. 마치 이렇게 해야 급진적 민족주의가 집권자 권위의 합법성을 인정하는 것만 같다.

범 도덕주의는 '좌익'적 정치문화 심리의 축적과도 관련이 있다. 중국이 30년 동안 세계 다른 민족들과 글로벌 경제 발전의 성과를 공유하고 있는데 분노한 청년들은 왜 여전히 완고하고 투쟁적인 방식으로 국제 문제를 처리하려고 하는가? 그것은 급진적 극좌의 정치문화가 이처럼 중국 민족의 골수와 정신 속에 깊이 침투해 있기 때문이며, 이러한 '좌익'적 사고방식의 영향이 약화되는 속도가 경제변화보다 훨씬 느리기 때문이다. 그리고 중국의 교육제도에 잔존하고 있는 '좌익'적인 진부한 내용과 성년들의 입신 행동방식은 무의식 속에서 은연중에 다음 세대에게 영향을 미치기 때문이다. 중국 민족은 장기간에 걸친 자각적인 자기비판과 자기반성의 기초위에서 진정 성숙해질 수 있을 것이며 진정한 문명의 길로 나아갈 수 있을 것이다.

향후 중국 민족주의의 '탈급진화' 추세

비록 중국의 민족주의가 잠재적인 급진화 경향을 띠고 있지만 장기적인 추세로 볼 때 정상적인 상황에서 급진적 민족주의는 점차 퇴조하고 온건하고 이성적인 민족주의가 주류를 형성할 것이다. 그 이유는 다음과 같다.

첫째, 중국의 중산층이 빠르게 성장하고 있다. 이들의 관념은 보다 온건하고 심리 또한 평화적이고 이성적이어서 민족주의 추세를 보다 이성적이고 온건한 방향으로 이끌어 갈 것이다. 둘째, 정부는 이미 민족주의의 양면성과 급진적인 민족주의 담론패권이 자신의 권위에 도전할 수 있다는 것을 알고 있기 때문에, 민족주의 정서에 대해 의식적으로 통제하고 이끌어나가기 시작했다. 중국에서는 정부의 이러한 인도 방식이 상당히 효과적이다. 셋째, 개방적인 환경이 중국인으로 하여금 외부 세계를 더욱 잘 알게 한다. 과거 폐쇄적인 환경에서 형성된 고정 관념에 변화가 생긴 것이다. 근래 중국의 WTO가입 이후 중국과 외국 간의 경제협력과 상호 의존도가 갈수록 깊어지고 있다. 서방세계가 중국의 경제발전으로부터 적지 않은 이익을 얻고 있기 때문에 국제관계에서 보다 협력적인 태도로 보이고 있으며, 이처럼 자극원이 감소함으로 인해 중국은 외부 세계에 대한 불신과 대립 정서를 완화시킬 수 있다. 넷째, 중국인의 자신감이 강해졌다. 일반적으로 열등감과 억압감으로 가득 찬 사람일수록 자극을 받으면 더 쉽게 흥분하고 슬퍼하며 과도한 반응을 보인다. 이와 반대로 경제성장과 강한 국력을 가진 민족적 자신감과 중산층의 이성이 잘 결합되면 보다 관용적이고 담담한 처세태도를 갖게 된다. 중국의 국력이 강해짐에 따라 중국인의 외부에 대한 반응도 점차 평화로워질 것이며 반응도 절도가 있을 것이다.

　근래 중미 관계, 중일 관계, 타이완 문제가 점점 완화 추세를 보이고 있다. 상기 네 가지 요소들이 중요한 작용을 하고 있는 것으로 보인다. 결국, 중국의 민족주의는 탈급진화 시기로 접어들었다고 할 수 있다.

향후 중국 민족주의 사조의 잠재된 우려

　비록 중국의 민족주의가 탈급진화 시대로 접어들었다고 하지만 이 과정에 대해 과도하게 낙관할 수만은 없다. 첫째, 필자가 앞서 언급한 바와 같이 중국의 민족주의는 반응형 민족주의이며 경제위기와 서방의 소극적 영향은 모두 반응성 민족주의로 하여금 거듭 급진화할 가능성을 제공한다. 둘째, 중국과 같은 대국은 특히 '터무니없는 민족주의'가 나타나기 쉽고, 발전 중에 있는 대국은 특히 '허황된 대국의식'이 생기기 쉽고, 장기간 굴욕을 당한 민족은 억압받은 자존심을 표현하려는 강한 심리적 충동이 있다. 분열에서 통일을 이루거나 국력이 강해질 때 이러한 민족심리는 발산의 기회를 얻는다. 이를 테면, 어떠한 통일 혹은 국력 강화의 징후는 많은 사람들로 하여금 '중국은 이미 강해졌다', '중국 사람들은 침을 뱉으면서 너희들을 쓸어버리겠다.'라는 저력이 생기게 하였다. 1928년 북벌에서 승리를 거둔 중국인의 일본에 대한 태도에 바로 이러한 '터무니없는 민족주의'가 들어 있었다. 국력 부족과 비정상적인 대국의식에서 비롯된 이러한 모순된 자신감은 한 나라를 재앙으로 이끌 수 있다. 이 외에도 장기간에 걸쳐 무의식중에 받아온 '좌향' 정치문화의 깊은 영향으로 극좌주의 담론 우세는 여전히 문제를 처리하고 판단하는데 영향을 미칠 것이다.

5. 문화보수주의 사조

글로벌화의 영향 하에서 중국인들은 어떻게 잘 살아갈 것인가

문화보수주의는 5·4운동 이래 중국의 주류 지식인 중 급진적인 반전통주의에 대한 반대 운동이다. 20세기 초 중국에서 출현하여 21세기 들어 다시 강한 생명력을 보이고 있다. 대학 교수·기업가·각급 관료 및 대학생들 사이에서 전통문화의 가치 취향과 문화 조류에 대한 찬성과 공감 및 회귀 의식이 나타났다.

이러한 문화보수주의 또는 문화수성주의文化守成主義가 21세기 중국에 나타난 데는 두 가지 배경이 있다. 첫째, 개혁개방 이후 중국의 경제발전과 국력상승으로 국민들의 문화적 자신감이 갈수록 높아가고 있다. 하지만 문화자심감과 문화정체성은 일반적으로 해당 민족의 조상들이 만들어 놓은 전통 주류문화에 담겨 있다. 중국에 있어서 유교 경전이 그것이다. 전통문화로의 회귀를 통해 문화정체성을 재건하는 것은 문화사조 발전의 당연한 현상이다. 둘째, 20세기 후반 후 냉전시대의 글로벌화가 가속화되고 있는 마당에 전통문화로의 회귀는 서방세계의 글로벌화의 맹렬한 충격과 압력에 대한 중국인의 문화반응이다. 자신의 문화정체성을 통해 그 민족의 정신적인 안식처의 근원을 찾아서 글로벌화와 서방의 세속적 문명의 충격이 초래한 문화적 우려와 문화의 '뿌리 상실'을 극복하려는 것이다. 이러한 의미에서 중국 국력이 계속 발전을 하는 한, 서방문명을 주체로 한 글로벌화 과정이 종료되지 않는 한, 중국인은 문화전통으로의 회귀와 긍정을 통해 정신적인 입지를 찾을 것이며, 그렇게 되면 문화보수주의는 21세기 중국인들 사이에서 가장 보편적이고 가장 생명력이 강한 사조 가운데 하나가 될 것이다.

어떤 성공한 화이트칼라 여성이 자신이 문화보수주의로 마음을 정하게 된 일련의 과정을 이렇게 이야기하였다.

"80년대 우리가 대학을 다닐 때 항상 우리의 황색문명을 포기하려고 생각했던 사람은 급진적인 반 전통 신봉자였다. 90년대 우리의 청춘시기에는 과거에는 볼 수 없었던 경제 발전의 성과를 확인했다. 과거에는 전혀 희망이 보이지 않는다고 생각했던 중국이 오늘날 이렇게 생명력이 충만할 줄은 상상도 하지 못했다. 우리의 민족적 자부심은 이렇게 생겨났다. 하지만 다른 한편으로 경제상황이 좋아지면서 우리 중국인의 문화생활의 부족함이 두드러지게 나타났다. 해외에서 돌아온 많은 사람들이 그들의 여가를 유흥 술집에서 보내는 것을 보았다. 반면 외국인들의 생활은 훨씬 건전하고 건강해보였다. 그들은 야외로 나가서 산책을 하거나 보트를 타고 바다로 나가는 등 한마디로 다양한 취미생활을 하면서 생활을 즐기며 존중하는 것 같았다."

"왜 중국인의 취미는 이렇게 단조롭고 천박한가? 경제적으로 부유한 우리지만 문화적으로는 빈민인 것이다. 우리는 지식은 있는지 몰라도 문화는 없으며 자신의 뿌리도 없다. 우리는 단절된 세대이다. 우리는 지금 이후로 우리의 문화를 영영 후세에게 물려줄 수 없게 될 지도 모른다. 얼마나 슬픈 일인가!"

"나는 중의와 유교를 접한 후 '말로는 전할 수 없고 단지 마음으로 깨닫다不可言傳, 只可意會'는 경지와 문화의 신비에 매료되었다. 중의학은 중국 전통문화의 한 지류에 불과하다. 그렇다면 그렇게 많은 지류들을 한데 모으면 얼마나 크고 웅장한 흐름이 될 것인가. 우리의 역사와 언어는 서방과 전혀 다르기 때문에 서방문화를 완전히 이식하거나 수용할 수 없다. 그러니 당연히 맞지 않는 것이다. 우리는 우리의 전통문화의 정수를 잘 발굴해야 우리의 풍요로운 문화 토양에 서방문화의 과실을 접목시킬 수 있을 것이다."

"이러한 이유로 나는 중국 전통문화의 단절현상에 대해 특히 가슴아

파한다. '토지제도개혁', '문화대혁명', '파사구破四舊(구사상·구문화·구풍속·구습관을 철폐)'는 중국 문화를 전승한 인사들을 다 소멸했다. 그렇다면 우리는 어떻게 해야 이 잃어버린 불씨를 되찾을 수 있을까? 가장 시급한 문제는 전통문화를 아는 사람들이 점점 늙어가면서 우리의 문화의 맥도 끊어질 수 있다는 점이다. 문화가 없는 민족은 영원히 미래가 없을 것이다."

어떤 한 화이트칼라 여성의 독백이었다. 문화보수주의가 신흥 중산층에 끼친 영향력을 보여주고 있다. 일반적으로 문화보수주의의 새로운 지지층은 이러한 사람들이다. 20세기 70-80년대에 태어나 일찍이 자유파였으나 90년대에 경제적인 성공으로 인해 현실 속에서 자신의 문화적 '뿌리 없음'을 강하게 느끼고, 외국인과의 교류를 통해 정신생활과 문화정체성 및 뿌리 찾기에 대한 필요성을 느낀 사람들이다. 그들은 풍부하고 심오한 전통문화에 대해 깊은 흥미를 갖고 있다. 그들은 개인적으로 문화와 정신생활의 지탱이 없이는 영원히 진정한 인간이 될 수 없고 문화가 없는 민족은 영원히 미래가 없다고 생각한다. 이러한 사상과 가치관이 신보수주의가 1990년대 이후 지식형 화이트칼라 중산층들로부터 많은 추종자들을 얻게 된 사회적 원인이다.

문화보수주의의 요지

중국의 문화보수주의 창시자는 옌푸嚴復 시대로 거슬러 올라갈 수 있다. 최초로 서방 자유주의를 중국에 소개한 옌푸는 중국 사상가로서 19세기 말 진화론을 소개하여 중국의 사상 분야에 커다란 변화를 가져왔다. 하지만 20세기 초 5·4 운동의 급진적인 반 전통주의에 대한 우려로 중국 문화보수주의의 선도자가 되었다.

옌푸의 문화보수주의에 대한 기여는 '국가성'이란 개념을 제기한 것이다. 그는 "한 나라가 존립하려면 반드시 국가성을 기반으로 해야 한다. 국가성이란 나라마다 다르다. 특별한 교화를 통해 형성되며 종종 수천 년에 걸쳐 점진적으로 형성된다. 하지만 국가성은 오래 존재한다. 설사 다른 국가에게 제압되더라도 그 나라가 실제로 멸망한 것은 아니다."라고 말했다. 바로 이러한 국가성 때문에 한 민족은 '어려운 상황에서도 우뚝 설 수 있고 강한 나라가 될 수 있다.'는 것이다. 그는 국가성은 한 나라와 민족의 '문화유산' 속에 존재하며 공자의 교화, 즉 주류 문화 속에 존재하고 있다고 보았다. 그리고 그는 "중국이 중국이 되는 까닭은 경전을 근본으로 하기 때문이다."라고 말했다. 여기에서 경전이란 유교경전과 문물을 말하며, 중화민족이 존속을 위해 환경에 적응하면서 축적한 집단적 경험의 결정체이다. '낡은 것을 버리고 새 것을 창조하자革故鼎新'는 시대에도 "경전을 통해 합당한 것을 찾아 반대자의 마음을 안정시켜야 천하에 호소할 수 있는 것이다."[192]라고 말했다.

　옌푸는 문화보수주의의 의미는 전통문화를 매개체로 삼아서 서방문명으로부터 참고한 이질적 문화 요인이 순조롭게 흡수·정착하게 하는데 있다고 한다. 이를 테면 "아무리 기세가 있는 것도 다 지나간다. 하지만 이것들은 오랜 세월에 걸쳐 성현들이 창조하고 시대 흐름 속에서 걸러진 것들이라는 것을 모르고 있다. 만약 이것을 없애버린다면 민족의 특성은 사라지고 이른바 새로운 것도 확고해지지 못할 것이다."[193]라고 말했다. 이런 의미에서 옌푸는 문화보수주의 가치관을 '새롭지 않으면 진보할 수 없고 오래된 것이 아니면 지킬 수 없다非新無以爲進, 非舊無以爲守'라는 12자로 요약하였다. 이에 대해 옌푸는 "지키면서

192) 嚴復, 「讀經當積極提倡」, 『嚴復集』, 第2冊, 330쪽, 中華書局, 1986년.
193) "方其洶洶, 往往俱去. 不知是乃經百世聖者所創垂, 累朝變動所淘汰, 設其去之, 則其民之特性亡, 而所謂新者從以不固." 嚴復, 「與『外交報』主人書」, 『嚴復集』, 第3冊, 560쪽.

발전해야 한다. 이는 국가가 발전하면서도 안전할 수 있는 기반이 된다."194)라고 해석하였다.

문화보수주의 사조에 대해 요약하자면 다음과 같다. 서방 문화의 도전에 대응하는 과정에서 전통 주류문화의 가치를 현대화의 중개자와 민족응집력의 기반으로 삼는다. 아울러 전통문화를 매개로하는 기반 위에서 외국문명을 받아들임으로써 민족생명이 안정되고 지속되는 과정 속에서의 문명 통합을 실현해야 한다고 주장한다. 신구 융합이 문화보수주의의 요지이다. 외국의 신유교와 현재 중국의 문화보수주의의 특징이 바로 이런 것이다.

현재 중국의 문화보수주의

근래 사회에는 갈수록 대학과 민간 학자들이 문화보수주의를 적극 제창하면서 다양한 활동을 펼치고 있다. 일찍이 남쪽의 모 대학에서 교수로 있던 어떤 한 학자는 앞당겨 퇴직한 후 명나라의 유명한 유학자 왕양명王陽明이 도를 깨달았다는 곳인 꾸이양농창貴陽龍場에서 양명정사陽明精舍를 설립하고 유학을 강의하였다. 그에 말에 따르면 유학이 쇠미해진 가장 직접적인 결과는 중화민족이 자신의 민족정신을 상실한 것이며, 그 결과 중국인의 '영혼이 이곳저곳 떠돌아다니며 의탁할 곳을 찾을 수 없게 될 것이다.' 그러면 중국이라는 국가의 문명의 속성도 점차 사라지고 결국 옌푸가 애탄해 하던 '국가성이 보존되지 않는다면 나라가 어떻게 나라가 되겠는가?'라는 상황이 발생한다는 것이다. 이러한 문화적 곤경을 해결할 수 있는 방법은 대대적으로 유학을 부흥하여 이를 통해 중화민족정신을 다시 세우자는 것이다. 현재 중국은

194) 嚴復,「主客評議」,『嚴復集』, 第1册, 119쪽.

'국력'을 강화해야 할뿐만 아니라 '국가성' 회복에 더 많은 노력을 기울여야 한다. '국가성'이야말로 중국이 중국이 되는 근본적인 상징이기 때문이다. 또 다른 대표적 인물은 중국사회과학원의 철학 박사로서 그는 10여 년에 걸쳐 자비로 꾸준히『원도原道』를 주편하고 중국유학사이트를 개설하였다. 문화보수주의를 고수하는 이러한 학자들은 공동으로「갑신문화선언甲申文化宣言」을 발표하여 '유학의 현대적 운명儒學的當代命運'이란 주제로 양명정사에서 공동 강의를 했다. 또는 유가의 인정仁政사상을 발굴하거나 천하주의를 제창하기도 한다. 그들은 자주 모임을 가지면서 신유가의 학리와 교의를 연구·토론한다.

근래 대충 모양을 갖춘 '경전읽기 활동讀經活動'이 국내 많은 지역에서 돌풍을 일으키고 있다. 보도에 의하면, 수년 전부터 중국에는 이미 500만 가정, 60여개 도시의 아동들이 유가경전 읽기 대열에 가입했다고 한다. 뿐만 아니라 30년 사이에 성장한 도시 중산층과 기업가들을 주요 대상으로 하는 국학반이 유명 대학에서 잇따라 개설되었다. 그 중 가장 영향력이 있는 곳은 칭화대학, 베이징대학, 푸단대학이다. 국학반은 거문고·바둑·서예·그림을 가리키는 것 외에도 중국의 역사·유학·불경·선종·주역·노장사상 등에 대한 연구와 교학도 함께 진행하고 있다.

대학의 지식인과 민간 지식인들은 문화보수주의를 제창하는 면에서 서로 호응관계에 있다고 할 수 있다. 보도에 따르면, 일부 자유주의 학자들은 어린이들이 유교경전을 포함한 중국의 고전 경전을 학습하는 것에 대해 분명하게 지지한다고 한다. 그들은 학리적으로 프리드리히 하이에크Friedrich Hayek와 스코틀랜드 도덕철학의 영향을 받아 '중도 자유주의' 개념을 연구해나가고 있다. 이는 문화보수주의 경향을 띤 헌정주의의 틀이다. 이들 중에는 '유가 헌정주의', '과거 헌정주의'를 제의하는 사람도 있고, 노자 사상에서 출발하여 '소극적 자유'를 강조하는 고전 자유주의를 논증하는 학자도 있다. 법학계에서는 전통적인 중국의 민본사상의 발전을 통해 현대 민권사상을 논증하는 학자들이 있는가 하면, 중국의 사법 전통에서 판례법(보통법)의 전통을 발굴하는 신좌파 사상을 받아들인 학자들도 있다. 신좌파, 자유파, 민족주의자, 신권위주의자 및 민주사회주의자 등 이들 각 파의 학자들은 여러 가지 중대한 정치 문제와 관련해서는 끊임없이 논쟁하지만, 문화보수주의로의 회귀 문제에 있어서는 드물게 공감을 보인다. 이 모든 현상은 문화보수주의사조가 교육, 문화, 학술 등 다양한 영역으로 폭넓게 침투·확산하고 있는 것으로 이해할 수 있다.

인간의 내적 정신 자원의 발굴: 유학의 현대성

문화보수주의의 굴기는 글로벌화가 초래한 가치의 세속화라는 소극적 영향에 대한 견제 기능도 있다. 세속적 자유주의는 중국의 인권의식을 환기시키는데 있어 중요한 의미가 있다. 하지만 서방에서 자유주의는 20세기 후반부터 세속화되기 시작하여 절대 방임과 자유를 고취시키고 고전문명의 교화정신을 버렸으며, 또한 자유방임주의에서 부터 '동물화'로 퇴화하는 심각한 문화 위기를 초래하기도 했다. 이러한 세속적 자유주의는 중국 문화에도 심각한 영향을 초래했다. 예를 들어, 베이징에서 성性에 대해 연구하는 유명한 여성학자는 동성연애의 합법화와 청년의 '하룻밤 정사'를 공개적으로 주장했다. 다원화 사회에서 각종 기이하고 황당한 주장을 하는 것은 이상한 일은 아니지만, 정말 우려스러운 것은 이러한 극단적으로 무책임하고 반도덕적이며 상식에 어긋난 문화 '바이러스'가 거의 아무런 저항 없이 침투·확산하고 있다는 점과 본토 문화는 이러한 극단적으로 무책임한 말을 저지할 수 있는 문화자원을 완전히 상실했다는 점이다. 현대 중국인은 저속한 문화에 대한 면역력이 특히 약하기 때문에, 5·4 이후 극심했던 반 전통주의의 소극적인 측면을 반성하지 않을 수 없다.

근대 이래로 전반적인 반 전통주의 사조가 점점 정치문화의 주류를 형성하였고, 혁명문화는 또 문명교육을 자산계급의 상부구조로 간주하여 비판하고 거절했다. 이러한 중국인의 생활 방식은 본래부터 있어왔던 사대부와 중산계급의 정세함을 잃고, '문화대혁명'식의 '건달문화痞子文化'는 정세하고 교양 있고 문명스러운 것을 전면 부정하면서 중국 문화와 사상에 수십 년 동안 영향을 미쳤다.

지난 세기 말과 신세기 초에는 더 나아가 포스트모더니즘의 해체주의가 중국 지식계의 정신 속으로 침투하여 특히 '80후' 청년들에게 갈수록 커다란 영향을 끼쳤다. 이런 까닭에 중국의 구 문명의 가치가 인위적으로 제거되었다. 이런 배경 외에도 중국인의 자유 계몽의 가치에는 원래부터 저속화를 저지하는 정신적 자원이 부족하였고, 주로 미국에서 들어온 외래사상에는 문명 덕행에 대한 관심이 부족했다.

바로 이러한 이유로 자신의 전통 유가의 정교한 문화 속에서 비도덕적인 세속적 문화충격을 억제할 수 있는 요소를 찾아 민족 전체가 세속화 과정을 거쳐 동물화, 저속화로 빠져드는 것을 막는 것이 시대의 중대한 문제가 되었다. 예컨대, 중국 전통의 예교문화가 바로 현대 중국인이 추구하는 자유가치에 견제와 균형을 제공하는 문명 요건인 것이다. 글로벌화에 따른 세속적인 문화 곤경의 측면에서 보면, 문화보수주의의 발전은 깊은 시대적 의미를 지니고 있다.

창의성을 통해 창출해낸 중국 전통문화의 정수는 세속적 자유주의의 절대 자기 중심적 가치관에 균형성을 제공하고, 뿌리 상실과 인생 가치의 결여로 다가온 포스트모더니즘의 병폐를 극복할 수 있는 작용과 역량이 있다.

유교에서 가장 핵심적인 것은 인간의 내적 자원을 발굴하여 몸과 마음에 충만하게 하고, 이를 토대로 인격의 역량을 형성하고 세계에서 자신의 위치를 찾아 악한 세력에 대항할 수 있다는 것이다. 근대 국학가 머우펑린繆鳳林은 『중국통사요략中國通史要略』에서 "유교는 수기修己를 중시한다. 그렇게 하면 심신에 충만한 능력과 사람을 깨닫게 하는 모든 방법이 자연적으로 밖으로 드러나게 된다. 처한 상황이 가난할지라도 마음이 즐겁고 인간의 명리에 개의치 않는다. 이러한 교육을 받은 사람은 인격수양에 노력을 기울인다. 공자는 인생에서 가장 큰 의무는 인격을 증진하고자 노력하는 데 있는 것이지 외적인 부귀영화에 있는 게 아니라고 생각했다. 그리하면 다른 사람이 설사 나를 알아주지 않는다 할지라도, 그리고 가난한 상황에 처했다 할지라도 나의 마음에는 도도하고 당당한 기쁨이 있다는 것이다. 유교의 진정한 의미는 바로 여기에 있는 것이다."라고 말했다.

좀 더 구체적으로 말하자면, 인이란 내적인 정신적 자원으로서 사람의 본성에 있는 선善을 세계로 발현시키고, 이 과정에서 정신적 자아실현의 즐거움을 얻는 것이다. 이처럼 안에서 밖으로의 발현은 사람으로 하여금 저속한 상태와 동물적인 저급함에서 벗어날 수 있게 한다. 따라서 현대 사회에서 고전의 유가는 동물적인 저속함과 인성의 변종을 억제하는 기능과 강한 현대성을 가지고 있는 것이다. 『논어』에 "날씨가 추워진 후에야 소나무와 편백나무가 나중에 시든다는 것을 안다歲寒然後知松柏之後凋."와 "삼군의 장수를 빼앗을 수는 있어도 범부의 뜻은 빼앗을 수 없다三軍可奪帥也, 匹夫不可奪志也."라는 말은 유가의 인격의 역량을 형상적으로 잘 묘사하고 있다. 마음이 인으로 가득 찬 사람은 어떠한 환경에도 두려워하지 않는다는 말이다.

하지만 문화보수주의를 부흥하기 위해서는 여러 가지 장애와 어려움이 따른다. 이유는 중국 사람들의 실제 일상에는 유교자원이 이미 완전히 상실했기 때문이다. 중국인이 어려서부터 유교 경전을 접하지 않은 것이 이미 몇 세대나 되기 때문에 공자사상을 이해할 수 없다. 이성적인 차원에서 전통문화가 무엇인지, 유교에는 대대로 전승할만한 어떤 정화가 있는지, 또 무엇을 회귀하자는 것인지 등에 대해 설명할 사람이 없다는 것이다. 이 점이 바로 현재 중국인들의 정신세계의 딜레마인 것이다. 전통문화 부흥의 길은 여전히 멀고도 어렵다.

6. 민주사회주의 사조

폭력 사회주의에서 벗어나다: 민주사회주의 요지

민주사회주의는 21세기에 나타난 일종의 사회 사조이다. 중국인민대학 전 부총장 셰타오謝韜는 『염황춘추炎黃春秋』에 발표한 「민주사회주의만이 중국을 구제할 수 있다只有民主社會主義才能救中國」라는 장문에서 민주사회주의의 명분을 바로잡았으며 이는 지식계의 논쟁을 일으켰다. 민주사회주의는 레닌주의의 사회주의 정통성에 도전장을 낸 것이다. 이를 테면, 민주는 사회주의의 본질적 요건이며 오랜 기간 동안 비판받고 부정해 온 민주사회주의 이론의 창시자는 수정주의자 에두아르드 번스타인Eduard Bernstein이 아니라 엥겔스이며, 레닌주의의 폭력혁명론은 맑스주의의 발전의 길을 대표하지 않는다는 것이다. 중국은 민주사회주의 방향으로 정치를 개혁해야 한다는 것이다.

민주사회주의를 주장하는 주요 인사는 이직한 원로간부들이 대부분이다. 그들은 공산주의란 신앙을 갖기 전에 유교 문화와 서방 현대자유주의 및 5·4계몽사상의 영향을 받았으며, 1940년대 후반에는 국민당 부패 정부에 대한 불만과 해방구의 청명淸明한 정치에 대한 동경으로 혁명 사업에 적극적으로 동참했었다. '혁명'이란 전제주의 재난이 그들을 꿈에서 깨어나게 하였으며 개혁개방은 그들의 시야를 더 넓혀 주었다. 그들은 국제와 국내 공산주의 운동 발전의 진면목(특히 공산당 주요 지도자들과 중대한 역사적 사건의 진상)을 통한 이해, 현실 속에서의 반성, 그리고 중국 공산당 혁명의 극좌 재난과 개혁 이후 권력집중으로 인해 초래된 부패에 대한 반성 등을 통해 자신들이 말했던 '전제 사회주의'와 결별하기로 다짐한다.

다른 한편으로 그들은 서방의 자유주의와 자본주의 경쟁의 구조적 폐단을 확인하면서 중국은 단순하게 서방의 민주정치를 모방하여 사회 진보를 이루어서는 안 된다고 인식한다. 이러한 각종 대내외적 요인으로 인해 그들은 사회주의 이상에 대한 신념을 유지함과 동시에 레닌주의의 폭력혁명과 계급전제, 중국공산당 초기의 성숙하지 못했던 농촌 사회주의와 계획 사회주의 이념 등을 포기한다. 나아가 인민 대중의 선거 민주를 통해 사회주의의 변형을 피하고, 사회주의 제도의 제도개혁을 통해 사회주의 기본 가치를 실현하고자 했다.

한 원로 간부는 다음과 같은 말로 자신들이 추구하는 것을 표현했다. "지금의 공산당은 60여 년 전 내가 가입했을 당시의 공산당과 다르다. 당의 중견 인물은 이미 더 이상 농민과 유민이 주를 이루는 것이 아니라 국가 공무원과 사회의 지식엘리트들이 주를 이루고 있다. 당원들의 문화적 수준과 독립적 사고능력도 과거와는 비교할 수 없다. 오늘날 당이 처해 있는 환경 역시 60년 전과 상당히 다르다. 국내적으로 사회가 크게 발전했고, 세계적으로는 글로벌화가 양대 진영의 대립과 5대주의 민주물결의 팽배를 대체했다. 타이완의 중국 국민당도 민주를 실현할 수 있는데 중국 공산당은 왜 못하는가?", "우리는 그런 날이 있을 것이라 믿는다. 패기 있고 지혜 있는 공산당 중앙지도자들은 결국 권력이익 집단의 강한 제압을 돌파하고, 사회 불공정에 대해 분노하여 마오 시대로 돌아가기를 바라는 사람들의 우려를 해소하고, 공식적으로 민주헌정혁신을 선포하고 추진할 것이다. 나는 정말 그날까지 살 수 있기를 바란다. 그래야 이러한 희소식을 가지고 나보다 먼저 세상을 떠난 지인과 학우들, 전우들 그리고 생사고락을 함께한 친구들을 만나 다함께 기뻐할 수 있지 않겠는가!"

민주사회주의 요지는 다음과 같다. 맑스와 엥겔스가 말년에 제기한 자본주의에서 폭력혁명을 거치지 않고 사회주의로의 과도를 실현할 수 있다는 이론을 통해 중국의 사회주의 제도는 민주화 제도혁신을 거쳐 사회주의 근본적인 이상을 실현할 수 있다고 긍정한다. 또한 사회주의는 반드시 민주로 가야한다는 것을 이론적으로 증명한다. 현재 유럽의 민주사회주의 실천과정을 중국의 사회주의 발전과정에 참조한다. 중국공산당의 집권당 지위를 유지한다는 상황 하에서 민주화를 통해 사회주의 이상을 실현한다는 것이다.

좋은 기대이지만 발전적인 길은 아니다

사람들은 시장경제발전이 초래한 사회분화로 인해 깊은 우려를 낳았고 이 때문에 사회주의 가치를 통해 평등과 공평을 외친다. 한편 사회주의 체제 내의 권력부패와 금권 결탁의 전제주의에 대한 경계는 사람으로 하여금 대중의 민주참여에 대한 가치추구를 낳게 하였다. 따라서 민주가치와 사회공정의 가치가 모두 갖춰져야 한다는 관념이 사람들의 마음속에 강렬하게 자리하였다. 비록 1980년대 초에는 민주와 사회주의 두 가지 가치는 공존할 수 없다고 인식되었다. 하지만 이러한 상황에서 민주사회주의 이념은 공평과 민주 두 가지 다른 가치가 결합하기를 바라는 사람들의 마음을 만족시켜주었으며, 또 사람들은 민주사회주의 이론을 구상하는 과정에서 사회주의의 가치·공동소유·평등·민주·자유 간의 결합점을 찾아나갔다. 특히 일부 청년세대들이 '12·9' 항일구국운동과 '반 기아운동'의 자유민주의 세례를 받고, 또 사회주의 혁명에 참여한 노인들 사이에서 민주사회주의에 대한 강한 기대감이 나타난 것은 결코 우연한 일이 아니다.

민주사회주의의 최대 장점은 사회주의 이상과 가치, 공정과 평등, 하층 이익에 대한 관심, 그리고 자유와 경쟁의 현대 경제 질서에 대한 긍정 등이 모두 하나의 체제 속으로 통합되었다는 것이다. 어떤 의미에서 이는 자유주의와 같이 국제 경제 질서에의 연결을 강조하고 법치와 자유를 강조하지만, 서방의 다당 민주제를 모방하여 중국의 정치현대화를 실현하는 것에는 동의하지 않는다. 동시에 이는 신좌파와 같이 하층 이익에 대한 관심을 주장하고 공정과 평등의 가치를 강조하지만, 신좌파의 비현실적인 '문화대혁명'의 이상에 대한 낭만적인 부활과는 다르다. 바로 이러한 의미에서 민주사회주의는 자유주의, 신좌파, 신권위주의의 공약수가 될 수 있으며, 각 파의 사상과 가치를 통합하여 국민들의 공감을 형성할 수 있을 것이다. 사회주의 사상과 가치를 유지한다는 전제 하에서 중국의 민주와 공정 및 하층 이익을 실현하는 새로운 길을 찾으려는 시도가 이 사상의 최대 장점인 것 같다.

긍정적인 측면에서 말하자면, 민주사회주의는 각 파의 가치를 어느정도 다 결합했기 때문에 각종 사회사상과 정치역량은 민주사회주의 속에서 자신과 상통하는 점을 찾을 수 있다. 다른 한편으론, 민주사회주의의 표면적인 장점은 사실상 약점이기도 하다. 민주사회주의가 사회주의, 평등, 공정, 효율성, 화해와 같은 인류의 이상적인 가치들을 한데 섞어 놓긴 했지만 이러한 가치의 융합체를 실현할 수 있는 구체적인 경로와 방법을 제시하지 못하기 때문이다. 따라서 민주사회주의는 이상적인 희망과 마음을 반영하고 있을 뿐 현 단계에서 실현 가능한 경로와 구체적인 모델은 아닌 듯하다.

스웨덴의 민주사회주의 모델에 대해서도 많은 비평가들은 지나치게 이를 강조해서는 안 된다는 입장이다. 왜냐하면 중국은 서구의 나라들과 역사나 문화 · 지리 · 경제 · 정치의 발전 상황과 경로가 매우 다르기

때문이다. 유럽은 자본주의가 많이 발달한 상태이고 경제적 축적도 상
당히 높은 수준에 이르렀기 때문에 좋은 복지정책을 실시하는데 필요
한 물질적 여건이 마련되었다. 이들 국가에는 노동자의 이익을 대변하
는 좌파 정당이 존재하며, 사회적 측면에서도 비교적 강대한 노조가
있으며 이들은 지속적으로 정부에게 압력을 가하고 있다. 이들은 모두
민주선거를 통해 빈부격차 문제를 해결하는 민주사회주의의 실현 가
능성을 뒷받쳐주고 있다.

반대로 중국은 지금 단계에선 민주사회주의를 실현할 수 있는 조건
이 부족하다. 첫째, 중국은 경제적으로 아직까지 초기 발전 단계에 있
기 때문에 높은 수준의 복지정책을 시행할 수 있는 경제적 기반이 부
족하다. 둘째, 지나치게 앞당겨 국민선거를 추진한다면 공민사회가 이
루어지지 않은 상황에서 가두街頭 민수정치로 전락할 수 있다. 또 하층
노동자를 대표하는 정치가가 집권하여 높은 수준의 복지 정책을 추진
한다 하더라도 평등화 속도가 너무 빨라서 효율성이 떨어지게 되므로,
결과적으로 대규모 경제 침체와 실업자 증가를 초래하는 한편 최종적
으로 하층민들에게 가장 커다란 손실을 입힐 것이다. 중국은 현 단계
에서 민주사회주의를 실현할 사회 경제적 여건이 부족하다. 따라서 민
주사회주의는 장기적인 비전의 측면에서만 가치가 있는 것이다. 인류
사회의 장기적인 이상과 목표가 될 수 있다는 말이다.

7. 민간 사회사조의 다원화와 시대적 의미

새로운 사조에 대한 해석: 각 사조마다 각기 다른 난제에 대응하다

집단성 사회사조는 사회적 딜레마와 모순에 대한 반성의 산물이다.
이러한 의미에서 각종 사조들이 이르지도 늦지도 않게 적절한 시기에

나타나는 것은 바로 그 시기에 나타나는 사회적 난제, 모순과 연관이 있기 때문이다. 이렇게 추적해보면 각종 사조의 경위를 잘 파악할 수 있을 것이다.

자유주의 사조는 개혁개방 이래 가장 일찍 나타난 사회사조로서 국민들의 '문혁' 전제주의에 대한 비판 의식과 각성에서 나온 것이다. 자유주의의 법치에 대한 호소와 계몽·인권·민주·자유의 가치 대한 집요한 추구는 '문혁' 전제주의 고통을 겪은 후 중국인들이 추구하는 가치가 달라졌다는 것을 의미한다.

1980년대 후반에 나타난 신권위주의 역시 그 역사적 배경이 있다. 신권위주의는 자유주의가 급진적인 과정을 거친 후 그에 대한 반성과 비판을 통해 생겨난 사상이다. 신권위주의는 변화 과정에서의 통제 가능성을 강조하고 안정적인 정치 질서의 필요성을 강조하였다. 즉 당시 급진적인 자유운동이 가져올 수 있는 무질서한 미래에 대한 지식인들의 우려와 관계가 있다.

신좌파 사조는 덩샤오핑의 남순강화 이후에 나타난 것으로 그 전에 나타나지 않은 것은 절대 우연한 것이 아니다. 1990년대 이후 시장경제의 흐름이 가속화되면서 전국 각지에서는 무질서한 경쟁, 빈부격차, 하층민들의 이익의 손상 등 사회 불공정과 관련된 사회적 난제들이 나타났다. 신좌익 사조가 출현하게 된 객관적인 원인이 되었다. 비록 신좌파 지식인들이 개혁에 반대함으로써 평등을 실현한다는 관념이 잘못된 것이라고 생각되지만 말이다.

신민족주의가 1990년대 후반, 21세기 초에 나타나게 된 것은 개혁개방을 통해 중국의 국력이 강해지면서 100년간의 수모 끝에 기를 펼 수 있게 되었으며, 뿐만 아니라 글로벌화 과정의 소극적 측면에 대한 비판 등은 각기 다른 측면에서 중국인의 민족의식을 강화시켰기 때문이다.

문화보수주의와 신민족주의는 거의 동시에 두드러지게 나타났다.

글로벌화와 시장경제에 따른 가치관의 세속화는 전 국민의 뿌리 찾기 의식과 문화정체성에 대한 의식을 일깨워 주었다. 전통회귀 사상은 신중산층의 성장과도 관계가 있다. 이 사상은 이 새로운 계급이 바라는 문화적 측면에서의 정교한 취미와 추구를 반영하고 있다.

마지막으로 나타난 것은 민주사회주의이다. 이는 중국인의 정신과 의식면에서 여러 가지 아름다운 가치의 공존과 균형적 존재를 필요로 하고 있음을 보여준 것이다.

현대 사조와 사회계층의 대응 관계

중국의 현대화 과정에서 나타난 자유주의·신권위주의·신좌파·민족주의·문화보수주의 사상의 다원적인 공존 형태는 사회계층화와 지역 이익의 다원화 추세와 밀접한 관계가 있다. 중국의 사상계와 사회문화 분야에서 신중국 이래 유례없는 다원적인 스펙트럼이 나타난 것이다.

사회 계층과 사조의 대응 관계를 절대적으로 간략화 할 수는 없으나 자유와 개체 권리를 추구하는 자유주의 사조가 중산층과 기업가 사이에서 상당히 많은 지지를 받는 것은 사실이다. 질서와 안정을 강조하는 신권위주의는 관료와 대기업가들 사이에서 적지 않은 찬성을 얻고 있다. 평등과 사회공정을 외치는 신좌파는 중, 노년층이 아닌 청년층에서 많은 지지자를 확보하고 있다. 신좌파 중 온건파의 상당수는 대학의 문학비평 전공자와 관련이 있다. 그들은 서방의 포스트모더니즘 문학 비평 사상의 영향을 많이 받았다. 한편 신좌파 가운데 급진파 또는 민수주의파는 중서부 지역의 하층민 집단과 분노한 청년의 많은 지지를 받고 있다. '70후' 지식형 화이트칼라, 중산층, 기업가 사이에서는 문화보수주의의 영향력이 상대적으로 크다. 한편 민주사회주의는 많은 정치적 풍파를 겪은 원로 간부의 지지자들이 상당히 많다.

주의할 점은 지역적 분포로 볼 때, 급좌 근본주의자는 북방 지역, 예컨대 허난河南과 베이징에 상대적으로 많고 상하이와 장강삼각주 지역에는 적으며, 광둥廣東과 원저우溫州 등 저장浙江 지역에는 극히 드물다. 반대로 자유주의 사상은 광저우廣州에 상대적으로 많다. 이러한 지역적 분포는 경제 발전 수준과 일정한 관계가 있다. 특히 주목할 점은 일부 중서부 경계 지역에 급진적 민족주의 사상이 연해 지역보다 더 보편적이다. 안후이安徽성 허페이合肥에서 시위를 벌인 '반 프랑스 반 까르푸 사건'이 그 한 예이다. 이는 사회 변화 과정에서 민족주의가 불만을 표현하는 가장 안전한 출구이기 때문이며, 분노한 청년들이 민족주의 발언을 통해 더 큰 표현의 공간을 얻을 수 있기 때문이기도 하다. 한편 연해지역에서는 온건한 민족주의 추세가 상대적으로 뚜렷하다. 지역, 계층과 사회사조의 대응관계는 사회사조와 관련된 정치사회학 연구의 새로운 과제이다.

사람들은 장미와 스톡이 같은 향기를 내는 것을 바라지 않는다

자유파는 중국이 지속적인 개혁개방을 하여 시장경제를 진일보 발전시키고, 국제 경쟁에 적극적으로 참여하여 경제 글로벌화의 역사적 조류를 받아들여야 한다고 강조하며, 법치와 국제 사회와의 연결 등을 주장한다. 신좌파는 자발적으로 사회주의 가치와 공평 가치를 중시하고 집권당의 혁명 역사에 대한 기여를 강조하면서 사회주의 이상을 추구한다. 신권위주의는 체제 전환 과정에서 질서와 권위의 의미를 중요시한다. 민주사회주의는 사회주의 가치와 대중 특히 하층의 민주와 평등을 강조하고 소중히 여긴다. 문화보수주의는 민족문화의 정체성을 강조한다. 민족주의는 국가 이익과 본 민족 내부의 단결을 강조하며 국가의 응집력 강화를 위해 이데올로기 이외의 새로운 자원을 제공하였다.

서술한 바와 같이 각종 사상은 사회발전 과정에서 나타난 중대한 문제 및 현상과 관련한다. 이 여섯 가지 사조는 중국의 현대화 과정에서 필요한 가치와 연관성이 있다. 예를 들어, 자유주의는 경쟁·헌정·법치·인권을 강조하고, 신권위주의는 질서와 안정을 강조하며, 신좌파는 공평과 하층의 이익을 강조하고, 민족주의는 국가의 이익과 민족의 응집력을 강조하며, 문화보수주의는 민족문화의 정체성을 강조하고, 민주사회주의는 사회주의와 정의의 결합을 강조한다.……바로 이러한 이유로 모든 사상이 극단적으로 치닫지만 않는다면 그들은 헌정 조건 하에서 박탈할 수 없는 생존권과 자유공간을 지닐 것이다. 중고 中古 시대로부터 벗어나온 중국에서 헌정의 기본선만 침범하지 않으면 집권자는 그것을 금지할 이유도 권력도 없다. 집권자는 반드시 다른 사상과 조화롭게 공존하는 것을 배우고 이에 적응해야 한다. 각종 사상이 강조하는 각기 다른 가치들은 사회 발전과 문명 진보에 필요한 것이며, 각기 다른 사상들 사이에서도 경쟁, 융합, 충돌이 생기고 복잡한 상호 관계를 형성한다. 각기 다른 사상과 사조의 공존은 사회의 다원성이 문화 영역에서 드러난 반증이며 중국이 정말 정상적인 사회로 발전한다는 표시이기도 하다.

맑스는 일찍이 사람들은 장미와 스톡이 같은 향을 내는 것을 원하지 않는다고 말한 적이 있다. 상호 작용은 사상의 발전과 사회 진보에 유익하며 동질화를 피할 수 있다. 인간 세상은 각기 다른 목소리를 피할 수 없고 모든 사람들이 똑같은 사상을 가질 수도 없다. 그런 시대는 이미 지났다. 각기 다른 사상은 상호 연마를 통해 사상의 발전과 진보에 도움을 주고 사회적 동질화와 침울한 분위기를 피하는데 유익하다. 단일한 사상만 가지고 있는 것은 무서운 일이다. 우리 민족은 역사를 통해 뼈아픈 교훈을 얻은 바 있다. 반우파 투쟁 후 사회의 견제와 균형의 메커니즘을 상실했고 한 가지 사상만 존재하는 시대를 겪었다.

다른 사상과 이념의 견제와 균형이 없기 때문에 정보가 차단되는 결과를 낳았고, 정보의 단일성과 동질성으로 인해 다른 목소리들이 귀에 전해지지 않았다. 이것은 모두 사람들이 입을 굳게 다물고 침묵하여 생긴 재앙이다. 3년 대재앙이란 민족의 비극을 초래한 것이다. 만약 서로 다른 사상이 상호 견제와 균형을 할 수 있었다면 정보는 자유로이 흐르고 사상도 자유롭고 개방되어 '대약진'과 같은 비극을 초래하지는 않았을 것이다.

사상의 다원화가 향후 중국의 민주화에 미치는 기능과 의미

근래 중국에서는 이미 사상의 다원화와 다양한 문화국면이 형성되고 있다. 이는 사회전환 과정에서 드러난 새로운 문화적 특성이며 중국 민족의 문화 포용력이 증강하였음을 보여주는 것이다. 이러한 다원화는 법이 허용하는 범위 내에서 합리적인 것이다. 그리고 상대적으로 폭넓은 사상공간과 매체환경이 존재하고 다양하고 풍부한 사상들이 공존하는 것은 정상적인 사회라면 다 있는 것이다. 따라서 개혁개방 30년 이래 중국의 사상 다원화는 개혁개방이라는 환경에서 얻어진 것이며 중국이 정상적인 사회로 가고 있다는 표증이기도 하다.

사상의 충돌은 한 민족 정신이 발전하기 위해 필요한 조건이다. 각기 다른 각도에서 문제를 바라보면 다양한 각도에서 보다 완전하게 문제에 대해 사고할 수 있다. 사상은 부딪히면서 발전하는 법이다. 개혁개방과 극좌적 미신을 돌파하는 데 큰 기여를 한 '실천이 진리를 검증하는 유일한 표준이 된다.'는 관점과 '세금분배제도'의 추진, '사회주의 조화론'의 탄생은 민간 사상과 관방의 주류 이데올로기 사이에 이루어진 적극적인 상호 작용의 결과이다.

사조의 다원화는 향후 중국의 민주 다원화 체제를 구축하는데 필요한 선결조건이다. 주지하듯이, 경제개혁으로 인해 사회계층화가 이미 나타났다. 하지만 단순히 사회의 다원화만으로는 향후 중국이 민주화를 성취하기에 충분하지 않다. 1990년대 이래 나타난 지식계의 사상 다원화와 사회 다원화의 결합을 통해 계층과 사상유파의 대응 관계를 형성하는 것이 향후 중국의 민주정치가 효과적으로 운영될 수 있는 필수불가결한 전제조건이 될 것이다.

좀 더 구체적으로 말하자면, 이러한 대응 관계는 다음과 같이 나타난다. 사유재산권, 자유경쟁, 인권자유 및 법치를 강조하는 자유파의 관점은 객관적으로 신흥 중산층의 이익에 더 부합한다. 질서와 안정의 가치를 중시하는 신권위주의와 자유파의 보수파의 관점은 객관적으로 구 관료 계층으로부터 변화된 신흥기술관료 및 대기업 집단의 이익을 더 잘 대변할 것이다. 신좌파가 지나친 낭만적인 하층 정서와 폭력적 혁명에 대한 숭배를 포기한다면, 그들이 강조하는 공평, 공정 및 약세 집단의 이익에 대한 관점은 객관적으로 저소득 집단의 이익과 요구를 대표할 수 있을 것이다. 따라서 각종 사상의 배후에는 상응하는 이익 집단과 사회 계층이 존재한다. 각 사회의 이익 집단과 계층이 민주체제 하에서 자신의 이익과 발언권을 쟁취할 때, 그들은 자신의 이익과 가치를 대변하는 이데올로기나 사상을 표현할 수 있으며, 이러한 사상 하에서 정당과 당파를 형성할 수 있을 것이다. 바로 이러한 의미에서 현재 중국 지식인의 사상 분화가 관용과 이해를 통한 상호 작용을 한다면 향후 중국의 민주정치에 분명 긍정적 의미를 제공할 수 있을 것이다.

결론: 현대화 수준은 다원성과 포용성에 달렸다

사회사조의 다원적 공존은 사실상 백가쟁명의 추세를 형성하고 있다. 서로 다른 사상은 타사상의 도전에 대응할 때 상호 견제와 균형의 작용을 일으킨다. 30년에 걸친 중국의 개혁개방 과정에서 볼 때, 대부분 풍파의 발생은 여러 방면의 복잡한 이유가 있겠지만, 개혁개방 초기 민간사상의 높은 동질화는 급진적인 서구화를 지향하는 자유파의 발언권이 민간사회에 독존하다보니, 서로 다른 사상 간의 경쟁과 견제가 부족했던 것과 상관이 있다. 하지만 지금 중국에서는 민간사상의 다원적인 견제와 균형 국면이 이미 형성되었다. 예를 들어, 급진자유파의 '정당 등록론'을 주장하는 급진적 관점은 신좌파와 신권위주의의 비판과 견제를 받았다. 극단적 신좌파가 제기한 '문혁'과 '사인방'의 정론을 회복한다는 논지 역시 자유파와 문화보수주의 사상의 강력한 반격과 견제를 받았다. 중국 사회가 건전하게 발전할수록 이성적인 목소리 역시 영향력이 커질 것이다. 다양한 사상이 주장하는 극단적인 목소리는 계속 존재는 하겠지만 이들은 비주류가 될 것이다. 어떤 극단적이고 급진적인 언론도 다양한 목소리 속에서 단지 '평범치 않은' 이단에 불과할 뿐이다. 어떤 극단적 목소리도 갈수록 다원화되고 있는 사회에서 연쇄적인 반응을 일으킬 수 없을 것이다. 결국 다른 사상들의 견제와 균형을 받을 것이다. 사회사조의 다원화의 의미는 환경에 적응하기 위해 더 많은 시행착오의 기회와 사상의 방안을 제공하는데 있다. 이러한 방안과 기회가 많을수록 한 사회가 환경에 적응하기 위한 선택의 기회도 많아지고 사회에 대한 대응능력과 적응능력도 더 강해질 것이다.

맑스는 일찍이 이런 명철한 말을 했다. 한 나라의 현대화 수준은 다원문화의 포용 정도에 달려 있다. 이 말과 같이 중국은 경제 현대화를 이룩하는 동시에 문화현대화 과정을 겪고 있다. 다원화는 바로 문화현대화의 과정이다. 이러한 이유로 우리는 지금 정상적이고 건전한 다원화된 사회에 가까이 다가가는 역사적 과정을 걷고 있다. 21세기 사상 개방과 다원화 시대를 맞이하여 정치 결정자와 지식인들은 시야를 넓히고 각종 사회과학의 이론적 성과를 폭넓게 받아들여야 한다. 그리고 그 바탕 위에서 이데올로기의 이론 혁신을 통해 아름다운 문명의 가치를 이데올로기 혁신 과정에 도입함으로써 21세기 중반을 맞이해야 한다. 필자는 그때가 중국이 정말 민주와 자유로 향하는 시대이며 경제 번영과 인성 발전에 기반한 시대라고 생각한다. 이러한 시대로 들어가기 전에 중국은 정신생활과 이데올로기의 다원화가 필수불가결하다.

(출처: 中評網, 2011년 6월 14일. 사오궁친, 상하이사범대학 역사학부 교수)

3

21세기에 들어선 자유주의와 신좌파

쉬여우위徐友漁

자유주의와 신좌파는 20세기 90년대 중후반 중국 사회의 사상이란 무대에 동시에 등장하였다. 이들 간의 논쟁은 당시 주요 사상 논쟁이 되어 국내외의 커다란 주목을 받았다. 그렇다면 신세기에 접어들어 이 두 사상 유파는 지금 어떠한 상태인가? 그들은 지금도 논쟁하고 있는가? 그들이 발표한 중국의 현실 문제에 대한 의견은 아직도 사람들의 주목을 받고 있는가? 이 글에서 이 두 사상 유파의 동향을 소개하고자 한다.

일부 사람들의 관찰에 의하면, 21세기에 들어선 이후 자유주의와 신좌파는 이미 과거의 영광은 사라지고 둘 사이의 논쟁도 온대간대 없어 졌다고 한다. 또 어떤 사람들은 자유주의와 신좌파는 처음부터 수입된 것으로 한때 유행했다가 곧 사라질 것이라고 판단했다고 한다. 하지만 나는 그들의 논쟁이 아직도 계속되고 있다고 생각한다. 단, 형세의 변화에 따라 논쟁의 내용과 방식이 달라졌고, 논쟁들이 과거와 같이 공개적이고 대립적이지 않을 뿐이다. 한편 민족주의와 문화보수주의가 다시 굴기하였고 그 발전기세도 등등해지자, 점차 이원구도에서 삼각 구도가 되어 서로 교차 · 연합하는 상황이 종종 발생하면서 각각의

진영이 그리 선명하지 않은 상황이다. 동시에 자유주의 자체의 발전
심지어 분화 역시 주목할 만한 동향이며, 문화보수주의와의 관계 역시
사람들의 커다란 관심과 평론을 낳았다.

1. '자유주의'와 '신좌파': 간판인가 사실인가?

오래 전부터 사람들은 다양한 각도에서 자유주의와 신좌파 간에 논쟁
이 있는지에 대해 의문을 제기했다. 심지어 어떤 사람들은 이른바 자유
주의와 신좌파가 정말 실제로 존재하고 있는 사상 유파인지, 어떤 목적
으로 자신이나 상대방에게 붙여 놓은 라벨은 아닌지 의심했다. 재미있
는 사실은 자유주의자는 자신의 칭호를 공개적으로 인정하고 서로 간
에 입장과 관점의 대립과 논쟁이 존재하고 있음을 인정하지만 신좌파
는 이러한 칭호와 논쟁에 대해 극구 부인한다. 예를 들어, 신좌파의 대표
적인 인물로 알려진 왕후이汪暉는 이러한 칭호로 이런 논쟁을 묘사하는
것에 대해 여러 차례 질책했다. 그는 "나 자신은 '신좌파'와 '자유주의'로
지식계의 논쟁과 분기를 요약하는데 찬성하지 않으며, '다른 사람에게
딱지를 씌우는' 모든 방식 역시 반대한다."[195]라고 말했다.

두 유파의 관점의 논쟁은 부정할 수 없는 사실이다. 증명할 수 있는
많은 증거들이 있다. 잘 알고 있는 논쟁 상황을 다음의 일곱 가지로
요약해 본다. 이러한 견해차와 대립을 '신좌파와 자유주의 간의 논쟁'
으로 분류하는 것이 적절할 것이다. 첫째, 이 일곱 가지 중에서 가장
큰 논쟁은 부패와 사회 불공정의 원인에 대한 분석이다. 그 이유를 한
파는 시장경제와 국제자본으로 생각하고 다른 한 파는 제한을 받지 않

---

195) 汪暉, 「我對目前爭議的亮點說明」, 中華讀書網 編, 『學術權力與民主』, 鷺江出版
社, 2000년, 16쪽.

는 권력의 부당한 이익 추구라고 생각한다. 둘째, 글로벌화와 WTO 가입에 대한 태도이다. 한 파는 기존의 불공정한 세계 자본주의 체계에 가입할 수 없으며 혁명을 할 수밖에 없다며 반대하고, 다른 한 파는 가입하면 이득이 손해보다 많다는 입장이다. 셋째, 중국의 국가정세를 어떻게 인식, 판단하는 가이다. 한쪽은 중국은 이미 자본주의 사회가 되었으므로 중국의 문제를 진단하는 것은 곧 세계 자본주의 체계의 병폐를 진단하는 것이라고 인식하며, 다른 쪽은 중국의 주요 문제는 자본주의 특성이 아니라 새로운 형세에서의 오래된 문제라는 입장이다. 넷째, '대약진', 인민공사, '문화대혁명'에 대한 관점이다. 한쪽은 지나치게 부정하여 소중한 사회주의 유산을 버렸다고 생각하고, 다른 한쪽은 비판과 청산이 아직 충분하지 않다는 입장이다. 다섯째, 20세기 80년대의 신계몽 운동과 5·4 신문화 운동에 대한 관점이다. 한쪽은 서방의 담론 패권이라고 생각하며 비판적 반성을 주장하고, 다른 한쪽은 계몽운동이 혁명에 의해 중단되었으므로 계속해서 선양해야 한다는 입장이다. 여섯째, 현대화와 현대성 문제이다. 한쪽은 의문을 표시하고 한쪽은 대대적으로 추구해야 한다며 긍정한다. 일곱째, 일련의 국제 문제에 대한 관점이다. 예컨대 미국의 이라크 파병과 '9·11' 테러리스트의 습격 사태에 대한 태도와 대응 등에 대해 양측의 입장과 태도가 다르다.[196]

양측이 인용하는 서방의 이론 자원에서도 자유주의와 신좌파의 대립 상태를 확인할 수 있다. 한쪽은 로크, 흄, 몽테스키외, 아담스미스, 에드먼드 버크, 하이에크 및 중국의 후스胡適, 추안핑儲安平 등의 이론을 인용하거나 소개하고, 다른 한쪽은 사미르 아민Samir Amin, 이매뉴얼 월러스틴Immanuel Maurice Wallerstein, 군더 프랑크Gunder Frank,

---

196) 徐友漁, 「知識界到底在爭論什麼」, 『改革內參』, 2001年, 第12期, 13~16쪽.

애드워드 사이드, 도스 산토스Dos Santos, 촘스키 등의 이론을 인용·소개한다. 따라서 이 두 계보의 특징과 명칭을 분명히 확인할 수 있다.

어떤 사람은 특히 신좌파 인사들은 '자유주의-신좌파 논쟁'은 단지 자유주의파가 발명한 명칭일 뿐이며 이를 통해 이득을 얻으려 하는 것이라고 한다. 하지만 사실은 그렇지 않다. 가장 일찍 '신좌파'란 칭호를 사용한 사람은 자유파가 아니다. 리양李揚의 고증에 따르면, 중국의 '신좌파'란 칭호는 1994년 7월 21일『베이징청년보北京靑年報』에 발표된 양핑楊平의 추이즈위안崔之元에 대해 평한 글「신진화론·분석의 맑스주의·비판법학·중국현실新進化論·分析的馬克思主義·批判法学·中國現實」에서 중국에 '신좌익'이 나타났다고 말한 것이 최초로 사용한 예이다.『21세기二十一世紀』 1996년 2월호에 벤우卞悟가 추이즈위안과 간양甘陽을 반박한 글과 장룽시張隆溪가 장이우張頤武를 비평한 글이 '중국식의 신좌파와 후학을 평하다評中國式的新左派與後學'라는 제목으로 실렸다.

비록 왕후이가 국내에서 '신좌파'와 '자유주의'를 사용하여 지식계의 의견차와 논쟁을 설명하는 것에 대해 거듭 반대하면서 이는 '다른 사람에게 딱지를 붙이는 것'이라고 비난했다. 하지만 영국의『신좌파평론新左派評論』잡지의 인터뷰에 자신은 이 두 가지 명칭이 나타난 것은 중국의 사회적 여건의 변화와 지식계의 입장 분화로 나타난 결과라고 분명하게 밝혔다. 그렇다면 외국의 신좌파 인사들에 대해 그는 어떤 말을 했는지 확인해보자.

『신좌파평론』의 편집자는 80년대는 개혁파와 보수파의 대립이었으나 90년대에는 사용 단어와 구분이 달라졌다. 당시 사람들은 자유주의와 신좌파에 대해 논의했는데 그 원인이 무엇이라고 생각하는 가라고 물었다. 이에 대해 왕후이는 사회의 상황 변화와 지식인의 입장 분화에 대해 상세하고 객관적으로 분석하였다. 이를 테면, '개혁'과 '보수'란 용어를 가지고 실제 내용을 표현할 수 없게 되었고 이로 인해 정치 용어가 달라진 것은 대개 1993년부터이다. 그 표지는 추이즈위안과 간양이 『21세기』에 올린 글이다. 이러한 담론 환경 속에서 '신좌파'라는 말이 사용되었다고 했다.

『신좌파평론』의 편집자는 자신들이 중국의 상황에 대해 조금 알고 있다고 말했다. 즉, 1989년 이후 관방의 정책이 다음과 같은 국면을 초래했다는 것이다. 예컨대, '자유주의'란 단어는 정부에 대한 지지와 비판을 모두 하는 입장이다. 시장화를 찬성하고 언론 통제와 인권 탄압을 찬성하지 않는다. 이러한 태도의 기반은 우리는 자유주의자이고 우리는 자유를 신봉하고, 자유의 전제 조건은 사유 재산이 주도적 위치를 차지하기 때문이라는 것이다. 이로써 다수의 중국 지식인들은 90년대부터 자신을 자유주의자라고 정의했다. 이에 대해 편집자가 왕후이의 의견을 묻자 그는 그렇다고 응답했다한다.

특히 재미있는 것은 왕후이 자신도 '신좌파'란 단어가 처음으로 『북경청년보』에서 사용되었음을 알고 있다고 했다. 자신은 그 신문을 읽었으며 신문의 글은 긍정적인 어조로 이 단어를 사용했다고 말했다. 하지만 이 신문의 편집자는 신권위주의 지지자이기 때문에 그는 '신좌파'란 단어가 자유주의를 타격하는 몽둥이라고 의심한다는 것이다. 이것이 바로 그 자신이 중국의 담론환경에서 이 단어를 사용하는 것에 주저한 이유라고 한다.[197] 따라서 왕후이가 상황을 너무 잘 알고 있음을 알 수 있다. 그는 공정과 도량 차원에서 중국의 자유주의를 억울하지 않게 하기 위해 '신좌파'란 단어를 사용하지 않는 것이다. 하지만 그의 공정과 도량은 외국인에 대한 것이며 국내에서 그의 말과 얼굴은 전혀 다르다.

---

197) 汪暉訪談錄, 『城門失火』, New Left Review, No.6, Nov.and Dec.2000, 71~74쪽.

2. 이론에서부터 실천까지: 권익보호 활동에 대한 다른 태도

21세기에 진입한 이후 자유주의와 신좌파의 구분은 이론상의 논쟁뿐만 아니라 실제 행동에서도 나타난다. 특히 사회적으로 끊임없이 출현하는 권익보호 활동에 대한 흥미와 개입의 정도 및 작용의 측면에서도 분명한 차이를 보인다.

권익보호 활동은 자유주의자가 조직한 사회활동은 아니지만 권익보호 활동에는 항상 자유주의자의 모습이 등장하고 자유주의자들의 목소리가 들린다. 그들은 권익 보호를 자신의 이념으로 간주하면서 실천과정을 계속 이어나간다. 그들이 의미하는 권익보호 활동은 개인의 권리 보호, 합법적 사유재산의 보호, 이성적 항쟁 및 법치를 통한 문제해결 요구 등의 특성을 포함한다. 그들에게 있어 자유주의 이념과 권익보호 활동은 자연적이면서도 내재적으로 일치한다.

적극적이고 활동적인 자유주의자와 대조적으로 신좌파들은 조용하고 거의 그림자를 찾아볼 수 없다. 이는 이론적인 이유가 있다. 그들은 비록 줄곧 인민민주와 대중 참여를 부르짖지만 그것은 파리코뮌과 소비에트, '문화대혁명' 중의 '군중운동'과 대응하는 개념이며 실제로 그들은 개인권리와 사유재산에 대한 보호를 거부한다. 농민들이 토지를 박탈당하거나 촌민위원회선거에서 압박을 받을 때, 도시에서 철거민들이 박탈당할 때, 신좌파는 피해자가 개인의 이익과 사유재산을 보호하는 것이기 때문에 이들 피해자들은 거시적인 '인민'이 아니므로 그들의 상황에 반드시 관심을 두어야 되는 것은 아니라고 생각할 것이다. 이렇게 하는 데는 실제적인 도의와 용기 차원의 이유도 있다. 지금껏 그리했듯이 신좌파의 비판과 반항 정신은 실질적인 문제는 피하고 공론에 치중하며, 가까운 현실을 마다하고 먼 앞날을 구하려는 경향이 있다. 그들은 지구 반대편에 있는 미 제국주의에게 욕설을 퍼부으면서도 바로 자신의 주변에 있는 사회의 불공정 현상에 대해서는 못 본채 하고 소경과 귀머거리인 체한다.

간양의 견해가 상당한 설득력이 있다. 그는 자유주의의 자유는 지식인이 소중히 여기는 언론자유이지 인민대중들의 생존과는 무관한 것이라고 지적하면서, 이를 '귀족의 자유'라 칭했다. 한편 자신이 주장하는 것은 약자의 권리와 평민의 자유라고 표방했다. 하지만 사회현실이 말해주듯이, 정말 약자 집단에게 대변자가 필요할 때 그리고 권익보호 운동이 계속 발생했을 때, 그는 무엇을 했고 또 무슨 말을 했는가? 기타 신좌파를 대표하는 인물들은 또 무엇을 했는가? 물론 그들은 아무것도 하지 않아도 된다. 그렇다면 그들은 상대를 '귀족'이라고 지적해서는 안 되며 자신을 약자와 평민을 대변하는 자라고 말해서도 안 된다.

쑨즈강孫志剛 사건을 예로 들어보자. 그의 비참한 죽음은 공민 권리의 미미함과 국가 법 집행 기관의 권력 남용 문제를 극명하게 보여준 사례이다. 이 문제를 둘러싸고 전개된 권익보호 활동은 보도 자유와 언론 자유, 법률위헌심사 등의 문제로 번졌다. 자유주의자들은 자신의 신념에 따라 자신이 익히 알고 있는 도리에 따라 결연히 이 권익보호 운동과 하나가 되었다. 이 사건이 발생한지 약2개월 후 일부 신좌파도 「쑨즈강 사건에 대해 전인대에 올리는 글就孫志剛事件致全國人大書」을 작성하였으나 그 내용은 정말 웃지 못 할 해프닝이었다. 말하자면 신좌 이념을 지킨다면 권익보호를 위한 일을 하기가 어렵다. 이에 상응하는 사상 자원이나 기질이 부족하기 때문이다. 다음은 내가 완곡하게 서명을 거절할 때 회답한 말이다.

1. 이는 '쑨즈강 사건에 대해 전인대에 올리는 글'이지만 쑨즈강 사건이 차지하는 비중이 미미하다. 시작 부분에는 쑨즈강 사건에 대한 언급이 전혀 없고 그 요구사항도 이 사건에 집중되어 있지 않다. 글 속에서 '양극화', '공동 부유', '감원을 통한 효율성 향상', '교육의 산업

화'에 대한 반성과 제지 등에 대해 논했는데 나는 개인적으로 이에 지지한다. 하지만 이러한 문제들은 현재 중국의 사회 형세에 대한 국내 사람들의 각기 다른 견해와 관련된 것이지 쑨즈강 사건과는 직접적인 연관성이 없다.

2. '사스는 사회보장 조치의 부족으로 인해 대규모로 발생했다.'라고 말한 것은 문제가 많다. 국내외 절대 다수 사람들은 전염병이 제때에 억제되지 못한 가장 중요한 이유는 보도 자유와 언론 자유문제이고 나아가 정치제도 문제라는 것을 너무도 잘 알고 있다. 나는 글을 쓴 사람이 왜 본론은 피하고 지엽적인 것을 논하고 있는지 알 수 없다. '사회 보장 조치의 부족'은 경비 부족의 문제일 수 있고 자원 분배나 사회 복지의 우선순위의 문제일 수도 있다.

3. '사스와 쑨즈강 사건을 통해 사회의 응급처리 시스템을 구축하는 것의 중요성과 사회 단결의 중요성을 알았다'라는 말도 본론을 피하고 지엽적인 것을 논한 것이다. 쑨즈강의 죽음은 전적으로 '전제정권'의 사람들이 사람의 목숨을 잡초같이 우습게 여겼기 때문이다. 중요한 것은 인권과 법치에 대한 존중을 요구하는 것이다. 그런데 이 두 가지에 대해 사람들은 계속 회피하고 있다. 솔직히 말해서 한 명의 무고한 대학생이 구타당하여 죽은 결과와 반응이 '우리는 사회 응급처리 시스템 구축의 중요성과 사회 단결의 중요성을 깨닫고 있다.'라면 참으로 웃기면서도 슬픈 일이며 분노를 일게 한다.

4. 본문에서 '반드시 헌법과 법률에 부합하지 않는 모든 규정과 제도를 폐지해야 하고, 반드시 수용제도와 임시거주증 제도를 개혁해야 한다.'고 말한 것은 맞다. 하지만 바로 이어서 '사회구제는 구제가 필요한 집단과 개인에게만 제공할 수 있으며, 사회구제는 구제 받는 자의 뜻을 어겨서는 안 된다.'라고 했는데, 이 말은 무슨 뜻인지 도통 알 수가 없다. 나는 이 글의 작성자가 수용 제도에 좋은 면도 있는 것으로 이

해하고 있는 건 아닌지 의심스럽다. 예를 들어, 노숙자 수용에 대해 두 가지로 분류하여 구제 받는 자의 뜻을 존중해야 한다는 것을 강조할 수 있다. 하지만 이는 수용제도의 실제 상황에 대해 잘 알지 못하고 수용 제도를 폐지하기 위한 법학계의 장기적인 노력과 그 이유를 모르기 때문이다. 이 글의 작성자는 지난 세기 70년대 말 중국 법학계의 수준보다 훨씬 낮다. 그 때도 수용제도를 보완하거나 실행 과정에서 적절히 조정하는 것이 아니라 그것을 폐지할 것을 요구했었다. 작성자는 수용 송치 제도의 포인트는 그것이 헌법을 위반한 악법이고 경찰에게 인간의 자유를 박탈할 수 있는 권력을 부여하는 것이란 점을 모르며, 제도의 자선적 특성과 사회복지의 이점을 발휘할 수 있을 거라고 생각하는 것이다.

신좌파와는 달리 자유주의자는 권익보호 운동의 의의에 대해 비교적 깊게 이해하고 설명하고 있다. 그들은 권익보호 운동에 대해 행동으로 참여하고 지지할 뿐만 아니라 이론적으로도 장려하고 있다. 예를 들어, 어떤 사람은 권익보호 운동의 특징에 대해 이렇게 요약하였다. "첫째, 이러한 민간의 권익보호는 전체적인 사회정치적 요구와는 무관하며, 시장화 진행 과정에서 성장은 있었지만 아직 보장받지 못한 각종 개인의 권익과 관계가 있다. 80년도 이전에 후스胡適는 청년들에게 이렇게 말했다. '자신을 위해 자유를 쟁취하는 것은 바로 국가를 위해 자유를 쟁취하는 것이다'. 개인의 권익 보호는 분명 현재에 정당성이 있으며, 동시에 보다 중요한 정치 제도의 변화를 위해 평화로운 사회적 도의와 심리적 기반을 다지는데 필요하다. 둘째, 이러한 '민권'을 요구하는 권익보호 활동은 모두 주동적으로 법치화의 경로를 따르며, 동시에 법치화의 공간을 이용, 확대하기도 한다. 법치는 가장 연속성이 있는 통치이다. 이는 사회에 대한 강한 단절을 통해 혁명을 추구하지 않고, 개인의 기득권에 대한 부정이나 무시를 통해 시작점을 재 정의

하지도 않는다. 법치의 측면에서 보면, '신 민권운동'은 바로 사회변화 과정 속에서 사회적 연속성을 강화하고 보완할 수 있는 가장 유리한 자유 쟁취의 방식이다. 갈수록 많은 사람들이 권익보호 활동에서 자신의 작은 이익이나 자신의 목숨을 참여시킨다면, 이러한 공민 권익과 개인 이익의 투입은 사회가 안정적으로 발전할 수 있는 가장 확실한 보장이 될 것이다."198)

한 미디어 인사의 관찰과 논평이 상당히 설득력이 있다. "쑨즈강 사건의 자유주의에 대한 시사 논평 쓰기는 확실히 기독교 부활의 날이었다. 쑨즈강 사건 이전에는 자유주의의 시사 논평은 기본적으로 인터넷 사이트에 있었지만, 쑨즈강 사건 이후에는 자유주의자들이 대규모로 새로운 매체의 시사 논평을 점령하였다. 치우펑秋風과 왕이王怡가 『신문주간新聞周刊』의 주요 세력이 된 것이 그 한 예다."199)

3. 개혁에 대한 인식: 이럴 수도 없고 저를 수도 없는 곤란한 상황

약 30년간 개혁개방을 추진해 온 중국은 종합적인 국력과 GDP수치로 볼 때 세계적으로 주목할 만한 성과를 거두었다. 하지만 도의와 사람 마음으로 볼 때는 상당히 실패하였다. 관료-관리는 과거에는 개혁의 방해 요인이었지만 지금은 동력이다. 그들은 '물가에 있는 누대가 제일 먼저 달빛을 보듯이近水樓臺先得月' 자신의 자리나 관계를 통해 국유제에서 사유제로 변화하는 것이 자신들에게 위협이 되지 않고 오히려 이익을 챙기고 권전교역을 할 수 있는 좋은 기회라는 것을 알기 때문이다. 그러나 도의적 입장을 지키고 개혁의 대가를 치른 사람들의

---

198) 王怡, 「2003: "新民權運動"的發軔和操練」, 『中國新聞周刊』, 2002년, 12월 22일.
199) 陳勇苗, 「在 『新京報』拱卒: 走憲法之路」, 天涯網站 www.tianya.cn

입장에서 볼 때, 20세기 말부터 개혁의 유토피아는 계속해서 파멸되어 현실적 상황을 견뎌내기 어렵게 한다.

2004년 6월부터 랑셴핑郎咸平은 하이얼, TCL, 거린커얼格林柯爾 3개 회사가 재산권 개혁을 통해 국유재산을 착복했다고 공개적으로 비판하였다. 그러자 매체와 국민들의 광범위한 관심과 경제학계의 각종 반응 및 기업계에 강한 반발을 일으켰고, 이로 인해 국유기업 개혁에 대한 논쟁이 또 한 차례 불거졌다. 국유기업 재산권 개혁은 현재 개혁의 중요한 부분이지만 이 과정에서 권력자-관리자들이 국유 재산을 사유화함에 따라 국유 자산이 대량으로 유실되고 실직자들이 비참한 상황에 처하게 되었고 결국 사회 불공정 문제를 야기했다는 것이다. 매체(인터넷 포함)가 반영한 민의는 랑셴핑 쪽으로 완전히 기울어졌고 랑셴핑을 비판하는 학자들은 맹렬한 비난을 받았다. 요약하자면, 신좌파가 랑셴핑의 견해에 대대적으로 지지하는 반면 시장화 자유주의를 주장하는 경제학자들은 랑셴핑과 대립적인 위치에 섰다. 그러나 자세한 관찰과 깊은 분석을 거친 후, 국유기업의 재산권 개혁을 지지하느냐 반대하느냐를 놓고 신좌파와 자유주의의 대립이라고 간단하게 말할 수 없다는 것을 발견하였다.

경제학자 장웨이잉張維迎의 반응은 경제 자유파의 전형적인 입장을 대표한다고 볼 수 있다. 그는 사회에 공헌도가 있는 사람들을 잘 대해야 한다고 강조했다. 그는 국유기업의 개혁과정은 바로 사회의 부가 지속적으로 증가하는 과정이며 '돈을 버는 사람이 있으면 반드시 손해 보는 사람이 있다'는 관점은 매우 오도하는 것이라고 한다. 국유기업을 산 사람들이 돈을 벌었다고 해서 국유재산이 유실되었다고 말할 수는 없다는 것이다. 그는 더 중요한 문제는 도리어 정부기관이 개인 자산을 탈취하는 것이며 국유재산이 유실할 가능성이 있다고 해서 국유기업의 개혁을 멈추어서는 안 된다는 것이다. 그는 또 개혁의 시간 가치에 대해 특히 강조했다. 그는 "재산권 개혁의 속도를 조금 줄일 수 없는가?"라는 질문에 "현재 많은 정부 관료들이 책임지는 것을 두려워하고 있다. 그들이 정말 두려워하는 것은 국유자산의 유실이 아니라 국유 자산 유실에 따른 개인적 책임을 지는 것을 두려워한다. 그래서 많은 제도 개혁안을 미룰 수 있을 때까지 계속 미루는 것이다. 비유하자면, 토마토를 방치해두었다가 부패했는데도 그것은 나의 책임이 아니라고 말하는 것과 같다. 그런데 만약 그 토마토를 팔았다면 너무 싸게 팔았다고 말하는 사람이 있을 것이다. 따라서 그렇게 되면 국유 자산 유실의 책임을 져야 하기 때문에 분명 팔지 못할 것이다. 설마 현재 국유 자산을 또 이렇게 유실해서야 되겠는가?"라고 답했다.

2004년 8월 말에 진행된 '국유자산 유실과 국유자산의 개혁'이란 학술회의에서 신좌파 경제학자 쭤다페이左大培와 양판楊帆 등은 랑셴핑과 함께 나타나 랑셴핑이 발언을 한 후 격렬한 발언으로 '랑셴핑 받들기' 관점을 내놓았다. 9월말 10월초에는 '랑셴핑 받들기' 파가 웹사이트를 통해 일련의 강한 입장을 표명하였다. 국내 본토파와 실천파 및 비주류로 불리는 경제학자들이 총출동하여 '랑셴핑' 지지 의사를 표명하여 '랑셴핑'의 고군분투 형세를 바꾸어 놓았으며, 동시에 랑셴핑은 거린커얼 그룹의 창립자 구추쥔이 국가 재원을 석권하고 있다고 비난하면서 '랑셴핑과 구추쥔 논쟁郎顧之爭'을 사회적 대 토론의 단계로 이끌었다. 어떤 사람은 1997년 이래 사람들은 보편적으로 국유기업 개혁은 사실 국유자산을 헐값으로 양도하는 것이며, 이는 수많은 노동자와 간부들이 50년 동안 피땀으로 쌓은 국유자산을 염가로 극소수 기업, 지방, 부서의 지도자들에게 넘기는 것이라고 느끼고 있다고 말했다. 즉 솔직히 말하자면 일부 관료와 기업가들이 결탁하여 국유 자산을 도둑질하는 것이라는 것이다. 또 어떤 사람들은 "우리는 국민들을 약탈하여 치부한 부호들에게 철퇴를 가하는 중국의 푸틴이 필요할 뿐만 아니라 진정한 청산을 필요로 한다. '제도 개혁'을 통해 국민의 재산을 약탈한 사람들을 청산하고, 권세가를 위한 자본주의를 추진하는 탐관오리들을 청산해야 하며, 의도적으로 국민재산약탈을 지지하는 사람들을 청산해야 한다. 그들의 약탈의 죄행을 더 이상 용인할 수 없으며 국민의 재산을 되찾고 국민의 권리를 되찾아야 한다!"라고 말했다.

이러한 격한 말들은 랑셴핑으로 하여금 경계를 분명히 그어야 한다는 느낌을 받게 했고, 자신은 이와 전혀 관계가 없다는 것을 표명해야 했다. 랑셴핑의 문제는 재산권 개혁을 주장하지 않고 국영기업이 안고 있는 문제점을 인정하지 않으며, 국영 기업들이 잘 운영되고 있으며 수익성 면에서도 민간 기업만 못하지 않다고 생각하는 것이다. 그는 이를 증명하기 위해 홍콩에 상장한 국유 독과점 기업의 데이터를 사용하였다. 하지만 설득력을 얻지 못했다. 그 후 그는 또 국유기업을 개혁해야 하지만 그가 말한 대로 '청도맥주 모델'로 진행해야 한다고 말했다. 이처럼 양측은 큰 방향 면에서 그다지 큰 차이를 보이지 않으며, 단지 강조점과 주안점이 다른 것이다.

대다수의 자유주의자들은 시장 지상주의와 공정을 거부하는 관점을 갖고 있지 않다고 말할 수 있다. 그들의 입장을 다음과 같이 정리해 볼 수 있다(사실상 그들은 지금까지 이렇게 표현해왔다). 첫째, 시장경제를 주요 발전방향으로 하는 개혁을 통해 최종적으로 권력이 약탈에 참여하는 것을 방지할 수 있는 메커니즘을 형성한다는 주장한다. 둘째, 현행 개혁에 서 보인 심각한 불공정 현상을 비판하고 시장경제체제의 규범화를 통해 권력의 간섭을 배제할 것을 요구한다. 셋째, 문제해결의 근본적인 방법과 시급한 일은 얼른 정치개혁 문제를 의사일정에 올려야한다고 생각한다.

대조적으로 자유주의와 신좌파의 분쟁에 대해 정리하면 다음과 같다.

(1) 전자는 사회공정을 실현하기 위한 이상적인 시장경제의 근본적

인 장점을 포함하여, 이상적인 시장경제를 추동하고 규범적이고 비교적 이상적인 시장경제의 장점을 말하는 것을 제창하는 반면, 후자는 주로 시장경제의 폐단에 대해서 이야기한다. (2) 전자는 현행 권력의 주도적 개혁을 비판하지만 현재 개혁의 성질이 적나라한 약탈이라고는 단정하지 않는 반면, 후자는 현행 개혁에 대한 비판의 강도가 훨씬 강하다. 기본적으로 전반적이고도 철저하게 부정하는 태도이며 심지어 개혁을 하지 말자고 주장한다. (3) 자유주의자는 헌정민주의 목표와 강령이 있지만 신좌파는 정치체제개혁에 대한 관심을 보이지 않는다.

한 가지 재미있는 점은 해외에 거주하면서 자칭 근본주의이자 순정한 신좌파라고 말하는 루싱화陸興華는 민주 헌정, 법치의 기본 틀, 민의 표달 및 민중 참여가 없는 상황에서 현재의 국유 자산의 재산권 개혁에 대해 언급하고 논쟁하는 것은 극히 어려운 일이며 심지어 의미 없는 일이라고 주장한다. 그는 정치개혁이 아주 지연되고 있는 것이 문제의 원인이라고 말한다. 이러한 입장은 사상에서부터 언어에 이르기까지 표준자유주의 사상임이 분명하다.

이러한 논전은 이른바 경제 자유주의와 정치 자유주의의 구분을 보다 분명하게 하였다. 두 가지 명칭의 자유주의는 어떤 중요한 이념과 가치(예: 개인의 자유, 법치, 정부권력의 견제, 시장 경제)는 공유하기도 하고 또 어떤 중요한 문제에 있어서는 차이점(예: 현실에 대한 비판적 태도, 빈부격차와 사회 불공정에 대한 중요성)을 보인다. 하지만 과거 신좌파는 경제자유주의 속에서 질책을 받은 주장들을 표적으로 삼아 정치자유주의를 공격하는 방법을 사용했다. 이러한 혼동은 기본적으로 의미가 있다 할 수 있다. 예컨대, 나는 수년 전부터 경제 자유주의에 대해 비평하였다. 즉 "어떤 사람(예: 개별 경제학자)은 이상적인 시장 조건에 적합한 학설과 이론, 개념, 공식을 현재 중국의 경제 문제를 분석하는 데 적용하지만, 무소부재의 권력 간섭과 다변하는 정책은 그들의 연구를 완전히 탁상공론으로 만들어 버린다. 어떤 사람들은 중국의 민주의 진행 과정을 중산층의 형성 및 발전 과정과 동일하게 간주하여, 이들 계급이 성장하기를 기다리는 것 외에는 아무것도 할 수 없다고 생각한다. 그들이 민주에 대한 바람과 참여는 원망이 아니면 저주이다.……또한 중국에서는 시장화가 바로 사유화이다. 개혁개방의 가속화를 빙자하여 거리낌 없이 공유 재산을 사유화하여, 개혁개방의 비용과 대가를 모두 일반인들에게 전가하려고 한다고 생각하는 사람들도 확실히 있다. 자유주의자라고 자처하는 소수의 사람들은 상기 언행을 지지하거나 묵인할 순 있지만 진정한 자유주의자는 이와 전혀 일치하지 않는다."[200]라고 말했다.

일찍이 경제자유주의를 자유주의로 인정해서는 안 된다고 주장하는 사람도 있었다. 이는 실사구시의 태도가 아니다. 시장경제를 강력하게 주장하는 학설은 자유주의의 일종이며 시장경제를 논증하고 추동하는 데 있어 이는 부정할 수 없다. 구좌파는 신자유주의를 비판 대상으로 삼아 이를 강하게 비판하였다. 2005년 여름부터 경제학 교육과 경제학 교과서 분야의 정리가 시작되었다. 이는 경제 자유주의의 긍정적인 면을 부정할 수 없음을 보여주고 있다.

4. 자유주의와 신좌파 그리고 전통과 문화보수주의

20세기 90년대 후반 자유주의와 신좌파는 민간 사상 무대에서 주요 역할을 하면서 양자 대립 구도를 형성하였다. 하지만 21세기 들어 강력한 국학열풍과 문화보수주의가 맹렬한 발전 추세를 보이자, 양자대립 구도는 삼각 구도로 변했다. 정확히 말해서 국학 열풍은 90년대 전

---

200) 徐友漁, 「自由主義與當代中國」, 『開放時代』, 1999年, 5, 6月號, 46~47쪽.

반에 이미 나타났지만 구좌파 정통 사상의 경고와 공세로 황급히 후퇴
하여 사라졌다. 하지만 이번에는 상황이 다르다. 2004년은 '경전읽기
讀經'의 구호가 등장하고 「갑신문화선언甲申文化宣言」의 발표 및 기타
여러 가지 사건들로 인해, 이 해를 '문화보수주의의 해'라고 명명하기
도 했다. 2005년에는 중국의 전통 유교 사상 학설과 관련한 일련의 사건
들이 발생하여 사람들의 폭넓은 관심을 받고 이에 관한 토론도 이루어
졌다.[201]

　신좌파 사조와 자유주의 모두 서방에서 비롯되었으며 겉으로 보기
에 중국의 전통 사상과 문화와 태생적으로 달라 보이지만, 신세기 들
어 전통과의 관계가 그리 간단해 보이지만은 않다. 만약 신좌파가 구
좌파의 정신을 이어받았다면 계속해서 전통문화를 이른바 '봉건주의'
사물로 간주하여 비판해야 할 것이다. 하지만 사실 신좌파는 '자본주
의'를 첫 번째 라이벌로 간주하는 것 외에 서방의 포스트모더니즘과
매우 가깝다. 계몽과 이성, 법치, 현대성에 대해 적대감을 가지고 있으

---

201) 신세기 들어 유학을 부흥하려는 노력은 10년 전과 비교할 때 크게 다르다. 선명
　　한 대조를 이루는 한 사례로 팡커리方克立의 태도 변화이다. 그는 예전의 국학
　　열기 때의 제창자들 중에는 문화 외적인 동기와 이데올로기적 계획이 있었다고
　　생각하며, 공자와 동중서董仲舒를 이용하여 맑스주의를 저지하려는 사람도 배
　　제할 수 없다고 했다. 그는 대대적인 비판을 일으키려고 하였다(그리고 어느 정
　　도 목적을 달성했다). 그는 2005년 9월 상순 제7회 현대신유학국제학술회의에서
　　정면적으로 '제4대 신유가'와 '중국의 신유학'이란 개념을 제시했다. 그는 2004년
　　여름부터 장칭蔣慶 · 캉샤오광康曉光 · 성훙盛洪 · 천밍陳明 등을 위시한 중국의
　　신생대 신유가들이 주역을 맡는 시기에 진입하였고, 또는 전체 현대 신유학 운
　　동의 제4단계에 접어들었다고 했다. 고도의 경각심과 엄정한 규명 및 이데올로
　　기와 정치의 모자를 씌워 정면적인 언설로 만드는 방식은 깊이 생각해볼만 하다
　　(『當代中國硏究』 편집부의 주석에 따르면, '장칭은 90년대 중, 후반 자신이 근무
　　하던 선전시위원회深圳市委 당교黨校에서 강의 정지 처분을 받았다. 팡커리方
　　克立가 선전시위원회 당교에 편지를 보내 이런 사람을 강단에 서게 할 수는 없
　　다'라고 말했기 때문이다).

며 자유주의가 이러한 가치의 보편성을 견지하는 것은 잘못된 것이라고 생각한다. 유학이 포스트모더니즘의 시각에서 상기 가치를 비판하는 것이라면, 신좌파는 포스트모더니즘 시각에서 비판하는 것이다. '자본주의'와 현대성이라는 협공 속에서 양측은 서로 협력할 수 있는 공통점을 찾았다.

현대 중국의 자유주의는 후스를 대표로 한 5·4 신문화 운동 속에서 전통 문화를 맹렬하게 비판한 자유주의와 전승 관계가 있다. 하지만 중국의 구 자유주의가 듀이Deway와 라스키Laski의 영향을 받아 사회주의와 민주사회주의 색채를 띠고 있다면, 현대 자유주의자 중에 적지 않은 사람들은 에드먼드 버크Edmund Burke와 프리드리히 하이에크 Friedrich Hayek의 영향을 받아 전통을 매우 중시하고 소중히 여기며 전통의 맥이 끊어지는 것을 받아들일 수 없다. 일부 소장학자들의 생각은 중국과 같이 유구한 역사와 풍부한 문화를 가진 나라로서 문화적 유전자의 철저한 변화란 상상할 수 없으며 자신의 문화 전통을 완전히 버리고 빈손으로 다시 시작한다거나 또 새로 출발하여 현대화와 헌정 민주를 추구하는 것은 믿을 수 없는 일이다. 자유주의가 본토에서 비롯된 것이 아닌 이상 어떠한 방식으로든 전통과 접목해야하는 것이지, 문화를 환골탈태하거나 전면 이식할 수 있겠는가?라고 주장했다.

2004년 12월 28일 문화보수주의 간행물 『원도原道』의 편집위원회는 창간 10주년을 기념하기 위해 베이징에서 「공통의 전통: 신좌파·자유파·보수파의 시야 속 유학共同的傳統:新左派·自由派和保守派視域中的儒學」이란 주제로 학술세미나를 개최했다. 이는 사상과 입장의 표현 공간이자 충돌의 공간이었다. 회의발표 상황으로 볼 때, 신좌파는 문화보수주의를 반대하지는 않지만 구체적인 생각이 많지 않았다. 하지만 자유파의 경우 동정심에 따른 지지이든 비판적인 반대 입장이든 생각하는 내용이 많다. 사실 2004년과 2005년 국학을 둘러싼 토론에서 긍정적인 의견이든 부정적인 비판이든 자유주의자들은 상당히 적극적이고 활발했다.

현재 자유주의자 가운데 처음으로 깊이 있고 체계적으로 자유주의와 유학의 상호 결합에 대해 고민한 사람은 류쥔닝劉軍寧이다. 그는 20세기 90년대부터 다음과 같은 견해를 제시했다. "유교와 자유주의는 근본적으로 서로 다른 두 가지 전통이지만, 인류 생존의 경험과 지혜의 성과 면에서는 분명 서로 통하는 부분이 있다." 그는 일종의 유교자유주의를 제창했다. 이를 테면, "정치적 측면에서 유교자유주의는 대의정치, 헌정법치, 정당정치에 유가의 시정施政 풍토를 더하는 방식으로 한다. 경제적으로는 자유 시장경제를 실시하고 거기에 근면절약 정신과 상호협력의 유교의 활동윤리를 추가한다. 정부는 유교의 부민양민富民養民 사상을 받아들여 경제활동에 대해 적극적인 통제와 관리를 실시한다. 도덕 문화 측면에서는 개인권리와 자립자주정신을 강조하는 자유주의의 정신을 도입하고 유교의 충ㆍ서ㆍ효, 어른을 공경하고 어린아이를 사랑하는 마음, 교육을 중시하고 집단이익을 중시하는 유가의 가치관을 유지한다."[202]라고 말했다.

2004년 사람들의 주목을 끈 한 가지 사건이 발생했다. '경전읽기'에 대한 논쟁에서 완이玩怡와 치우펑秋風ㆍ류하이보劉海波ㆍ판야펑范亞峰 등과 같은 일부 자유주의 학자들이 지지를 표했다는 것이다. 그들은 중화문화전통의 가치와 중요성을 강조하고 이성과 계몽이 전통에 가한 충격에 대해 비판하였다. 그들은 자칭 학문적으로 하이에크와 스코틀랜드 학파의 영향을 받았다고 하면서 자신의 입장을 '중도자유주의'라고 칭했다. 그들은 현대 헌정제도의 구축과 중국의 오랜 문화전통의 수호 사이에는 모순이 없다고 보았다. 심한 경우에는 전통에서 벗어나 전통의 비판위에서 구축된 모든 체제는 인위적으로 설계한 특징이

---

202) 劉軍寧, 「自由主義與儒敎社會」, 『中國社會科學季刊』, 102, 105쪽. 1993년, 8월호.

있으며 자생적이고 자발적인 생명력은 없다고 한다. 왕이는 "나는 장칭蔣慶 선생과 마찬가지로 법대를 졸업했다. 나는 헌정에 대해 논하기를 좋아했고 그는 유교만 이야기했다. 하지만 나는 장칭 선생과 같이 문화적 측면에서는 보수주의 입장이다. 이른바 보수주의의 보수란 자유의 전통을 보호하는 것이고 자유의 전통을 자유의 이념보다 더 중요시하는 것이다."[203], "그렇다면 왜 민간의 아동들의 경전읽기를 지지하며, 왜 유교의 도덕적 이상과 인간의 정감의 재 발양을 지지하며, 왜 문화보수주의가 전통의 미약한 음성을 존중하는 것을 존중하려하는가? 경험주의 시각에서 볼 때, 이른바 자유란 연속적 특성을 지닌 것이며, 단순히 이념 세계 속에서 사람들의 마음을 움직이게 하는 요구와 호소만은 아니다. 어떤 한 물건이 오늘도 당신에게 속하고 어제도 당신에게 속했고 내일도 당신에게 속한 것과 같은 것이다. 이러한 연속성을 확보하고 있을 때 비로소 법적 의미에서의 권리를 구성할 수 있다. 그렇지 않으면 권리는 추상적이고 허황된 것이다. 어떤 사회가 조금의 전통도 가지고 있지 않는다면 조금의 자유도 없다는 것을 의미한다. 법치 자체는 보수주의적 제도문화로서 연속성을 존중하며, 전체 사회의 법률, 문화적 가치, 사회 윤리 내지는 개인의 감정방식상의 어떤 연속성에 의존한다."[204]라고 말했다.

'중도자유주의' 태도는 보수주의로부터 환영을 받는다. 천밍陳明은 "나는 자유주의 학자들의 독경문제에 대한 발언과 관점을 중시한다. 항상 문화보수주의는 자기 민족의 생명의 건강을 위해 조리 있는 논의를 하여야 보호할 수 있고 지켜나갈 수 있다. 따라서 자신의 전통을 발전시키는 것을 전통을 보호하고 지켜나갈 수 있는 전제 또는 조건으

203) 王怡, 「"讀經"和文化保守」, 公法評論網.
204) 王怡, 「"讀經"背後的保守主義和原教旨」, 關天茶社, 2004년, 10월 8호.

로 삼아야 한다. 따라서 나는 자유주의와의 결합이 최우선이라고 생각
한다."라고 말했다.

많은 사람들은 '문화보수의 해'로 불리는 2004년에 자유주의와 보수
주의가 함께 하게 되었다는 인상을 갖지만 사실 이러한 인상은 정확하
지 않다. 모든 심지어 대다수의 자유주의자들은 보수주의 경향을 갖고
있는 것은 아니다. 보수주의를 비판하면서 자유주의가 보수주의로 기
우는데 대해 비판하는 사람도 적지 않다. 예를 들어, 위안웨이스袁偉時
는 보수주의에 대해 강하게 비판한다. 그는 "사실 한 마디로 요약하자
면, 중국이 정교합일 체제로 돌아가려는 것은 유교의 '대유大儒', '현유
賢儒'에다 고귀한 혈통의 선현과 후예 집단을 더하여 천하에 군림하는
것이다. 그리고 국가의 모든 중대 사안에 대한 부결권과 결정권을 보
존하려면, 삼원三院 중에서 국체원國體院과 통유원通儒院을 확실하게 지
배하는 것을 알아야한다. 하지만 이러한 아름다운 설계는 즉시 넘을
수 없는 벽에 부딪힐 것이다. 어떻게 '통유'와 '국체'가 대표하는 합법성
을 확정할 것인가이다."205)라고 말했다. 나는 논쟁에서 이러한 입장을
표하였다. 만약 '국학 부흥'을 비교적 소박하게 지식과 교육 차원의 보
충수업과 기본건설 수준으로 이해한다면 아무런 문제가 없다. 하지만
현재 국학회복의 노력이 정당하며 필요한 이유는 사람들이 국학 지식
에 대한 이해가 너무 부족하며, 교육과 사람들의 생활 상식에서 차지
하는 국학의 위치는 국학이 응당 있어야할 위치에 비해 너무 차이가
크기 때문이다.

요약하자면 중국인은 자신의 전통문화와 학술에 대한 지식이 지나
치게 부족하다는 것이다. 하지만 전통사상을 정통위치로 회복시켜 중국

---

205) 袁偉時, 「"王道政治", "文化意義上的中國人"和讀經」, 『青桐文化月刊』, 2005年, 第
3期, 22쪽.

으로 하여금 '독존유술獨尊儒術'시대로 돌아가게 하려는 시도에는 반대한다. 그것은 유학을 '문화유학'으로 생각하는 것이 아니라 '정치유학'으로 간주하는 것이다. 이는 국학 쇠락의 원인에 대한 주장에서도 마찬가지이다. 현재 유학의 회복을 주장하는 사람들은 유학이 쇠락한 이유에 대해 논할 때 권력의 간섭과 통제에 대해 언급하지 않고 정치운동의 충격에 대해서도 언급하지 않는다. 눈을 밖으로 향해 공부하거나 내부를 비판하는 지식인을 시종비판하고, 동시에 5·4 신문화운동, 계몽, 과학과 민주의 창도에 대해서만 청산하려고 한다. 이는 역사적 사실을 존중하는 태도가 아니며 유학의 회복과 발전에도 유익함이 없다.[206]

5. 민족주의에 대한 태도

민족주의는 신좌파 사조와 자유주의에 비해 더 기본적이고도 광범위한 사조로서 중국에서 오랜 역사를 가지고 있다. 적어도 100년 이상의 역사를 가지고 있다. 신좌파 사조와 자유주의 모두는 어떻게 민족주의에 대응해야 하는가의 문제를 안고 있다. 민족주의 사조와 정서는 20세기 90년대부터 상당히 성행했다. 지난 세기말, 본 세기 초에 나토의 코소보 간섭 행동과 중국 주 유고슬라비아 대사관 폭파사건 등 일련의 사건으로 이러한 사조와 정서가 빠른 속도로 고조되었다. 중국주 유고슬라비아 대사관 폭파사건에 대한 반응을 담은 한 책의 저자는 서문에서 "1999년 5월 8일 우리는 결국 우리 민족의 생명의 충동을 보았고 민족의 혼이 외치는 소리를 들었다."라고 말했다. 저자는 이번 사건이 실수로 폭파된 것이란 점에 동의하지 않으며 미국이 중국과의 관계에 대해 아랑곳하지 않기 때문이라고 한다. 그는 불만에 가득차서

---

206) 徐友漁, 「國學應該怎樣熱熱起來」, 『新京報』, 2005年, 11月29日.

"다른 한편으로 중국은 도리어 계속해서 미국과의 우호를 최우선 순위에 놓고 있다. 양측을 대조해 보면 그 차이는 아주 크다.", "중국은 과거 여러 해에 걸쳐 '착한 아이'가 되려고 지속적으로 노력해 왔으며 이는 힘만을 앞세우는 미국으로 하여금 중국의 실력을 망각하게 하였다."라고 말했다. 저자는 중국도 때론 '나쁜 아이'가 되어야 하며 국제적인 이미지를 고려할 필요가 없다고 말한다. 걱정스러운 것은 "현재 중국인은 이미 '나쁜 아이'가 될 수 있는 양기를 잃었다. 이러한 의기소침한 사회 풍토를 시급히 고쳐야 한다."[207]는 것이다.

자유주의와 민족주의는 모두 민족 국가의 발전에 따라 유럽 국가에서 나타난 사조와 운동이다. 그래서 역사와 시간적으로 볼 때 양자 사이는 일치하거나 교차하는 부분이 상당히 많다. 하지만 단순히 이론적으로 분석한다면 전자는 이성을 중요시하고 후자는 감정을 중요시하며, 전자는 개체를 중요시하고 후자는 집단 또는 전체를 중요시하며, 전자는 보편성을 중시하고 후자는 특수성을 중시한다. 따라서 양자의 내적 모순은 깊다. 좌파 사상과 민족주의를 비교해 본다면 전자는 원래 보편성을 중요시했지만 신좌파는 반대로 특수성을 강조한다. 개발도상국의 좌파 지식인들은 특히 민족적 특수성으로 '자본주의'와 현대화의 보편성에 대항하기를 좋아한다.

간양甘陽의 관점이 신좌파가 중화특수성을 강조하는 대표적인 예이다. 그는 "모든 '비 서방 문명' 중에서도 중국은 기타 비 서방 문명과 다르다. 중국은 역사적으로 서방과 아무런 관계가 없었으며 완전히 서방 세계의 밖에 있었고 서방 세계 역시 중국 밖에 있었다.……중국은 서방의 논리가 아닌 중국 자체 논리에 의거한다.……오늘날 개혁과

207) 房寧·王小東·宋强 等, 『全球化陰影下的中國之路』, 中国社會科學出版社, 1999년 "序", 8, 3~15쪽.

마오 시대의 관계를 다시 볼 필요가 있으며, 마찬가지로 현대 중국과 전통 중국의 관계 역시 다시 살펴볼 필요가 있다. 현대 중국을 중국 역사문명의 전통과 대립시켜서는 안 되며 마찬가지로 전통 중국을 현대 중국과의 연속성에서 보아야 한다. 오늘날 우리는 중국의 유구하고 독특한 문명 전통이 중국의 현대화 발전에 근본적인 중요성이 있음을 특별히 강조해야 한다. 현대 사회의 보편적인 특징은 사회의 분화가 심하고 중심에서 멀어지려는 힘도 크다는 점이다. 따라서 현대 사회에 충분한 전통 문명의 응집력이 없으면 사회는 붕괴하고 분열할 가능성이 크다."208)라고 말했다. 간양이 주장하는 취지는 주쑤리朱蘇力의 논평 속에서 더욱 두드러지게 나타났다. 이를 테면, 민족의 특수한 가치로 그들이 상상이라고 말하는 서방의 문화적 가치 즉 '자유, 시장경제, 양당체제 또는 헌법, 법제'에 대항하는 것이다.

　자유주의는 20세기 90년대에는 편협하고 극단적인 민족주의에 대한 비판에 힘을 쏟았다. 하지만 최근 1, 2 년에는 새로운 동향을 보이고 있다. 자유주의와 민족주의의 부합점을 찾아 자유주의적 민족주의를 탐구하고 있다. 가오취안시高全喜는 "자유주의 정치 이론에서 출발하여 민족주의 문제에 대해 전면적으로 해부·대응함으로써 특히 중국의 민족주의 문제에 대해 이론적인 답을 제시하는 것이 우리 앞에 놓인 중요한 이론적 일이다."라고 말했다. 그는 헌정주의가 민족주의를 순화하는 가장 효과적인 수단이라고 생각하며, 민족주의 포학暴虐을 제거하는데 가장 효과적인 해독제라고 본다. 그리고 그 핵심 원칙은 다양성과 개인의 자치 원칙이다. 그는 또 "자유주의 정치이론은 헌정주의·법치주의·공화주의·민주주의 이론 모델을 가지고 민족주의 문제를 해결하는 데 효과적인 방법을 제공한다. 자유주의의 정치해결 방식은

208) 甘陽, 『新時代的"通三统": 三種傳統的融會與中華文明的復興』, 2005년, 5월 12일.

민족주의와 이원 대립적 강권정치도 아니고 독재적 이데올로기를 공감의 기호로 간주하지도 않는다. 자유주의 정치이론이 제공하는 것은 개인의 자유 권리와 행복을 핵심으로 하는 정치적 틀이며, 민주와 법치의 경로를 통해 다원적 연방자치를 제도 형태로 삼아서 공화주의의 협조 속에서 민족주의가 제기하는 문제를 해결하려는 시도이다. 이는 사실상 자유주의적 민족주의 이론을 제시하는 것이다."209)라고 말했다.

중국에서 민족주의는 종종 애국주의와 깊은 연관관계를 이룬다. 자유주의가 새로운 시각으로 민족주의 문제를 해결하려한다면 당연히 새로운 시각으로 애국주의 문제를 처리해야 한다. 장첸판張千帆은 이에 대해 "전통적으로 애국주의와 자유주의는 물과 불 같이 서로 섞이지 않는다.……방법론의 개체주의는 애국주의와 자유주의 간의 긴장된 관계를 완화시키는데 도움이 된다. 보다 정확하게 말해서, 국가를 구체적인 개인으로 구성된 집단으로 귀결시켜 애국주의로 하여금 모종의 의미에서 자유주의 측면에 놓이게 하는 것이다. 애국은 공허한 구호만 외치면서 본국의 실제 상황을 피하는 것과 다르다.……엄격히 말해서 애국과 국가 제도의 현황 사이에는 필연적인 관계는 없다."고 생각한다. 또한 그는 비록 일반 사람들은 애국주의와 국가 주권을 한데 연결하는 것을 당연지사로 생각하겠지만 주권은 일종의 국제법 개념으로 일반적인 상황에서는 국내 대상에 적용되지 않는다고 말한다.

자유주의자는 또한 국내 정치와 외교의 복잡한 관계를 고려하고 국가 이익과 관련된 문제를 고려한다. 나는 「왜 자유주의인가, 어떤 자유주의인가?爲什麼是自由主義, 什麼樣的自由主義?」라는 글에서 "나는 자유주의자의 한 사람으로서 최근 들어 종종 일부 친구들에게 지식 구조와

209) 高全喜, 「對民族主義一種自由主義考察」, 『大國』 第1期, 127, 155~157쪽, 北京大學出版社, 2004년.

사고방법이 부족하다는 것을 통감한다. 그들의 사상의 기조는 단지 자유 민주와 전제 집권의 대립뿐이다. 그들은 국가에게 이러한 분류와 이에 따라 초래되는 대립 외에도 문제의 다른 점도 고려해야한다는 것을 모른다. 예를 들어, 한 이익 단위로서의 민족 국가가 국제 관계에 있어서 지연 정치를 고려해야하는 것은 필수불가결한 것이며, 이는 국내 제도와 이데올로기를 초월하는 사항이라는 것을 모른다. 그들은 역사의 복잡성을 알지 못한다. 하지만 그들은 상식이 있기 때문에 중국 정부가 미국 간에 방직물 무역과 반덤핑 문제와 관련하여 교섭을 할 때 정부를 비난하지는 않는다.", "내가 가장 말하고 싶은 것은 자유민주국가의 국가건설 이상과 원칙은 그 자체로 하나의 문제이고, 국제 경쟁과 이익 구도에서 추진하는 실제 정책(어떤 국가도 부득이 이렇게 해야 한다)은 또 다른 문제라는 것이다. 각기 다른 정치 제도를 가진 국가 간에 이익 분쟁이 생겼을 때 민주국가가 태생적으로 정의를 대표한다고 결코 확언할 수 없다. 국내 정치 제도의 우월성을 외교 정책에 있어서의 시비 판단까지 확장하는 것은 부적절하다. 반대로 정상적인 국가의 이익 충돌을 인류 정치 문명의 공인된 가치와 성과에 대한 부정으로 추론하는 것도 부절적하다."라고 말한 바 있다.

가오취안시는 현대 국가 주권의 확립 기반은 국내와 국외의 기반이 전혀 다르다고 말한다. 국제적으로 국가 주권의 기반은 현실주의적 적자생존원칙에 있으며 다른 국가의 인정으로 얻어진다. "하지만 국내 문제에 있어 국가 주권의 합법성과 존엄은 또 다른 보다 중요한 원칙 즉 인권원칙 더 정확하게 말해서 공민권 원칙에서 비롯된다."고 말한다. 가오취안시는 흄의 이론을 참조한 후 다음 원칙을 제시하여 내정과 외교, 자유의 국가주의와 현실적 국가주의를 소통시키려 한다. 첫째, 한 국가의 자유 정치 체제를 확립하는 것은 국가 이익의 가장 근본적인 문제이다. 둘째, 자유 정치 체제는 현대 국가를 구성하는 핵심이

다. 그 현실적 수단은 국가 내부와 국제 관계 측면에서 각기 다르
다. 내적으로는 자유의 국가주의이고 외적으로는 현실의 자유주의이다.
셋째, 자유 국가는 내부에서 생겨난 것이지만 국가 관계에 있어서는
국제 질서가 도리어 국가 행위의 외적인 결과이다.

자유주의 입장에 기반하여 일종의 새로운 형태의 민족주의와 국가
이익관념을 디자인하는 것은 깊은 의미가 있으며 현재적 가치도 있다.
하지만 좁은 민족주의와 국가주의 간의 경계선을 두는 것은 쉬운 일이
아니다. 가오취안시는 연설 중 한 러시아 자유파의 말을 전했다. "러시
아의 자유파는 확실히 헌정을 주장하고 법치를 주장하고 자유 민주를
주장한다. 하지만 그들을 아프게 만드는 것은 그들이 이를 위해 노력
하고 현실적인 성과를 얻었을 때 소련은 어디에 있었는가? 그들의 조
국은 어디에 있는가? 지금의 러시아 영토는 이미 표트르 시대로 후퇴
하거나 심지어 미치지도 못한다." 바로 이어 그는 이렇게 반문했다.
"이러한 자유주의는 가슴 아픈 것이 아닌가? 너무 큰 대가를 지불한
것이 아닌가? 중국도 지금 이러한 어려운 국면에 처해 있지 않은가?"
여기에서 분명하게 할 몇 가지 점이 있다. 첫째, 소련의 해체는 그 원
인이 자유주의에 있지 않으며 적어도 민족주의가 더 큰 책임을 져야
한다고 할 수 있다. 둘째, 그 러시아 인사가 이 말을 할 때의 입장은
분명 자유주의 입장이 아니고 민족주의였다. 셋째, 한 커다란 제국의
해체가 꼭 나쁘다고 할 수만은 없다. 왜 결과만 보고 그 경과는 보지
않는가? 위협, 전복, 점령, 합병을 통해 형성된 대제국의 해체는 역사
정의의 실현일 뿐이며 무슨 비탄할만한 것인가?

결론과 전망

현대 자유주의와 신좌파가 중국에서 출현한지 약10년이 되어 간다.

두 파의 논쟁도 약10년이 되어 간다. 이러한 논쟁이 어떠한 결과를 낳고 언제 종료될 것이며, 언제 다른 사상 간의 교전에 양보할 것인가? 내가 예견할 수 있는 미래는 중국의 사회전환 과정에서 극적인 사건이나 중대 변화가 나타나기 전까지 자유주의와 신좌파의 논쟁은 계속될 것이며, 심지어 그 이후에도 계속 이어질 거라고 생각한다. 이 예언은 개인의 주관적인 추측도 아니고 그렇다고 이 논쟁에서 일정한 발언권을 얻은 사람의 바람은 더욱 아니며, 중국 사회 발전의 큰 흐름에 의해 결정한 것이다. 먼저 상대적으로 넓은 의미의 이유를 말해 보자. 주지하듯이, 현대에서 당대에 이르기까지 1세기보다 훨씬 긴 기간에 걸쳐 자유주의와 신좌파 간의 논쟁은 끊이지 않았다. 왜냐하면 대규모 산업 생산 방식과 사회구성 방식에 대해 현대의 사회생활·정신생활·문화생활에 대해 각기 다른 주요 관찰과 평가 시각이 존재하기 때문이다. 근 1세기 이전부터 두 가지 입장과 사조 사이의 대립과 투쟁이 중국의 사상계에 반영되었고 중국 사상계의 주요 내용 중의 하나이다. 만약 가장 가까운 미래에 서방과 제3세계 국가들의 자유주의와 신좌파의 논쟁이 종료될 것으로 단정할 수 없다면, 이러한 논쟁은 중국에서 종료할 수 있다고 예언할 수 없을 것이다.

사실 중요한 것은 국제적인 사상과 입장의 대립이 반드시 국내에 반영(또한 깊이 있고 광범위한 반영)된다는 데 있는 것이 아니라 핵심은 중국 사회전환 과정에서 나타난 문제점들을 이 두 가지 다른 입장과 시각에서 쉽게 관찰하고 비판할 수 있다는 점이다. 자유주의의 입장에 서볼 때, 중국은 세계의 역사적 발전과 사회진보 과정에서 제시하는 공통된 문명의 준칙을 받아들이고 글로벌화 과정에 합류하고 헌정민주를 실현하는 것이 필연적이고도 불가피한 추세라는 것이다. 이들은 이 점을 확신하면서 용감하게 개인의 자유와 권리, 법치, 정부 권력이 견제를 받는 체제를 실현하는 것 외에는 다른 선택이 없다고 말한다.

한편 신좌파의 입장에서 말하자면, 중국이 현대화, 민주화로 가는 과정이 바로 표준적이고 전형적인 자본주의화 과정이며, 이에 대한 서방의 좌파와 신좌파들의 비판을 모두 중국으로 옮겨올 수 있다는 것이다. 중국 경제와 시장화의 발전에 따라 그들은 갈수록 중국을 자본주의 사회로 볼 이유가 생길 것이며, 따라서 갈수록 서방 신좌파의 서방 사회에 대한 진단을 중국으로 옮겨올 이유가 있다는 것이다.

만약 '시장 레닌주의'를 가지고 현재와 다음 단계의 중국을 형용하는 것이 적절하다면, 자유주의는 이를 표현할 명사를 강조할 것이고 신좌파는 그 형용사를 강조할 것이다. '시장 레닌주의'가 진정한 중국 특색이고 세계 역사상 새로운 현상일 가능성이 상당히 크다면, 이에 대한 인식과 비판은 중국의 모든 사상 파벌과 모든 사상가들의 도의와 지혜에 대한 시험이 될 것이다.

신좌파가 영원히 존재한다고 말할 수는 없으나 적어도 상당한 기간 동안은 존재할 것이다. 시장경제의 추세가 막을 수 없는 기세로 통치 지위 혹은 주도적 지위를 차지할 것이고, 그렇다면 신좌파 사조는 시장 비판자의 신분으로 존재할 것이기 때문이다. 이는 100-200년의 역사가 보여준 것과 같이 시장이 잘 운영되든 아니든 이득이 폐단보다 많든 폐단이 이익보다 많든 상관없이 진행될 것이다.

자유주의의 경우도 중국 내에서 생존 기간이 상당히 길 것이라고 본다. 20세기 30-40년대 활약했던 시기는 단지 초기 단계에 불과하며, 반세기의 침묵을 깨고 세대를 뛰어 넘어 다시 나타난 것은 그의 생명력을 보여주고 있는 것이다. 엄혹한 내전 속에서 자유주의가 불가피하게 한쪽으로 밀려나야 한다면 시장경제 조건하에서 그리고 평화시기의 헌정 건설 과정 속에서 반드시 자신의 능력을 보여줄 기회가 생길 것이다. 언제가 중국의 자유주의 기반이 성공적으로 구축된다면 그 중요한 위치와 역할을 상실하게 될 것이고, 그때는 다른 사상 예컨대 러시아와 동유럽에서 나타난 것과 같이 민족주의가 유행하게 될 것이다. 이러한 기반이 건설되지 않은 한 자유주의 이념과 추구는 계속 그 역할을 수행할 것이다.

자유주의와 신좌파는 현대화로 가는데 있어 일란성 쌍둥이와 같다. 그들은 현대 중국에서 거의 동시에 나타났으며 이들의 발전과 후퇴는 중국 현대화 사업의 승패와 밀접한 관계가 있기 때문이다.

(출처: 徐友漁新浪博客, 2007년 7월 30일. 徐友漁, 中國社會科學院 哲學硏究所硏究員)

하층 민중사상에 대한 연구를 강화하다

왕디王笛

중국의 근대 사상사 연구에서는 엘리트 '사상' 만이 연구 가치가 있었던 것 같다. 이 영역에서는 거의 예외 없이 역사와 사상 그리고 문화 분야에서의 풍운아들이 무대의 중심에 섰다. 인구의 절대다수를 차지하는 민중, 특히 하층민의 소리는 들을 수 없었다. 마치 그들은 사상이 없거나 그들의 사상은 중요하지 않은 듯 했다. '사상'에 대한 이러한 인식은 근대에 들어 엘리트들의 공통된 특징이었고 현대의 대다수 사상사를 연구하는 학자들의 공통된 추세이기도 하다. 사실 중국의 근대 '사상'은 상당히 복잡한 복합체이다. 정치, 경제, 사회적 지위, 계층, 지역 구분, 교육 배경 등의 요소로 인해 사람들은 중국의 사상 영역에서 서로 다른 목소리(여기에서는 엘리트가 다른 집단을 대표하여 발언한다는 것을 의미하지 않으며, 좌익엘리트가 농민과 근로자 계급을 대표하여 호소하는 것과 같다.)를 내는 것이다. 하지만 하층민의 사상과 목소리는 엘리트 담론 패권에 의해 완전히 묻혀 있었다.

주지하듯, 중국의 사상사는 엘리트에 의해 기록·표현된 것이다. 민중의 사상에 관한 문자 자료에는 기록자의 사상 경향이 다소 포함되어 있다. 그래서 하층 집단의 사상을 연구할 때에 상당한 어려움에 봉착하게 된다. 많은 전통적인 사상사 연구 자료 역시 분명한 한계가 있다. 이들의 관점은 대개 엘리트와 정통을 대표하는 것이며, 민중에 대해서는 돌아보지 않거나 상세한 기록이 없거나 아니면 왜곡된 정보를 기록하고 있다. 따라서 이러한 자료를 사용할 때, 가능한 카를로 긴즈부르그 Carlo Ginzburg가 경고한 것과 같이 '대중이 창조한 문화'와 '대중에게 강요한 문화'를 구분해야 한다.

다른 자료를 사용할 때도 이와 같은 태도를 취하는 것이 상당이 유익하다. 엘리트들이 쓰고 인쇄하고 출판한 수많은 글의 상당한 부분은 사회 개량이나 계몽과 관련이 있으며, 이러한 자료에는 하층민의 일상과 행위에 대한 생동적인 묘사가 들어있다. 하지만 여기에는 불가피하게 엘리트들의 인식이 반영되고 또한 하층민에 대한 엘리트들의 편견도 존재한다. 청나라 말기부터 시작하여 지방 엘리트들은 적지 않은 사회 조사를 실시했다. 그 목적은 사회 개량을 위한 근거를 제공하기 위해서였다. 따라서 이 과정에서 도시 하층민과 사회생활 그리고 지방 문화에 대한 대량의 소중한 기록들을 남겼다. 이러한 조사는 개량을 목적으로 하기 때문에 당연히 그들이 '낙후', '악습', '비문명적' 풍속과 문화에 대해 특히 많은 관심을 기울이며, 부정적인 측면을 지나치게 강조하는 경향이 있다. 사실 대중 사상과 문화에 관한 문자 자료는 기록자의 사상 경향이 적잖이 포함되어 있다. 따라서 이러한 문자 자료를 활용할 때에는 어떤 것이 민중 사상이고 어떤 것이 엘리트 또는 서방에서 묘사하는 민중 사상인지를 잘 구분해야 하며, 이를 통해 이미 사라졌거나 혹은 사라지고 있는 문화와 생활, 사고방식의 진실한 모습에 근접하여 재구성하고, 이를 기반으로 엘리트의 민중에 대한 태도를 탐구해야 한다.

일반 역사기록에 중국의 대중사상에 관한 자료가 부족하기 때문에 우리는 문학 자료(예: 지방극, 소설, 속담)를 통해 정보를 찾아볼 수 있다. 나는 청두成都의 대중사상문화에 대한 탐구할 때 민간 문학과 사진(사진과 그림), 그리고 직접 조사하거나 인터뷰 등 다양한 방법을 사용하여 연구 활동에 새로운 시야를 열어갔다. 민간 이야기는 비록 역사적 사건에 대한 직접적인 서술은 아니지만 문화사상과 관념 및 현상을 잘 보여주고 있다. 미셸 드 세르토Michel de Certeau의 말과 같이 '표준의 역사 기록이 권위와 세력의 모략을 기록한 것이라면' 그렇다면 이는 '지어낸 이야기'가 문화를 이해하는 기초를 제공하는 것이다. 나는 민중사상 연구에 「죽지사竹枝詞」를 많이 사용했다. 「죽지사竹枝詞」가 일반시나 사詞와 다른 점은 저자의 상상과 감정 또는 인생철학을 나타내지 않고 객관적으로 인물과 사물을 묘사하고 있다는 것이며, 이를 통해 엘리트들의 일반 백성들에 대한 태도를 엿볼 수 있다. 또 민간 이야기를 고찰하는 방법 중의 하나인 구술사는 사람들의 과거를 생동적으로 묘사하고 있다. 20세기 80년대에 잇따라 1, 000명에 이르는 현지 학자들이 대규모 민가수집활동에 참여하여 정밀한 선정을 거쳐『청두민간문학집成都民間文學集成』을 편찬하였다. 이 민간 문학집은 청두의 역사와 문화에 관한 이야기를 제공할 뿐만 아니라 이를 통해 일반인들이 어떻게 그들의 인생철학과 처세의 태도를 대대로 이어 왔는지 잘 엿볼 수 있다. 하지만 유감스럽게도 지금까지 이 진귀한 문화 '보전寶典'을 사용한 중국 학자나 서방 역사학자들이 없다는 사실이다.

　청두에는 비록 위고와 발자크 소설과 같이 넓고 깊이 있는 그리고 사람을 황홀한 지경으로 이끄는 도시를 배경으로 한 세계적인 경전은 없다. 하지만 상당히 범상치 않은 리졔런李劼人의 소설『큰파도大波』와 바진巴金의 자전체 소설 3부작『집家』·『봄春』·『가을秋』이 있다. 중국의 근대 걸출한 작가 리졔런과 바진 두 사람은 모두 청두 출신이다. 청두는 그들에게 풍부한 창작 소재와 삶의 원천을 제공했다. 청두와 이 도시 사람들에 대한 묘사는 자신들의 체험을 기반으로 하여 생동적으로 진실하게 묘사하였다. 소설에 기록된 공공장사 예컨대 사당·거리·상점·광장·교량·회관·찻집·극장 등의 장소에 관한 기록은 모두 진실한 기록이다. 비록 이들의 묘사는 하층민과 그들의 사상, 문화를 연구하는데 소중한 자료이긴 하지만 문학적 묘사를 역사자료로 사용하는 데는 여전히 어떻게 운용하느냐의 문제가 남아있다. 비록 묘사 내용들이 역사적 사실을 기반으로 했다는 것을 믿을만한 충분한 이유는 있지만, 거기에는 작가의 가공 과정을 거쳐 작가의 감정과 인식, 가치관, 상상력이 더해졌기 때문이다. 하지만 이러한 요소들로 인해 문학작품 속에서 언어를 상실한 일반 민중들의 목소리를 찾는 일을 포기할 수는 없다. 정치 사건을 연구할 때는 정확한 자료를 찾으려고 노력해야한다. 하지만 대중 사상과 문화에 대한 연구는 이와 달리 애매한 문자들이 종종 독특하고 깊이 있는 의외의 정보를 제공해 준다.

중국의 하층민과 사상 문화에 대한 학술적 탐구는 역사학과 인류학 방법을 사용해야 한다. 중국 문화는 전승을 중요시한다. 역사와 사상, 문화에 관한 많은 정보들이 구두를 통해 대대로 전해져 오기 때문에, 사실 취재를 통해 많은 구술 역사자료들을 수집할 수 있다. 근대 들어 중국의 도시는 극심한 변화를 겪었지만, 여전히 찻집에서 노인과의 대화를 통해 묵은 과거 이야기를 수집할 수 있고, 조용한 작은 골목에서 세월이 남긴 흔적들을 탐구할 수 있다.

하지만 많은 것들이 이미 사라지고 흔적조차 찾아보기 힘들어 참으로 안타깝다. 그러나 때론 의외의 발견으로 흥분하기도 한다. 주의해야 할 점은 현재 잔존한 문화로 과거의 사상을 재건하는 것은 억측의 요소가 있으며 과거 역사를 왜곡할 수도 있다. 과거는 필경 지나간 역사이다. 바로 브로델Braudel이 전통 문화와 생활 방식은 우리 눈에서 점점 사라지고 있다. 비록 이 과정이 상당히 느리지만 "영원히 원래 모습을 되찾지는 못할 것이다."라고 말한 것과 같다. 나의 민중 사상 연구를 위한 일부 자료와 분석은 실제 고찰에 기반한 것이지만 역사의 먼지를 털어내기 위해 최대한 노력하였고, 기존의 문자 자료와 상호 대조·확인함으로써 청두 하층민들의 사상과 문화를 재구성함과 동시에 가능한 객관적으로 서술하고자 했다.

(출처:『中國社會科學院院報』, 2004년 10월 21일. 王笛, 미국 텍사스 A&M대학 역사학부 교수, 華東師範大學객좌교수)

민간 사조를 중시한 유럽사상사

자오푸싼趙復三

　프리드리히 헤르Friedrich Heer 교수의 『유럽사상사』는 몇 가지 독특한 특징이 있다.

　(1) 통상적인 서방 철학사를 통해 우리가 접하는 것은 종종 지식계의 소수 사상가들의 사상이다. 프리드리히 헤르 교수는 항상 각 역사시기의 민간사상에 대해 주의를 기울이면서, 이들의 문화가 '상층문화'와 대립적이면서도 상호 연관되어 있다는 사실에 주목했다. 이는 유럽역사와 연관이 있다. 1세기에서 6, 7세기 동안 원래 중아시아에 있던 많은 민족들은 발칸반도 북부를 지나 각기 다른 경로를 통해 중유럽과 북서 유럽으로 들어갔다. 그 중 서유럽으로 간 민족은 서고트족, 프랑크족, 아르만족(프랑스 사람들은 아직도 독일을 아르만이라고 부른다), 르트족(지금의 덴마크인), 색슨족, 룸바족 등이 있다. 중유럽으로 간 민족은 마자르인(지금의 헝가리인)이 있고 북서 유럽 쪽으로 간 민족은 마자르인의 지파가 핀란드인이 되었다. 이러한 민족 대이동의 경위에 대해 지금까지는 그리 분명하지 않다. 유럽 역사 연구에 있어 발칸학의 중요성이 바로 여기에 있는 것이다. 이 민족들은(유럽 정착 후 분

산된 소농경제와 영주통치를 형성하였다) 각자의 이교 문화가 있으며 수 백 년을 거친 후에야 기독교 문화를 받아들였다. 이 과정은 대략 10세기까지도 완성되지 않았으며, 이는 유럽의 중세기 전기였다. 11세기 이후부터 유럽 경제와 문화가 빠르게 발전하기 시작하여 12세기에는 번영기를 이루었다. 이때 프랑스와 독일에서 큰 교회 학교가 세워졌고, 이탈리아에서는 도시학교가 세워져 청년들이 사방으로 유학을 떠나면서 새로운 지식의 전파자가 되었다. 그들이 배운 문화지식에는 고대 이교 문화와 동방의 비기독교 문화가 적잖이 포함되었다. 기독교는 찬성하지는 않았지만 12세기에는 위협을 느끼지 않았기 때문에 문화교육에 있어 개방적인 태도를 유지하였고, 그래서 각기 다른 민족, 종교적 견해, 사상이 서로 수용될 수 있었다. 13세기 이후 로마 교황청과 사회 대중의 신사조 간의 모순이 점점 첨예화되면서 이단 심판법정을 설치하기에 이르렀고 이교도들을 잔인하게 진압했다. 이때 상층과 하층 간의 문화단절이 생겼다. 하지만 그럼에도 상층문화를 대표하는 기독교회 내에는 하층문화에 대해 동정하고 수용하는 사람들이 적지 않아서 대립 속에도 상호 삼투작용이 있었다. 프리드리히 헤르는 유럽 역사에 대해 깊이 있는 연구를 했기 때문에 이 책의 시야는 소수 사상가들에 국한되지 않고 유럽 사회로 광범위하고 깊이 있게 접근한 것이 특징이다.

(2) 통상적으로 유럽철학사 저작은 대체로 서구를 중심으로 하며 서구에서도 주로 독일, 프랑스, 이탈리아, 영국 4개국의 사상계에 집중되어 있다. 반면 중유럽과 동유럽, 스페인, 북서유럽 등의 국가에 대한 언급은 미미하다. 프리드리히 헤르는 중유럽인 오스트리아에서 왔기 때문에 유럽 전체를 쉽게 볼 수 있었다. 사실 13세기 초까지만 해도 유럽은 대체적으로 큰 연합체 사회였으며 심지어 두 국가의 국왕 사이에 전쟁이 일어나도 민간 무역은 여전히 진행되었고 각 나라 간의 국경도

그리 분명하지 않았다. 예를 들어, 11, 12세기에 북유럽 스칸디나비아 국가에서 러시아 중부 노보그라드를 거쳐 비잔티움에 이르기까지 국제 상로가 있었다. 노보그라드의 12세기 대성당의 아치형 문을 독일 장인이 만든 것이 증거 중의 하나이다. 뿐만 아니라 몽고인의 서부 정벌과 1204년 제4차 십자군의 콘스탄티노폴리스 강탈 이전까지만 해도 러시아와 서유럽 사이에는 빈번한 상업 거래와 황족간의 혼인이 있었다. 단지 14세기 중반부터 유럽 각국의 국경이 고정되어 19세기 중반까지 이어져 왔으며 어떤 곳은 20세기까지 이어졌다. 프리드리히 헤르의 이 책은 서구 중심이란 관념을 넘어섰다. 예를 들어, 독일의 종교 개혁과 동시에 동방정교와 러시아 정교 내에 그리스인 막시무스의 활동도 주목할 가치가 있다. 하지만 종교 개혁과 관련된 전문 저서에는 이러한 내용들이 부족하다.

(3) 프리드리히 헤르는 전통의 서구 중심적 관점을 깨뜨리고 동구 사상의 영향을 포함시켰을 뿐만 아니라 스페인, 프랑스, 이탈리아 남부, 전체 지중해 지역에 미친 아랍 문화의 영향도 부각시켰다. 이는 유럽사상사를 당시 상황으로 되돌려 놓음으로써 독자들로 하여금 동서 문화 교류의 새로운 면을 볼 수 있게 하였다. 아울러 7세기부터 15세기에 이르기까지 당시 유라시아 대륙에 존재하고 있었던 중국, 인도, 페르시아, 아랍, 비잔티움 등 몇몇의 주요 문화 체계를 볼 수 있게 하였다. 이들은 상호 교류를 통해 뚜렷한 발전을 이룩하였다.

(4) 유럽의 경우는 상술한 세 가지 측면이 결합된 형태이다. 프리드리히 헤르는 유럽 동부 지역은 자체적으로 전통이 있었고 서부문화 전통과 모순 속에 상호 삼투작용이 있었다. 남부 지중해 지역은 그리스 이교문화와 아랍문화의 영향을 받았으며 북서유럽과 중유럽으로 확대하면서 끊임없이 서로 격동하였다.

이러한 총체적인 형국 속에서 각 지역의 문화사상은 자체의 발전을 형성하면서 끊임없이 유럽 사상의 흐름에 합류했다. 그리고 각 역사적 시기마다 어떤 지역이 유럽사상의 중심이 된 것을 대체적으로 확인할 수 있다. 파리가 12세기 유럽문화 사상이 가장 활발했던 지역이었다면 15세기에는 이탈리아가 앞섰고 16세기에는 독일의 종교개혁 운동이 서유럽을 흔들었으며 17세기 전반 바로크 시기에는 북서 유럽의 국가들이 앞서갔다. 이 과정에서 유럽의 가장자리에 위치한 이베리아반도의 스페인과 브리턴섬의 학술문화가 유럽 대륙의 문화 발전에 독특한 기여를 하였다. 각 지역에서는 하층문화가 상층문화에 비해 외래 영향을 더 쉽게 받아들였다. 각기 다른 이러한 문화 사이에는 서로 연관성을 갖고 있었다. 만일 이러한 연결이 끊긴다면 혼란을 피할 수 없을 것이다. 이는 유럽 문화의 다양성과 역사의 복잡성을 이해하는데 중요한 사상의 열쇠를 제공한다.

(출처: 趙復三, 「프리드리히 헤르, 『유럽사상사』의 역자서문」,
원래 출처: 『세계지식』, 2007년 제5기. 趙復三, 종교학자)

　모든 사회사조는 특정인의 집단이 특정한 역사적 배경 속에서 형성한 산물이다. 따라서 사람들은 사회사조를 이해하고 인식하는데 불가피하게 관찰자 본인의 입장에 따라 견해를 달리하는 것이다. 하지만 한 가지만은 서로 공감할 수 있다. 즉 '모든 역사는 사상사이다'. 각기 다른 사상으로 사회사조들을 모으고 계속에서 사조를 만들어내는 것은 한 나라의 문화의 다양성과 역사의 복잡성을 이해하는 중요한 열쇄가 된다.

　예리하고 깊이 있는 사회정치평론가 마리청馬立誠의 중국 현대 사회사조에 대한 이해와 분석, 논평은 선명한 시대성과 비판성을 담고 있고, 동시에 본인의 생각과 우려도 담고 있다. 이 책의 제1부는 자신이 장기간에 걸쳐 얻어낸 사상의 결정체를 보여준다. 마리청은 현대 중국의 사회사조를 8개 종류로 분류한다. 주도적 위치에 있는 덩샤오핑 사상 외에 구좌파사조, 신좌파사조, 자유주의사조, 민주사회주의사조, 민족주의사조, 신유가사조 및 민수주의사조로 분류했다. 이러한 분류 방법과 설명이 정확하던 정확하지 않던 부족하던 부족하지 않던 간에 마리청이 이 일을 해낸 자체는 매우 의미 있는 일이라고 생각한다. 저자가 제공한 8종 사조에 대한 소개와 설명은 중국의 과거를 이해하고 중국의 현재를 인식하며 중국의 미래를 탐구하는데 도움이 될 것이다. 이 점이 이 책의 의미이다.

452

　2011년 10월 21일 보위안기금회博源基金會는 관련 전문가, 학자들을 초청하여 마리청의 중국 현대 사회사조에 대한 연구 보고에 대해 개별 주제에 대한 토론을 가졌다. 이 책의 두 번째 부분을 구성한다. 이 토론에서 참가자들은 열띤 토론을 벌이면서 중국의 현대 사회사조에 대한 각기 다른 인식과 관점을 제시했다. 양지성楊繼繩은 제도 구축이란 측면에서 8종 사조를 2개 사상체계 즉 개인주의와 집단주의로 귀결시킬 수 있다고 말했다. 일단 제도적 측면에서 접근하면 여러 사회사조들은 이 두 사상 체계로 합류되거나 모아진다는 것이다. 레이이雷頤는 현대 중국 사회의 '담론'은 현대 중국 사회의 맥락에 밀착하여 관찰해야 하며 '구체적인 역사적 환경'을 떠나서는 안 된고 한다. 가오취안시高全喜는 보다 엄격하게 "사회사조를 구분하는 데는 각기 다른 위계의 계보가 필요하다."고 요구하면서, 마리청의 자유주의와 민족주의 사조에 대한 설명에 대해 비평하였다. 리둔立楯은 중국 현대 사상사의 3가지 차원을 제시했다. 지도사상 변화사, 사상 개조사, 사상 해방사이다. 그리고 현재 세계는 일련의 변화가 있을 것이며 중국의 사회사조는 항상 '전 세계' 또는 '글로벌화'의 환경에 처해 있을 것이라고 각인시켰다. 정예푸鄭也夫는 마리청의 서술의 틀에 대해 논평한 것 외에도 '민간종교'를 사상사가의 연구 시야에 포함시켜야 한다는 제시했다. 주리자竹立家의 관점은 여러 참석자들과 좀 달랐다. 그는 "사회주의 대국으로서의 빠른 성장을 이룬 중국은 중국 인민들에게 어려운 이론 혁신과 우수한 사회 개혁의 실천을 통해 사회주의 이데올로기가 여전히 우리 미래의 이상적인 사회와 문명 형태를 추구하는 기본적인 가치 원칙임을 증명하고 있다."라고 말했다. 이로 볼 때, 보위안기금회가 이번 토론회를 주최한 것은 관점의 상호 충돌과 수용 및 공통점은 찾아내고 차이점은 보류하는 장을 마련한 것이다. 이에 우리는 서로 다른 관점을 객관적으로 제시함으로써 독자들이 직접 선택, 비판할 수 있도록 했다.

이 책의 제3부는 독자들에게 보다 넓은 시야를 제공하기 위해 주제
와 관련이 있는 몇 편의 글을 선정했다. 거자오광, 샤오궁친, 쉬여우위
등 사상사 학자들이 중국의 현대 사조에 대해 내놓은 서로 다른 해석
을 제공함과 동시에 특별히 자오푸싼趙復三과 왕디王迪의 글도 선정했
다. 이 두 저자는 각기 다른 시각에서 공통적인 문제(하층민, 민간)를
제기했다. 사람들은 종종 소수 사상가를 통해 역사를 이해하며 엘리트
인물의 '사상'만이 표현의 가치가 있는 것같이 생각한다. 사상은 아주
복잡한 '복합체'이다. 정치·경제·사회적 지위·계층·지역·교육 배경
등의 요소에 따라 사람들은 사상 영역에서 각기 다른 목소리를 낸다.
하층민의 사상과 목소리는 상대적으로 엘리트들의 발언에 의해 가려
진다. 하지만 민간사상에 대한 관심, 수집, 정리를 통해 역사를 보다
생생하게 재현하고 더 잘 이해할 수 있을 것이다. 우리의 이러한 노력
은 연구자들에겐 관찰의 시야를 넓혀주고 독자들에겐 다양한 정보를
제공할 것이다. 개개인은 매일 매일 역사를 창조한다. 우리 자체가 역사
의 구성 부분이기 때문이다.

보위안기금회 『현대성과 중국 사회전형 총서』 편집팀
2011년 11월 17일

저자소개

마리청(馬立誠)

현재 중국의 사회정치평론가이다. 일찍이 중국청년보, 인민일보, 봉황위성TV 등에서 평론가로 활동하였다. 도쿄대학, 싱가포르대학, 홋카이도 대학 등에서 연구원, 교수를 역임하였다. 주요 관심 분야는 장기간 동안 중국의 정치와 사회개혁에 대한 연구를 진행하고 있으며 약 20여권의 저서가 있다. 주요 저작으로『交鋒三十年』,『當代中國八種社會思潮』등은 개혁개방 30년간의 주요 논쟁과 사상의 틀을 정리하고, 중국 현대 사상 문화사조의 논점과 인물에 대해 소개하고 있다.『交鋒三十年』은 제5회 중국국가도서관 문진각文津閣도서상을 수상하였고,『當代中國八種社會思潮』는 선전深圳과 베이징에서 '10대 좋은 책'의 하나로 선정되었다.

역자소개

박영순(朴英順)

국민대 중어중문학과를 졸업했으며, 중국 푸단(復旦)대학에서 박사학위를 받았다. 현재 국민대 중국인문사회연구소 HK연구교수로 재직하고 있다. 주요 연구 방향은 중국의 인터넷문학, 베스트셀러, 다큐멘터리, 디아스포라문학 등의 지식생산 기구와 지식(작품)의 확산·전파 네트워크를 통해 문화적 함의를 파악하는데 중점을 두고 있다. 주요 논문으로「현대화 과정에 나타난 저층담론과 지식생산: 다큐멘터리『鐵西區』를 중심으로」,「화인 디아스포라문학지형과 네트워크 - 가오싱젠을 중심으로」가 있고, 역서로는『현대중국의 학술운동사』(2013, 도서출판 길) 등이 있다.

최은진(崔恩珍)

이화여대에서 역사학으로 박사학위를 받았으며, 현재 국민대학교 중국인문사회연구소 HK교수로 재직하고 있다. 전공분야는 중국현대사이며 현재는 중국의 대학교육, 지식인의 사상지형, 담론 및 네트워크를 연구하고 있다. 주요 논문으로는「중국 국립중앙연구원 역사어언연구소(1928~49)와 근대역사학의 제도화」,「중국모델론을 통해 본 중국사상계의 지식지형」,『讀書』잡지와 중국지식인의 담론지형」(2012),「중국 역사지리학 지적구조와 연구자 네트워크」(2012),「2012년 '韓寒-方舟子 論爭'을 통해 본 중국 매체의 네트워크 작용과 함의」(2013),「上海 여행공간 형성 네트워크의 문화적 함의」(2014)등이 있다.

국민대학교 중국인문사회연구소 번역총서 6

현대 중국의 8종 사회사조

초판 인쇄 2015년 5월 20일
초판 발행 2015년 5월 29일

저　　자 | 마리청馬立誠
역　　자 | 박영순·최은진
펴 낸 이 | 하운근
펴 낸 곳 | 學古房

주　　소 | 서울시 은평구 대조동 213-5 우편번호 122-843
전　　화 | (02)353-9908 편집부(02)356-9903
팩　　스 | (02)6959-8234
홈페이지 | http://hakgobang.co.kr/
전자우편 | hakgobang@naver.com, hakgobang@chol.com
등록번호 | 제311-1994-000001호

ISBN　　978-89-6071-520-2 94300
　　　　978-89-6071-406-9 (세트)

값 : 30,000원

이 도서의 국립중앙도서관 출판예정도서목록(CIP)은 서지정보유통지원시스템 홈페이지
(http://seoji.nl.go.kr)와 국가자료공동목록시스템(http://www.nl.go.kr/kolisnet)에서 이용하실 수
있습니다.(CIP제어번호: CIP2015014243)

■ 파본은 교환해 드립니다.